UMA SIMPLES REVOLUÇÃO

DOMENICO DE MASI

UMA SIMPLES REVOLUÇÃO

trabalho, ócio e criatividade

novos rumos para uma sociedade perdida

SEXTANTE

Título original: *Una semplice rivoluzione*

tradução: Yadyr Figueiredo
preparo de originais: Raphani Margiotta
revisão: Ana Grillo, Hermínia Totti e Luis Américo Costa
diagramação: Ilustrarte Design e Produção Editorial
capa: Victor Burton
imagem de capa: Regis Filho / Valor / Agência O Globo
impressão e acabamento: Lis Gráfica e Editora Ltda.

CIP-BRASIL. CATALOGAÇÃO NA PUBLICAÇÃO
SINDICATO NACIONAL DOS EDITORES DE LIVROS, RJ

M366s Masi, Domenico De
Uma simples revolução / Domenico De Masi; tradução de Yadyr Figueiredo. Rio de Janeiro: Sextante, 2019.
368 p.; 16 x 23 cm.

Tradução de: Una semplice rivoluzione
ISBN 978-85-431-0681-6

1. Trabalho. 2. Sociedade. I. Figueiredo, Yadyr. II. Título.

18-48750 CDD: 301
CDU: 316

GMT Editores Ltda.
Rua Voluntários da Pátria, 45 – Gr. 1.404 – Botafogo
22270-000 – Rio de Janeiro – RJ
Tel.: (21) 2538-4100 – Fax: (21) 2286-9244
E-mail: atendimento@sextante.com.br
www.sextante.com.br

Sumário

Introdução

"Simplicidade é complexidade resolvida", disse Constantin Brancusi, o grande escultor romeno, nascido em Hobita, em 1876, e morto em Paris, em 1957. Peggy Guggenheim o descreve como "um homenzinho maravilhoso, com a barba branca, os olhos escuros e penetrantes, algo entre um camponês e uma verdadeira divindade". Sua vida, como a sua obra, é um itinerário que vai da complexidade à simplicidade, das primeiras esculturas, completamente figurativas, até *Pássaro no espaço* (*Bird in Space*), com o qual – segundo suas próprias palavras – atinge "a felicidade da alma, liberta da matéria".

A primeira das 16 variações do *Pássaro no espaço* foi esculpida em 1923. Três anos depois, por intermédio do amigo Marcel Duchamp, foi exposta na Brummer Gallery de Nova York. Naquele tempo, a lei americana previa isenção de impostos a obras de arte, mas, quando Brancusi desembarcou do navio *Paris*, um funcionário da alfândega classificou a escultura como um simples utensílio de cozinha, destinado ao comércio, aplicando a taxação do equivalente a 2.400 dólares hoje. Isso originou um processo que durou dois anos, no qual houve nada menos que seis testemunhas a favor de Brancusi, entre as quais o editor da *Vanity Fair* e o diretor do Museu do Brooklyn, que asseguraram que se tratava de uma obra de arte representando um pássaro alçando voo, enquanto a parte contrária insistia em ver naquele objeto *muito abstrato* nada mais, nada menos que um simplório utensílio de cozinha. Para sorte de Brancusi, a sentença – a seu favor – determinou: "O objeto em questão... é belo e de perfil simétrico e, mesmo sendo um pouco difícil associá-lo a um pássaro, é, ainda assim, agradável aos olhos e muito decorativo, além disso está evidente que se trata de uma produção original de um escultor profissional... Acolhemos a reclamação e aplicamos ao objeto a classificação de *duty-free*."

Atualmente, a escultura está avaliada em 27,5 milhões de dólares e, também graças a essa cotação, ninguém se arriscaria a considerá-la um utensílio de cozinha, mesmo porque hoje não é apenas o valor intrínseco de alguma coisa que determina o seu preço, mas, com frequência, é o preço que lhe atribui valor.

Pouco depois de Brancusi ter chegado a Paris, Auguste Rodin, intuindo que se tratava de um gênio, ofereceu-lhe a função de assistente. Apesar de considerar Rodin um grande mestre e inspirador, Brancusi declinou, dizendo que "à sombra de um grande carvalho não crescem outras árvores". Para atingir a máxima, sublime, pujante simplicidade do *Pássaro no espaço* e alcançar, escultura após escultura, a síntese suprema, Brancusi dedicou anos de intenso e paciente trabalho à busca do essencial atingível por redução. Não se tratava de criar uma obra abstrata, mas uma obra simples, como definiu o próprio escultor: "Há idiotas que definem os meus trabalhos como abstratos; mas o que eles chamam de abstrato é, na verdade, o que mais tem de realístico. O que é real não é a aparência, mas a ideia, a essência das coisas." Brancusi conseguia simplificar as coisas de tal maneira, reduzindo-as à sua essência, que até mesmo os juízes da Terceira Divisão do Tribunal de Alfândega dos Estados Unidos viram um pássaro – exatamente um pássaro – no *Pássaro no espaço*.

Quem transforma uma realidade complexa em simples, além de ser um gênio, é um benfeitor da humanidade. É um revolucionário. Quem complica uma realidade simples, tornando-a complexa, imprime à realidade a marca de sua personalidade complicada. Quando Sciascia publicou *Candido in Sicilia*, ocorreu-me comentar com Moravia sobre como me sentia feliz de que a Itália tivesse encontrado em Sciascia o seu Voltaire. E Moravia, com a agudez impiedosa que o distinguia, disse: "As coisas não são assim. Enquanto Voltaire pegava uma situação complexa e simplificava, Sciascia pega uma situação simples e a torna complexa."

Exatamente por isso, Sciascia, mais do que Voltaire e Brancusi, pode ser considerado um símbolo da sociedade pós-industrial, que se põe à nossa frente com todo o seu potencial técnico-social: uma complexidade que resiste à simplificação e por isso nos sublima, nos desorienta e deprime.

Mas temos mesmo certeza de que a sociedade atual é mais complexa que todas que a precederam? E temos certeza de que, depois de tantas análises, não é possível simplificar a sua complexa constituição? Sempre acreditei que o dever do sociólogo era analisar a fundo o sistema social, colher as suas contradições, os choques, as distorções e forçá-lo a se revelar na essencialidade, que é simples por natureza e, por isso, pode ser comunicada aos outros, ensinada aos alunos, discutida com os amigos, tratada com arte e, até mesmo, melhorada. Só assim o sociólogo pode conduzir uma revolução sua, simples e simplificadora.

A necessidade de compreender e simplificar está na base de todo o conhecimento humano, de toda a busca científica e artística. Está na base da nossa vida. Eloquentes exemplos alcançados por meio dessa operação intelectual – com os quais uma realidade complexa ao extremo é transformada em uma descrição surpreendentemente simples e elegante – são a prova da relatividade elaborada por Einstein, da estrutura do DNA desenhada por Francis Crick e James D. Watson, da síntese do conceito de alienação contida nos *Manuscritos econômico-filosóficos de 1844*, de Karl Marx.

Este livro nasce a convite do editor, que me pediu que abrisse mão, por um momento, da deformação profissional e do estilo acadêmico expositivo para apresentar minhas ideias sociológicas de modo simples, como uma serena reflexão entre amigos.

As novas sociedades não nascem já completas, todas de uma vez. Transcorreram décadas antes que Marx e Weber conseguissem abraçar por completo a novidade industrial. E ainda serão necessárias décadas para compreender e simplificar nossa sociedade pós-industrial apenas em seus primórdios. Por ora – à espera de sociólogos geniais – devemos nos contentar com simples acupunturas no tecido complexo do presente e com rápidas incursões na nebulosa incerteza do futuro.

A rigor, este livro é a reportagem de algumas das minhas *acupunturas* e incursões e limita-se a conjecturas sintéticas sobre a sociedade pós-industrial, o futuro, a tecnologia, o trabalho, o ócio, a criatividade, o crescimento, o decrescimento, a política, a estética e alguns comportamentos e atitudes.

O futuro de que falo é um futuro simples, um futuro mínimo, tanto por extensão quanto por aprofundamento, explorado sem qualquer pretensão de uma completude sistemática, e as reflexões dedicadas a ele já foram, em parte, antecipadas em artigos, conferências e livros – transferidas para esta nova vestimenta –, retocadas e postas em certa ordem lógica, mas também legíveis desordenadamente. O objetivo, como eu disse, é oferecer em linguagem simples algumas ideias sobre a sociedade pós-industrial e uma provável evolução dela. Os dados estatísticos dos quais me servi para apoiar os vários raciocínios estão – como todos os dados estatísticos – destinados a uma rápida obsolescência. Conservam, não obstante, o seu valor como indicadores de tendências.

Agradeço a Ottavio Di Brizzi e Alessia Dimitri, da editora Rizzoli, pelo profissionalismo e afeto com que me ajudaram neste trabalho. A Paola Mazzucchelli, minha gratidão pela edição impecável, e a Elisabetta Fabiani, meu agradecimento pela revisão do original.

Quando os livros – ou qualquer outra obra – são dedicados a alguém, é porque o autor quer saldar, pelo menos em parte, o seu débito de reconhecimento. Por pouco que possa valer, também eu dediquei meu penúltimo livro, *Mappa Mundi*, aos emigrados do meu Sul, que, desde sempre, tentam a sorte em terras distantes, e dediquei meu último livro, *TAG*, ao prêmio Nobel chinês Liu Xiaobo e a sua esposa Liu Xia – ela, mantida em um manicômio pelo governo chinês, e ele, em um cárcere sem papel e caneta, para impedi-lo de escrever poesias.

Serge Latouche identificou um dos sintomas extremos da nossa crise social no fato de que, de um tempo para cá, crianças também se têm suicidado. Mas, a meu ver, existem casos piores: crianças que se suicidam para matar outras crianças. Nouri, Nasir, Nabil Abu al-Hassan não passam de algumas das muitas usadas como camicases pelos grupos extremistas Boko Haram e Isis, passando pelas fileiras jihadistas do Paquistão, da Somália, da Palestina, do Iêmen. No Paquistão, em 11 de setembro de 2007, um rapaz de 14 anos se autoexplodiu dentro de um ônibus, em Dera Ismail Khan, provocando 18 mortes. Na Nigéria, a nordeste da cidade de Maiduguri, cinco crianças camicases, munidas de cintos e coletes explosivos, foram pelos ares, causando 14 mortes e ferindo cerca de 40 pessoas. Em Maiduguri, no estado de Borno, o Boko Haram usou, como camicase, uma menina de 10 anos, que foi também mandada pelos ares, matando 19 pessoas e ferindo outras 18. Em cada um desses atentados havia crianças entre as vítimas.

Na Argélia, Nabil Belkacemi, um adolescente de 15 anos, treinado por um grupo da Al Qaeda no Magreb, realizou o atentado de Déli, deixando 30 mortos e 56 feridos. Antes de ser recrutado pelos terroristas, Nabil era gentil e estudioso. Alguns dias antes do atentado, telefonou para casa: "Mãe, tenho medo, não sei onde estou. Queria fugir, mas tenho medo que me matem. Disseram que se eu escapar eles se vingarão fazendo algo contra você."

Dedico este livro a Nabil, que preconiza uma revolução simples e incruenta para todas as crianças usadas como camicases para assassinar outras crianças. Elas representam a extrema inocência, que o mal extremo é capaz de imolar em nome de um Deus que não existe.

Tempo

Em seu *Novum Organum,* Francis Bacon afirmou: "O tempo, como o espaço, tem desertos e solidões." Talvez fosse para dizer que a linearidade dos acontecimentos é apenas temporária e que é preciso resignar-se à descontinuidade, transformando-a de circunstância desagradável em oportunidade virtuosa, uma vez que a natureza não pula etapas, mas muda por evolução, enquanto a cultura troca paradigmas e muda por revolução. Samuel Beckett escreveu: "Quando me perguntam há quanto tempo estou aqui, respondo 'Um segundo...' ou 'Um dia...' ou 'Um século...'. Tudo depende do que eu entendo por *aqui*, por *eu* e por *estou.*"

O conceito de tempo sofreu uma reviravolta teórica com Albert Einstein e Henri Bergson, enquanto o uso do tempo progrediu, com o avanço da medicina, da mecânica e da informática. "Na teoria da relatividade", escreve Stephen Hawking, "não existe um único tempo absoluto, mas cada indivíduo tem a própria e pessoal medida do tempo, que depende de onde se encontra e de como está se movendo." Depende, de fato, de muitas outras coisas. A sensação subjetiva do tempo é influenciada, antes de tudo, pela experiência. No Neolítico, a expectativa de vida era de cerca de 20 anos; na Idade Média, de 30 anos; nos anos 1960, de 52 anos, que passaram a ser 56 nos anos 1980 e 71 em 2015. No mesmo período de tempo, passou-se de uma tecnologia rudimentar, que evoluía devagar, no curso de milênios, a uma tecnologia sofisticada, que evolui rapidamente, no espaço de horas. Em *Dezoito lições sobre a sociedade industrial,* Raymond Aron lembra que Júlio César e Napoleão – com muitos séculos de distância entre um e outro – tinham mais ou menos a mesma expectativa de vida e que, para ir de Roma a Paris, dispunham de uma carruagem mais ou menos idêntica, com a qual levavam uma semana para percorrer o trajeto. Hoje, a dois séculos de Napoleão e sem gozar dos privilégios imperiais, cobrimos a mesma distância em duas horas, em um cômodo voo comercial.

David S. Landes, no célebre ensaio *Prometeu desacorrentado*, de 1969, notou que naqueles anos um homem precisava, para se barbear, de aproximadamente o mesmo tempo que era necessário no século XVIII; enquanto na indústria de calçados, na tecelagem e na fundição do ferro, a produtividade aumentou centenas de vezes, nos meios de transporte e na fiação aumentou nada menos que mil vezes.

Se considerarmos o crescimento exponencial de bens e tráfego, o intercâmbio de homens e produtos, a urbanização, a queda da mortalidade humana, o aumento da escolarização, a difusão de estruturas e culturas novas e em contínua renovação – isto é, aquele conjunto de fenômenos chamado de modernização –, então percebemos quanto a Revolução Industrial, como conclui Landes, "modificou o modo de vida do homem mais que qualquer outra coisa desde a descoberta do fogo: nas coisas materiais, o cidadão inglês de 1750 estava mais próximo dos legionários de César que dos próprios descendentes".

É óbvio, portanto, que para o homem de Neandertal, para Júlio César e para seus legionários o conceito de tempo e a sensação da sua passagem foram completamente diferentes dos que temos hoje.

A expectativa de vida, por sua vez, deriva do progresso científico e tecnológico, da higiene, da escolarização e da qualidade de vida. Hoje, no momento do nascimento, um habitante do Principado de Mônaco tem expectativa de vida de 90 anos. A de um italiano é de 83 anos; a de um americano, 80 anos; a de um brasileiro, 76 anos; e a de um afegão, 50 anos. A Europa, com uma média de vida de 78 anos, é bem mais longeva que a África, cuja expectativa de vida é de apenas 60 anos. Mas existem variações no mesmo país, como aquela entre homens e mulheres. No Japão ou na Itália, por exemplo, os homens têm uma expectativa de vida seis anos menor que a das mulheres. Onde a duração da vida é curta, as famílias são numerosas e a mortalidade infantil é alta. Isso significa que cada indivíduo que atinge os 20 anos viu morrer mais de um irmão. E significa, também, que na sua família existem mais tios do que avós.

Dificilmente, em condições tão diferentes, os indivíduos poderão ter a mesma concepção de tempo e igual sensação da sua passagem. Ambos –

concepção e sensação – variam também com base no interesse pelo que cada um faz. Um operário na linha de montagem espera ansioso o soar da sirene de fim do turno e tem a sensação de que o tempo não passa; para um pintor como Paolo Uccello, às voltas com um afresco, ou para um cientista como Thomas Edison, absorto em uma de suas pesquisas, o tempo corre veloz, sem que eles sequer percebam. Como dizia o escritor americano Henry van Dyke, "O tempo é muito lento para os que esperam, muito rápido para os que têm medo, muito longo para os que lamentam, muito breve para os que festejam, mas, para os que amam, o tempo é eterno". Mais prosaicamente e menos enfaticamente, Einstein observou: "Quando um homem se senta ao lado de uma mulher bonita durante uma hora, parece que se passou um minuto. Mas, se ele se sentar sobre um fogão aceso durante um minuto, terá a impressão de ter estado ali durante a mais longa das horas. Isso é a relatividade."

Portanto, o tempo – como a felicidade – é uma categoria em que a dimensão subjetiva prevalece sobre a dimensão objetiva. Jean-Jacques Rousseau, por exemplo, confessa ter provado a plenitude de ambos sozinho na ilha de Saint-Pierre, onde a alma pode encontrar um lugar de repouso bastante propício para se estabilizar e se concentrar no próprio ser, sem necessidade de rememorar o passado ou de imaginar o futuro, em que o presente transcorre indefinidamente, mas despercebido, sem qualquer sinal de passagem do tempo nem outras privações de sensações, de gozo, de prazer ou de dor, de desejo ou de medo, mas com a simples sensação de existir, uma sensação que preencha a alma por completo. Enquanto essa sensação durar, podemos nos considerar felizes.

Além disso, as próprias coisas têm seu ritmo interno, que faz algumas parecerem breves, apressarem-se e correrem velozes, e outras, longas, lentas e até monótonas. Em paridade de duração, uma marcha parece mais breve do que um blues, uma sinfonia de Beethoven ou de Mozart parece mais breve do que uma sinfonia de Mahler ou de Bruckner.

Nunca, em épocas anteriores – embora a vida fosse mais breve e os ritmos, marcados pelas estações e pelos dias, fossem mais lentos –, se teve a sensação de que o tempo passasse tão veloz e fosse tão escasso como hoje. Dispomos de recursos e estratagemas para economizar tempo, recorrendo a carros, aviões, telefones e redes sociais; para armazenar o tempo, fazendo uso de gravadores e secretárias eletrônicas; para aproveitar o tempo, ouvindo rádio enquanto tomamos banho, ou telefonando enquanto estamos no carro; para programar o tempo, recorrendo a timers e a agendas eletrônicas cada vez mais sofisticados e funcionais. Dispomos de todas essas ferramentas tecnológicas, vivemos o dobro de nossos bisavós; no entanto, somos obcecados pelo tempo, que nunca é bastante. É a síndrome da sociedade industrial, materialista por excelência e dominada pela pressa, como já havia observado, com lucidez, Alexis de Tocqueville em 1840, em sua famosa reportagem *A democracia na América:* "Quem concentrou o coração exclusivamente na busca dos bens deste mundo está sempre com pressa, porque dispõe apenas de um tempo limitado para encontrá-los, apropriar-se deles e desfrutá-los. A lembrança da brevidade da vida o estimula sem cessar. Independentemente dos bens que possui, imagina a todo instante mil outros que a morte o impedirá de usufruir se não se apressar. Esse pensamento o enche de inquietação, medos e arrependimentos e mantém sua alma numa espécie de trepidação incessante, que o leva a mudar a todo momento de projetos e lugares."

Quanto mais materialista é uma cidade, mais veloz o tempo escapa: em Milão, mais que em Roma; em São Paulo, mais que no Rio; em Nova York, mais que em São Francisco.

A categoria mais comprometida com o tempo é o trabalho. Também nesse campo vivemos experiências paradoxais. Para perceber, devemos fazer um cálculo laborioso, mas significativo. Nos países pós-industriais, a longevidade média é de 80 anos, cerca de 29 mil dias ou 700 mil horas. Um jovem formado começa a trabalhar em torno dos 25 anos. Portanto, tem pela frente cerca de 55 anos de vida, por volta de 20 mil dias ou 480 mil horas. Caso se aposente aos 65 anos, terá trabalhado durante 40 anos, ou 220 dias por ano e 8 horas por dia. No total, são 70 mil horas de trabalho e 410 mil horas livres. Em outras palavras, a perspectiva do trabalho para um jovem de 25 anos representa apenas um sétimo do tempo que lhe resta de vida. Se empregar 10 horas por dia em dormir, comer, cuidar do corpo e da casa, essas atividades de "manutenção" absorverão 200 mil horas, restando-lhe, ainda, 210 mil horas de tempo livre, distribuídas entre tarefas cotidianas, feriados, férias e aposentadoria. As mulheres, mais longevas em relação aos homens, terão seis anos a mais de tempo livre - cerca de 2 mil dias ou 52 mil horas a mais -, que compensarão, ao menos em parte, o trabalho doméstico, prevalentemente feminino.

O tempo absorvido pelo trabalho equivale, portanto, a um terço do tempo livre e um sétimo do tempo total. Ainda assim, por uma espécie de estrabismo cronológico, temos a impressão de que a vida inteira é absorvida pelo trabalho e que passamos poucas horas fora dele.

Mas nem todos trabalham. Os desocupados representam 4% da população ativa no Japão, 7% nos Estados Unidos, 7,5% no Brasil, 10% na União Europeia, 22% na Espanha, 27% na Grécia. Se considerarmos apenas a desocupação dos jovens, o número passa a ser 7% na Alemanha, 15% no Brasil, 24% nos Estados Unidos, 27% na União Europeia, 50% na Espanha e na Grécia. Isso significa que, em muitas casas, todas as manhãs o despertador toca para os pais, que vão para o trabalho, enquanto o filho, possivelmente formado e até com mestrado, fica ocioso o dia inteiro, em uma inércia forçada que dilata as horas, tornando-as vazias e intermináveis.

Ao lado de crianças burguesas obrigadas a alta performance entre escola, ginástica, lições de música e de línguas; de trabalhadores atormentados pelo deslocamento; de empresários que - como diria Gandhi - "têm a hora, mas não têm o tempo", porque se autocondenam a ritmos infernais e a horas extras absurdas, há estudantes preguiçosos, homens e sobretudo mulheres desocupadas, trabalhadores subutilizados, ociosos, aposentados à toa que têm tempo de sobra e não sabem o que fazer dele - provavelmente essas pessoas são as que se sentem mais longevas, porque, para ter a sensação de viver mais, é preciso enfadar-se.

Segundo Einstein, "o tempo é uma ilusão". Alguns, como Santo Agostinho, até mesmo o negam, recorrendo a sofismas: "O tempo não existe, é apenas uma dimensão da alma; o passado não existe, se não é mais; o futuro não existe, se ainda vai ser; e o presente é apenas um instante inexistente, de separação entre passado e futuro." Outros o prolongam, retrocedendo, com as recordações, ou avançando, com os sonhos. Outros, ainda, compensam a fugacidade da vida terrena vagueando pela eternidade constante da vida ultraterrena. Mesmo que tivéssemos todos a mesma idade e a mesma expectativa de vida, ainda restaria uma larga diferença entre quem acredita no além e quem pensa que depois da morte, como no jogo de roleta, *rien ne va plus* ("fim das apostas"). Os crentes passam o tempo como se estivessem num hall de teatro: o belo ainda está por vir; os ateus, ao contrário, passam o tempo como se o recital já tivesse começado e, quando a cortina cair, não haverá réplicas.

Todos os dias têm o mesmo número de horas. É assim hoje para mim como foi no passado para Michelangelo ou para Borges. Mas eu não sei extrair delas as mesmas obras-primas. Há pessoas que vivem com calma, saboreando gole a gole o seu tempo, como cavaleiros serenos sobre montarias irrequietas. E há pessoas que vivem apressadas, atormentadas pelo tempo que voa: como cavaleiros irrequietos sobre montarias serenas. Alguns têm mais tempo do que precisam para concluir suas obrigações. Aqueles pouco cultos e pouco inclinados à cultura são presas favoritas do tédio, porque não sabem o que fazer e, para preencher o tempo, curvam-se sobre a tevê e a internet. Obviamente, nunca usam a agenda, porque os prazos são tão raros que podem ser memorizados.

Outros – talvez mais afortunados – gozam de um tempo adequado às suas necessidades e são capazes de controlar as horas que voam, conseguindo, quando as ultrapassam, preenchê-las com hobbies, estudos, viagens, compromissos cívicos, atividades políticas e obras de caridade.

Outros, ainda, reclamam da falta de tempo e, pressionados pelos prazos, desejam dilatar as horas do dia e multiplicar ao infinito a sua produtividade. São homens e mulheres de carreira, vorazes e insaciáveis consumidores de múltiplas experiências, pessoas atormentadas por débitos e encargos familiares, profissionais apaixonadamente dedicados a seus trabalhos – todos agarrados a agendas, cobrados pelo telefone, pelas secretárias, pelos clientes, pelos credores.

Independentemente da tribo a que se pertença, o tempo continua amigo precioso ou impiedoso antagonista, recurso escasso ou abundante, seja como for – amante ou tirano –, companheiro instável, imprevisível e irracional. Porque, como diz Heráclito, "o tempo é um menino que joga com os dados".

Apocalipse

Para nossa sorte, 31 de dezembro de 1999 foi um dia como outro qualquer, mas, para nossa infelicidade, dentro de alguns séculos ninguém se lembrará de como as coisas aconteceram de verdade e nossos descendentes nos impingirão opiniões e comportamentos totalmente infundados. Até mesmo o ano 1000 foi como todos os outros, mas oito séculos depois, no período romântico, inventaram que nossos longínquos antepassados temiam o fim do mundo e se flagelavam para salvar a alma. Um dos maiores historiadores da Idade Média, Georges Duby, encarregou-se de desmascarar esse boato e descobriu que apenas alguns padres parisienses fizeram discursos fantasiosos acerca do fim do mundo. E, de fato, o monge da abadia de Saint-Benoît-sur-Loire, que divulgou a notícia, acrescentou: "Esses padres são loucos."

Na realidade – a despeito de todas as aves de mau agouro contemporâneas –, do século XI ao século XXI o mundo não fez senão progredir e hoje vivemos bem melhor que nossos antepassados. Façamos algumas comparações.

Meio ambiente. Ao fim do primeiro milênio, os seres humanos viviam sob a ameaça de serem destruídos pela natureza: inundações, raios, epidemias, privações causadas pelo granizo, pela chuva, pelos gafanhotos. O historiador Sergio Ricossa escreve: "Em cidades sujas, com ruas frequentemente não pavimentadas e esgotos a céu aberto, encontravam-se casas em ruínas e superlotadas." Hoje, por mais desastrosa que seja a situação ambiental urbana, estamos bem longe daquela miséria.

Longevidade. Por volta do século XI, a expectativa de vida não ultrapassava os 30 anos. Um menino tinha 50% de probabilidade de morrer antes dos pais e, se sobrevivesse, antes dos 40 anos ele teria visto morrer, à sua volta, pelo menos uma dezena de familiares – avós, pais, tios, irmãos –, o que lhe provocaria medo e resignação. A expectativa de vida atual, em nível mundial, é de 69 anos para os homens e 73 anos para as mulheres. Em cada 100 pessoas nascidas, 65 atingem pelo menos os 70 anos. "Os idosos", aponta, ainda, Ricossa, "eram poucos e representavam muito, e as crianças eram muitas e representavam pouco. Hoje, é o contrário." Se naquela época um jovem tinha poucos avós e muitos tios, hoje um jovem tem muitos avós e poucos tios. Minha netinha, por exemplo, tem uma tia e nada menos do que oito avós.

Miséria. Segundo Duby, "as pessoas viviam, portanto, num estado de privação material comparável ao experimentado atualmente pelas populações mais pobres da África negra". No ano 999, a maioria das pessoas se vestia, no mínimo, com peles não curtidas de ovelhas e cabras. As camisas e os botões foram difundidos muito mais tarde e o tecido era privilégio de pouquíssimos ricos. No ano 2000, a situação é inversa: todos os cidadãos do Primeiro Mundo vestem-se de tecidos naturais ou sintéticos, os mais ricos podem permitir-se trajar paletós, calças e casacos de pele, mas curtida à perfeição. Para agregar valor e elevar o custo das roupas, uma multidão de estilistas se encarrega de criar novas modas a cada estação.

Racismo. No início do século XIII, os judeus eram tratados como leprosos e obrigados a portar um distintivo, como mais tarde, na Europa nazista. Até um homem santo como São Luís, a quem perguntavam "Com muçulmanos e judeus, deve-se discutir?", respondia: "Com essa gente, apenas um argumento funciona, a espada. É preciso enfiá-la na barriga deles!" Hoje, as nações do continente europeu, por serem mais ricas e, consequentemente, mais cínicas, levantam muros para impedir a chegada de imigrantes do Oriente Médio que fogem da guerra e de africanos que escapam da fome, mas os habitantes de Lampedusa são tão acolhedores com os imigrados que merecem o prêmio Nobel da Paz.

Doenças. Durante toda a Idade Média alastraram-se epidemias: basta pensar na inaudita virulência da Peste Negra, no verão de 1348, que exterminou um terço dos habitantes da Europa. É como se hoje – quando o mundo gasta 10% do PIB com saúde e há 15 médicos para cada 10 mil pessoas –, em apenas quatro meses, morressem 20 milhões de pessoas na Itália, 67 milhões no Brasil, 100 milhões nos Estados Unidos, 240 milhões na Europa e 460 milhões na China.

Violência. Já 400 anos antes do século XI, Gregório Magno descrevia a situação que testemunhava: "Aqui estão cidades despovoadas, castelos destruídos, igrejas incendiadas, mosteiros de homens e de mulheres devastados, campos desolados, agora privados de quem os cultive, lugares antes habitados pelo homem agora reduzidos a desertos sem dono, a refúgio de feras. O que possa advir nas outras partes do mundo, eu não sei. Mas aqui, onde vivemos, o mundo, mais que anunciar o próprio fim, já nos faz vê-lo."

Diferentemente do que acontece hoje em Roma ou em Paris, naquele tempo nenhuma pessoa em sã consciência jamais ousaria sair sozinha de casa. Uma mulher sozinha pelas ruas teria sido considerada uma espécie de incitação ao estupro, que, aliás, era bastante frequente. Um marido podia matar de pancada a própria mulher; um senhor podia ferir um escravo sem sofrer qualquer consequência legal.

Educação. A população europeia do século XI era constituída, prevalentemente, de analfabetos. Em contrapartida, o século XXI iniciou-se sob o signo da difusão da cultura: hoje o mundo destina 5% do seu PIB para a educação.

Portanto, se este não é – a despeito de todos os pessimistas – o melhor dos mundos possíveis, é, ao menos, o melhor dos mundos que existiram até hoje. No século XI, a humanidade era composta de 300 milhões de pessoas; agora somos 7 bilhões prestes a nos tornar 8 bilhões. Oito bilhões de cérebros humanos que todas as manhãs acordam e começam a sonhar. O planeta jamais tinha hospedado tanta inteligência, ainda mais escolarizada e interconectada! Estamos muito melhor que ontem e, mesmo se tivesse de acontecer um apocalipse, seria, talvez, um apocalipse festivo.

2999

Finalmente, estamos às vésperas do quarto milênio. Os preparativos para o fim do ano de 2999 ricocheteiam de galáxia em galáxia, mas todas as reservas vão se concentrando nos hotéis do planeta Terra, onde recentes escavações trouxeram à luz vestígios de mil anos atrás.

Depois do cataclismo biotecnológico do século XXV e da consequente destruição dos bancos de dados que guardavam a história de décadas desde 2000, perderam-se os dados daquele período e os jornalistas aproveitaram para inventar histórias completamente infundadas.

Como viviam os habitantes da Terra no despertar do terceiro milênio? Do que tinham medo? Como passavam o tempo? Como se divertiam?

Já sabemos que, ao apagar das luzes de todo milênio, surgem profetas do mau agouro que anunciam o fim do mundo. À chegada do ano 1000, eram os chamados "padres"; ao fim do 2000, foram os "economistas"; hoje são os "trabalhadores". Trata-se, toda vez, de resíduos sociais que, na impossibilidade de fazer triunfar as próprias ideias, anunciam o Juízo Final, esperando que morra Sansão com todos os filisteus.

Hoje, por exemplo, no limiar do quarto milênio, esses modernos agourentos são conhecidos como "trabalhadores", segundo a terminologia que estava na moda há 10 séculos.

Mas quem são eles, exatamente? Parece que esses profetas da desventura são descendentes de uma antiga casta azarada – os gestores – que tinha contraído uma doença perturbadora: se enfurnavam, ao amanhecer, em caixas feitas de vidro e cimento onde se punham a jogar paciência e fazer reuniões, recusando-se a sair antes do anoitecer e usando o tempo para se sodomizarem mutuamente, ainda que em sentido metafórico. Esse costume sadomasoquista, doloroso e prazeroso ao mesmo tempo, chamado, às vezes, de "eficiência" e, outras, de "competitividade", era exaltado por uma religião em voga durante algumas décadas, que adorava um deus abstrato conhecido como "mercado". Essa estranha divindade exigia que cada um deles, depois de ter trabalhado de modo frenético e monótono durante uns 20 anos, regredisse à condição de "excedente" e, como tal, fosse deixado de lado, em uma espécie de torpor chamado de "aposentadoria", que consistia em esperar, inerte, pela morte. (Leve-se em conta que, nos primeiros anos do século XXI, a duração média de vida era um terço da atual.)

Os economistas eram os teólogos dessa religião, baseada numa sagaz combinação de terror febril e inércia forçada, sob o açoite permanente de um suposto desastre financeiro, sempre às portas e sempre protelado. Para abrandar a desilusão desse desastre anunciado, os economistas elaboraram uma complicada crença a respeito do fim do mundo, que coincidia com o fim do segundo milênio.

A mesma coisa, aliás, adviera no fim do primeiro milênio, quando alguns religiosos parisienses haviam tentado convencer as massas de que o Juízo Final estava às portas.

Assim, durante todos os 10 séculos do terceiro milênio, um remanescente da antiga casta gerencial continuou a cultivar a religião do trabalho e da produtividade em benefício próprio. Crescendo com a maré de novas tecnologias – que logo substituíram os trabalhadores manuais e intelectuais, tornando-os inúteis –, esses gestores continuaram, obstinadamente, a cultivar seus hábitos sadomasoquistas, recolhendo-se a galerias subterrâneas, das quais já não saem mais, pois continuam a trabalhar sem cessar, fazendo coisas cada vez mais inúteis e, agora, por meio de antigos sistemas de comunicação conhecidos como "internet", difundem anúncios arcaicos segundo os quais o fim do ano 2999 desencadearia o fim da era ociosa e, com ela, o fim de nossa galáxia.

A partir do ano 2000, nós – raça consciente e renovada – começamos a compreender muita coisa. Começamos a compreender que se vive apenas uma vez. Começamos a compreender que os seres humanos são feitos para criar e procriar, não para infernizar a alma trabalhando. Começamos a compreender que todo trabalho enfadonho e fatigante pode ser executado por máquinas. Começamos a compreender que o luxo consiste na tranquilidade, na segurança, na autonomia, na disponibilidade de tempo, de espaço, silêncio e beleza. Começamos a compreender que a desocupação, embora dolorosa, é o primeiro passo para a libertação da escravidão do trabalho.

Mas esses "gestores", esses trabalhadores, esses doentes de hiperatividade inútil e danosa têm continuado a agitar, por meio da política, os meios de comunicação de massa e a escola, a fim de perpetuar a sua insana doença da produtividade insensata e contagiar o maior número possível de pessoas.

Por sorte, o quarto milênio se inicia com a esmagadora prevalência da civilidade ociosa: aquela em que a introspecção, a amizade, o amor, a brincadeira, a beleza e a convivência têm, enfim, prevalecido sobre as lutas por poder, dinheiro e posse de bens materiais.

Hoje, a incivilidade do segundo milênio, centrada justamente no poder, no dinheiro e no consumo, nos deixa curiosos pelo fator arqueológico. Por isso tantas reservas nos hóteis terrestres para festejar o advento do quarto milênio e para visitar as ruínas das fábricas e dos escritórios em que trabalhavam nossos distantes antepassados de 1999.

Conta-se que, durante toda a noite de 31 de dezembro de 1999, eles dançavam, girando em seus corpos altos e ágeis. É estranho imaginar isso! Acostumados a *teletrabalhar*, *teleamar*, *teledivertir-nos*, *tele-estudar* e *televiajar*, a fazer tudo com a cabeça, e dado que o uso desenvolve o órgão, nós, seres humanos de 2999, temos o corpo pequeno e a cabeça enorme, o que nos impede de executar qualquer passo de dança. Mas a perfeição não é deste mundo.

Ondas

"Estamos em fase de transição. Como sempre", constatava Ennio Flaiano, com sua arguta sabedoria. De fato, a história humana se caracteriza por uma mudança contínua, mas não uniforme, porque, em alguns casos – considerados "épicos" com razão –, tanto as fontes energéticas quanto a sede de poder e os paradigmas culturais mudam drástica e simultaneamente. Uma mudança desse gênero (uma primeira grande onda, como diria Alvin Toffler) aconteceu quando, na Mesopotâmia de 5.500 anos atrás, o homem passou da caça e da colheita à criação e à agricultura, da vida nômade à vida sedentária, do campo à cidade, da transferência do saber pela tradição oral à organização escolar e à escrita, do escambo à compra e venda por meio da moeda, dos animais de carga ao transporte sobre rodas. Os sumérios e os acadianos, os babilônios hititas, os hurritas e os cassitas, que naquele tempo habitavam o Crescente Fértil, nos deixaram de herança aquela sociedade rural centrada na agricultura e no artesanato que acompanharia a humanidade até a metade do século XVIII.

A Revolução Industrial representou uma segunda etapa, uma segunda onda, em que a descoberta de novas energias, como o vapor, a eletricidade e o petróleo, a acumulação primária de todas as grandes riquezas extorquidas dos países colonizados e o surgimento dos novos valores difundidos pelo Iluminismo se intrincaram com uma nova organização do trabalho, com a formação dos Estados-nações e a ascensão da burguesia ao poder.

A sociedade industrial, centrada na produção em grande escala de bens materiais, como automóveis e refrigeradores, compreendeu o período de tempo que vai do século XVIII à metade do século XX. Segundo Toffler, o código subentendido no desenvolvimento industrial era composto de seis princípios: a racionalização dos processos produtivos, a padronização dos métodos, dos produtos e dos preços, a segmentação das tarefas, a organização piramidal e hierárquica do poder, a eficiência entendida como emprego de meios mínimos tendo em vista resultados máximos e a economia de escala.

Como veremos melhor a seguir, a Revolução Industrial modificou todos os termos do sistema social. Substituiu a predominância do trabalho camponês pela prevalência do trabalho operário; impôs os ritmos da eficiência e da produtividade; transformou a fábrica e a cidade em imensas linhas de montagem; baseou a economia na presunção de uma disponibilidade de recursos infinita e de um possível crescimento igualmente infinito; determinou a urbanização e induziu o consumo de massa; difundiu a democracia parlamentar; estendeu a expectativa de vida e duplicou a população mundial; inventou o *welfare*.

Se a sociedade rural durou 5.500 anos, a sociedade industrial durou apenas 200 anos, porque ela mesma gerou rapidamente os fatores da sua superação: progresso tecnológico, desenvolvimento organizacional, globalização, duas guerras mundiais, Revolução Russa, Guerra Fria, difusão da escolarização e comunicação de massa.

Assim, pela destruidora ação conjunta de todos esses fatores, a partir da Segunda Guerra Mundial, e pelo impacto lacerante de Hiroshima, inicia-se uma terceira onda, uma nova civilização, "tão revolucionária que põe em discussão todas as nossas velhas convicções. Os velhos modos de pensar, as velhas fórmulas, os velhos dogmas e ideologias, os quais, não importa quão apreciados ou úteis no passado, não acompanharam o ritmo da realidade", escreve Alvin Toffler em 1987, ao publicar o seu afortunado *A terceira onda*.

Essa terceira onda, depois da onda rural e da industrial, é a sociedade atual, que chamo, por convenção, de "pós-industrial" e que pegou de surpresa governantes, empresários, gestores, pais, professores e sacerdotes, deixando-os desorientados e privados de modelos a que recorrer. Apesar disso, eles foram obrigados a tomar decisões, navegando com atenção ou aplicando à nova realidade os critérios elaborados na velha sociedade, e acabando, fatalmente, por esbarrar em todos os erros induzidos pelo alienante gap cultural.

Portanto, a partir da Segunda Guerra Mundial verificou-se uma descontinuidade épica, com a afirmação de um novo modelo socioeconômico centrado na produção de bens imateriais: informações, serviços, símbolos, valores, estética. Isso não significa que os produtos industriais foram deixados de lado. Da mesma forma, as gerações seguintes, ao passarem pela velha sociedade industrial, não prescindiram dos produtos agrícolas, mas sim dos agricultores, substituindo-os por tratores automáticos e defensivos químicos. Nós também, hoje, ao passarmos da sociedade industrial para a pós-industrial, não prescindiremos dos produtos industriais, mas dos operários e dos empregados, substituindo-os por computadores e robôs.

Essa grande mudança, da qual tivemos o privilégio de ser testemunhas e protagonistas, tinha sido anunciada por sinais premonitórios e precursores geniais desde o século XIX, quando o foco dessa revolução épica já era gerado, sob as cinzas. Entre 1870 e 1890, Lobachevsky demonstrara a imperfeição do postulado sobre a reta, tirando do eixo as bases de toda a geometria euclidiana. Em 1872, Nietzsche publicara *O nascimento da tragédia*, para contrapor o caráter dionisíaco ao caráter apolíneo e proceder à destruição dos valores que continua com *Assim falou Zaratustra: Um livro para todos e para ninguém*, de 1885, e termina com *Vontade de potência*, publicado postumamente em 1901.

Em 1899, Freud publicara *A interpretação dos sonhos*, datando-o de 1900 para conferir-lhe o prestígio de uma virada de século. Na realidade, com esse ensaio Freud resgatava a psicologia da filosofia e a renovava desde os fundamentos. Exatamente em 1900, com o ensaio sobre os quanta da matéria e da eletricidade, Max Planck revelara sua teoria da mecânica quântica, que, junto com a teoria da relatividade de Einstein, representou um dos dois pilares da física moderna. Em 1902, Marie Curie descobrira o rádio e a radioatividade, contribuindo para outro avanço à frente da física, da química e da medicina. Em 1905, mesmo ano em que Klimt pintava *As três idades da mulher*, Ernst Mach destrinchava a filosofia do positivismo, com *Conhecimento e erro*, enquanto Albert Einstein desbaratava a física clássica, com a teoria da relatividade restrita, apresentada no artigo "Sobre a eletrodinâmica dos corpos em movimento". Pouco depois, em 1907, Picasso inauguraria em Paris a nova era da pintura, com

Les demoiselles d'Avignon, que despedaçava o equilíbrio da composição pictórica e, com isso, a unidade perceptiva da simetria. Por sua vez, na arquitetura, o ferro, o aço e o cimento davam representação plástica ao estruturalismo, nascido em 1916, junto com a linguística e a semiótica modernas, com a publicação póstuma do *Curso de linguística geral*, de Ferdinand de Saussure. Na literatura, o erotismo provocativo e anticonvencional de Frank Wedekind encorajava o despertar da primavera que a art nouveau tinha mascarado, com curvas harmoniosas e indolentes. Em 1918, Le Corbusier conceberia o modelo com o qual superaria, de repente, os critérios construtivos da arquitetura tradicional. Em 1922, Joyce apresenta à imprensa *Ulisses*, obra que abalaria a hegemonia do romance concluso. Em 1923, Schönberg publica o artigo *Komposition mit 12 Tönen* (Composição com 12 notas), que, teorizando o dodecafonismo, quebraria a tonalidade tradicional com as dissonâncias da música atonal. Em 1934, Enrico Fermi provoca a fissão do átomo de urânio, inaugurando a era nuclear. Em 1953, Crick e Watson descobrem a estrutura do DNA e abrem caminho à biologia molecular. Em 16 de agosto de 1945, Little Boy, a primeira bomba de urânio, destrói Hiroshima e, com isso, põe fim à era industrial.

Durante a fase de transição da sociedade rural para a industrial, por muitos anos, apesar do início da industrialização, os teóricos mais atentos se davam conta de que a época rural estava chegando ao fim, mas não conseguiam compreender qual elemento caracterizava a nova sociedade. Mais do que "industrial", ela lhes parecia "pós-rural", e a variedade das denominações adotadas pelos primeiros estudiosos demonstra a incerteza deles em identificar qual era a característica distintiva daquilo que estava acontecendo diante de seus olhos.

Algo parecido acontece hoje: sabemos que a nova sociedade não se identifica mais pelo modo de produção industrial, mas não é possível, ainda, concluir qual fator ou processo alcançará a posição determinante que a indústria ocupou nos últimos 200 anos. Alguns defendem que será a informação; outros, que será a estrutura da personalidade; outros, ainda, a incidência da programação; e outros mais, que a base da nova sociedade será justamente não ter um único fator determinante, mas sim ser fundada a partir de uma rede de fatores, entre os quais os serviços, a informação, a criatividade, a globalização, e por aí vai.

Não se pode negar, porém, que a partir da Segunda Guerra Mundial e, de maneira acentuada, na passagem do século XX para o século XXI, a nova sociedade deixou algumas características mais evidentes. No âmbito internacional, os países do Primeiro Mundo monopolizam a produção de ideias e transferem aos países emergentes a produção de bens materiais; o novo ponto de força do sistema social e de cada um dos subsistemas consiste na capacidade de projetar o próprio futuro. Nas economias avançadas, prevalecem claramente os adeptos do terciário frente aos trabalhadores da indústria e da agricultura. Todos os dias os modelos de vida dedicados à fábrica e à grande indústria decrescem e o tempo livre predomina quantitativamente sobre o tempo de trabalho, adquirindo uma posição cada vez mais central. O conhecimento teórico, a programação social, a pesquisa científica, a produção de ideias e a educação exercem um papel cada vez mais determinante no desenvolvimento da sociedade. A riqueza, o trabalho, o conhecimento, as oportunidades e o poder concentram-se, cada vez mais, em poucas mãos. Declina a luta de classes polarizada entre burguesia e proletariado, enquanto se exacerba uma luta de classes assimétrica dos ricos contra os pobres e se multiplica uma pluralidade de conflitos e de movimentos.

Na estrutura das personalidades individuais, prevalecem os atributos de caráter narcisista, que suplantam ou integram os edipianos, enquanto as necessidades "débeis" e voluptuárias substituem, cada vez mais, as necessidades "fortes" e primárias. A economia prevalece sobre a política e as finanças prevalecem sobre a economia; a velocidade prevalece sobre a lentidão; a uniformização prevalece sobre a identidade; a virtualidade prevalece sobre a tangibilidade; a intelectualidade prevalece sobre a materialidade; o binômio fornecedor–cliente prevalece sobre o binômio comprador–vendedor; a hibridização prevalece sobre a separação. A mercantilização se estende dos bens materiais aos imateriais, das relações interpessoais à cultura.

Predominam novos valores ligados à intelectualização, à ética, à estética, à subjetividade, à emotividade, à feminilização, à desestruturação do tempo e do espaço, à qualidade de vida.

Impõem-se novos luxos ligados à disponibilidade de tempo, espaço, autonomia, beleza e convívio. A geração dos nativos digitais, cada vez mais numerosos, suplanta a dos analógicos, em vias de extinção.

Tão enraizadas quanto esses luxos são as mudanças produzidas pelo advento pós-industrial na esfera cultural: a passagem da cultura moderna para a cultura pós-moderna; da dimensão internacional para a dimensão global; de uma epistemologia da simplicidade para uma epistemologia da complexidade e da descontinuidade; a hibridização entre nomadismo e sedentarismo; a desorientação.

Também são profundas as consequências sobre o trabalho: a desvalorização da agricultura frente à indústria, da indústria frente aos serviços, dos serviços frente à cultura e ao bem-estar; a transição das tecnologias mecânicas para as eletrônicas, informáticas e biológicas; a mudança das energias e dos materiais tradicionais para o nuclear, o eletrônico, as nanotecnologias, os novos materiais; as promessas ameaçadoras e promissoras da inteligência artificial; o desenvolvimento sem trabalho (*jobless growth*); a difusão do empreendedorismo; a difusão do trabalho intelectual, flexível e criativo; a substituição do controle pela motivação na gestão de pessoas; a meritocracia; a hibridização entre estudo, trabalho e tempo livre (ócio criativo); o surgimento de novos conceitos de trabalho; o trabalho remoto; a feminilização de muitos setores; a dicotomia entre desempregados e sobrecarregados; a micro-hostilidade e o desafeto entre os empregados; a ampliação da faixa dos Neet (Not currently engaged in Education, Employment or Training – não envolvidos em educação, trabalho ou treinamento) ou nem-nem (nem trabalha nem estuda).

Além de tantas e tão profundas mudanças introduzidas a partir da Segunda Guerra Mundial, outras – também revolucionárias – podem ser previstas para o futuro a médio prazo. Aumentará o conflito entre os muitos países pobres – cada vez mais pobres – e os poucos países ricos – cada vez mais ricos. A uniformização cultural será cada vez mais rápida, como também a unificação linguística, a homogeneização das experiências, a secularização da ética. As novas tecnologias possibilitarão a produção de bens e serviços cada vez mais diversificados, que corresponderão às exigências subjetivas de cada indivíduo ou de pequenos nichos, mais do que às modas massificantes impostas de cima, como quando procuravam alinhar a produção em série com a demanda de massa. Os problemas se tornarão cada vez mais complexos, mas os instrumentos para resolvê-los serão cada vez mais sofisticados e potentes. A tecnologia será cada vez mais capaz de levar as informações aonde os homens estão em vez de reunir os homens onde as informações estão, permitindo, assim, um crescente distanciamento físico das pessoas e sua dispersão espacial. As máquinas e a inteligência artificial estarão aptas a responder a um número de questões bem mais elevado do que conseguimos hoje. Essas ferramentas permitirão uma futura libertação do vínculo com a concretude, constituindo um suporte precioso para a elaboração de cenários e modelos sobre os quais fundamentar nosso futuro. A dialética social, os conflitos verticais e horizontais assumirão, cada vez mais, a tipologia de movimentos efêmeros e interclassistas, mais do que de instituições tradicionais, de tipo partidário e sindical. O tempo livre deslocará o tempo de trabalho da posição central que ocupa há milênios na existência humana; consequentemente, a chave para compreender o sistema social não será mais o trabalho, mas o não trabalho.

Os ciclos das evoluções seguintes e dos progressos posteriores – ao contrário do que tem acontecido até agora na história – serão bem mais curtos do que a duração média da vida humana. Todos os tempos de referência serão bem mais curtos do que aqueles com os quais estávamos acostumados na era industrial. Dentro de algumas décadas, o trabalho manual desaparecerá quase por completo, exceto em certas atividades artísticas – como a escultura – e nos serviços às pessoas. Em breve, será possível delegar às máquinas não só o esforço físico e o intelectual do tipo repetitivo, mas também o trabalho inteligente, cabendo ao homem apenas a atividade criativa. A pressão pela flexibilidade e pela redução do horário de trabalho operacional prosseguirá em todos os países hiperindustrializados. A terceirização permanecerá, dentro e fora das empresas manufatureiras. As técnicas produtivas se tornarão cada vez mais flexíveis, permitindo a diversificação dos produtos e a oferta de bens não massificados e massificantes.

Será possível projetar novos artefatos, prescindindo, cada vez mais, dos materiais disponíveis na natureza e inventando materiais novos, funcionais, para produzi-los. O espaço econômico de toda atividade – seus insumos e seus produtos – tenderá a ter dimensões globais. Os complexos industriais e comerciais, compostos de pessoas cada vez mais cultas e de tecnologias cada vez mais potentes, devem revolucionar, desde os alicerces, a sua atual organização, designada por Taylor a trabalhadores semianalfabetos e a arcaicos estabelecimentos manufatureiros. Na seleção feita pelo mercado global, sobreviverão as sociedades, os grupos, os partidos, os sindicatos e as empresas capazes de se reorganizar rapidamente em função dos valores globais e das tecnologias emergentes na sociedade pós-industrial.

As únicas atividades em que homem e mulher não poderão ser substituídos por robôs e nanotecnologias serão aquelas que requerem criatividade, estética e afetividade. Em 1786, o presidente norte-americano John Adams já havia compreendido isso, quando previu, de forma genial, a ocorrência sucessiva das três ondas e escreveu, profeticamente: "Devo estudar a política e a guerra, de modo que meus filhos possam estudar a matemática e a filosofia, a navegação, o comércio e a agricultura, a fim de propiciar aos filhos deles a possibilidade de estudar a pintura, a poesia, a música e... as porcelanas."

Chip

Com certeza você sabe que Gordon Moore é um dos fundadores da Intel. E sabe também que a Intel é a maior produtora de microprocessadores, de chips. Ou melhor, é a empresa onde, em 1971, Marcian Hoff, Federico Faggin, Stanley Mazor e Masatoshi Shima construíram o primeiro chip monolítico, o 4004, anunciado como "*a new era of integrated electronics*" (uma nova era de eletrônicos integrados). Com toda a segurança, você sabe o que é um chip: aquela minúscula lâmina de silício de poucos milímetros quadrados que, no início, continha 2.300 transistores e podia executar 60 mil operações por segundo. Algo estonteante, há meio século; irrisório, hoje.

Irrisório porque nesse meio-tempo os cientistas conseguiram colocar naqueles milímetros quadrados um número cada vez maior de transistores. Hoje estão na ordem dos bilhões. Um bilhão de transistores significam um bilhão de operações por segundo. Se você pensar que o coração humano leva 30 anos para bater um bilhão de vezes, compreende bem aonde esse chip chegou.

É aqui que entra em campo o nosso Gordon Moore. Ele descobriu uma regrinha com a qual é possível responder à pergunta: Aonde chegamos, para onde estamos indo? Na verdade, o senhor Moore percebeu que a potência dos chips duplicava mais ou menos a cada 18 meses. Escreveu isso em uma revista e, a partir daquele momento, todos dizem que "a potência do chip dobra segundo a lei de Moore".

Duplicar a cada 18 meses é um feito fantástico-científico graças ao qual o infinitamente pequeno pode fazer coisas infinitamente grandes e o infinitamente estúpido pode chegar a cumprir ações infinitamente inteligentes. E pensar que alguns computadores potentes foram capazes de demonstrar complexos teoremas de matemática que nem mesmo os melhores matemáticos conseguiram compreender.

Se isso acontece hoje, quando um chip é cerca de 70 bilhões de vezes mais potente que aquele dos anos 1970, o que acontecerá quando, em 2030, estiver centenas de bilhões de vezes superior ao atual e tivermos à nossa disposição microcircuitos flexíveis sobre suportes elásticos e processadores *multicore* (ou multinúcleo) para o cálculo paralelo nos PCs?

Enquanto cada um dos aparelhos elétricos – tear automático, refrigerador, máquina de costura, lava-louça – era capaz de atender a uma única necessidade – produzir tecidos, conservar alimentos, costurar roupas, lavar utensílios de cozinha –, mesmo que o operador tivesse múltiplos pedidos e outras demandas, hoje o computador pós-industrial é capaz de responder a numerosas solicitações quase ao infinito. Nós é que precisamos saber como requerer dele tais infinitos pedidos. As ferramentas à disposição prestes a serem conhecidas logo se tornarão onipotentes, mas poderemos, em breve, descobrir nossa incapacidade de elaborar solicitações à altura delas e, depois, nossa incapacidade de compreender as respostas. Já hoje, cada um de nós tem seu celular ou tablet para atender a apenas uma infinitésima parte das operações que aquele celular ou computador saberia atender, desde que as conhecêssemos e soubéssemos requerê-las.

Isso também porque os equipamentos de tecnologia da informação (TI) à nossa disposição são bastante recentes e muitos de nós os vemos, ainda, com hostilidade e suspeita. Mas, daqui a 15 anos, os atuais portadores da cultura analógica estarão todos mortos e a cultura digital dominará, incontestável, o planeta. Nesse meio-tempo, o chip terá multiplicado por outros bilhões de vezes sua potência atual e, quem sabe, em vez de evaporar, terá, na verdade, aumentado o gap cultural entre quem o considera amistoso e os que temem suas novas superpotencialidades.

O que há de mais inquietante no chip é sua atitude invasiva. Com o passar do tempo, aproveitando-se de sua pequenez, ele se inseriu em toda parte: nos controles remotos, nas carteiras de identidade, nos cartões bancários, nos pedágios rodoviários, nos celulares e até sob a pele.

Todo chip recolhe e fornece informações em medida incrível. Um único cartão pode conter informações relativas ao nosso nascimento, ao nosso histórico de doenças e às prováveis no futuro, à cor dos nossos olhos, aos nossos gostos gastronômicos e sexuais, às nossas movimentações bancárias, aos filmes que vimos e aos que pretendemos ver, aos livros que adquirimos nos últimos 10 anos e àqueles que buscaremos depois.

E isso não basta. Assim como os computadores dialogam entre si por meio da internet, também os vários cartões e os vários bancos de informações seguem se comunicando, com a ajuda das nanotecnologias. Isso, entre outras coisas, permite somar e comparar todos os dados, de modo que cada pessoa fique sob total controle durante 24 horas: pode-se saber onde ela se encontra em qualquer momento, aonde está indo, o que vai fazer, com quem fala ou com quem faz amor, quais as suas posições preferidas do *Kama Sutra*, quais os conhecimentos que possui e que intenções tem.

Nos Estados Unidos, as operadoras de planos de saúde tendem a segurar apenas aqueles que oferecem altas garantias de sanidade física e mental. Com as novas ferramentas, elas conseguirão saber com antecedência o histórico de saúde e as probabilidades de doença de cada cidadão sem que este saiba.

Um detetive pode acessar toda a variedade de compras de um vasto número de pessoas. Desse modo, pode descobrir, por exemplo, que um marido compra preservativos em uma farmácia longe de casa e que, portanto, pode ter uma amante.

De modo semelhante, um microfone e um detector de calor instalados em cada teto podem indicar, casa por casa, quem está dormindo e quem está trabalhando, quem está fazendo amor, em que andar do edifício e com quantas pessoas.

As câmeras posicionadas nas esquinas das ruas, conectadas entre si e com os bancos de dados centrais, podem combinar informações de modo a manter sob controle cada passante, prever suas atitudes, impedi-lo, prendê-lo. Enfim, estamos à beira de uma crise de privacidade. Para quem ainda mantém segredos ou esconde notícias, resta pouco tempo: milhões de pequenos Mandrakes, Fantasmas, Maigrets, e Sherlock Holmes estão de emboscada dentro de nossas carteiras, gavetas, quartos, cozinhas e camas, para se intrometer em nossos segredos e nos privar do prazer tranquilizador da intimidade.

Os *big data*, graças à superpotência dos chips, permitem juntar, elaborar, comparar e distinguir bilhões de bilhões de informações. Isso possibilita a quem as detém – principalmente o Google – saber com antecedência o futuro próximo e remoto das pessoas e do mundo: qual a possibilidade de uma epidemia se propagar, de uma empresa falir, de uma revolta irromper. Mas permite, também, saber se uma jovem está grávida antes que ela própria, seu parceiro e seus pais o saibam. Assim, a empresa produtora de mamadeiras ou de fraldas pode enviar àquela jovem a publicidade de seus produtos antes mesmo que ela conclua que vai precisar deles.

Tudo isso acarreta a centralização de poderes em uma só região do mundo, o Vale do Silício, e em pouquíssimas mãos: de Bill Gates; de Mark Zuckerberg, do Facebook; Larry Page e Sergey Brin, do Google; e dos herdeiros de Steve Jobs, da Apple – que o sociólogo Evgeny Morozov definiu como "vegetariano sanguinário e budista combativo". Hoje, entre os primeiros 62 homens mais ricos do mundo – aqueles da classificação da *Forbes*, que detêm, sozinhos, a riqueza de 3,5 bilhões de pobretões –, pelo menos uns 20 se ocupam de negócios direta ou indiretamente ligados ao chip.

Arquivada de vez a privacidade, o chip deu início à sua batalha para a eliminação progressiva de outras funções às quais o ser humano vem se dedicando por milênios, aperfeiçoando-as, até fazer delas o âmago da própria personalidade.

Os calendários e as agendas em nosso celular nos avisam antecipadamente, como fiéis mordomos, dos compromissos que temos ou dos remédios que devemos tomar, ou ainda das contas que temos que pagar. Portanto, é impossível esquecer. O esquecimento não passa de uma desculpa à qual nos agarramos, um álibi sob o qual nos escondemos, um arrependimento pelas oportunidades perdidas. Simplesmente é uma impossibilidade.

Mapas e navegadores, também eles incluídos em nosso celular, indicam-nos com precisão onde estamos, onde se encontram, naquele momento, nossos amigos e nossos inimigos, que rua devemos percorrer para chegar aonde pretendemos. Agora é impossível se perder. Homero deveria reescrever a *Odisseia*, Joyce deveria reescrever o *Ulisses* e Wagner deveria reescrever o *Parsifal*.

Também se tornou difícil fingir saber. Aquele amigo pedante e fofoqueiro que se acha esperto, mencionando nomes, dados e fatos fictícios com descarada desenvoltura, agora pode ser confrontado, imediatamente, com a própria exuberante ignorância, buscando-se no Google, em tempo real, as informações exatas para desmenti-lo. É impossível blefar, portanto. Stefan Zweig deveria reescrever a sua *Novela de xadrez,* concebida em 1941, quando o chip ainda estava por vir, e George Roy Hill deveria rodar uma versão completamente diferente de *Golpe de mestre*, um filme de 1973, concebido quando o chip ainda era recém-nascido.

"Não sabia que...", "Ninguém tinha me informado que...". Até essas justificativas já estão esgotadas. A Wikipedia, os sites, o Facebook e o LinkedIn têm tudo. Qualquer coisa pode ser compartilhada pelo WhatsApp, que permite enviar e receber, a custo zero, tanto imagens quanto músicas, tanto áudio quanto texto. Sempre a custo zero. O Skype permite ver quem quer que seja e onde quer que esteja, sem qualquer possibilidade de simular outro momento e outro lugar. Os ricos não podem mais se iludir de ficarem invisíveis aos olhos dos pobres. As primaveras árabes, turca, brasileira nasceram da ofensiva visibilidade das injustiças e da inesperada facilidade de aglomerar massas por meio da internet; as trapaças, as propinas, as máfias mais cedo ou mais tarde caem, sob os golpes das interceptações tornadas possíveis pelas tecnologias da informática.

Hoje a Batalha de Waterloo teria tido um desfecho diferente se Napoleão, munido de um smartphone, tivesse entrado em contato direto com o seu marechal Grouchy e tivesse sido informado a tempo das manobras executadas pelas tropas do general Maitland. Shakespeare, por sua vez, precisaria rever a trama de *Romeu e Julieta* se os dois desprovidos amantes, com dois simples celulares, tivessem podido se inteirar, mutuamente e no tempo certo, da situação real dos fatos.

Rompido o reduto da privacidade e tendo-se tornado impossível isolar-se, perder-se, ignorar e esquecer, caem por terra todas as ações que conseguiam fazê-lo, que nos tornavam frágeis, duvidosos, indecisos e, portanto, humanos. Sucumbe, por exemplo, ou é decisivamente desencorajado, o adultério, a partir do momento em que – sempre por causa do chip – a possibilidade de ser descoberto e de sofrer consequências prevalece sobre a tentação de um encontro fortuito com a pessoa desejada. Afinal, o esforço é enorme, o prazer é momentâneo e a posição é ridícula, como, sabiamente, ponderava lorde Chesterfield.

Celular

A minha infância foi povoada por figuras dotadas de onipresença e de invisibilidade. Professores fantasiosos, párocos fabulosos, tias educadas pelos clássicos da coleção "Scala d'oro"* contavam-me sobre duendes e fantasmas invisíveis de pequenos monges, capazes de aparecer de repente, nas circunstâncias mais inesperadas, para espiar sem serem vistos, para prevenir contra perigos iminentes, para anunciar boas-novas, para fornecer números da loteria; santos que voavam de uma parte a outra da Terra, capazes de levitar no escuro e de se materializar temporariamente em vários lugares; anjos da guarda capazes de estar ao mesmo tempo no céu, junto de Deus, e na Terra, vigilantes e discretos, às minhas costas.

Então, depois dos deuses do Olimpo, todos dotados de invisibilidade e onipresença, depois dos hipogrifos, dos elfos e duendes, da literatura de Ariosto e Mozart, vieram os heróis das histórias em quadrinhos – Mandrake, Batman, Fantasma –, todos prodigiosamente invisíveis e onipresentes, graças a virtudes mágicas ou a velocidade e destreza fora do comum.

Até que chegaram às telas receptoras de imagem, grandes e pequenas, os encontros destes últimos – com efeitos especiais e personagens virtuais capazes de atravessar paredes de aço e migrar de um planeta a outro, sem força da gravidade, lançados como mísseis com propulsores nucleares.

Por 800 gerações, do homem de Neandertal ao meu avô, a onipresença e a invisibilidade permaneceram como um patético sonho humano, um

* Coleção de livros clássicos ilustrados publicados na Itália na década de 1930 e voltados para o público infantil. (*N. da E.*)

delírio de onipotência idêntico àquele que nos fazia almejar a extinção da fome, da dor, da fadiga, da morte.

Depois, quase de repente, pelo menos nos países ricos, a dor foi suplantada com os analgésicos, a fome foi suplantada com a produção em massa, a fadiga foi suplantada com o robô.

E a invisibilidade? E a onipresença? O rádio nos permitiu prolongar o ouvido; a televisão, prolongar a visão, mas ambos, antes do advento do transistor, nos obrigavam a ficar pregados em determinado lugar, diante de um aparelho ao mesmo tempo mastodôntico, mágico e doméstico, do qual emanavam palavras, sons e imagens provenientes de mundos desconhecidos e distantes. Nós, permanecendo fixos e perfeitamente localizáveis, recebíamos mensagens enviadas de fontes distantes, mas também localizáveis e fixas. Éramos Batmans acorrentados.

Nesse limbo, suspenso entre permanência e onipresença, só na última década do século XX, de repente, o celular apareceu.

Lembro o momento preciso em que o reconheci: por ocasião dos campeonatos mundiais de futebol, uma senhora, fã do patrocinador da grande festa, exibia, vistosamente, um aparelho celular, despertando perplexidade, suspeita e inveja em nós, que não tínhamos um daqueles nem sabíamos que já estávamos na mira das propagandas subliminares. As quais, incitadas pelo demônio renascente da privatização, da competitividade e do lucro, atiraram-se sobre nós, possível público-alvo, com um posicionamento agressivo e lisonjeiro jamais visto. Durante uma década, a toda hora de todos os dias e todas as noites, fomos assediados por spots, por páginas e por cartazes publicitários que nos impeliam a nos alistar no exército dos onipresentes: marcianos e sapos, louras famosas e putas crioulas foram convocados, com o objetivo de instigar o nosso antigo delírio de onipotência até a aquisição do celular e a assinatura de um plano.

Prometeram-nos invisibilidade e onipresença. E cumpriram, com todos os possíveis inconvenientes derivados delas. Se no tempo da Guerra de Troia existisse o celular, com certeza algum Aquiles o teria esquecido ligado na barriga do cavalo, pondo a perder todo o estratagema do astuto Ulisses.

Já nós, insaciáveis passageiros consumistas do fim de século, graças às diabruras do pequeno, dócil e mágico celular, podemos nos conectar de qualquer lugar com seja qual for o ponto do planeta sem que o nosso interlocutor saiba onde, realmente, nos encontramos. Para os nativos digitais, o fato não desperta surpresa, mas para nós, imigrantes digitais, apresenta todos os traços do mágico e do milagroso.

As potencialidades dessa nova diabrura são infinitas, e todos nós as inauguramos: novas piadas; formas de adultério mais arriscadas; suportes inesperados para golpistas e comerciantes; náufragos salvos das águas; prováveis vítimas de estupro providencialmente avisadas do perigo de emboscada; amantes reunidos em ocasiões fugazes que antes da era do celular teriam sido desperdiçadas; donas de casa prontas para adicionar a massa à água no momento certo, a fim de obter o perfeito cozimento. Mas, acima de tudo, a possibilidade enfim oferecida ao empresário de trabalhar sempre e em qualquer lugar – nos trens, no banheiro, nos quartos, até mesmo nos próprios escritórios – sem se ausentar nunca da função.

Hoje uma população de bilhões de usuários, destinados em breve a duplicar e triplicar sob o impacto das campanhas publicitárias, pode, enfim, falar de amor ou de trabalho em qualquer lugar e a qualquer hora, sem pudor e sem receio, convencida de estar invisível até mesmo ao companheiro de trem ou de restaurante, que o vê muito bem e, portanto, o ouve.

O coração do celular é aquele cartão pequeno e dourado que inserimos no aparelho com um gesto já rápido e eficaz. Aquele cartão contém um microprocessador que, pela lei de Moore – de que já falamos –, duplica a sua potência a cada 18 meses e que daqui a uma dezena de anos será centenas de bilhões de vezes mais potente que o atual.

Assim, os pequenos celulares crescem, embora permaneçam aparentemente pequenos. Se antes nos permitiam falar com qualquer pessoa, de qualquer lugar, agora nos possibilitam também ouvir música e rádio, ver televisão e filmes, entrar em contato com tudo e com todos por meio da internet, localizar-nos, localizar nossos amigos e inimigos na Terra, os astros e os aviões no céu, jogar, cumprir tarefas, organizar viagens e aventuras, reservar um avião ou um carro fúnebre.

Passamos a confiar ao celular nossa memória e nosso senso de orientação. A sua presença torna cada vez mais difícil adquirir hábitos considerados naturais ao gênero humano mas ignorados pelo progresso tecnológico: preservar a privacidade, isolar-se, perder-se, esquecer, ignorar, entediar-se. O roteirista Ennio Flaiano dizia que nos horários de pico é impossível até mesmo praticar o adultério. Imagine o que diria hoje!

Computador

Você sabe como são os cientistas! Karl Lashley, por exemplo, fazia estranhos experimentos com ratos para descobrir como funcionava o cérebro deles. Treinava-os para percorrer um trajeto em forma de labirinto e depois ia cortando pedaços do seu córtex cerebral para ver até que ponto eles continuavam a encontrar o caminho certo. Pois bem, mesmo quando os pobres animaizinhos já estavam privados de 90% do córtex cerebral, conseguiam, ainda assim, achar a saída do labirinto. (Experimente tirar nove décimos dos componentes do seu carro e veja se ele continua a funcionar!)

Mais tarde, outro cientista, Dennis Gabor, conseguiu obter um efeito similar ao dos ratinhos de Lashley: em uma câmara escura especial, projetava uma imagem fotografada sobre a superfície de uma lâmina de vidro apropriada, chamada "holograma". Depois, ao cortar a chapa de vidro em diversos fragmentos, cada um deles continha a imagem inteira, exatamente como no cérebro dos ratinhos de Lashley.

Depois disso, o neurologista Karl Pribram descobriu que o cérebro humano também funciona como um holograma, já que cada uma das suas partes contém a memória do todo.

O sonho de inventar máquinas capazes de substituir o homem acompanha a humanidade desde sempre. Aristóteles já almejava isso: "Se cada ferramenta pudesse, a cada ordem dada, trabalhar por si mesma, se as espoletas explodissem sozinhas, se o arco soasse sozinho sobre a cítara, os empresários poderiam prescindir dos empregados e os senhores, dos escravos." Compartilhando desse sonho, Pedro, o Grande ordenava que construíssem autômatos quase perfeitos e requeria dos seus soldados o comportamento de autômatos. Depois, foi a vez das máquinas a vapor, das elétricas e dos motores de combustão interna, com os quais foi possível realizar milhões de tarefas cada vez mais complexas. Ainda assim, continuou impossível aproximar-se da imitação do cérebro humano, com as suas habilidades de holograma. Até que, finalmente, apareceu o computador.

Um primeiro embrião foi a máquina analítica projetada entre 1833 e 1842 por Charles Babbage para resolver problemas computacionais e lógicos; durante a Segunda Guerra Mundial, a Colossus, projetada por Alan Turing, ajudou os ingleses a quebrar os códigos nazistas. Depois, em 1945, dois cientistas da Universidade da Pensilvânia construíram para o exército americano o primeiro calculador eletrônico: continha 18 mil tubos.

Em 1971, a Intel patenteou o primeiro microprocessador. Hoje, na área equivalente a uma unha, é impresso um circuito equivalente a toda a malha rodoviária europeia e americana juntas. Com o Apple II, em 1977, o computador entrou nas casas das pessoas. O ano 2000 iniciou-se com a estreia do Power Mac G4, capaz de superar a marca do bilhão de operações por segundo.

Dez anos depois, no âmbito do projeto SyNapse, a IBM apresentou dois protótipos de chip que funcionavam como um cérebro humano: dotados de nós que processam informações como se fossem neurônios e conectados a memórias integradas como se fossem sinapses, conseguiam selecionar inputs com base na sua importância e aprender tanto da experiência quanto do ambiente. O objetivo era obter computadores cognitivos, capazes de analisar a realidade quase como os seres humanos, mas com potência de cálculo e de memória infinitamente maior que a nossa. Em 2015, o computador superou a capacidade de cálculo de um rato; até 2045, superará a de todos os cérebros humanos combinados entre si.

Como qualquer contemporâneo meu, tive a sorte de atravessar as diversas etapas dessa epopeia. No início dos anos 1960, eu era um jovem pesquisador na Italsider e, para executar alguns processamentos de dados, ofereceram-me a possibilidade de operar o computador. Para usá-lo era necessário literalmente entrar nele. Tratava-se, na verdade, de várias salas brancas e assépticas, como ambulatórios hospitalares, nas quais circulavam homens de jaleco branco (idênticos a médicos) que manobravam aparelhos do tamanho de armários, com muitas pequenas luzes multicoloridas.

Naquela época, as empresas que tinham um computador ostentavam-no no andar térreo, como em uma vitrine de loja, a fim de que os passantes pudessem vê-lo e admirá-lo da rua, maravilhados.

Então veio a "Perottina", o primeiro computador pessoal do mundo. Não foi inventado na Microsoft, em Seattle, mas na Olivetti, em Ivrea, por um simpático engenheiro – Giorgio Perotto – com quem fiz amizade. Nos Estados Unidos, ele teria sido transformado em uma divindade, mas na Itália permaneceu anônimo até a morte, em algum ponto do Piemonte ou da Ligúria. Quando me mostrou a sua "Perottina", fiquei admirado: era do tamanho de uma copiadora atual, porém mais potente que o imenso computador que eu tinha conhecido na Italsider.

Foi outro simpaticíssimo engenheiro, Luciano De Crescenzo, que me levou ao uso do computador pessoal. Insistia encarecidamente que eu comprasse um, garantindo que mudaria a minha vida. Como eu continuava a titubear, uma noite ele chegou à minha casa com uma caixa enorme contendo o meu primeiro PC. Instalou-o para mim e me intimou: "Agora é preciso um técnico em informática que tenha acabado de se separar da mulher: vai se sentir só e, assim, à noite terá muito tempo disponível para você. Aprenda depressa, porque, um belo dia, quando encontrar uma nova companheira, ele desaparecerá sem avisar." Alguns dias depois, me apresentou o "técnico em informática recém-separado" e, assim, pude abraçar minha carreira de "computófilo", que não abandonei mais. Aprendi rapidamente tudo que sei com o técnico triste e solitário, que se anunciava todas as noites ao interfone, mesmo quando não tínhamos combinado. Depois, como previsto por Luciano, uma bela noite ele não apareceu e, dali em diante, tive de aprender sozinho.

Aquelas aulas, tão seguras quanto tristes e fugazes, foram o suficiente para que eu entendesse que o computador sabe fazer tudo mas não é capaz de chorar nem de rir, ainda que consiga nos levar ao pranto com suas provocações cruéis (quando, por exemplo, num piscar de olhos destrói furtivamente o trabalho de um dia inteiro) e nos fazer rir (quando, por exemplo, faz combinações ridículas de palavras ou envia uma mensagem justamente a quem não a deveria receber).

Nas décadas que me separam daquela iniciação, o computador evoluiu, sempre superando a si mesmo e o mundo em torno dele, do qual passou a ser símbolo, tornando-se pós-industrial. "Não sei se o computador muda a vida. Com certeza, mudou a minha", disse uma vez João Paulo II. Eu, que não sou papa nem santo, ignoro se o computador tem alma, como sustentava Umberto Eco. Não sei sequer se os seres humanos têm alma, quanto mais as máquinas! Porém, como os homens – e mais que os homens –, os computadores aprendem, recordam, calculam, desenham. Sobretudo mostram uma imprevista e extraordinária aptidão ao dialogarem entre si, difundindo informações a distâncias siderais com intercâmbio em tempo real, criando aquela "teia planetária" que é a WWW (World Wide Web): a imensa rede, tão vasta quanto o mundo, que permite a cada ser humano entrar em contato com todo o resto da humanidade por meio da internet.

Devemos essa maravilha ao cientista da computação inglês Tim Berners-Lee, então pesquisador no Cern,* que, em 16 de agosto de 1991, lançou o seu primeiro site on-line, desenvolvendo um projeto iniciado no fim de 1989 junto com o colega Robert Cailliau. Graças à sua web, qualquer um que possua um espaço na internet pode publicar conteúdos multimídia e disponibilizar serviços compatíveis: da distribuição de software (*download*) à gestão de caixas postais eletrônicas (*web mail*), da distribuição em tempo real de áudio e vídeo (*streaming*) à comunicação simultânea entre muitos usuários (*web chat*). Tudo isso de modo simples e a baixo custo.

Convencido de que "a internet deve ser mantida gratuita, aberta e neutra", Berners-Lee renunciou à patente e aos direitos de sua descoberta para defender a vocação democrática da rede em função do crescimento econômico e cultural de toda a humanidade. De certa forma, Berners-Lee forçou os computadores a serem eticamente humanos, ainda que tecnicamente sobre-humanos.

* Conseil Européen pour la Recherche Nucléaire, ou Organização Europeia para a Pesquisa Nuclear. (*N. do T.*)

Network

No início do século XX, Henry Ford estava convencido de que os automóveis favoreceriam as relações sociais, permitindo aos jovens se juntarem rapidamente a seus amigos nas festas de sábado à noite. Naqueles anos, 80% dos americanos viviam no campo. Depois, sabemos o desfecho: aos poucos, as zonas rurais foram ficando despovoadas e as cidades foram inchando. Hoje, mais de 50% da população mundial reside nos centros urbanos e o automóvel, em vez de ser um veículo de socialização, tornou-se um estorvo, que isola e separa.

Paralelamente à difusão da urbanização, as relações comunitárias foram se transformando em relações sociais, como sustentaria o sociólogo alemão Ferdinand Tönnies. O que ele queria dizer? Nas comunidades (vilarejos, famílias, clãs, seitas, clubes e outras) prevaleciam as relações de proximidade, fundadas na intimidade, na informalidade, no conhecimento pessoal, na unidade de sangue, de fé, de linguagem. A vida cotidiana se concentra na casa, na vizinhança, na praça, na paróquia. Ninguém nunca está só e todos se conhecem. Nas sociedades (metrópoles, grandes empresas, etc.) prevalecem as relações frias, baseadas na superficialidade e na formalidade, na eficiência e na produtividade, na troca esperada entre prestação de serviço e salário. Ninguém conhece ninguém. Predomina a presença anônima dos vizinhos, dos colegas, da multidão que tira a solidão sem dar a companhia.

A difusão das tecnologias mecânicas, em vez de estreitar as relações pessoais, como Ford esperava, tornou-as escassas, provocando alienação urbana e isolamento. Alguns filósofos chegaram a considerar a máquina o instrumento diabólico que constrangeu o indivíduo a se recolher no casulo da própria solidão. A sociedade industrial, no conjunto, provocou uma progressiva diluição das relações humanas, como, oportunamente, compreendeu – já na primeira metade do século XIX – Alexis de Tocqueville, ao imaginar uma grande multidão de seres, todos iguais e perfeitamente reconhecidos, estranhos uns aos outros e dedicados a prazeres efêmeros.

Em seguida, no fim do século XX, a tecnologia informática, fator e símbolo do advento pós-industrial, fez sua primeira aparição, mostrando-se capaz de inverter a tendência. Com seus principais aplicativos – como Facebook, LinkedIn, Twitter, MySpace e WhatsApp –, a internet permitiu o restabelecimento das relações comunitárias por meio da formação de infinitas redes, depuradas pela dimensão tangível mas infinitamente potencializadas na velocidade e na intensidade das trocas, que compreendem escrita, voz, som, fotografias e filmes.

Durante milhares de anos, acumulamos uma experiência comunitária: nossos antepassados gregos, na ágora; os romanos, no fórum e nas termas; os que viveram na Idade Média, nas catedrais; aqueles do Renascimento, nos mercados; os do Iluminismo, nos salões. A vida moderna interrompeu essa experiência, mas não apagou a recordação e o desejo. Tão logo são recriadas as condições técnicas para reencontrar velhos amigos, fazer novos, compartilhar estados de espírito e trocar informações e serviços, resgata-se a necessidade de convivência, adormecida no imaginário coletivo mas sempre à espera de ser revivida.

A rapidíssima ascensão das redes sociais e a longa vida que as espera derivam da sua notável genealogia, pois em si converge e ressurge a experiência milenar de todas as comunidades conhecidas pela humanidade: não só a ágora, o fórum, as termas, as catedrais, os mercados abertos e os salões, mas também as sessões dos sindicatos, as células dos partidos, as reuniões dos partidos extremistas, as facções das novas guerrilhas.

Como na ágora de Atenas, nas redes virtuais convivem o público e o privado, dia útil e feriado, laico e religioso, emotivo e racional, intriga e denúncia, prestígio e inveja, regozijo e luto, paz e guerra, identidade pessoal e aparência coletiva.

Como no fórum e nas termas de Roma, nas redes virtuais renascem encontros mundanos, lobby, questões econômicas e acordos políticos, alianças e conspirações, festas e atentados, beleza e vulgaridade.

Como nas catedrais góticas de Arles e de Ulm, nas redes virtuais renascem o senso religioso, os canteiros de obras permanentes, o espaço polivalente, a festa, o refúgio das calamidades.

Como nos mercados abertos da Florença do Renascimento, nas redes virtuais renascem a incubadora criativa, a pesquisa estética, a equipe interdisciplinar, a inovação, a flexibilidade.

Como nos salões da Paris iluminista, nas redes virtuais renascem o divertimento e a sedução, a informação e a manipulação, o intercâmbio social e a ascensão dos novos líderes.

Como se vê, Facebook, Twitter e MySpace acabam de nascer, mas podem enaltecer ilustres antepassados. Vêm de longe, por isso vão muitíssimo longe.

Fábrica

A partir de Francis Bacon (1561–1626) e depois, durante os dois séculos que compreendem 1750 a 1950 e que são lembrados como "sociedade industrial", os trabalhos intelectual e braçal compuseram uma única estrutura organizacional – a fábrica moderna –, em que a antiga e nítida separação entre senhores e escravos/servos transformou-se em divisões sociais mais delicadas entre empregadores e trabalhadores; entre trabalhadores qualificados e trabalhadores não qualificados; entre acionistas, gestores e subordinados.

No fim do século XIX, as opiniões em campo eram estas: a Igreja considerava o trabalho um castigo, um dever e uma redenção, "porque ásperas, duras e difíceis de se suportar são as consequências do pecado", como diz a encíclica *Rerum Novarum*; o comunismo considerava o trabalho a própria essência do homem, inegociável e, portanto, inalienável; o pensamento liberal considerava o trabalho a base do valor, a força produtiva e o parâmetro de comparação em um mercado livre e concorrente.

Em Manchester, na época a cidade mais industrializada do mundo, 94% dos trabalhadores com vínculo empregatício eram operários, o restante era constituído por gerentes, chefes de repartição, diretores e empresários. Marx ocupou-se em incorporar os operários no proletariado, restringindo todos os demais à burguesia, a fim de, com isso, provocar uma luta de classes entre os dois adversários e chegar, assim, ao fim da propriedade privada e ao domínio do trabalho sobre o capital. Por mais desagradável que essa luta possa ter sido, ainda assim permaneceu uma competição entre partes que se reconheciam "humanas" e se confrontavam, cada uma com as próprias armas, em um terreno comum – a fábrica – e com a mesma aposta em jogo (a propriedade dos meios de produção e a apropriação da mais-valia, que podia pender para os lucros ou para os salários).

A organização da fábrica industrial não foi inventada de uma só vez; foi evoluindo ao longo de 150 anos, até que dois engenheiros americanos, Frederick Taylor, na Filadélfia, e Henry Ford, em Detroit, lhe conferissem a forma científica moderna, diferenciada pela linha de montagem. Um dos traços particulares dessa organização é ser inclusiva, isto é, capaz de utilizar também pessoas de baixo grau de inteligência e de instrução em substituição aos animais e aos escravos. Foi J. K. Galbraith quem afirmou que o treinamento de pessoas normais em um setor limitado e a coordenação com outras pessoas igualmente especializadas e normais possibilitam compor um cérebro coletivo, capaz de resultados geniais.

Assim, a organização taylor-fordista conseguiu incorporar ao seu sistema sociotécnico cada capital humano, fosse uma pessoa cega, surda ou deficiente física. Em 1914, Ford mandou que se fizesse uma pesquisa cujo resultado mostrou que, na sua fábrica, os trabalhadores podiam ser agrupados em 7.882 funções diferentes. Menos da metade dessas funções requeria pessoas em condições físicas normais, enquanto para 4.034 delas bastava que apenas uma parte do corpo funcionasse. Mais precisamente, 670 tarefas podiam ser executadas por pessoas privadas de ambas as pernas; 2.637, por pessoas com apenas uma das pernas; duas das tarefas, por pessoas sem ambos os braços; 715, por pessoas com um braço; 10, por cegos.

Com a linha de montagem, o trabalho passa a ser setorizado e perde qualidade, pois emprega o corpo do operário, prescindindo da mente. Em compensação, a produtividade cresce a olhos vistos: "Em outubro de 1913", escreve Ford, "eram necessárias nove horas e 54 minutos de tempo de trabalho para montar um motor; seis meses depois, usando a linha de produção móvel, esse tempo foi reduzido a cinco horas e 56 minutos." Nos anos seguintes, a linha de montagem passou a ser cada vez mais aperfeiçoada, até quadruplicar o rendimento de cada funcionário. Com o mesmo orgulho com que recorda esse sucesso, Ford comenta: "O resultado claro da aplicação desses métodos é a redução da necessidade de pensar por parte do operário e a redução dos seus movimentos ao mínimo. Tanto quanto possível, o operário executa apenas uma tarefa, com um único movimento."

O fato de que o operário, na linha de montagem, esteja privado da possibilidade de pensar não preocupa, absolutamente, Ford, que, como um empresário bem-sucedido, sente-se legitimado a sentenciar também como psicólogo: "O trabalho repetitivo, a execução contínua sempre do mesmo modo, é uma perspectiva terrível para certo tipo de mentalidade. É aterrorizante também para mim. Eu não conseguiria, jamais, fazer a mesma coisa todos os dias, mas para outros tipos de pessoa – e eu diria que, talvez, para a maioria delas – as operações repetitivas não são motivo de terror. Na realidade, para algumas mentalidades, pensar é mesmo um castigo. Para esses, o trabalho ideal é aquele em que o instinto criativo não deve se exprimir. Os trabalhos em que é preciso aplicar cérebro e músculos têm poucos aspirantes... O operário médio – e não me agrada dizer isso – deseja um trabalho no qual não precise gastar muita energia física, mas, antes de tudo, no qual não deva pensar."

Com milhões de operários sem pensar, a fábrica taylor-fordista – renovada no âmbito tecnológico e no organizacional – permitiu a redução do tempo de produção, a diminuição do horário de trabalho, o aumento dos salários, dos lucros e do consumo.

Nos seus escritos, Taylor apresenta vários exemplos desses efeitos benéficos. Embora utilizasse máquinas ainda movidas a vapor, ao revolucionar a organização ele conseguiu obter de 35 pessoas que trabalhavam oito horas e meia por dia o mesmo volume de trabalho produzido por 120 pessoas que trabalhavam 10 horas por dia. Tão logo Taylor assumia a organização de uma fábrica e aplicava seus métodos organizativos, os resultados surpreendiam: na Midvalle, na Manufacturing Investment, na Simonds, na Bethlehem, para fazer a mesma quantidade de produtos anterior bastavam 80% do pessoal; os dias trabalhados da semana eram reduzidos de seis para cinco; a jornada de trabalho diária diminuía de 10 para oito horas. Os lucros triplicavam; os salários dobravam.

A partir de 1914, Ford determinou o salário mínimo de 5 dólares por dia (o mais alto do setor) e a jornada de trabalho de oito horas (a mais reduzida do setor). Em 1921, a Ford acabava de produzir o seu quinto milionésimo veículo; o americano médio podia comprá-lo por menos de 600 dólares.

Entremos por um momento na fábrica idealizada por Taylor e concretizada por Ford no início do século XX. Essa fábrica não foi feita para criar novos produtos, mas para realizar em larga escala um protótipo nascido na mente do empreendedor. O Modelo T, que Ford começou a produzir em 1908 e parou em 1938, depois de ter vendido 16 milhões de unidades não muito diferentes do protótipo, é construído com base em um projeto idealizado por Ford e em um processo também pensado por ele. Quase todos os outros responsáveis pela façanha são operários, chamados a repetir milhares de vezes por dia os mesmos gestos simples requeridos pela linha de montagem posta em funcionamento a partir de 1911. Essa máquina organizacional - na qual os empregados não superam 15% de todo o custo de produção e graças à qual milhares de homens analfabetos e ignorantes conseguem produzir objetos geniais e complexos - é pensada para levar à sofisticação máxima as técnicas de controle dos trabalhadores, submetidos à máxima produtividade.

Dentro da empresa, o empreendedor desfruta da superioridade cultural que o coloca acima dos seus empregados; fora dela, desfruta da vantagem de produzir bens abaixo da quantidade que o mercado espera. Esse modelo - que hoje chamamos de *modelo de orientação para a produção* - permite impor à sociedade tanto os seus produtos quanto os seus critérios produtivos e princípios filosóficos: padronização, consumismo, sincronização do período de trabalho e do tempo de vida. Resumindo a racionalização: a produção restringida em unidade de tempo e de lugar, o conflito visto como patologia, o machismo, a execução passiva e diligente, a exclusão nos locais de trabalho da afetividade, da criatividade, da estética, da subjetividade. Não são sacrifícios de pouco valor, mas se mostram preferíveis à miséria e à ignorância da sociedade rural, e voltados a uma classe média que a indústria espera ser cada vez mais numerosa e abastada.

Entre a metade do século XVIII e a metade do século XIX, a maioria da população ativa se concentra na agricultura, enquanto os trabalhadores das indústrias representam, ainda, uma exígua minoria. Dentro de pouco tempo, porém, esses se transformariam em massa bem mais numerosa e, consequentemente, forçariam toda a sociedade a se tornar e a se sentir "industrial". O conceito e o rótulo de "sociedade industrial" são introduzidos por Lorenz von Stein apenas em 1850.

No curso dos seus dois séculos de vida, a indústria destilou, pouco a pouco, os princípios operacionais descritos, mais tarde, por Alvin Toffler na *Terceira onda* e que, juntos, tornaram-se os pilares de toda a sociedade industrial. Como já vimos, eles compreendem a padronização dos processos, dos métodos, dos produtos e dos preços, a setorização das atribuições, a estrutura piramidal e hierárquica de poder, a eficiência entendida como emprego de meios mínimos visando resultados máximos, a economia de escala.

A aplicação desses princípios comportou uma revolução radical, que arrancou milhões de trabalhadores do campo e das oficinas, os fez esquecer todos os hábitos artesanais e campestres e inculcou-lhes o modo de produção e de vida industrial: urbanização, democracia política, organização hierárquica, concorrência, mecanização, escolarização, produtividade, machismo, redistribuição da riqueza, aumento do poder aquisitivo, aumento do tempo livre, consumismo.

Charles Wright Mills observou que, com isso, "no curso de uma só geração, um sexto da humanidade passou de um estado feudal e atrasado à mais progressista e temível modernidade". Com efeito, quando a sociedade industrial teve início, por volta da metade do século XVIII, a expectativa média de vida, na Europa, girava em torno dos 40 anos e a humanidade inteira não passava dos 600 milhões de indivíduos. Quando a sociedade industrial concluiu a sua trajetória, na metade do século XX, a longevidade média, na Europa, aproximava-se dos 80 anos e o número de habitantes da Terra beirava os 3 bilhões. Graças ao progresso, os países industrializados conseguiram vencer a fome, a fadiga e as dores físicas; não conseguiram vencer a morte, mas, pelo menos, foram capazes de prolongar a vida.

Há, ainda, outro mérito notável a ser creditado à indústria. A fábrica é uma grande máquina cujas engrenagens - algumas de aço, outras de carne; algumas pensantes, outras operantes; algumas principais, outras secundárias - são todas interligadas e indispensáveis aos objetivos da produção. Se uma delas para, toda a produção é interrompida. Isso conferiu ao proletariado uma força inédita, que lhe permitiu negociar suas condições de trabalho na fábrica e obter formas democráticas de governo do Estado. Os intelectuais "orgânicos", os partidos democráticos e os sindicatos de trabalhadores inspiraram, organizaram e orientaram esse percurso rumo a mais igualdade e mais justiça.

Assim, para uma afortunada heterogeneidade de fins, a fábrica – que no seu interior manteve uma hierarquia rigidamente piramidal –, na sociedade externa, contribuiu para o avanço da democracia, equilibrando-a com uma modernidade mais progressista e menos aterrorizante do que aquela temida por Wright Mills.

Mercado

O mercado de trabalho é como um lago, em que alguns afluentes despejam água e outros a expelem. Por alguns motivos, a água que resta na bacia do lago é sempre em menor quantidade do que a que chega. Sem metáfora: o número de pessoas que procuram emprego supera, cada vez mais, o número de vagas disponíveis, e, se as regras do jogo não mudarem, o desemprego – aberto ou oculto – está destinado a crescer em dimensão patológica.

Os trabalhadores em potencial aumentam porque: a população mundial cresce; a média de tempo de vida sobe; chegam imigrantes de outros países; em muitas nações, o período de serviço militar foi eliminado e as forças armadas, reduzidas; diversas empresas, ao substituírem o trabalho humano pelo mecânico e melhorarem a organização, reduzem o seu quadro efetivo e despejam no mercado desempregados em busca de realocação; muitos jovens abandonam pequenas cidades para procurar emprego em cidades maiores; com a melhora da saúde, há menos doentes sendo afastados do trabalho; mesmo mulheres, jovens, anciãos e portadores de deficiência buscam um trabalho, especialmente porque as novas tecnologias vêm em seu auxílio; aumenta o consumismo e, com ele, a necessidade de futuros gastos familiares. As mulheres têm poucos filhos e, portanto, mais tempo para se dedicar à carreira.

Por outro lado, há diversos motivos pelos quais, nos países do Primeiro Mundo, a oferta de trabalho é inferior à demanda: nesses Estados, o PIB cresce mais devagar que nos emergentes ou, até mesmo, decresce, assim há menos capital a investir; o custo do trabalho é alto, por isso não são vantajosos os investimentos em empresas de mão de obra intensiva; o progresso tecnológico exige empresas de capital intensivo e elas tendem a substituir o capital humano por máquinas, cada vez mais velozes e inteligentes; o desenvolvimento organizacional iniciado por Taylor e Ford avançou e, aliado ao progresso tecnológico, permitiu que se produzissem mais bens e serviços com menor emprego de pessoas; a globalização torna cada vez mais conveniente comprar no exterior muitos bens e serviços que antes eram feitos nacionalmente.

Enquanto há 80 anos Keynes teria considerado desastrosa uma taxa de desemprego superior a 2%, hoje o jogo complicado de oferta e procura faz com que giremos em torno de mais de 10%, percentual atribuído a uma crise conjuntural que mais cedo ou mais tarde será superada, mas que, pelos fatos e em termos ocupacionais, não cessa nunca. Se, no passado, eram as empresas à beira da falência que reduziam o seu pessoal, hoje até mesmo as empresas de sucesso demitem, ao optarem por tecnologia mais sofisticada e, portanto, mais substituições de mão de obra. Em outras palavras, não é verdade que os investimentos eliminam o desemprego: hoje, se um empreendedor tem mais dinheiro à disposição, não investe na admissão de pessoas, mas sim na aquisição de robôs.

Se olharmos para o mercado internacional de trabalho como um todo, percebemos que foram surgindo simultaneamente, dentro dele, três diferentes tipos de país que desempenham papéis cada vez mais especializados. Os países de Primeiro Mundo, que – grosso modo – correspondem aos 37 Estados da Organização para a Cooperação e Desenvolvimento Econômico (OCDE), têm um PIB per capita superior a 20 mil euros e um custo alto do trabalho; mais que produzir bens, esses países tendem a conduzir operações financeiras, a produzir ideias científicas e estéticas sob a forma de patentes, design, moda, filmes, programas de televisão, música, bancos de dados, ferramentas de busca, internet, etc.

Existem, depois, os países emergentes do Segundo Mundo, amavelmente reunidos sob siglas como Brics (Brasil, Rússia, Índia, China, África do Sul) e Civets (Colômbia, Indonésia, Vietnã, Egito, Turquia, África do Sul), que estão se tornando as fábricas e os escritórios do planeta, onde o PIB per capita é inferior a 10 mil dólares, o trabalho custa menos da metade do que custa no Primeiro Mundo, as normas reguladoras do trabalho e de proteção ao ambiente são menos restritivas e menos obedecidas. Por isso o Primeiro Mundo tende a transferir as próprias fábricas, que, comparadas aos centros financeiros, aos laboratórios científicos, às empresas de grife, aos bancos e às bolsas, rendem muito menos e poluem muito mais. Se você observar, atrás de todo produto da Apple encontrará escrito, em caracteres quase invisíveis: "*Designed by Apple in California. Assembled in China*". Uma dezena de países emergentes – juntando os baixos custos rurais com a alta produtividade industrial e a prodigiosa tecnologia pós-industrial – consegue competir muito mais do que os países ricos: nos últimos anos, o PIB da China superou o do Japão, o PIB do Brasil superou o da Itália, o PIB da Índia superou o da Espanha.

Enfim, o Terceiro Mundo, principalmente a África subsaariana, produz bocas famintas a serem saciadas e, por enquanto, não tem qualquer outra moeda de troca, a não ser as matérias-primas e a mão de obra baratas, as bases militares e a submissão política, para permutar por sobrevivência.

Como se sabe, os economistas distinguem, no âmbito da população em geral, a faixa "ativa" da "inativa". Na população ativa, consideram-se todos que trabalham e todos aqueles que procuram ativamente um trabalho. Na população inativa, além de determinadas categorias (abastados e proprietários, donas de casa, estudantes, aposentados, enfermos e portadores de deficiência, condenados a mais de cinco anos, pedintes), encontram-se os "desencorajados", isto é, aqueles que não procuram mais trabalho porque entendem que não encontrarão.

Com a transição da sociedade industrial à pós-industrial, o mercado de trabalho sofreu múltiplas transformações. A primeira é a tripartição internacional de que já falamos. A segunda diz respeito à mudança de peso entre os diversos setores da economia. Na Itália, por exemplo, nos últimos 50 anos, a participação da agricultura na economia diminuiu de 29% para 4%; a da indústria caiu de 41% para 29%; a do setor de serviços subiu de 30% para 67%. No âmbito mundial, hoje, a contribuição da agricultura ao PIB é de cerca de 30%, a da indústria é de 24% e a dos serviços é de 45%.

A terceira transformação refere-se à composição dos trabalhadores empregados. Nas empresas industriais da metade do século XIX, era necessária muita força de trabalho; a grande maioria dos empregados era de serventes e operários que executavam tarefas de natureza física, setorizada e repetitiva; não mais que 10% eram encarregados de tarefas intelectuais, prevalentemente administrativas.

Hoje, diferentemente, a produção de bens e serviços não só requer menos trabalho humano como o distribui de modo muito diferente. Cerca de um terço dos empregados exerce funções intelectuais de tipo criativo, como aquelas do cientista, do artista, do professor, do jornalista, do profissional liberal, do empresário, do banqueiro, do diretor, do gerente. Trata-se de funções expressivas que, por sua natureza, lidam com informações; requerem muita preparação; pouco se prestam a ser controladas do ponto de vista quantitativo, a ser restritas a lugares, procedimentos, tempos e ritmos predefinidos rigidamente; recorrem cada vez mais a tecnologias informáticas e a redes de conhecimento; têm necessidade contínua de estímulos e de formação; produzem novidades e emoções; antecipam necessidades; requerem tempos de incubação a princípio nulos; comportam uma contínua tensão inventiva que nem sempre se traduz em uma produção constante de ideias. Os criativos nunca se afastam do seu meio de produção – o cérebro – e, portanto, nunca se afastam da sua atividade, que prossegue, mesmo no sono e no cochilo. Eles podem se exprimir quando e onde for, por toda a vida, por meio de uma atividade que chamamos de "ócio criativo", na qual estudo, trabalho e lazer se confundem, desestruturam-se no tempo e no espaço, feminilizam-se, organizam-se segundo o objetivo, dependem – por quantidade e qualidade – sobretudo da motivação do trabalhador.

Outro terço dos ocupados, munido de ferramentas da informática, desenvolve funções intelectuais de tipo flexível ou relacional, como as do bancário, do artesão, do porteiro, do vendedor, do recepcionista, do vigia, do cuidador: todos eles devem seguir as regras de modo inteligente e maleável, adaptando-as, vez por outra, a situações contingentes, sempre diferentes uma da outra. São funções menos expressivas, menos remuneradas e menos garantidas se comparadas às funções desenvolvidas pelos criativos; com frequência, gregárias com relação àquelas; atribuições que requerem igual preparação e motivação, mas que podem ser submetidas a uma programação precisa e, portanto, a um controle absoluto. No papel, esse tipo de trabalho ocupa cada encarregado durante cerca de 2 mil horas por ano, o que, ao curso de 40 anos, totaliza 80 mil horas na vida. Mas são esses os trabalhadores que mais fazem horas extras impostas pelos chefes e têm a vida particular mais invadida em nome da tal "disponibilidade". São também os mais dispostos a ceder, sacrificando, pela empresa e pelo chefe, parcelas crescentes do seu tempo livre.

Esses trabalhadores flexíveis, cujo rendimento é avaliado com base não apenas na quantidade, mas também na qualidade, podem obter do progresso tecnológico suportes cada vez mais capazes de reduzir o esforço requerido em suas tarefas, extraindo deles maior espaço mental para elevar a confiabilidade de seus resultados e a qualidade do seu trabalho e da sua vida. Mas nunca serão de todo substituíveis pelas máquinas, nem de todo intercambiáveis. Para essa classe de trabalhadores, a única possibilidade de enriquecer culturalmente, de cultivar os afetos e os próprios hobbies pode vir do fim das horas extras e da redução da jornada de trabalho.

O último terço dos trabalhadores, dotado de ferramentas mecânicas – e agora também tecnológicas –, é constituído pelos operários que produzem bens e serviços por meio de tarefas físicas e repetitivas. Trata-se das funções que requerem pouca criatividade, organizadas com base nas velhas regras de Taylor e Ford, segundo as quais um trabalhador tem o mesmo valor de outro, todos são intercambiáveis, todos devem trabalhar como mulas de carga treinadas para atender a uma rígida programação, sujeitas a um rígido controle, prestando serviços inferiores à sua capacidade efetiva.

A vida profissional desses proletários é regulada e assegurada pelas normas, pelos contratos e pela combatividade. A sua duração total é de cerca de 80 mil horas, e a hora extra é remunerada. À espera de que novas máquinas liberem essa parcela dos empregados das velhas torturas do trabalho desumano denunciado por Marx e Weber, não existe outra solução provisória senão a redução da jornada de trabalho, com um salário proporcional à produção e à produtividade.

Enquanto, para viver, uma parcela da humanidade tiver de desenvolver um trabalho operacional – qualquer que seja –, esta será obrigada a contrabandear estupidez por salários. Adam Smith atesta isso, já no século XVIII, antecipando-se a Marx e Tocqueville: "O homem cuja vida é inteiramente dedicada à execução de poucas operações simples, cujos efeitos são, na maior parte das vezes, os mesmos – ou quase –, não tem oportunidade de exercitar a inteligência... Por isso, ele perde, naturalmente, o hábito de um exercício similar e, em geral, torna-se estúpido e ignorante, tanto quanto seja possível se tornar a uma criatura humana."

Globalização

Em 1848, no auge da sociedade industrial, Marx e Engels denunciaram, no *Manifesto do Partido Comunista*, com lucidez bastante atual, os perigos da globalização industrial: "Com a exploração do mercado industrial, a burguesia conferiu uma identidade cosmopolita à produção e ao consumo de todos os países. Tirou de sob os pés da indústria o seu terreno nacional, com grande desprazer dos reacionários. As antiquíssimas indústrias nacionais foram destruídas, e continuam sendo destruídas a cada dia. São suplantadas por novas indústrias, cuja introdução se torna questão de vida ou morte para todas as nações civis, para indústrias que não beneficiam mais apenas matérias-primas do lugar, mas das zonas mais remotas, e cujos produtos não são consumidos só no próprio país, mas em todas as partes do mundo. Às velhas necessidades satisfeitas com os produtos do país sucedem novas necessidades que, para serem satisfeitas, exigem os produtos de países e de climas mais distantes. A antiga autossuficiência e o antigo isolamento – locais e nacionais – são substituídos por um intercâmbio universal, uma interdependência universal entre as nações. Tanto para a produção material quanto para a produção intelectual. Os produtos intelectuais de cada nação transformam-se em um bem comum. A unilateralidade e a restrição nacionais tornam-se cada vez mais impossíveis, e das muitas literaturas nacionais e locais se forma uma literatura mundial."

Quase dois séculos depois, podemos dizer que a globalização está perto de se realizar. Já são globalizados os meios de comunicação de massa, as ciências, as tecnologias, as guerras, o dinheiro, a cultura. Todo telejornal contém notícias, imagens e áudios em tempo real do mundo inteiro. Laboratórios científicos mantêm intercâmbio contínuo uns com os outros. Também são globalizados os mercados monetários: a propriedade das empresas transfere-se a cada minuto, com a troca de mão das ações. Só na Bolsa de

Londres são movimentados por ano 75 trilhões de dólares, que equivale a 25 vezes o valor de todos os bens produzidos no mundo, ao mesmo tempo.

Antes de atingir a sua forma atual, invasiva e abrangente, a globalização assumiu várias formas parciais. A primeira consistiu na progressiva exploração do planeta, para conhecê-lo e explorar seus recursos (pense em Fernão de Magalhães, em Pedro Álvares Cabral, em Cristóvão Colombo, até na expedição do *Kon-Tiki* e nas explorações espaciais). A segunda forma de globalização constituiu-se no intercâmbio de mercadorias dentro de um raio cada vez mais amplo (pense na expansão expressiva dos mercados, da época da Mesopotâmia até o *e-commerce* dos nossos dias). A terceira forma de globalização derivou da tentativa de colonizar militarmente os povos limítrofes e então, aos poucos, os povos cada vez mais distantes (pense nos exércitos romanos, que subjugaram toda a Europa, parte da Ásia e da África, para as quais a língua, a economia e a lei romanas tornaram-se língua, economia e legislação do mundo inteiro então conhecido). A quarta forma de globalização consistiu em colonizar cada mercado, invadindo-o com as próprias mercadorias (pense na República de Veneza, nos séculos XII e XIII, na Inglaterra, no século XIX, nos Estados Unidos e na China de hoje). A quinta forma se realizou expandindo o raio de influência do capital e da moeda (pense nas zonas do dólar, do euro, do iene e do iuane). A sexta forma deslocou as fábricas para regiões mais distantes (pense na Fiat, que produziu o Palio ao mesmo tempo em 13 países). A sétima forma impôs ao mundo todo as próprias ideias (pense na cultura ateniense, que colonizou todo o Mediterrâneo, no teatro e nas termas romanas, que modificaram os hábitos do mundo antigo, nos missionários cristãos, no cinema, no jazz, no rock e na CNN dos Estados Unidos, ou, no setor produtivo, na World Class Manufacturing – Produção de Classe Mundial). A oitava forma de globalização consistiu em criar organismos internacionais para regulamentar de forma imparcial as pesquisas, a economia, a defesa do ambiente, os serviços secretos, os aparatos militares, humanitários e esportivos dos países isolados (pense na Cern, na Otan, no Mercosul, na Fifa, no Banco Central Europeu ou na Organização Mundial do Comércio). A nona forma consistiu em criar instituições intergovernamentais com as quais aplacar, por meio de acordos e permutas, a perigosa fluidez da competição global (pense na ONU).

O décimo tipo de globalização – e o mais atual – caracteriza-se pelo fato de que, pela primeira vez, as nove formas mencionadas antes coexistem; pela primeira vez, a transferência de mercadorias e pessoas tornou-se velocíssima, pelos modernos meios de transporte; e a transferência de dados se dá em tempo real graças às redes de telecomunicações; pela primeira vez, os voos se tornaram interplanetários; pela primeira vez, os processos de unificação social e cultural são lubrificados pelos meios de comunicação de massa e pelas redes sociais; pela primeira vez, toda a humanidade manifesta simultânea e cotidianamente o mesmo medo dos atentados, do desemprego, das epidemias, das quedas nas bolsas.

Por tudo isso, perpassam os bancos, os políticos, a mídia, as multinacionais, com efeito cascata: primeiro, no plano militar, financeiro e econômico; depois, no âmbito sociopolítico, nos relacionamentos interpessoais e nos valores morais.

Nas empresas, a globalização se manifesta por meio de uma total reorganização planetária que leva em conta o valor da hora trabalhada. No setor industrial, uma hora de trabalho custa 58 dólares na Noruega, 51 dólares na Bélgica, 44 dólares na Alemanha, 41 dólares na Austrália, 35 dólares nos Estados Unidos, 33 dólares na Itália, 12 dólares no Brasil e 2 dólares nas Filipinas e na China. Por outro lado, se nos referirmos a um engenheiro ou a um profissional especializado, a correlação se inverte: em Pequim ou em Belo Horizonte, o valor é muito mais alto que em Roma ou em Nova York. Isso significa que, pelo menos por enquanto, os países do Primeiro Mundo perdem a disputa do trabalho braçal com os países emergentes, mas podem vencer a competição de criatividade e de progresso tecnológico.

Por ora, as multinacionais administram a globalização para aumentar os lucros e aniquilar os sindicatos. Já há muitos anos, Barry Bluestone escrevia: "As comunicações via satélite permitem às diretorias das empresas dirigir operações em escala mundial, a uma velocidade próxima à da luz, enquanto os enormes aviões de carga possibilitam o deslocamento físico das mercadorias a uma velocidade próxima à do som... A principal empresa produtora de motores aéreos de Connecticut compra exatamente as mesmas turbinas de dois produtores diferentes: um deles se encontra em um vilarejo de Connecticut, a 21 quilômetros de distância; o outro, em Tel-Aviv, a 21 mil quilômetros. As comunicações por telex permitem às empreiteiras entrar em contato na mesma hora com o fornecedor distante, e o jato de carga possibilita que essas peças, caríssimas, em função do peso, sejam transportadas pelo mesmo preço das peças que provêm do estabelecimento vizinho. Qualquer interrupção na produção de um fornecedor pode, sem dificuldade, ser compensada: basta encomendar mais componentes ao outro fornecedor."

Graças a esse domínio imperial sobre o qual – como sobre as terras de Carlos V – o sol nunca se põe, é possível à empresa usufruir de condições de exploração inimagináveis na época industrial. A Fiat, por exemplo, estabeleceu em suas fábricas alguns métodos de trabalho que Taylor e Ford nunca teriam ousado propor: turno de oito horas consecutivas, sem pausa para refeição; etapas de trabalho que duram poucos segundos e se repetem milhares de vezes por dia; três únicas pausas diárias de 10 minutos, para as necessidades físicas; controle dos trabalhadores minuto a minuto, com um aparato eletrônico que calcula a produtividade de cada operário por meio dos movimentos da sua bacia. Em suma, trabalhar sem trégua, como um robô, mesmo sendo humano.

Isso acontece seja em Turim, em Pomigliano, em Detroit ou na Posnânia, porque o poder das multinacionais já sobrepuja o poder dos Estados nacionais. Como André Gorz e Robin Jacques escreveram, "a deslocalização tem permitido às sociedades transnacionais desvincular-se das leis do Estado-nação e esvaziá-lo de significado para submetê-lo às leis do Estado mundial do capital. Resistir significava expor-se às 'sanções do mercado' daqueles mercados cujas leis sem autores submetem as empresas ao domínio das políticas praticadas pelas sociedades humanas".

Junto com a globalização da produção, globalizam-se o comércio e o consumo, mesmo porque o progresso tecnológico permite que se reduza gradualmente o custo dos transportes. Para transportar um pulôver pelo oceano, bastam 2,5 centavos de dólar; para transportar uma latinha de cerveja, apenas 1 centavo. É mais conveniente para os pescadores escoceses despachar os salmões que pescam para a China, onde serão cortados em filés e devolvidos em uma viagem de 40 mil quilômetros.

O deslocamento das mercadorias está entrelaçado com o deslocamento dos capitais. Leia-se, como exemplo, este caso, descrito pelo Dr. Morgan, relacionado ao setor agrícola: "Quando a companhia Cargill vende milho a um industrial holandês, o grão é transportado pelo Mississippi, embarcado em Baton Rouge e enviado para Roterdã, mas no papel, e para o fisco, a mercadoria faz um caminho muito mais complicado: a Cargill vende o milho à Tradax International, do Panamá (lembramos que a Tradax é uma empresa Cargill); a Tradax International, do Panamá, usa, temporariamente, a Tradax de Genebra como sua agente. A Tradax de Genebra pode, então, realizar a venda a um comerciante de farinha holandês passando por sua afiliada, ou seja, a Tradax Holanda. Todo o lucro será creditado à conta da Tradax Panamá, companhia instalada naquele paraíso fiscal, e a Tradax de Genebra receberá os honorários por ter servido de intermediária entre a Tradax Panamá e a Tradax Holanda."

De modo análogo, segundo o *The New York Times*, entre 2009 e 2012, recorrendo a "artimanhas e truques"- que o Senado americano teve a coragem de rotular como "manifestações de inimaginável e total arrogância" –, a Apple de Steve Jobs conseguiu subtrair da Receita Federal dos Estados Unidos (Internal Revenue Services) uns 74 milhões de dólares. A escamoteação consistia em pagar os impostos não no local onde são gerados os lucros, mas "destinando" aqueles lucros a uma filial no exterior, sediada num país como Irlanda ou Holanda, onde a alíquota é irrisória. Por exemplo, a Apple de Cupertino, na Califórnia, transferiu uns 30 milhões do faturamento para a Apple Operations International, situada na Irlanda, onde pagou apenas 2% de imposto sobre os lucros. No mesmo período, outra filial – sempre irlandesa –, a Apple Sales International, declarou um lucro de 38 bilhões de dólares, sobre o qual pagou uma alíquota de imposto de apenas 0,06%. Atualmente, a Apple tem 181 bilhões de dólares desviados para paraísos fiscais; a Microsoft tem 108 bilhões; a IBM tem 61,4 bilhões; a Cisco tem 52,7 bilhões; o Google tem 47,4 bilhões.

Semelhantemente, percursos tortuosos poderiam ser reconstituídos por inumeráveis empresas, se fosse seguido o rastro invisível dos telefonemas ou das mensagens eletrônicas que, através de satélites, cabos, provedores, internet, pequenas redes e grandes operadoras, permitem a produtores, vendedores e intermediários acumular rápidos lucros, ganhando sobre os diferenciais de várias tarifas.

Mas é no mundo financeiro que a globalização se manifesta de modo mais abstrato, veloz e global. Há duas décadas, a revista *Der Spiegel* escreveu: "Houve uma época em que a agência de notícias Reuters enviava pombos-correios com o andamento das ações; hoje, um sistema de multimídia fornece informações em tempo real. Todos os movimentos acionários das bolsas de valores, os dados das empresas e os gráficos estão à disposição ao mesmo tempo. Quem se antecipa aos outros por um segundo pode ganhar ou perder milhões. E, pela internet, também os pequenos investidores se aproximam cada vez mais das bolsas de valores virtuais do futuro. O cassino global não fecha nunca, como em Las Vegas; de manhã, abre-se a bolsa em Tóquio; depois, em Hong Kong; e, mais tarde, na Europa. Quando Frankfurt e Londres encerram, Nova York continua, e assim por diante, num ciclo que não conhece pausa. As importâncias movimentadas em um dia somam quase o dobro das reservas monetárias de todos os bancos centrais."

Porém a forma mais notável de globalização continua sendo a do consumo, que acaba por uniformizar os gostos e as necessidades em todo o planeta, transformado em um grande aeroporto com suas lojas *duty-free*. Aliás, a vida inteira está globalizada: todo mundo ouve as mesmas músicas, vê os mesmos filmes, usa as mesmas camisetas, conta no Facebook as mesmas piadas. O medicamento Aulin (nimesulida) vende 11 milhões de frascos por ano, a rede McDonald's vende 15 milhões de hambúrgueres por dia, a Coca-Cola vende 32 milhões de garrafas por hora. Os produtos globalizados almejam se tornar objetos cult e, quando conseguem, podem contar com um mercado perene. É o caso de filmes como *Blade Runner: o caçador de androides*, de Ridley Scott, ou *Pulp fiction – Tempo de violência*, de Quentin Tarantino; é o caso de automóveis como a Ferrari 250 GTO ou o Jeep Willys; o caso de sapatos, como os Church's, os Nikes, os Clarks; ou de fármacos, como Maalox e melatonina.

Ser acordado de manhã por um radiojornal que transmite notícias de todo o mundo; tomar banho sob um chuveiro alemão e com um sabonete francês; ir para o escritório com um carro projetado na Itália, mas que usa peças japonesas e coreanas; competir nos mercados mundiais com capitais de *joint venture*; vender mercadorias e informações em todas as praças do planeta; ouvir um álbum gravado nos estúdios de vários países e mixado em outros; saber que um vírus pode dar a volta ao mundo e infectá-lo em poucos dias; viver em uma cidade, trabalhar em outra, passar férias em outra, chegando a cada uma delas em um piscar de olhos; ver e conversar com alguém pelo Skype, através dos oceanos e continentes – tudo isso provoca as vertigens da onipotência, mas desperta, também, a nossa fragilidade humana, ao lançar trabalhadores, empresas, políticos e Estados em uma competição cada vez mais preocupante, entre concorrentes cada vez mais numerosos e astutos, com a possibilidade crescente de perder a aposta em jogo.

Assim, a globalização produz a esquizofrenia, própria de todas as revoluções épicas: a embriaguez da onipresença e da onipotência, de um lado; o impulso de buscar segurança no localismo e nas raízes, de outro. Pelo menos por enquanto, não somos ainda capazes de ser cidadãos da aldeia global sem ser inteiramente cidadãos daquele pedaço da Terra que é a nossa aldeia pessoal.

App

Em 1880, o genro de Karl Marx, Paul Lafargue, publicou um panfleto para reivindicar o direito dos proletários não ao trabalho, mas sim ao ócio. "As oficinas modernas", ele escrevia, "tornaram-se as casas de detenção ideais, onde se encarceram as massas operárias e se condenam ao trabalho forçado por 12 ou 14 horas não só homens, mas também mulheres e crianças." Tudo isso, segundo Lafargue, teria provocado uma produção de bens muito superior às necessidades reais e, para salvar a economia, as massas teriam sido induzidas a produzir e consumir bens fúteis. Então se teria passado a uma fase posterior: "Quando não houver mais pajens e generais a condecorar, prostitutas livres e casadas a cobrir de rendas, canhões a fundir, edifícios a construir, será necessário impor, com leis severas, aos operários e às operárias que trabalham nas passamanarias, nas rendas, na siderurgia, na arte da construção, a nova prática de canoagem higiênica e dos exercícios coreográficos, para o restabelecimento da sua saúde e a melhoria da raça."

Em 1993, publiquei na revista *Società dell'informazione* um ensaio intitulado "*Jobless Growth*" (Desenvolvimento sem trabalho), que despertou um bom debate sobre o tema. Dois anos depois, Jeremy Rifkin publicou o livro *O fim dos empregos*, que sustentava as mesmas teses e obteve um grande sucesso de público, no qual chegava a temer a extinção total do trabalho, em sua acepção industrial. Mas não foi Rifkin quem primeiro levantou essa hipótese, mas Marx, que a formulou em 1857. "Com a grande indústria", escreveu nos *Grundrisse*, "a criação da riqueza real passa a depender menos do tempo e da quantidade real do trabalho empregado que da potência dos agentes acionados." Tudo isso, "por sua vez, depende do estado geral da ciência e do progresso". Em outras palavras: quanto mais um país progride cientificamente, mais é capaz de substituir os trabalhadores pelo robô, liberando o homem do trabalho e criando desocupados.

E não se trata apenas de robôs. Pensemos no laser. Em 10 de março de 1973, Pink Floyd lançou *The Dark Side of the Moon*, que se tornaria, com os seus 50 milhões de cópias, o terceiro álbum mais vendido de todos os tempos. A capa, criada por Storm Thorgerson, é uma das mais conhecidas da história do rock e mostra, sobre um fundo completamente negro, um prisma, atingido por um raio de luz branca, que se decompõe, graças ao fenômeno da dispersão óptica, no espectro visível da radiação eletromagnética. Mas Pink Floyd não se limita às capas de seus discos: seus espetáculos de luzes a laser continuam sendo os únicos, no panorama mundial, a utilizar laser de vapores de cobre, em geral usados na pesquisa nuclear. O laser, como tantas outras descobertas pós-industriais, é uma solução em busca de problemas. Os problemas que ele pode resolver são quase infinitos, e, para cada problema resolvido, criam-se alguns postos de trabalho especializado mas extinguem-se alguns postos de trabalho especializado e muitos postos de trabalho não especializado.

O laser (acrônimo em inglês de "amplificação da luz por emissão estimulada de radiação") é um dispositivo que produz uma luz intensa, monocromática e concentrada em um feixe retilíneo. Originado de uma ideia primitiva de Albert Einstein, que remonta a 1917, e aprimorado em várias etapas, atinge a sua conclusão em 16 de maio de 1960, em um laboratório de Malibu, graças ao físico Ted Maiman. Foi ele quem disse que o laser "é uma solução em busca de problemas". E desde então tem resolvido milhares, além de iluminar os concertos do Pink Floyd. Dois anos após sua invenção, foi empregado em uma operação oftalmológica; em seguida passou, pouco a pouco, a ser utilizado para produzir circuitos eletrônicos para telefones celulares e computadores, para pôr em funcionamento impressoras e leitores de CD e DVD, para produzir sensores de poluição, para construir novos instrumentos da biologia, para atravessar materiais como se fossem transparentes, para datar achados arqueológicos, para se compreender como funcionam certas proteínas, para ler códigos de barras, para efetuar intervenções de cirurgia estética e otorrinolaringológica, para medir a distância nos tiros com armas, para guiar bombas e projéteis, para corrigir miopia, hipermetropia e astigmatismo.

Uma revolução tecnológica silenciosa mas incessante vem substituindo os caixas de banco humanos por caixas automáticos, os caixas dos pedágios por planos de pagamento automático, os funcionários que emitem os cartões de embarque por terminais automáticos, os barmen por servidores automáticos de bebidas, os bilheteiros por bilheterias automáticas. Na estação terminal de Roma, dos 24 guichês, oito já foram substituídos por bilheterias automáticas. Por outro lado, segundo os dados reunidos por Riccardo Staglianò, uma máquina emite, em média, cerca de 500 bilhetes por dia e pode custar, com manutenção incluída, algumas dezenas de milhares de euros. Um bilheteiro, em um turno, emite cerca de 200 e custa pelo menos o dobro. Além disso, a máquina não reclama, não fica doente, não faz greve. É esse fim da intermediação que faz com que sejam encerradas, pouco a pouco, todas as atividades que interferiam nas relações serviços-usuário, como agências de viagem, guichês bancários e por aí vai, a partir do momento em que "um algoritmo responde a chamadas mais e melhor do que uma telefonista em carne e osso".

Em um artigo publicado no jornal *La Repubblica*, na edição de 9 de fevereiro de 2016, Maurizio Ricci afirma que por volta de 2020, segundo o que foi anunciado no último encontro em Davos, a automação substituirá 5 milhões de postos de trabalho. O Banco da Inglaterra prevê que num período de 10 a 20 anos a Grã-Bretanha perderá a metade de todos os seus atuais postos de trabalho, ou seja, 15 milhões. Segundo a McKinsey, com as tecnologias de que dispomos hoje, 45% das atividades de trabalho já serão informatizáveis. Assim que for melhorada a capacidade de compreensão dos softwares, essa proporção chegará a 60%. Um estudo da Forrest Research conclui que, em 2025, robôs e softwares criarão 13 milhões de postos de trabalho, mas extinguirão 22 milhões. Atualmente, milhões de postos de trabalho – caixas, operários, balconistas, contadores, telefonistas, bancários, agentes da bolsa – já foram incorporados pelos softwares e pelos leitores ópticos. Um supermercado extingue sete postos de trabalho para cada um que cria.

Depois será a vez de motoristas de caminhões, de táxis e veículos alugados. A Morgan Stanley calcula que, em 2022, Google e Apple testarão carros com direção completamente autônoma; em 2026, os lançarão no mercado; e, passadas mais duas décadas, não haverá mais carros dirigidos por seres humanos. A tripulação de um navio, que em 1975 era composta por 30 pessoas, hoje pode ter apenas 13, com um joystick no lugar do timoneiro.

Segundo Carl Frey e Michael Osborn, pesquisadores da Universidade de Oxford, correm alto risco trabalhos como telemarketing, conserto de relógios, atendimento bancário e agências imobiliárias. Os árbitros de partidas de futebol e os bandeirinhas são bem mais facilmente substituíveis que um padre ou um professor de tango. Em todos os casos em que o trabalho é padronizável, mais cedo ou mais tarde a máquina substituirá o trabalhador. Desbancado pela máquina, este buscará outro trabalho repetitivo e, se não conseguir, procurará criar um novo, do tipo criativo. Segundo um cálculo do Federal Reserve de St. Louis, dos anos 1980 até hoje, nos Estados Unidos, os trabalhos autônomos duplicaram, passando de 40 para 80 milhões. Nesse meio-tempo, a população aumentou em 90 milhões e a desocupação – apesar dos saltos mortais dos estatísticos complacentes – permanece em torno de 7%; isto é, milhões de pessoas foram substituídas e marginalizadas pela máquina.

A substituição de operários por robôs já não acontece apenas nos países em que o trabalho humano custa caro. No Japão, um operário custa cerca de 20 dólares por hora, e a Fanuc, a primeira empresa produtora de robôs no mundo, emprega somente quatro funcionários em uma instalação de 22 mil metros quadrados. Mas também na China, onde o valor da hora trabalhada do operário não passa de 2 dólares, existem províncias como Cantão – a mais industrializada do país – em que o governo local investiu 152 bilhões de dólares na criação de indústrias para a produção de robôs e para substituir, em três anos, o maior número de trabalhadores por robôs em 1.950 empresas. Em 2020, oito em cada 10 fábricas da província deverão estar robotizadas. Um quarto de todos os robôs vendidos no mundo foi adquirido por fábricas chinesas.

As fábricas pós-industriais, porém, não substituem apenas os trabalhos repetitivos. O programador de computadores e empresário Ryan Holmes, CEO da Hootsuite, calculou que "os primeiros a serem eliminados serão os ilegais, os contadores, os digitadores e os secretários de médicos. O uso cada vez mais difuso de softwares financeiros do tipo 'faça você mesmo' e de ferramentas de desenvolvimento automáticas representa só o início da mudança que atingirá esses setores. E é importante salientar que muitos desses trabalhos não são apenas repetitivos e mecânicos. Necessitam, também, de certa habilidade no aprendizado e na absorção de novas informações. Justamente por isso a revolução da inteligência artificial é tão espantosa".

Essas novas máquinas, cada dia mais potentes e menos monstruosas, não se contentam em substituir operários e funcionários: insinuam-se cada vez mais, também, nas atividades criativas, apropriando-se da parte repetitiva que até o trabalho mais criativo, de algum modo, exige e engloba. A McKinsey distingue entre ofícios *transformativos*, do tipo manual, destinados a ser transferidos para os países emergentes, onde o custo do trabalho é particularmente baixo; ofícios *transacionais*, do tipo rotineiro, como os *call centers* e os serviços de guichê, que são aos poucos automatizados; e ofícios *interacionais*, de alto valor agregado, que, pelo menos por enquanto, não podem ser substituídos pelas máquinas. Segundo a própria McKinsey, só 5% das profissões intelectuais podem ser confiados às máquinas, mas em 60% das profissões – do designer ao cirurgião, do decorador ao nutricionista – o computador é capaz de desenvolver, pelo menos, um terço das atividades exercidas por seus profissionais.

Mesmo um gênio como Michelangelo era obrigado a fazer as pontas nos lápis e a afiar os formões, os cálculos matemáticos de arquitetura, o transporte dos cartões às superfícies a serem pintadas. Hoje, o comandante de um navio ou de um avião controla o seu meio de transporte, na verdade, apenas durante um trecho mínimo da viagem; a maior parte é confiada a computadores, bem mais confiáveis que o próprio comandante. Até mesmo no caso de um CEO, pelo menos 20% do que ele faz (análise de relatórios, distribuição de tarefas, compilação dos módulos, etc.) podem ser executados por um computador. Trata-se de compreender que fim terão o seu assistente e a sua secretária. Basta um app para mandá-los para a rua. "Existe um app para isso" é o lema triunfante dos profissionais de TI e a carta de renúncia dos velhos trabalhos.

Libertação

Se pensarmos bem, o progresso humano nada mais é que um longo percurso da humanidade rumo à libertação deliberada da fadiga física, em primeiro lugar, e do estresse intelectual, em segundo. Das origens da nossa história até a Idade Média, o homem conseguiu conquistar a libertação da escravidão. Da Idade Média até a primeira metade do século XX, libertou-se da fadiga. Desde a Segunda Guerra Mundial, visa à libertação do trabalho em si, realizando o sonho de Aristóteles.

Talvez tenha sido justamente com Taylor que surgiu pela primeira vez a ideia – recebida de forma genial como hipótese, e não como utopia – de que o trabalho pode ser, aos poucos, reduzido até sua completa eliminação, organizando-o cientificamente e descarregando-o sobre as máquinas. Segundo o próprio Taylor, se a sua geração tinha conseguido duplicar ou até quadruplicar a produção – graças ao vapor, à energia elétrica e ao progresso tecnológico –, a geração seguinte – graças à adoção da administração científica – teria, em seguida, dobrado a produção, conseguindo proporcionar maior bem-estar, redução do horário de trabalho e eliminação total dos conflitos. Em apoio à sua tese, Taylor recorda que, em Manchester, entre 1840 e 1912, o número de operários tinha aumentado 53 vezes, enquanto a produção de tecidos tinha subido 400-500 vezes.

Taylor, portanto, almejava a progressiva redução da fadiga humana até o triunfo definitivo do tempo livre sobre o tempo de trabalho. E, com extrema coerência entre a sua hipótese e os seus 45 anos de vida, ele próprio retirou-se do trabalho e, ajudado por 35 jardineiros, dedicou-se ao hobby da jardinagem em sua esplêndida residência na Filadélfia.

Hoje, a libertação do trabalho representa a essência do progresso no que diz respeito a tarefas fatigantes, perigosas, enfadonhas, banais e quando é compensada por um simétrico incremento de atividades livres e criativas.

Em uma famosa conferência de 1930 (Possibilidades Econômicas para os Nossos Netos), Keynes saudou com entusiasmo essa perspectiva e profetizou que ela seria realizada em três etapas. Na primeira – graças, principalmente, ao progresso tecnológico –, o trabalho seria reduzido, sem ainda desaparecer por completo. Portanto, seria necessário redistribuir resíduos remanescentes a fim de que não restasse nenhum desocupado. "Trabalhar menos para trabalharem todos", teriam gritado os estudantes de 1968, com mais lucidez que seus professores.

Na etapa seguinte, de natureza cultural, "pela primeira vez, desde a sua criação, o homem se verá diante do seu verdadeiro e constante problema: como usar a sua liberdade dos interesses econômicos mais urgentes; como empregar o tempo livre que a ciência e os juros compostos o terão feito ganhar para viver bem, com prazer e com sabedoria". Na terceira etapa, de natureza ética, a mudança do código moral teria sido somada à mutação organizativa e à cultural, permitindo aos netos de Keynes uma vida enfim livre do trabalho e plenamente realizada. Os netos de Keynes somos nós e nossos filhos.

Nos anos posteriores à conferência de 1930, a ação conjunta do progresso tecnológico, da gestão científica e da globalização imprimiu à produtividade um posterior incremento exponencial. Quando a informática não se havia ainda difundido como hoje, Hyman G. Rickover escreveu em *Prospect for the Rest of Century* (Perspectivas para o restante do século) que houve tempo em que eram necessários 20 homens para substituir a força muscular de um cavalo, e depois, graças aos modernos eletrodomésticos, toda dona de casa pôde gozar de uma ajuda comparável àquela obtida de 33 escravos na Grécia. Já nos tempos de Rickover, nos anos 1950, a energia de que todo operário dispunha em seu trabalho de fábrica equivalia à força de 244 escravos, enquanto um automóvel de média cilindrada desenvolvia a força de mil escravos.

Serge Latouche, em seu *Pequeno tratado de decrescimento sereno*, observa que "um barril de petróleo contém o equivalente energético a 25 mil horas de trabalho humano... O nosso consumo cotidiano de hidrocarbonetos equivale ao trabalho diário de mais de 300 milhões de seres humanos, como se cada habitante da Terra tivesse à sua disposição mais de 50 escravos".

Se há 20 anos eram necessários 60 mil operários para fabricar um milhão de automóveis, hoje, graças aos robôs e aos novos expedientes organizativos, bastam 20 mil. Ao melhorar em 90% as tecnologias e aumentar em 126% o esforço de trabalho, a Fiat e seu guru japonês Hajime Yamashina conseguiram produzir 270 mil veículos com os mesmos 5 mil operários que, em 2008, produziam 78.500. Nos próximos 20 anos, até órgãos humanos, como o fígado, os rins e o coração, poderão ser reproduzidos rapidamente, em *bioprinting*, ou seja, com impressoras em 3D capazes de imprimir com materiais à base de células. Em Moscou, a empresa 3D Bioprinting Solutions já imprimiu uma tiroide e, nos Estados Unidos, a Organovo está trabalhando na impressão em 3D de um fígado, enquanto na Wake Forest University, na Carolina do Norte, foi projetado um primeiro modelo de tecido cardíaco, com capacidade de pulsar de forma autônoma. Na Italian Medical Network for 3D and Bioprinting in Medicine, são utilizadas próteses impressas em 3D que ainda não empregam células mas já utilizam materiais biocompatíveis.

Todo progresso científico e tecnológico leva a um aumento da expectativa média de vida e a uma aceleração da produtividade, isto é, da produção de mais bens e mais serviços com menos trabalho humano. O economista Nicola Cacace calculou que, em 1891, os italianos eram menos de 40 milhões e trabalhavam, ao todo, 70 bilhões de horas/ano. Cem anos depois, em 1991, passaram a ser 57 milhões de italianos, que trabalharam apenas 60 bilhões de horas. Porém produziram umas 13 vezes mais. Na França – como demonstram Olivier Marchand e Claude Thélot –, no período de dois séculos, a duração do trabalho individual caiu pela metade, a ocupação aumentou 1,75 vez; a produção, 26 vezes; e a produtividade por hora, 30 vezes.

Isso é o *jobless growth*, o desenvolvimento sem trabalho. Já nos tempos das tecnologias mecânicas, Alexis Leontiev escreveu: "Ter a ilusão de que os trabalhadores substituídos pelas novas máquinas podem ser recolocados na produção de outras máquinas é o mesmo que acreditar que os cavalos substituídos por automóveis podem ser readmitidos nas indústrias automobilísticas." O que diria, agora, Leontiev frente às tecnologias eletrônicas?

À medida que o progresso tecnológico e o desenvolvimento organizacional provocam ondas de desemprego, os economistas, em vez de se conscientizarem do fenômeno do *jobless growth* e procurar soluções coerentes, culpam as crises e levantam o obstáculo do desemprego, promovendo-o ao grau de "fisiológico". Na década de 1930, os economistas sustentavam que um país moderno pode tolerar, tranquilamente, 2% de desemprego e que, aliás, esse percentual era útil para equilibrar o mercado de trabalho. Na década de 1940, elevaram esse índice para 3%. Depois, os especialistas keynesianos fizeram-no aumentar para 4%. Na década de 1950, comentou-se que se podia chegar a 5%. Nos anos 1980, os Estados Unidos foram elogiados por ter "somente" 6% de desempregados, e agora o governo italiano está orgulhoso de ter reduzido o desemprego para 12%. Hoje, existem no mundo 205 milhões de pessoas sem trabalho, das quais 75 milhões são jovens. A quantidade de postos de trabalho disponíveis diminuiu – em especial nos países mais avançados – justamente por causa da modernidade tecnológica e organizacional. Nos Estados Unidos e na Europa, no período de seis anos o setor manufatureiro perdeu 6.118.000 postos; o de construção, 4.500.000; o de logística, 770 mil.

O que os economistas teimam em negar é o fato já evidente e consolador de que aprendemos a produzir cada vez mais bens e serviços com cada vez menos trabalho humano. Em outras palavras, tornamo-nos mais civis e mais humanos. Mas, diante da diminuição do trabalho, em vez de distribuir igualmente a parte residual, continuamos a forçar os pais a trabalharem duro 10 horas por dia, enquanto seus filhos continuam desocupados.

No passado também houve épocas e regiões em que o trabalho consistia em uma miragem. No fim do século XIX e início do século XX, por exemplo, milhões de pessoas deixaram a Polônia, a Irlanda, a Itália e a Hungria para enfrentar a incógnita do oceano e tentar a sorte no Novo Mundo. Mas, a partir de 1990, o trabalho se tornou a questão econômica, política e moral mais alarmante, em todos os países do mundo, independentemente do PIB.

É muito provável que seja preciso se conformar: tanto nos escritórios quanto nas fábricas, a maior parte dos postos perdidos nas últimas décadas nunca mais voltará, porque o trabalho que era desenvolvido pelos atuais desempregados já é considerado inútil. Alguns deles, de fato, produziam coisas que tinham cada vez menos utilidade (como o aço); outros produziam coisas que agora são feitas de forma admirável pelas máquinas (como a montagem ou a pintura de automóveis, o fornecimento de dinheiro vivo, as análises clínicas, a entrega de bilhetes ferroviários); outros, ainda, faziam coisas que agora são feitas por conta própria (como testes de gravidez, abastecimento do carro, produção direta de objetos pela impressora 3D).

Durante muitos anos, até que todas as máquinas se tornassem automáticas, a tecnologia tirava postos de trabalho dos cavalos e, quando tirava também dos homens, conseguia, de algum modo, criar novos postos, em quantidade superior aos que tinha destruído. Assim foi, por exemplo, com o projeto e a produção de automóveis e locomotivas. Mas, a partir do desenvolvimento da eletrônica, da informática, das nanotecnologias, das biotecnologias, do laser, dos novos materiais e, por último, da inteligência artificial, esse equilíbrio se rompeu, talvez para sempre, e os postos de trabalho absorvidos pelas máquinas já não são compensados por novos investimentos e novos cargos necessários à produção daquelas máquinas ou de novos produtos. A cada posto de trabalho que um shopping oferece, ele destrói sete; o caixa eletrônico tira do emprego milhares de caixas; os tablets substituem milhões de funcionários de fábricas de papel, gráficas e bancas de jornais e revistas. Cada aplicativo – que, para ser inventado, requer quase sempre a criatividade de uma ou duas pessoas – tira trabalho de milhares de pessoas. E, quando as novas máquinas criam novos postos de trabalho, com frequência estes são transferidos para países ou continentes diferentes daqueles em que antes trabalhos foram extintos. A criação de um projeto de computador gera empregos nos Estados Unidos, a produção do projeto cria empregos na China, mas o computador substitui o trabalho humano em todo o planeta.

Diante dessa situação desagradável para milhões de cidadãos, os governos logo procuraram soluções, lançando campanhas de criação de trabalho: estimular a criatividade para inventar novos postos foi a palavra de ordem de todos os ministros do Trabalho em todo país pós-industrial. No papel, o esforço pareceria coroado de sucesso: em meio século, os Estados Unidos, o Japão e a Europa foram capazes de criar milhões de novos empregos, mas a maior parte deles consiste no que os americanos chamam de trabalho de "vendedor de hambúrguer" ou chapeiro: vagas de meio expediente, de baixa qualidade e baixa remuneração, voltadas, na maior parte, para imigrantes e trabalhadores temporários.

Nesse ponto, perseguidos por uma tecnologia onívora, que engole com a mesma velocidade tanto os cargos operacionais como os de supervisão e gerenciais, os governos, em vez de reduzir drasticamente as jornadas e as cargas de trabalho, puseram-se a aliviar os impostos para empregadores, a cortejar os investimentos estrangeiros em seu país, a ressuscitar formas disfarçadas de protecionismo e a incentivar a flexibilidade contratual. Nenhum dos responsáveis pelas decisões políticas formulou um plano B, baseado na hipótese de uma redução progressiva do trabalho, suficiente para produzir tudo aquilo que é necessário, frente a um progressivo aumento da população ativa.

Falando de robô, Maurizio Ricci perguntava-se recentemente no *La Repubblica*: "O problema não é se quem comanda somos nós ou são eles, mas o que comemos nós se quem trabalha são eles." Ressurge, assim, o problema crucial do capitalismo, que sabe produzir mas não sabe distribuir. Estamos acostumados, há séculos, a considerar justo que a riqueza vá somente para quem a produziu. Agora que dispomos de bens e serviços em abundância, mas produzidos por máquinas que não sabem o que fazer com eles, falta-nos um plano de distribuição capaz de oferecer à humanidade inteira uma vida enfim livre do trabalho e dos conflitos econômicos. Em 2015, Martin Ford, autor de *Rise of the Robots: Technology and the Threat of Jobless Future* (Ascensão dos robôs: tecnologia e a ameaça do futuro sem trabalho), sugeriu que se distribua uma renda mínima, universal, garantida, como aliás já ocorre nas social-democracias escandinavas. Mas 7 bilhões de cérebros humanos têm o dever de criar, com urgência, sistemas bem mais avançados e completos para tornar mais feliz a humanidade liberta, finalmente, do sistema econômico.

Apenas recentemente, mas com muita lentidão, vem sendo difundida a percepção exata de que a sociedade pós-industrial, diferentemente das anteriores rural e industrial, caracteriza-se por uma progressiva delegação do trabalho às tecnologias; por uma relação cada vez mais desequilibrada entre tempo de trabalho e tempo livre, a favor deste último; por uma progressiva mistura entre estudo, trabalho e vida – com isso, a existência de um trabalhador pós-industrial poderá assemelhar-se, cada vez mais, e sem repetir os seus inconvenientes, à de um trabalhador rural e, cada vez menos, à de um operário industrial. Na "Carta aos trabalhadores rurais sobre a pobreza e a paz", de 1938, o poeta pacifista Jean Giono escreve: "Não se pode saber qual seja o verdadeiro trabalho do homem rural: se é arar, semear, capinar, ou se é, ao mesmo tempo, comer e beber alimentos frescos, fazer filhos e respirar livremente, uma vez que todas essas coisas estão intimamente ligadas e, quando ele faz uma coisa, completa a outra. É tudo trabalho e nada é trabalho, no sentido social do termo. É a sua vida."

Revolução

O trabalho e a falta de trabalho estão, hoje, em primeiro lugar nas agendas governamentais e na mídia de todo o mundo. Mas a ótica com que se enfrenta o problema é exclusivamente econômica e sindical, enquanto o planeta trabalho é de natureza múltipla e não pode ser explorado sem o suporte de muitas outras disciplinas: a psicologia, a sociologia, as ciências organizacionais, a antropologia, a medicina, etc. Qualquer solução unidimensional de um problema tão complexo leva a resultados inadequados ou contraproducentes.

Quando meu pai falava de trabalho, pensava nos trabalhadores agrícolas; quando eu, ainda jovem, falava de trabalho, pensava nos metalúrgicos da linha de montagem. Mas, hoje, o que é o trabalho? Quem são os trabalhadores? É possível dizer, indiferentemente, que um torneiro trabalha, um bancário trabalha, um artista trabalha, um cientista trabalha? O romancista Joseph Conrad perguntava-se: "Como faço para explicar à minha mulher que, quando olho pela janela, eu estou trabalhando?"

O próprio fato de usar uma só palavra para exprimir realidades profundamente diferentes induz a comprimir tais realidades em uma única camisa de força normativa. Faz sentido, por exemplo, que um jornalista se aposente mesmo que ainda queira escrever e o seu editor concorde em mantê-lo? E faz sentido que ele se aposente, obrigatoriamente, com a mesma idade de um minerador?

Graças à sua esmagadora preponderância, na sociedade industrial quase todo o estudo, a organização e a legislação trabalhista referiram-se aos operários e ao trabalho na fábrica, ignorando os trabalhadores do conhecimento, que já representam dois terços da população ativa. Os escritórios, os layouts em espaços abertos, os relógios de ponto, as catracas, os regulamentos, as hierarquias, os estilos de liderança, a gestão do tempo e do espaço, tudo reproduz os galpões industriais, as salas administrativas, a unidade de tempo e de lugar da fábrica, os ritos finalizadores do "tudo sob controle", mesmo que se trate de um banco ou de um jornal.

É necessário, portanto, uma verdadeira revolução na cultura do trabalho para forçar a passagem da fase industrial para a fase pós-industrial; uma revolução profunda, pelo menos tão profunda quanto aquela que Taylor empreendeu quando, com a sua "gestão científica", acelerou a passagem do trabalho rural e artesanal para o trabalho industrial.

Naquela época, pela primeira vez depois de milhares de anos, o homem trabalhador sofria uma transformação radical, não só do seu trabalho como também da própria vida: não trabalhava mais no seu comércio a céu aberto ou no seu campo; não dormia mais no bairro em que trabalhava; não cooperava mais com os seus familiares, mas com pessoas estranhas; não mais obedecia ao pai, mas ao chefe; não fazia mais as refeições em casa, mas no refeitório; não se vestia mais com roupas feitas sob medida pelo seu alfaiate, mas com aquelas produzidas em série, sabe-se lá onde e por quem; não mais conhecia pessoalmente os consumidores do próprio produto; e, com frequência, nem sabia para que serviam as peças que era chamado a produzir no âmbito da produção setorizada. Disso derivavam desequilíbrios psicológicos e sociais, mas, no fim das contas, as vantagens pareciam maiores do que as desvantagens e o novo sistema de vida urbano-industrial parecia mais prático, mais conveniente, até mesmo mais civilizado do que o velho sistema de vida rural.

Em troca do bem-estar material e de mais tempo livre, Taylor requeria dos trabalhadores uma completa revolução mental. Em seu depoimento, em 1912, diante de uma comissão de inquérito instituída pelo Senado americano, Taylor disse: "A organização científica não é um modo de aumentar ou garantir a eficiência; não é um sistema para calcular os custos, nem é um sistema de pagamento; não é um sistema com prêmios ou bônus; não é um sistema de pagamento por produção; não significa cronometrar o trabalho de um homem; não é um estudo dos períodos de trabalho; não é um estudo dos métodos; não consiste em preparar ou imprimir uma ou duas toneladas de módulos e descarregá-los sobre um grupo de pessoas dizendo: 'Este é o sistema de vocês, usem-no!'; não é uma direção técnica que divide tarefas e funções; não é nenhum daqueles mecanismos que o homem comum tem em mente quando se menciona uma organização científica. Não é nada disso... Acredito em todas essas coisas, mas quero destacar o fato de que essas novas ideias, consideradas global ou particularmente, não se identificam com a organização científica... A organização científica exige, substancialmente, uma completa revolução mental da parte dos operários de qualquer fábrica ou setor industrial; eles devem mudar radicalmente o modo de pensar o próprio trabalho, os colegas e os empregadores. Essa transformação mental radical envolve também os dirigentes – os gerentes, os superintendentes, o proprietário da empresa, o conselho administrativo – e implica um novo modo de lidar com os próprios deveres para com os colegas dirigentes e os problemas cotidianos dos operários. Sem essa completa revolução mental, não pode existir organização científica."

Esse conceito de revolução mental era crucial ontem – para superação da mentalidade rural-artesã e conversão à mentalidade industrial – tanto quanto hoje – para superação da mentalidade urbano-industrial e conversão à mentalidade pós-industrial. Por isso, podemos parafrasear Taylor e dizer que a organização pós-industrial não é a participação nas ações, não é a participação nos lucros ou na organização, não é a automação administrativa, não é o trabalho remoto, não é a globalização, não é a motivação, não é o networking, não é o correio eletrônico, não é a qualidade total, não é nenhuma dessas coisas, nem todas elas juntas. A organização pós-industrial do trabalho é uma completa e radical transformação mental, graças à qual os operários, os funcionários, os gerentes, os especialistas, os dirigentes, os proprietários, os consumidores devem assimilar um novo modo de pensar as categorias do tempo, do espaço, do lucro, da solidariedade, do ecossistema, da produção, do consumo, da qualidade do trabalho e de vida.

Taylor – antecipando o idílio com o qual, mais tarde, Fritz Lang encerra o filme *Metrópolis* – diz: "A grande revolução no posicionamento mental que vem com a realização da organização científica leva as duas partes antagonistas a desistirem do próprio interesse pela divisão do superávit – que é o motivo principal da resistência – e a concentrarem seus esforços em aumentar de tal modo a relevância a ponto de evitar o surgimento de uma posterior desordem. Ambas as partes chegam a reconhecer que a cooperação e a ajuda recíproca, superados a luta e os confrontos, provocam tal incremento no superávit que permite grandes aumentos nos salários dos operários e nos lucros do empreendedor."

Hoje, por nossa vez, podemos dizer que a grande revolução mental requerida do homem pós-industrial para aderir à organização revolucionada leva as partes antagonistas a reduzirem o seu interesse pela produção de superávit (já garantido pelas máquinas e pelo Terceiro Mundo) e a concentrarem seus esforços na distribuição do trabalho, da riqueza, do conhecimento, do poder, das oportunidades e das responsabilidades, na construção de um novo bem-estar e na criação de um sistema cooperativo internacional capaz de assegurar a todos mais longevidade e melhor qualidade de vida.

Essa revolução pós-industrial proporcionaria à humanidade vantagens não menos valiosas que aquelas que lhe foram asseguradas pela revolução industrial. Ainda assim, enfrenta hoje os mesmos antagonismos, multiplicados, com que deparou na época a proposta de Taylor: resistência cultural às mudanças psicossociais e resistência política à redistribuição do poder.

O que fazer, então? Em primeiro lugar, é preciso proibir o trabalho fora do horário de expediente aos workaholics. Na Itália existem, pelo menos, 2 milhões de subordinados e gerentes que, mais por ódio à família do que por amor ao trabalho, fazem todos os dias algumas horas extras não remuneradas. E qual a razão? Pois 4 milhões de horas por dia, multiplicadas por 220 dias de trabalho ao ano, representam um montante de 880 milhões de horas, que equivalem a 520 mil postos de trabalho.

No que diz respeito, em particular, aos trabalhadores que executam tarefas repetitivas e operacionais, sejam eles operários ou funcionários de escritório, é preciso adotar uma redução drástica da carga horária de trabalho e uma revisão no cálculo dos salários – ou outras remunerações – e dos benefícios, com base na produção (que aumenta), e não no trabalho (que diminui). A redução do trabalho não só eliminaria o desemprego como possibilitaria a todos os assalariados acrescentar à experiência profissional uma maior bagagem cultural, social e afetiva, adquirida fora do trabalho, contribuindo, assim, para o crescimento pessoal, familiar e social, bem como para o desenvolvimento da empresa.

No que concerne aos trabalhadores que desenvolvem atividades criativas (profissionais liberais, artesãos, cientistas, jornalistas, administradores, empreendedores, escritores, professores: pelo menos um terço de toda a população ativa, destinado a crescer ainda mais), é preciso levar em conta que a produção de ideias originais segue regras completamente diferentes das da produção de objetos em série e de serviços padronizados.

Enquanto o torneiro, quando soa a sirene, deixa o torno na fábrica e vai embora para casa, onde evita pensar no trabalho até o dia seguinte, o criativo trabalha com a mente, que o acompanha onde quer que esteja, dia e noite. Pode-se dizer a um operário "Venha amanhã de manhã, às 7 horas, e comece a produzir parafusos", mas não se pode dizer a um criativo "Venha amanhã de manhã, às 7 horas, e comece a produzir ideias".

Portanto, não é possível aplicar a administração científica a todo o trabalho intelectual, como pretendem fazer as empresas contaminadas pelo gap cultural, infligindo até mesmo aos trabalhadores criativos a mesma unidade de tempo e de lugar imposta aos operários metalúrgicos, com todo o aparato de restrições, limitações, catracas, procedimentos, vigilância e crachás.

Um criativo "trabalha" 24 horas por dia. Mesmo que não esteja no escritório, ainda que se divirta ou durma, a sua mente absorve, assimila, elabora estímulos, ideias, inspiração, projetos. A sua criatividade não depende do lugar nem do tempo, nem das regras a que é submetido: depende da sua competência, da sua motivação, da sua paixão, dos recursos à sua disposição, do carisma do seu chefe, da composição e do entusiasmo da sua equipe de trabalho.

Com o surgimento da atividade intelectual e da criativa, em particular, cai o conceito de horário fixo, de controle hierárquico sobre o processo de trabalho, de hora extra, de aposentadoria. É preciso conferir ao criativo plena liberdade de tempo e de espaço; oferecer-lhe uma organização por objetivos; focar na sua motivação mais do que no controle exercido pela organização; eliminar o sistema de idade fixa e igual para todos para a aposentadoria, substituindo-o por um acordo entre empregador e trabalhador, estabelecido caso a caso. A criatividade é o reino da subjetividade.

Assim, de um lado, os responsáveis pela elaboração das leis deveriam diferenciar claramente os critérios organizacionais, de acordo com funções de tipo braçal, analítica de natureza intelectual e executiva e de atividades intelectuais de natureza criativa. Por outro lado, toda a sociedade e – antes de tudo – os trabalhadores deveriam modificar por completo a sua concepção sobre o trabalho e o peso que lhe é atribuído.

Essa nova revolução é necessária, mas não é simples, porque, como escreveu Ralf Dahrendorf, "a sociedade do crescimento foi também a sociedade do trabalho. A vida dos homens era construída em torno do trabalho. A educação era voltada para a preparação para o mundo do trabalho; o tempo livre, como descanso para um novo trabalho; a aposentadoria, como compensação por uma vida de trabalho. Além disso, o trabalho não era considerado necessário apenas para o sustento, mas também como tendo valor em si próprio. As pessoas se orgulhavam do seu trabalho e das realizações profissionais. Pode-se dizer, na verdade, que a figura do homem trabalhador representou o ideal dessa sociedade. Resta saber: o que acontece quando – parafraseando Hannah Arendt – falta trabalho na própria sociedade do trabalho?".

Eis o que acontece: enquanto o trabalho operacional é entregue às máquinas; enquanto o aporte humano concentra-se principalmente na produção de ideias e nos serviços pessoais; enquanto, nas atividades criativas, se dissolvem as unidades de tempo e espaço; enquanto aumenta visivelmente o número de mulheres que substituem homens, até mesmo em posições de comando, na sociedade se impõem novos sujeitos; o trabalho perde importância; o tempo destinado à formação, à reprodução e à distração prevalece, claramente, sobre o tempo que se destina ao trabalho; a esfera emocional é reavaliada ao lado da esfera racional; a dimensão subjetiva reconquista um lugar dignitário ao lado da dimensão coletiva; a estética é apreciada não menos que a prática.

No entanto, a velha e já gloriosa empresa taylorista custa a morrer, socorrida boca a boca por um exército derrotado, composto de velhos chefes de pessoal obstinados pela reprodução de inúteis contratos coletivos; de velhos dirigentes organizacionais, treinados na arte do controle; de velhos engenheiros fechados na armadura das presumidas ciências exatas; de consultores enraizados nos joguinhos mentais, tão apreciados quanto fúteis; de vendedores de ideias em viagem frequente entre a Califórnia e o Japão em busca de modelos gerenciais de segunda mão. A velha empresa, incapaz de motivar aqueles que insiste em controlar, produz para o estrangeiro desemprego e modelos cada vez mais inúteis e, para o mercado interno, procedimentos cada vez mais insensatos e pessoas cada vez mais infelizes.

Nesse meio-tempo, a eficiência crescente das tecnologias se aproxima, dia a dia, da realização do sonho de Taylor, de Lafargue, de Bertrand Russell, de Hermann Hesse: libertar o homem do trabalho para restituí-lo ao paraíso das atividades idealizadoras ou do ócio criativo.

Segundo Taylor, o seu sistema organizacional permitia "aumentar a produção, reduzir os custos e, ao mesmo tempo, incrementar os ganhos dos trabalhadores, evitando tensões mas baseando-se apenas na força silenciosa do desejo de ganhar mais". Hoje, uma parte cada vez mais relevante daquela "força silenciosa" não é um desejo de ganho, mas de felicidade.

WW

O sistema econômico e o mercado de trabalho – assim como foram engendrados pelos economistas e assim como se afirmaram em todos os países do mundo – representam dois monstruosos gêmeos monozigóticos e siameses gerados por um mesmo óvulo neoliberal, fecundado, por sua vez, por um mesmo espermatozoide pós-industrial. Esses gêmeos siameses têm em comum a capacidade de transformar em desastres até as oportunidades, como fizeram com o *jobless growth*, que podia ser uma libertação do trabalho, mas, em vez disso, foi reduzido ao inferno do desemprego.

Como já vimos, os cientistas e os engenheiros lançam, todos os dias, máquinas capazes de produzir bens e serviços a baixo custo, permanecendo em ação noite e dia sem nunca parar ou reclamar. Além disso, a globalização permite comprar matérias-primas e componentes onde o custo é menor. Com isso, já é possível produzir bens e serviços empregando cada vez menos trabalho humano de tipo operacional, repetitivo, cansativo, pesado ou brutal.

Queria a lógica que, uma vez escasso o trabalho, as novas máquinas, aos poucos, se encarregassem dele e o restante fosse distribuído por toda a população ativa. Assim, cada cidadão ganharia o suficiente para viver por meio do trabalho decrescente e poderia investir sua inteligência no tempo livre crescente, como sugeria Keynes.

Em vez disso, os dois gêmeos monozigóticos decidiram que os pais devem continuar a se matar de trabalhar, enquanto os filhos se mantêm completamente desocupados pelo resto da vida. Assim, os filhos, nada ganhando, pouco consomem, contribuindo para a deflação que os gêmeos, paradoxalmente, provocam e temem. Até que um dos dois gêmeos se deu conta disso: o governador do Banco Central Europeu (BCE), Mario Draghi, apresentando o relatório anual do banco, em 7 de abril de 2016, disse:

"As perspectivas para a economia mundial estão cercadas de incertezas. Devemos encarar até forças anti-inflacionárias... Mas o BCE não se rende, frente a inflação tão baixa." Depois avisou que, se não for enfrentado o dramático problema do desemprego juvenil na Europa, que golpeia, apesar de tudo, "a geração mais instruída de todos os tempos", arrisca-se ver uma "geração perdida", uma *lost generation*. Portanto, "é preciso agir rapidamente".

Se tivéssemos começado a agir, ainda que aos poucos, 30 anos atrás, quando os sociólogos do mundo inteiro deram os primeiros sinais de alerta, agora não teríamos uma geração perdida embora instruída. Se os governos não conseguem resolver o problema do emprego, nem rápida nem lentamente, limitando-se apenas a justificá-lo ou devolvê-lo, o que os desempregados – isto é, as vítimas inocentes dessa inadimplência – podem fazer?

Por ora, é preciso entender quantos são. Segundo a definição oficial da Organização Internacional do Trabalho (OIT), a taxa de desemprego contempla as pessoas sem trabalho que o procuraram ativamente, sem êxito, nas últimas quatro semanas. Quem não procurou, quem trabalha informalmente, quem trabalha meio período – mas gostaria de trabalhar em tempo integral – não é contabilizado na taxa de desemprego. "Quando um cidadão não encontra trabalho", explica Gabriel Roghi, estrategista de banco de investimento, "é removido da base de cálculo dos desempregados e, em certo aspecto, torna-se um zumbi – no sentido de que não trabalha, mas, para as estatísticas, não conta."

Segundo a OIT, os trabalhadores assalariados no mundo somam 2,8 bilhões, o que equivale a 45% da população mundial. Os desempregados, por sua vez, contabilizam 197 milhões e correspondem a 6% da população ativa. A Europa tem 225 milhões de trabalhadores e o número de desempregados gira em torno de 10%, equivalente a 26 milhões. Existem, portanto, outros 18 milhões de "subempregados": 9 milhões deles querem trabalhar mas deixaram de procurar emprego por estarem desencorajados pelas difíceis perspectivas do mercado, e os outros 9 milhões trabalham em horário parcial mas gostariam de trabalhar em tempo integral. Nos Estados Unidos, os desempregados são cerca de 8 milhões e nos últimos anos oscilam entre 5% e 7%. A esses, somam-se os desempregados desencorajados:

"Nos Estados Unidos", diz Roghi, "o número dos que estão fora da 'força de trabalho' já ultrapassa os 90 milhões, cidadãos que saíram desse cálculo, considerados vagabundos pelo governo." Os desempregados com menos de 25 anos, na Europa, são cerca de 5,5 milhões e equivalem a 22%, com picos de 40% na Itália e 50% na Espanha e na Grécia. Nos Estados Unidos, representam 24%.

Essas cifras oscilam – para cima ou para baixo – de um ano a outro, mas a essência não muda: as novas tecnologias e a globalização extinguem mais postos de trabalho do que criam, direta ou indiretamente, e a situação está fadada a se agravar. Frente a essa realidade galopante, os governos – reféns dos economistas neoliberais e apoiados pela mídia complacente – iludem os desempregados, prometendo-lhes novos postos de trabalho, ligados a um eventual crescimento econômico que todo ano é prometido e todo ano é postergado. A multidão de desempregados – não sendo composta de velhos operários conscientes e sindicalizados, mas de gestores e funcionários fragilizados pela escolarização e alienados pelo consumismo – engole a trapaça governante e vive arduamente, privada como é de organização e liderança.

Assim, nem mesmo os economistas da mais beata fé neoliberal podem negar hoje que o desemprego representa o escalpo dos trabalhadores, conquistado pelos ricos, vencedores na luta de classes contra os pobres.

Existe alguma possibilidade de que o coração despedaçado de 197 milhões de desempregados consiga impor os seus direitos aos governos, aos empresários e à maioria dos trabalhadores empregados? Para lhes dar um emprego e um salário, bastaria reduzir em muito pouco a carga horária de trabalho dos 2,8 bilhões de assalariados. Na Europa, bastaria reduzir a carga horária de 225 milhões trabalhadores empregados para evitar a inércia e a miséria de 26 milhões de desempregados.

Mas entendeu-se que isso nunca acontecerá por, no mínimo, quatro motivos: porque as teorias liberais e neoliberais não contemplam essa mudança; porque a parte garantida do mercado é impiedosa com a parte não garantida; porque, como dizia Leonel Brizola, fundador do Partido Democrático Trabalhista brasileiro, "os pobres não têm lobby"; porque "não só os filhos dos ricos herdam a riqueza com todas as suas vantagens como os filhos dos pobres herdam a pobreza com todas as suas desvantagens", como escreveu Wright Mills.

Portanto – para usar uma metáfora – não resta outra opção senão substituir a guerra de posição teorizada pelo general alemão Carl von Clausewitz pela guerrilha tática do presidente vietnamita Ho Chi Minh. Uma vez que os desempregados nada têm a perder, exceto o desemprego, não lhes resta outra escolha senão subverter a situação, lançando no mercado de trabalho a própria massa trabalhadora. Se na Europa, por exemplo, os 26 milhões de desocupados, em vez de permanecer parados, oferecessem gratuitamente o seu trabalho a quem dele necessitasse, em pouco tempo toda a lei de oferta e procura ficaria de pernas para o ar. Mais ainda se os 197 milhões de desempregados no mundo fizessem alguma coisa parecida.

Se o liberalismo de Adam Smith e Richard Cobden teve o neoliberalismo de Ludwig von Mises e Friedrich Hayek, não se pode dizer o mesmo do comunismo de Karl Marx, que não teve qualquer neocomunismo, a não ser nas formas brandas da Nova Esquerda de Wright Mills, da social-democracia de Willy Brandt, do novo trabalhismo de Tony Blair, que deixaram irresoluta a questão trabalhista. A meu ver, as mesmas novas tecnologias que subtraem trabalho poderiam ajudar as suas vítimas a recuperar pelo menos uma parte dele. Os desempregados do setor de informática poderiam, de fato, trabalhar na criação de um software, de um app e de um site capaz de pôr em contato quem procura um determinado tipo de serviço com o desempregado capaz de satisfazer gratuitamente a sua demanda. Seria criada, assim, uma ideal e imensa rede de procura e oferta, como a do Uber, que conecta diretamente passageiros e motoristas. A confusão que resultaria disso seria tamanha que os governos seriam forçados a providenciar uma nova legislação do mercado de trabalho, em que todo o incremento de produtividade comportaria equivalentes redução e distribuição dos encargos de trabalho.

Diferentemente do trabalho informal, obscuro, mal remunerado e mal aproveitado, esse seria um trabalho legítimo, com transparência, voluntário e revolucionário: *White Work* (trabalho branco) ou WW. Branco porque, como diz, quase poeticamente, a Wikipedia em italiano, "branco é uma cor acromática, uma cor sem tinta que é a composição das frequências de todas as cores do espectro visível. É uma das cores mais comuns da natureza, a cor da luz solar, da neve, do leite, do gesso, do calcário e de outros minerais. Em muitas culturas, o branco representa pureza, inocência e luz, e é o oposto simbólico do negro ou da obscuridade. Com base em pesquisas feitas na Europa e nos Estados Unidos, o branco é a cor mais frequentemente associada à perfeição, à bondade, à honestidade, à polidez, ao início, ao novo, à neutralidade, à precisão".

Reeducação

Hoje, o planeta é habitado por 7 bilhões de pessoas; daqui a 10 anos serão 8 bilhões. Cresce, portanto, a quantidade de trabalhadores potenciais, engrossada por jovens, mulheres, portadores de deficiência, idosos saudáveis e cidadãos do Terceiro Mundo – todos interessados no mercado de trabalho. Enquanto isso, os postos de trabalho aumentam muito mais lentamente, pelo efeito conjunto do progresso tecnológico e organizacional, da globalização, das fusões, das privatizações.

A riqueza do planeta cresce três ou quatro pontos percentuais por ano, crescimento esse que depende cada vez menos dos trabalhadores bem remunerados do Primeiro Mundo e cada vez mais dos robôs e dos trabalhadores sub-remunerados do Terceiro Mundo. Os cidadãos do Primeiro Mundo, habituados a pensar o trabalho como a essência da vida, não percebem (ou não admitem) que a sua vida depende cada vez menos do trabalho que executam e acham desagradável reconfigurá-la, para baseá-la sobretudo na criatividade e no tempo livre.

Para escapar desse beco sem saída em que se meteram todos os países industrializados, é preciso conscientizar-se de que se trata de uma questão de ordem global (não apenas local) e de ordem cultural (não apenas econômica). É necessário, também, resolver pelo menos três problemas muito complicados, que requerem as mesmas inversões de valores na nossa organização socioeconômica.

Primeiro problema: Como distribuir a riqueza (que aumenta) prescindindo do parâmetro do trabalho (que diminui).

Na sociedade industrial, a riqueza foi distribuída, principalmente, com base na quantidade e na qualidade do trabalho produtivo desenvolvido por cada trabalhador. "Quem não trabalha não come", cantam, em uníssono, uma epístola de São Paulo e o hino *Bandeira vermelha*, do Partido Comunista. Se você não trabalha, não comem nem você nem a sua família, que do seu trabalho depende. Não comem o seu patrão nem os filhos dele. Para consumir é preciso, antes, produzir. Você pode usufruir apenas de uma parte da riqueza que produz. Mas, se não produz, não tem sequer essa parte.

Uma vez que estamos habituados a distribuir a riqueza com base no trabalho produtivo, e uma vez que toda a complicada máquina da economia de mercado foi organizada segundo esse critério, uma variante desse mesmo critério se estende também aos trabalhadores improdutivos: funcionários, gerentes, profissionais especializados e executivos, todos eles remunerados por tempo ou por resultado.

Depois disso, fiéis persistentes ao parâmetro "trabalho" chegaram a dizer: você será remunerado para que desenvolva uma atividade convencionalmente considerada trabalho – como fazer buracos na areia – mesmo que esse trabalho não produza nada e não sirva para nada; ainda que ele seja nocivo para você e para a sociedade. O importante é que você faça alguma coisa que as estatísticas oficiais possam classificar como "trabalho" e que a economia corrente considere com valor legal para ser remunerado.

Com base nessas convenções, uma mulher que educa os filhos em casa não recebe remuneração, enquanto outra que educa os filhos alheios em uma creche é assalariada. Se duas mulheres cuidam, cada uma, do próprio filho, são consideradas donas de casa e não são remuneradas; se cada uma cuida do filho da outra, são consideradas babás e são assalariadas. Em muitos países, os grandes hotéis e as repartições públicas empregam jovens como ascensoristas. Esses rapazes passam o dia dentro de elevadores para cima e para baixo, apenas para apertar os botões correspondentes aos andares solicitados pelos clientes. O seu trabalho é completamente supérfluo, não produz riqueza alguma, serve apenas para individualizar, dentre milhões de jovens, aqueles a quem dar um salário em troca de um serviço inútil, estúpido e desestimulante. E, aliás, nocivo, porque os impede de ir à escola. Muitos cursos de formação de má qualidade infligidos aos desempregados também se enquadram nesse caso específico.

No próprio âmbito do trabalho, as gratificações são distribuídas de modo arbitrário. Existem trabalhos úteis e agradáveis, como aquele do empreendedor ou o do professor; existem trabalhos úteis mas desagradáveis, perigosos ou repugnantes, como o do mineiro ou o do coveiro; existem trabalhos inúteis mas agradáveis, como o de assistente de palco em programas de TV; há trabalhos inúteis e desagradáveis, como o já mencionado de ascensorista. Seria justo que um coveiro e um mineiro fossem muito mais bem remunerados que uma modelo, mas a justiça nada tem a ver ou fazer com o mundo do trabalho. Um jovem de 20 e poucos anos que trabalha oito horas por dia num banco recebe um salário. Outro que estuda oito horas por dia na universidade não só não recebe nada como tem de pagar os impostos.

Hoje, que a riqueza cresce, mas é cada vez mais produzida pelas máquinas e cada vez menos pelo homem, torna-se cada vez mais difícil redistribuí-la com base na quantidade de trabalho humano requerida para criá-la. Se toda a produção operária passasse a ser realizada na China e toda a prestação de serviço passasse a ser realizada na Índia, com base em quais critérios seriam remunerados os ex-operários e os ex-empregados de todo o restante do mundo? E, se esses ex-operários e ex-empregados não fossem remunerados, quem pagaria pelos produtos chineses e pelos serviços indianos? É preciso, portanto, encontrar novos critérios capazes de conjugar os méritos com as necessidades.

Segundo problema: Como reeducar milhões de cidadãos do Primeiro Mundo, habituados a concentrar toda a vida no trabalho, de modo a aprender a reconfigurá-la, concentrando-a, também, no não trabalho.

O problema injusto e terrível do desemprego só pode ser vencido se todas as soluções disponíveis forem adotadas juntas, criando novos postos de trabalho que sejam de fato úteis, reduzindo drasticamente a carga horária no caso de tarefas operacionais e desestruturando o trabalho no tempo e no espaço toda vez que a natureza dele permitir.

Mas o problema do desemprego não pode nos fazer esquecer do problema do tempo livre, considerando que, na perspectiva de vida de um jovem de 20 e poucos anos, as horas que ele dedicará ao trabalho serão apenas um terço das horas disponíveis para o tempo livre. O que fará no período de trabalho será decidido por seus pais, seus colegas, seus professores, seus chefes, ele próprio e a sorte. Mas o que fará no tempo livre? Quem decidirá? Walt Disney? Hollywood? A CNN? O padre? Murdoch? A Sega? O agente de viagens? Fará coisas úteis ou inúteis? Será divertido ou tedioso? Será solidário, competitivo, agressivo ou violento?

Antes da era industrial, poucos trabalhavam e por pouco tempo. A socialização era feita em casa, na praça, no comércio, nos campos, na paróquia, na taberna, na escola. Pretender, hoje, que o trabalho seja a fonte principal de socialização e de identidade significa negar socialização e identidade a cinco sétimos da população mundial: às crianças, aos estudantes, às donas de casa, aos idosos, aos nômades, aos desempregados, a todos aqueles que, no Terceiro Mundo, não têm qualquer familiaridade com a categoria do trabalho como é entendido no Primeiro Mundo. E significa esconder que, no trabalho, é mais comum não encontrar identidade e socialização, mas alienação, marginalização, incompatibilidade, isolamento. Para ter uma prova disso, basta reler dezenas de pesquisas realizadas nos últimos 200 anos sobre a condição operária e assalariada.

Hoje, a maioria dos trabalhadores investe toda a energia na carreira, passa grande parte do dia no trabalho, perde o gosto pela vida familiar e pela folga, durante os feriados sofre de dor de cabeça se não leva consigo algo pendente para resolver que o mantenha mergulhado na mesma tensão dos dias úteis.

É preciso, portanto, iniciar uma grande obra de educação dos jovens e de reeducação dos adultos a fim de que aprendam a conferir sentido e valor ao tempo livre, enriquecendo-o de introspecção, criatividade e convivência.

Terceiro problema: Como reeducar bilhões de cidadãos do Terceiro Mundo habituados a concentrar toda a sua vida no não trabalho de modo que aprendam a concentrá-la também no trabalho.

Na Índia, na China, na África e na América Latina, milhões de pessoas nunca trabalharam e nunca elevaram as suas exigências acima do limiar da subsistência. A essas juntam-se, no Primeiro Mundo, cada vez mais numerosos Neet (nem-nem).

Essas multidões de cidadãos têm o direito de cultivar necessidades mais propriamente humanas, como a segurança, a longevidade, a libertação da dor física, o conhecimento racional, o bem-estar, a autorrealização. Uma vez evocadas as forças dessas novas necessidades, é preciso satisfazê-las, gerando riqueza. Isso implica a educação para o trabalho cientificamente organizado e tecnologicamente potencializado, a construção de fábricas e escritórios eficientes, a distribuição de serviços modernos. E tudo isso duplica, no Terceiro Mundo, as vantagens da industrialização, já vivenciada pelos países ricos, sem, porém, repetir os erros. Onde isso é obtido, ocorre um salto direto do estado pré-industrial para o pós-industrial.

Quando essa imponente revolução estiver concluída, quando também no Terceiro Mundo as necessidades tiverem crescido e a população tiver aprendido a arte de criar a riqueza desejada para satisfazê-las, terão fim as grandes fugas migratórias das áreas subdesenvolvidas para as desenvolvidas e o nosso problema atual - de distribuir o trabalho e o dinheiro, o conhecimento e o poder (reproposto na escala planetária) - se tornará mais solucionável. A essa altura, porém, a poluição ambiental será exorbitante e restará aos nossos netos migrar para outros planetas.

Joanesburgo

No outono de 1842, chegava a Londres Friedrich Engels, aos 22 anos, herdeiro de uma rica família de industriais renanos que tinham uma filial em Manchester. Comovido pelas míseras condições por que passava a classe operária inglesa, Friedrich, na tentativa de compreender as causas e os efeitos da crise, conduziu uma rigorosa pesquisa sociológica realizada durante 21 meses e publicada em 15 de março de 1845, com o título de *A situação da classe trabalhadora da Inglaterra,* que viria a se tornar um clássico da literatura sociológica. O que um redivivo Engels encontraria e o que faria hoje se desse a volta ao mundo, parasse em países como os Estados Unidos ou o Brasil e desse uma esticada até a Itália? Descobriria que as 62 pessoas mais ricas na lista da revista *Forbes* têm um patrimônio equivalente ao de 3,5 bilhões de pobres, isto é, metade da humanidade atual.

Veria que a relação quantitativa entre ricos e pobres evolui de maneira perversa. Segundo o *World Population Prospects 2000* (Perspectiva da população mundial, edição 2000), da ONU, no início do presente século a população mundial era composta de 1,2 bilhão de ricos, contra 4,8 bilhões de pobres. Em outras palavras, os pobres eram o quádruplo dos ricos. Em 2050, os ricos somarão pouco menos de 1,2 bilhão, isto é, menos do que hoje, enquanto os pobres serão 8,1 bilhões: ou seja, sete vezes o número dos ricos. Como se vê, acentua-se a diferença que já no século XIX era denunciada por Marx, de um lado, e Leão XIII, de outro. Dizia a *Rerum Novarum*, em 1891: "Um pequeníssimo número de ricaços tem imposto à infinita multidão de proletários um jugo quase servil."

O que Engels encontraria se voltasse sua atenção para os Estados Unidos? Nos anos 1960, o presidente Lyndon Johnson declarou uma "guerra à pobreza", para ajudar os muitos americanos que viviam "à margem da esperança".

Nos anos 1980, o presidente Ronald Reagan confessou: "Combatemos uma guerra contra a pobreza nos anos 1960 e a pobreza venceu." Hoje, nos Estados Unidos, o país mais rico e poderoso do mundo, 30 milhões de cidadãos vivem em estado de extrema pobreza.

No Brasil, Engels descobriria que 10% da população branca possuem 75% de toda a riqueza e 6% dos brasileiros são milionários. Na classificação mundial de bilionários, aliás, o Brasil está em 12º lugar. Entre os 20 milhões de brasileiros mais ricos, 18 milhões são brancos; entre os 20 milhões de brasileiros mais pobres, 15 milhões são negros. A população carcerária brasileira, cerca de 550 mil presos, é formada prevalentemente por jovens entre 18 anos e 34 anos, pobres, negros e com baixa escolaridade.

E na Itália? O que o jovem Engels encontraria? Encontraria 5 milhões de pobres e 5 milhões de miseráveis. E veria que os ricos enriqueceram até nos tempos de crise, enquanto os pobres afundaram. Durante os primeiros seis anos da crise mais recente, entre 2008 e 2013, a riqueza retida pelos pobres diminuiu mais de 11%, enquanto a retida pelos ricos aumentou mais de 70%. Examinemos essa catástrofe em detalhes. No início da crise, em 2008, as 10 famílias italianas mais ricas tinham um patrimônio (imóveis, dinheiro em espécie e investimentos) equivalente ao de 9 milhões de italianos pobres; em 2013, após seis anos de crise, a riqueza deles superava a de 18 milhões de italianos pobres. Mais minuciosamente: em 2008, as 10 famílias mais ricas possuíam 58 bilhões de euros, enquanto os 18 milhões de cidadãos pobres possuíam, juntos, 114 bilhões de euros; em 2013, as 10 famílias mais ricas possuíam 98 bilhões de euros, enquanto os 18 milhões de cidadãos menos ricos possuíam, juntos, 98 bilhões de euros. Em 1913, as 10 famílias mais ricas possuíam uma riqueza equivalente a seis vezes aquela possuída pelos 12 milhões de italianos mais pobres.

Não menos escandalosas são as desigualdades dentro das empresas. Há 30 anos, nos bancos americanos, a relação entre o salário de um trabalhador médio e o de um diretor da área de tecnologia era de 1 para 40; hoje, é de 1 para 400. Adriano Olivetti estabelecera que na sua empresa a remuneração do presidente não poderia ultrapassar mais de cinco vezes o salário de um operário. Na Fiat, Valletta elevou a relação de cinco para 20 vezes. Em 1910, Marchionne ganhou 435 vezes mais que um operário, levando em conta apenas o salário, e 1.037 vezes (38 milhões de euros no ano) se somarmos as opções de ações. Na Fininvest, Berlusconi ganhou 11.490 vezes mais do que um funcionário.

Como observou Luciano Gallino, "as rendas provenientes do trabalho [na Itália] perderam, nos últimos 25 anos, pelo menos sete a oito pontos do PIB a favor das rendas do capital. Perder um ponto do PIB significa que todo ano 16 milhões de euros vão para o capital em vez de para o trabalho. Essa redistribuição de renda de baixo para cima tem empobrecido os trabalhadores, contribuindo para a estagnação da demanda interna, e é um dos maiores fatores na base da crise econômica atual.

Há que se perguntar como, em sociedades democráticas como os Estados Unidos, o Brasil e a Itália, onde a informação torna públicas essas cifras, ilustradas e comentadas em dezenas de noticiários televisivos, as classes prejudicadas não se rebelam, apoiando-se na sua humilhada preponderância numérica. O fato é que estar incorporados em uma mesma situação de pobreza constitui apenas aquilo que Marx chamava de "classe em si", isto é, uma situação que tende à acomodação, ao desencorajamento, à inércia. Para que a condição de pobreza se transforme em potente força antagonista, é preciso que a massa deserdada se torne "classe para si", conscientizando-se da exploração suportada, identificando os culpados, organizando-se em torno das suas vanguardas e conduzindo uma luta cerrada nos confrontos com a contraparte, sem perder de vista o próprio resgate, e, com ele, o de toda a humanidade. Infelizmente, hoje, em vez disso, os povos de todos os países – alienados pelo consumismo e afligidos pela ignorância – somam à pobreza a ausência de uma organização voltada para sua dignidade econômica, sua formação cultural e sua agregação política, uma organização capaz de transformá-los numa força coesa, indispensável para resgatar a si mesmos e a inteira sociedade doente.

Em um ensaio publicado em 1999 na revista *Pluriverso*, constatei que, a partir dos anos 1970, os ricos inverteram a direção da luta de classes, transformando-a em uma luta sem trégua contra os pobres. Warren Buffett (o maior investidor e o 4º homem mais rico de todos os tempos, com um patrimônio pessoal líquido de 73 bilhões de dólares) declarou, sem meias palavras: "Existe a guerra de classes, eu concordo. Mas é a minha classe, somos nós, os ricos, que estamos fazendo a guerra, e estamos vencendo."

Nesse artigo, eu me perguntava se ainda havia possibilidade de evitar que a classe abastada caísse em uma espécie de "síndrome de Joanesburgo", aferrando-se, posteriormente, aos seus privilégios em vez de se empenhar em reduzir a incompatibilidade social, por meio de uma redistribuição equitativa da riqueza e do poder. Os números que acabei de mostrar indicam que não era possível.

Inúmeras pesquisas demonstram que a parte rica da população americana, uma vez superada a linha da pobreza, não relaciona mais a qualidade de vida com o incremento da renda. Em 30 anos, dobra-se a renda, mas o percentual dos cidadãos que se dizem satisfeitos caiu, na verdade, alguns pontos. Portanto, a riqueza, se mal produzida e mal distribuída, em vez de criar a sensação de bem-estar provoca desconforto, que se traduz em aversão dos ricos aos pobres de todo o mundo, exatamente como aconteceu, durante anos, na África do Sul, onde a exígua população branca tentou colocar em um gueto a abundante multidão negra.

Os séculos XIX e XX foram marcados pela luta de classes dos pobres contra os ricos; o século XXI será marcado pela luta de classes dos ricos contra os pobres, mas não se pode dizer ainda que os ricos – como proclama o imprudente Warren Buffett – a tenham vencido definitivamente.

A situação atual, tão dramática e injustamente desproporcional, demonstra que, de fato, a "síndrome de Joanesburgo" não foi evitada, de forma que os ricos têm cada vez mais medo dos pobres e se fecham em um isolamento cada vez mais hostil, que pode se virar contra eles e lhes ser fatal.

Em sua palestra no Financial Times Business of Luxury Summit, que se realizou em Mônaco em 2015, Johann Rupert (cujo patrimônio pessoal líquido é de 7,7 bilhões de dólares; presidente do grupo Richemont, a maior holding do luxo, que compreende Cartier, Montblanc, Piaget, Chloé, Vacheron Constantin e mais duas dezenas de empresas bilionárias) confessou que a perspectiva que os pobres suscitam e a possibilidade de uma perturbação social o aterrorizam a ponto de não deixá-lo pregar os olhos. Durante um ano sabático, dedicado à leitura e à pesca, Rupert pôde refletir sobre as mudanças que a tecnologia trará para o mundo do trabalho e sobre os dados da Oxfam, segundo os quais 1% da população mundial possui mais riqueza do que os outros 99% juntos. A partir deles, deduziu que, quando o pobre se insurgir, as classes médias não vão querer adquirir bens de luxo, por medo de expor a própria riqueza. E pensou: "Como a sociedade está se preparando para enfrentar o desemprego e a inveja, o ódio e a guerra social? Estamos destruindo a classe média. Não é justo. É isso que tem me tirado o sono à noite."

Os ricos reagem ao medo agarrando-se ao neoliberalismo, diminuindo as ajudas humanitárias, dificultando os fluxos migratórios, eliminando os programas de bem-estar social, desencadeando guerras militares, piorando a qualidade da educação e de outros serviços, aumentando os preços, provocando crises econômicas que tornam os ricos mais ricos e os distanciam dos mais pobres. Na Itália, por causa da crise, em 2015 o número de mortes cresceu 11% em relação a 2014. Nos últimos 100 anos, um aumento brusco como esse só aconteceu no período 1915-1918 e em 1943, por ocasião das duas guerras mundiais.

A guerra muito sofisticada que os ricos estão conduzindo contra os pobres adota táticas diferentes de acordo com as faixas sociais e raciais dos "inimigos". Sobre os pobres do Terceiro Mundo, exercem pressão a fim de que se transformem em um indefeso exército industrial de reserva e um imenso mercado para todas as mercadorias avariadas e todos os descartes do Primeiro Mundo. Sobre as classes médias do Primeiro Mundo, exercem manipulação, como convém a adversários escolarizados, para transformá-los em executores especializados, motivados e dóceis no trabalho, em consumidores vorazes, cultos e flexíveis no tempo livre, em cidadãos amedrontados pela instabilidade física e profissional.

Nesse passo, logo, logo um milhão de criativos será suficiente para produzir todas as ideias necessárias para sustentar o ritmo do progresso e para assegurar aos ricos o máximo conforto. Essa elite restrita – coadjuvada por outros poucos milhões de colaboradores de alto nível e servida por uma tecnologia potente e onívora – se apropriará de todo o poder econômico e político, podendo contar com a obediência de massas de trabalhadores mais indefesos e mais escolarizados sem ser importunada. Já se percebem os seus sintomas, principalmente nas empresas em que os "proletários" – que, um dia, foram os operários rebeldes – são agora os analistas e os coordenadores, mais inclinados e dedicados à resignação.

Quanto mais declinam as ideologias religiosas e laicas de tipo solidário – substituídas por visões egoístas baseadas na extrema competitividade individual e global –, mais esse problema se torna insolúvel. Aos proletários explorados no século XIX, Marx não propunha – senão como medida extrema, como fase revolucionária provisória e instrumental – desarticular os exploradores e tomar o lugar deles: propunha que se assumisse o compromisso de um resgate universal; propunha construir uma sociedade nova, sem exploradores e explorados. Aos concorrentes do ano 2000, o utilitarismo liberal não propõe construir uma sociedade nova, mais justa e mais feliz, mas sim bater os adversários e se apropriar da sua fatia de mercado; construir o progresso sem se importar com as vítimas.

Isso desperta um imenso potencial subversivo, nutrido por inveja social, rancor e vingança. Por enquanto, esse potencial encontra atenção e acolhimento apenas junto à Igreja Católica, inclinada a convergi-lo para desfechos pacíficos de perdão, caridade e misericórdia. Mas, quando essas barreiras se tornarem insuficientes, então a incompatibilidade, uma vez anulada a resignação passiva, transbordará em luta cruenta e em sucessivos esforços por um novo sistema social que, justamente por ter nascido da violência, estará destinado a se dissolver em posterior falência épica. Stan O'Neal, CEO do Merril Lynch, disse que "nem sempre ser impiedoso é coisa feia". Certamente referia-se à falta de piedade dos ricos como ele em relação aos pobres, dos carrascos em relação às vítimas. Mas é muito provável que, cedo ou tarde, as vítimas é que se revoltarão, e o rancor acumulado em décadas de marginalização as tornará cruéis, como na revolução burguesa de 1789 e na revolução proletária de 1917.

Hemofilia

"A questão feminina", escreveu Françoise Giroud, "só será resolvida de verdade quando mesmo uma mulher estúpida puder se tornar presidente de um banco." Com os homens, acontece sempre, acrescento eu.

A supremacia que o Iluminismo concedeu à razão foi adotada pela recém-nascida organização industrial, que baseava a sua filosofia no Iluminismo, como uma equação tão axiomática quanto irracional. Tudo o que é masculino – entenderam os diretores – é racional; tudo o que é racional diz respeito a produção; tudo o que diz respeito a produção é feito fora de casa, nos lugares apropriados para o trabalho. Por consequência, tudo o que é feminino é emotivo, tudo o que é emotivo diz respeito a reprodução; tudo o que diz respeito a reprodução é feito em casa, que é o lugar consagrado à família.

Assim, durante 200 anos o trabalho foi separado da vida. De forma que a posição de empresário, gestor, chefe, consultor foi reservada aos homens, enquanto às mulheres era deixado o papel servil de guardiã do lar. No rol dos grandes nomes das ciências administrativas, as mulheres, como Mary Parker Follett ou Joan Woodward, contam-se nos dedos de uma das mãos. E Mary era lésbica.

Os homens – considerando a mulher, por definição, irracional do ponto de vista iluminista e provocadora do ponto de vista calvinista – têm oposto à abrupta invasão feminina uma resistente defesa de suas zonas profissionais. Ainda hoje, nos templos religiosos e nos laicos – as igrejas, os bancos, os centros financeiros, as bolsas de valores –, a mulher se enquadra principalmente nas vagas de faxineira, secretária, recepcionista ou auxiliar de escritório. Desse modo, o espaço sagrado dos homens fica preservado da contaminação feminina e eles preferem permanecer lá todos os dias, fazendo muitas horas extras não remuneradas sem motivo, a voltar para casa, onde teriam que se submeter a tarefas domésticas e reprodutivas.

A exclusão do gênero feminino dos cargos executivos demonstra que a empresa carrega a marca masculina em todos os seus aspectos: a racionalidade soberana, a concorrência impiedosa, os ritmos acelerados, a hierarquia militarista, a especialização excessiva, a padronização massificada, o ambiente tedioso, a linguagem grosseira. As mulheres, por sua vez, tornaram-se cúmplices dessa degradante disparidade, porque, como escreveu a conhecida feminista australiana Germaine Greer, "o machismo é como a hemofilia: ataca os homens, mas é transmitido pelas mulheres".

Expulsas dos lugares de trabalho, nos quais os homens celebravam o seu monopólio, durante os dois séculos da sociedade industrial, as mulheres construíram o seu mundo, centrado no culto ao serviço, à estética, à subjetividade, à emotividade.

Hoje, porém, na sociedade pós-industrial, esses mesmos valores, somados à preparação, à flexibilidade, à abertura mental, à vontade de experimentar e de encarar desafios, ao desprezo por vingança, determinam a superioridade profissional, relacional e humana da mulher, acima de tudo nos setores da estética, da mídia, da educação, do bem-estar, do turismo, das relações públicas, da pesquisa, onde de fato cresce o número de mulheres que conseguem alcançar posições de liderança.

A questão, portanto, é que a presença majoritária dos homens nas posições de comando e o tenaz e misterioso costume deles de dedicar o dia quase todo a outros homens são, hoje, traídos por, pelo menos, duas circunstâncias subjetivas.

A primeira delas é que, enfim, na história da humanidade, a ciência e o costume permitem à mulher controlar os nascimentos e ter filhos sem ter marido, enquanto aos homens, até hoje, não é tecnicamente possível pôr filhos no mundo sem ter uma mulher. Cerca de 10 mil anos atrás, acreditava-se que os filhos nasciam por virtude apenas da mulher, sem nenhuma intervenção geradora do homem; hoje, para a espécie humana, aquela crença está se tornando realidade, compondo as bases fisiológicas de uma nova partenogênese e de um novo matriarcado.

A segunda circunstância é que, nas fábricas preponderantes durante a sociedade industrial, eram exercidas principalmente tarefas cansativas e repetitivas, que requeriam força física, continuidade e familiaridade com a atividade braçal, em que as mulheres tinham desvantagem, seja pela constituição física, seja pelos ciclos menstruais ou a gravidez. Hoje, nas empresas da sociedade pós-industrial, as tarefas cansativas e repetitivas são confiadas às máquinas, enquanto a participação humana é reservada a atividades flexíveis, ideativas, criativas, estéticas, fisicamente leves e desestruturáveis do ponto de vista organizacional.

Assim, a criatividade, a flexibilidade e a estética, agora indispensáveis ao trabalho humano, pressupõem uma aptidão múltipla, composta de fantasia e paixão, não menos que de concretude e razão. Os homens, educados para agir com racionalidade, rigidez e programação, tornam-se cada vez menos adequados aos trabalhos criativos, que exigem senso estético, adaptabilidade e subjetividade. Por isso, onde quer que se imponham atividades criativas – da redação de jornais à moda, do cinema à televisão, da pesquisa científica à pesquisa artística –, assumem as mulheres e abdicam os homens, num processo tão acelerado a ponto de admitir a hipótese de uma próxima nova forma de homossexualidade hegemônica: a das mulheres que saem só com mulheres, porque com os homens nada mais têm o que fazer ou conversar.

Neste ponto, é preciso observar se a empresa "ao feminino" – onde as mulheres possam fazer valer um poder autônomo – é melhor, diferente ou pior que a empresa "ao masculino" a que estávamos acostumados. É preciso verificar se, quando as mulheres comandam, triunfam, finalmente, os valores radicais que o homem sempre baniu do mundo do trabalho, como a solidariedade, a harmonia, a aptidão, a alegria, a sensualidade, a emotividade, a estética e o ócio criativo. Se é verdade, como sustenta a feminista italiana Lea Battistoni, que "as mulheres têm modalidades diferentes de conhecimento científico, lógicas de conhecimento diferentes das masculinas, capacidades inovadoras também no sentido organizacional diferentes entre si, mas fundamentalmente diferentes das masculinas", é preciso entender como a empresa machista pode mudar sob o choque benéfico dessas habilidades femininas.

Em outras palavras, graças às mulheres, será que começa a vacilar, finalmente, a lei do mais forte, teorizada e imposta nas empresas dos homens e pelos homens? Será que as mulheres estão se demonstrando capazes de libertar a todos, ao libertarem a si mesmas, de reinventar o trabalho, de conjugar melhor os vínculos com os recursos, de impor com firmeza o direito de tornar uma empresa mais bonita e mais humana, de realizar uma ética feminina do trabalho, ligada ao gosto pelas coisas bem-feitas, ao senso de responsabilidade, à atenção ao relacionamento interpessoal inspirado mais nas pessoas do que no dinheiro?

Ao longo desses últimos anos, em que cresceu de forma concreta, ainda que pouco, o número de mulheres gestoras e empreendedoras, será que, enfim, aconteceu alguma coisa tão revolucionária a ponto de nos fazer afirmar que a liderança feminina é mais criativa, mais bela e mais justa que a liderança masculina? Será que existem modalidades tipicamente femininas de enfrentar as obrigações do trabalho? Será que as mulheres empresárias têm mais abertura à mudança, à idealização, à igualdade, à felicidade? Será que elas têm uma relação diferente com o poder e mais capacidade de evitar os seus aspectos de prevaricação e manipulação? Será que têm uma relação diferente com o trabalho, vivido finalmente como ocasião criativa, e não como remissão obrigatória? Existe uma leitura diferente do ócio criativo, apreciado como fecundador de ideias, de serenidade e de equilíbrio? Existe, para nós, a esperança de que uma empresa recupere o eros, expulso e castrado, da organização machista? Até os homens começam a esperar que as respostas a essas perguntas sejam positivas.

Mas a organização pós-industrial não enfrenta apenas problemas relativos à disparidade homem-mulher. Existem outros, tão profundos quanto esses, ligados às diferenças de idade, habilidade, raça, etnia, língua, costumes, religião e conduta sexual.

Se ainda hoje as mulheres se enquadram nos centros financeiros em geral como encarregadas da limpeza ou como escriturárias, os homossexuais e as lésbicas, por sua vez, podem ascender a altos cargos, desde que estejam dispostos a esconder prudentemente as suas preferências sexuais. Calcula-se que a "presença sem rosto" dos gays nas empresas italianas seja três vezes superior à encontrada nos Estados Unidos, onde o problema foi encarado do ponto de vista legislativo até mesmo no mundo militar. Em 18 de dezembro de 2010, o Senado americano aprovou, de fato, a lei histórica – havia anos no centro das reivindicações dos gays americanos – que permite aos homossexuais declarados servir às forças armadas, pondo fim, assim, ao regime "*don't ask, don't tell*" (não pergunte, não conte). O presidente Barack Obama enviou à lista dos seus financiadores uma nota dizendo: "Quando a lei chegar à minha mesa, eu a assinarei e essa política discriminatória terá fim. Os gays e as lésbicas em serviço no exército, corajosos americanos que lutam por nossa liberdade, não devem mais se esconder. Um item a menos na lista da batalha pela igualdade civil, que continua."

Alguma coisa, portanto, se move, além e aquém do oceano, mas é preciso acelerar esse difícil processo de paridade nas empresas: não só é justo como convém. Enquanto a escola, a família, o mundo da arte, da moda, do design já avançaram alguns passos nesse caminho, a empresa continuou a manter um comportamento historicamente retraído, eticamente injusto, economicamente danoso e organizativamente obscuro.

Então, em vista da bárbara obstinação com que os homens retardaram o reconhecimento da paridade, corre-se o risco de que, quando finalmente mulheres e homossexuais tiverem conquistado o poder, estes sejam tentados a geri-lo com a dureza resultante das injustiças sofridas nos séculos anteriores e acabem por isolar os homens em funções subalternas. A essa altura, será reproduzida uma injustiça igual à então recém-abolida, ainda que de cara nova; e a felicidade, no mundo, não terá crescido.

Gazela

No Brasil, dizem que todo baiano, ao vir ao mundo, não nasce: estreia. Na Itália, pode-se dizer o mesmo de um napolitano. Mas só de um napolitano? Na realidade, todo ser humano, do nascimento à morte, não faz senão representar. Toda manhã, quando acordamos, damos início à nossa representação diária, em que cada um encena o seu roteiro teatral ao seu público de referência. Aliás, não apenas um roteiro, mas vários: um para a mulher, um para os filhos, um para os chefes, um para os funcionários, um para os vizinhos, um para os amigos, um para os inimigos e por aí vai, até a noite, quando, ao apagar as luzes, fechamos o pano de boca diurno e nos preparamos para as representações oníricas dos sonhos noturnos.

Até mesmo aquele ato sério e comprometedor, como a elaboração de um balanço empresarial, não passa de um texto de vários enredos em termos financeiros. Todo bom empresário tem um balanço para si, um para o fisco, um para os acionistas, um para a mulher, um para a amante. E, em cada balanço, embaralha os números, ostentando, a cada vez, satisfação, preocupação ou pânico, conforme as circunstâncias, os interesses e os interlocutores.

Entre todos os teatros em que fazemos nossas apresentações cotidianas, dois são mais frequentados: o mundo familiar e o mundo empresarial. O teatrinho familiar encontrou um retrato fiel nas comédias de De Filippo, na Itália; e nas tragédias de Strindberg, na Suécia; nos contos de Gogol, no território então russo; nos dramas de Arthur Miller, nos Estados Unidos. As mães napolitanas, que gritam e choram a todo instante, são opostas e simétricas aos pais escandinavos, que levam uma vida austera mas, invariavelmente, engravidam as empregadas a cada mudança de estação. O ensaio de Erving Goffman, *A representação do eu na vida cotidiana,* decifra os mistérios dessa inconsciente existência de atores permanentes em nós. *Seis personagens à procura de um autor,* de Pirandello, por outro lado, fornece uma prova impressionante das nossas ingênuas manifestações.

Na vida pessoal, a necessidade de sermos nós mesmos, captando nossa essência, é satisfeita na teatralidade cotidiana, que, de vez em quando, torna o dia leve, transformando-o em comédia, ou o complica, tornando-o pesado e dramático.

O espaço teatral por excelência é, porém, o mundo do trabalho, onde cada um representa o seu papel de chefe, de funcionário ou de colega, e onde predomina uma representação dupla: uma, nobre e generosa – mas falsa –, presa à assim chamada *missão empresarial;* outra, penosa e impiedosa, mas verdadeira, escondida atrás da metáfora exposta nas funções de todos aqueles que se sentem vencedores, dos chefões às secretárias. Veja o que diz este conto aparentemente ingênuo: "Toda manhã, na África, uma gazela acorda sabendo que terá que correr mais depressa que um leão para não morrer. Toda manhã, na África, um leão acorda sabendo que terá que correr mais que uma gazela ou morrerá de fome. Quando o sol nasce, não importa se você é um leão ou uma gazela: é melhor começar a correr." Essa metáfora – que dirige todos os dias a tragicomédia de milhões de executivos globalizados – é a exaltação bárbara da competitividade, da guerra de todos contra todos. Não por acaso, tem por cenário a floresta e, como protagonistas, as feras.

Esse roteiro nos obriga a representar uma cena de guerra dupla: a guerra sádica, em que cada um, tão logo conquista uma migalha de poder, acha-se um leão legitimado a agarrar gazelas; e a guerra masoquista, em que cada um, tão logo se vê na presença do chefe, acha-se uma gazela, obrigada a se deixar devorar.

Por ironia do destino, em tanta teatralidade onívora inconsciente, o único momento de verdade em nossa jornada terrena é o teatro verdadeiro, aquele no qual os atores profissionais representam. Esses benfeitores da humanidade, levando uma vida errante e frequentemente infeliz, desdobrando-se toda noite em Otelo e Iago, nos jogam na cara a realidade e nos forçam a comparar as poucas coisas que importam, mas que negligenciamos, com as infinitas futilidades que nos esvaziam, mas que acabamos, sempre, por privilegiar. Lembro-me da carta que Gabriele Cagliari – fundador da Eurotecnica, depois administrador eleito da Anic (Azienda Nazionale Idrogenazione Combustibili – Empresa Nacional de Hidrogenação em Combustíveis), e, por isso, presidente da Eni – enviou à mulher, em julho de 1993, antes de se suicidar na prisão: "Concluo uma vida vivida na correria, em afã, postergando continuamente as coisas importantes de verdade, a vida real, para transformá-la em outras, distantes como miragens e, no fim das contas, inúteis."

Só os atores profissionais, do alto de sua arte verdadeira, são capazes de nos lembrar – atores amadores que somos – nossa natureza de teatrais ingênuos, revelando-nos a realidade que nos espera sob a ficção e transformando a complexidade de nossos dramas fictícios na simplicidade de nossos dramas reais.

Manager

Aviso: você foi enganado! Mas talvez ainda possa se salvar.

Não há diferença entre empresa pública e privada, entre ministério e centro empresarial, entre Estados Unidos, Itália e Japão. Se você é gestor, funcionário, especialista ou diretor de uma empresa, então é, de algum modo, enganado duas vezes: quando está dentro da empresa, porque se aliena; quando está fora, porque não sabe mais o que fazer da própria vida.

Você passa 10 horas por dia em uma instituição completa, que manipula e suga a sua inteligência, as suas emoções, os seus sentimentos, as suas opiniões. Não é mais você que pensa, é a empresa que pensa por você. Não é mais você que ama, é a empresa que ama por você. Os seus ritmos, preocupações e visões não são seus: são os ritmos, preocupações e visões da empresa que o nutrem e esfolam.

Aquela mesma organização empresarial que, durante 200 anos, foi o motor da vida econômica e civil agora claudica em todos os campos. É na empresa que, hoje, em nome da paridade, persiste a discriminação máxima entre homem e mulher. É na empresa que, em nome da pessoa certa no lugar certo, manipulam-se todos os critérios de meritocracia. É na empresa que, em nome da eficiência, celebram-se os desperdícios mais indecorosos: de tempo, de dinheiro, de inteligência. É na empresa que, em nome da racionalidade, impõem-se as escolhas mais desconcertantes. É na empresa que, em nome da criatividade, multiplicam-se os procedimentos e os ritos burocráticos. É na empresa que, em nome da ética profissional, humilham-se os mais fracos, justificam-se os meios pelos fins, frauda-se o fisco e pagam-se as propinas. É na empresa que, em nome da participação, celebra-se o autoritarismo. É na empresa que, em nome do lucro privado, exploram-se as fraquezas públicas. É na empresa que, em nome da praticidade, mortifica-se o gosto estético, sob uma avalanche de fórmica, de cinzento de hospital e de alimentos prontos.

Sei que a empresa não é sempre assim nem somente isso. É também sobrevivência, salário, sensação de inclusão, sociabilidade, confronto, erotismo e carreira. Mas a que preço? Com quais neuroses? Com quais renúncias?

Todas as organizações – que produzam bens ou serviços ou informações – são filhas da velha indústria, que, durante 200 anos, geriu massas de operários semianalfabetos dedicados a tarefas repetitivas. Agora a empresa para a qual você trabalha pretende dirigir do mesmo modo os diplomados e graduados, como se estivessem trabalhando em uma imensa linha de montagem burocrática.

Durante 200 anos, a indústria aperfeiçoou sadicamente a arte de controlar tudo: as entradas e saídas dos funcionários, as despesas, os ritmos e os biorritmos. Agora a organização para a qual você trabalha pretende usar os mesmos critérios de um quartel para gerir até mesmo a sua criatividade, o seu empenho, o seu espírito de iniciativa, que, entretanto, requerem motivação e vitalidade. Com a prática da "disponibilidade", pretende alcançá-lo e subjugá-lo, a qualquer hora e em qualquer lugar, 24 horas por dia, enquanto você dorme ou se diverte, enquanto come ou faz a digestão, namora ou faz amor, lê uma poesia ou vê um filme.

Por 200 anos a fábrica aposentou os sexagenários, porque essa era a idade média com que os trabalhadores morriam. Hoje, que a expectativa de vida média supera os 80 anos, aquela mesma empresa que fingia considerá-lo indispensável cinicamente antecipa a sua aposentadoria, condenando-o, assim, a pelo menos 30 anos de vã inutilidade senil.

Durante 200 anos a indústria utilizou quase toda a força física dos seus empregados e quase nada do cérebro deles. Hoje, a empresa para a qual você trabalha frustra, sistematicamente, as suas habilidades intelectuais, a tal ponto que você seria capaz – já hoje – de fazer as mesmas coisas que seu chefe. E, talvez, melhor do que ele.

Reorganize o seu trabalho e a sua vida enquanto é tempo. Pare de pensar que vai viver para sempre. Pare de negligenciar o seu crescimento interior, os seus sentimentos, as suas vocações em nome de uma carreira que, de um jeito ou de outro, terminará em nível inferior ao que, ardilosamente, lhe prometeram. Pare de esticar as suas escassas tarefas em 10 horas de permanência no trabalho só para fazer companhia ao seu chefe e receber, em troca, uma esperança de promoção. Quando terminar o que tem a fazer, saia de lá. Pare de voltar tarde e cansado para casa, para passar do domínio dos seus superiores ao domínio das telas. Ocupe as suas noites, as quais podem avivar esperanças bem mais luminosas do que seus dias sem sentido.

Não se deixe derrotar, sem lamentar, por uma carta de antecipação de aposentadoria. Pare de imitar o seu presidente e passe, de uma vez, a imitar os operários. Faça no início do século XXI o que eles já fizeram no início do século XX. *Manager*, una-se com outros do mundo inteiro! Você não tem nada a perder, a não ser sua linha de montagem.

Paradoxos

O problema dos desempregados ameaça deixar em segundo plano o problema dos empregados. A vida de um desempregado é horrível, porque em nossa sociedade tudo depende do trabalho: salário, contatos profissionais, prestígio e – quando se é cristão – até a remissão do pecado original e o salvo-conduto para o paraíso, segundo o veredito bíblico: "Maldita é a terra por sua causa; com sofrimento você se alimentará dela todos os dias da sua vida." Portanto, se falta o trabalho, falta tudo.

É muito comum, porém, que a vida do trabalhador empregado também seja um inferno, porque a organização gerencial das empresas preocupa-se em multiplicar a quantidade de produtos, não a felicidade dos produtores.

Contra essa organização, podem-se levantar, pelo menos, umas 10 acusações, correspondentes a outros tantos paradoxos.

Em nome da competitividade, ela incentiva uma guerra estúpida, de todos contra todos, que exalta o instinto de violência, devasta o espírito solidário e a harmonia dos relacionamentos humanos.

Em nome da praticidade, acaba com o sentido estético, constrangendo milhões de operários a setores infernais e milhões de funcionários a ambientes impessoais, periféricos, alienantes.

Em nome da eficiência, extorque tempo e equilíbrio mental dos funcionários, forçando-os a inúteis horas extras e situações de estresse para fazer coisas quase sempre banais em detrimento da vida familiar e social.

Em nome da socialização, obriga a suportar superiores sádicos e obtusos, colegas masoquistas e repugnantes, ritos e procedimentos empresariais que sacrificam a criatividade em favor do grande ídolo da hierarquia.

Em nome da sincronização e da coordenação, impõe obediência acrítica e sujeita os biorritmos dos trabalhadores individuais ao ritmo das máquinas e dos procedimentos, até reduzir toda a empresa, a cidade e a sociedade a uma única e onívora linha de montagem.

Em nome da terceirização, a organização expele das empresas as funções mais criativas e mantém as mais operacionais, planejáveis e controláveis, transformando as empresas, aos poucos, em esclerosadas burocracias.

Em nome da modernização tecnológica, ela condena a competência profissional a uma rápida obsolescência e joga na miséria milhões de trabalhadores.

Em nome da globalização, ela reduz pessoal, destrói as indústrias nacionais, impõe culturas estrangeiras, mina a autoridade dos Estados-nações.

Em nome da flexibilidade, ela anula os direitos adquiridos pelos trabalhadores e restitui aos empregadores o poder absoluto sobre seu destino.

Em nome do livre mercado, ela destrói a previdência social, privatiza e transforma em negócios até as funções vitais do Estado, da saúde à educação, dos transportes à defesa.

Em nome da meritocracia, nomeia a diretoria não com base na competência, mas no pertencimento ao círculo de amigos que protege e promove outros amigos.

O conjunto desses paradoxos induz à subordinação e à obediência passiva, mais do que à eficiência e à criatividade. E, exaurido um grupo, confia a felicidade à esperança de melhora que deveria chegar com o grupo seguinte. "Dos saguões musgosos, dos foros decadentes..." Lembram-se de Manzoni? No famoso coro do *Adelchi,* Manzoni fala de um povo medieval subalterno que, à chegada repentina de um novo exército, "apura o ouvido, ergue a cabeça e sonha com o fim do duro servir", sonha com uma liberdade que deveria vir não da sua rebelião ao velho senhor, mas da generosidade dos novos conquistadores.

Assim, hoje, de vez em quando, pelos escritórios, pelos corredores, pelos refeitórios, uma plebe dispersa de subordinados e gerentes, atingida por um novo e crescente rumor, apura o ouvido, ergue a cabeça e assiste, temerosa ou esperançosa, à chegada de novos chefes. Acontece quase todo dia. Na Fiat, na Pirelli, na Telecom, na Apple, no Google, na IBM.

Uma sociedade é democrática quando o povo escolhe os seus governantes. Mas as empresas, por definição, são hierárquicas, piramidais, autoritárias. Os chefes não são eleitos pelos subordinados, mas nomeados pelos superiores, e, com frequência, vêm de fora. Aos funcionários (até àqueles de alto nível), não resta senão tomar conhecimento das novas nomeações, confirmando-as não com o seu superior hierárquico, mas no *Valor Econômico* ou no *Financial Times*.

Se, mesmo depois de alguns séculos desde a estreia da democracia, os Estados democráticos ainda funcionam muito mal, é porque eles – como esferas repletas de pequenas pirâmides dentro de um invólucro igualitário – mantêm grupos ainda geridos ditatorialmente. Que membro familiar alguma vez já elegeu o chefe de família? Qual fiel já elegeu o seu pároco? E qual pároco já elegeu o próprio bispo? Qual estudante, o professor? E que professor, o diretor administrativo? A participação – sancionada pelos ritos solenes, como a eleição do parlamento, ou do síndico – é banida pelas organizações cotidianas, aquelas que realmente importam para nossa felicidade.

O genial Alexis de Tocqueville, quando partiu em 1831 da França monárquica para a América republicana, ficou estupefato com as liberdades constitucionais do Novo Mundo, mas logo se deu conta das falhas que elas escondiam. Na obra-prima insuperável que é *A democracia na América*, ele escreve: "Creio que a liberdade seja menos necessária nas grandes do que nas pequenas coisas, porque é no particular que é perigoso servir ao homem. Significa contrariar a cada momento o indivíduo, enervá-lo, fazê-lo lembrar-se, a cada passo, da sua condição... Uma constituição que seja republicana no cérebro e ultramonárquica em todas as demais partes sempre me pareceu um monstro efêmero. Os vícios dos governantes e a imbecilidade dos governados não tardariam a conduzi-la à ruína."

A ultramonarquia das empresas comporta que, de vez em quando, comece a se espalhar pelos corredores o burburinho de que o monarca em exercício começa a vacilar. Então, descendo aos poucos pelos setores do organograma, todos aqueles que gozaram da sua benevolência começam a tremer, enquanto todos os outros, excluídos do seu séquito, erguem a cabeça e, com o mísero orgulho de um tempo que passou, afiam as facas das suas vinganças noturnas.

Toda troca da guarda no vértice dos arranha-céus financeiros provoca terremotos que, antes de assentar, projetam os seus efeitos sísmicos até os planos inferiores àqueles dos diretores, aos abaixo dos gerentes e dos analistas, até aos ínfimos dos auxiliares e recepcionistas.

Enquanto em algumas salas brinda-se cinicamente aos novos patrões, em outras se instala o terror: alguns tentam se esconder, à espera do esquecimento e de tempos melhores. Outros procuram mudar de lado, correndo em auxílio dos vencedores; outros, ainda, demitem-se ou se suicidam.

Tudo acontece de modo imperceptível, silencioso. Se alguém o alto escalão fala, é concedendo entrevista à *Forbes* ou à *Affari e Finanza*. Se alguém do baixo escalão fala, é sussurrando pelos corredores. Nunca ninguém questiona as credenciais dos novos patrões ou pergunta sobre suas competências; nunca alguém os confronta ao vivo, para negociar o seu destino ou, pelo menos, para sucumbir de cabeça erguida.

Gerentes cuja carreira foi construída trabalhando duro durante anos, renunciando aos momentos em família, à cultura e ao tempo livre, para acumular um transbordante profissionalismo, aceitam, resignados, ser dirigidos pelos recém-chegados, absolutamente alheios a tudo aquilo que se projeta, se produz e se vende em seu novo reino, conquistado não por méritos específicos, mas por fidelidade a um ministro, a um secretário de partido, a uma loja maçônica ou a uma congregação religiosa.

"Tudo somado", observa de forma perspicaz o profético Tocqueville, "parece-me que a aristocracia industrial de hoje está entre as mais duras que já existiram... É dessa porta que a democracia deve temer o retorno à desigualdade social."

Horas extras

Com certeza você sabe que o nylon é uma macromolécula que pertence ao grupo das poliamidas alifáticas. Mas talvez não saiba como nasceu a palavra "nylon". Antes que os Estados Unidos derrotassem o Japão, na Segunda Guerra Mundial, eles já o haviam vencido comercialmente, na guerra das fibras têxteis. Na verdade, os Estados Unidos compravam da China a seda necessária para fabricar os paraquedas para os soldados, mas o Japão dificultava a entrega. Para superar esse obstáculo, os americanos aceleraram a pesquisa química para produzir uma fibra sintética capaz de substituir a seda chinesa. A lenda metropolitana conta que, descoberta a fórmula certa, a nova fibra recebeu o nome de "nylon", que é a sigla de "*Now You Loose Old Nippon*": Agora você perdeu, velho Japão.

Para vingar-se dessa derrota e de outras bem mais graves, o Japão do pós-guerra se esforçou ao máximo na tentativa de dobrar a economia americana e, com ela, o Ocidente inteiro. Sem, porém, atingir o seu objetivo: de fato, hoje o PIB dos Estados unidos é de 17 trilhões de dólares, contra 5 trilhões do Japão; no índice de desenvolvimento humano da ONU, os Estados Unidos estão 12 posições à frente do Japão; o PIB per capita americano supera em 14 mil dólares o japonês; os Estados Unidos detêm 12% das exportações mundiais, contra 4,3% do Japão; a dívida pública nipônica (a maior do mundo) corresponde a mais do dobro da americana; a produção industrial dos Estados Unidos é o dobro da japonesa; a produção agrícola é quase o triplo; a produção de energia americana, 18 vezes maior.

Seja como for, o estímulo à produtividade, o culto à eficiência, a dedicação ao trabalho – assumido como regulador absoluto da vida humana e da sociedade – e a dedicação quase religiosa do trabalhador japonês à empresa a que pertence e a seus ritos induziram o Ocidente a imitá-lo, abrindo mão das chamadas "melhores práticas", que vinha adotando nas suas relações humanas, e acolhendo com ingenuidade as experiências organizacionais que o Japão exibia como milagrosas. O culto nipônico à eficiência - com seus círculos de controle de qualidade e os seus *just in time, muda* (desperdício), *total quality* e *lean production* (produção enxuta) - conquistou as escolas de negócios ocidentais e pareceu futurista ao *top management* local, capaz, talvez, de entender a bolsa e os mercados, e menos capaz, porém, de entender o mundo.

Justamente naqueles anos, a Europa começava a compreender que o progresso tecnológico, se não vier acompanhado de paralelas reduções do horário de trabalho, cria desemprego, aumenta as desigualdades sociais, bloqueia a distribuição da riqueza e, assim, a propensão aos consumos de massa - enfim, priva os trabalhadores das vantagens da tecnologia libertadora. Ao se conscientizar do que Keynes tinha previsto já em 1930, a Volkswagen reduziu a carga de trabalho semanal a 28 horas, e toda a indústria alemã passou para 30 horas; na França foi introduzido o regime de 35 horas; na Itália, caiu um governo arrastado pelo debate em torno da redução da carga horária.

Se aquela onda benéfica tivesse continuado, hoje não teríamos uma taxa de desemprego de dois dígitos, a riqueza não teria se concentrado em tão poucas mãos, o consumo não estagnaria, a produção cresceria em ritmos fisiológicos e a crise, se é que haveria, seria muito mais branda. Só poucos políticos prudentes, economistas cultos e empreendedores iluminados entenderam a bifurcação frente à qual se encontravam e a possibilidade inesperada de imprimir ao capitalismo um ritmo mais tranquilo. A maior parte dos empregadores, em vez disso, viu na redução da carga horária de trabalho uma enésima e intolerável vitória do proletariado, que teria obrigado a revolucionar, em sentido perigosamente democrático, a organização do trabalho e da sociedade.

Ignorância, obscurantismo e preguiça se uniram, o vento japonês do culto à eficiência soprou a favor de um novo culto à produtividade e inverteu a tendência, então em curso, de reduzir o tempo de trabalho e melhorar a qualidade de vida dos empregados.

A febre do trabalho recomeçou a contagiar todo o Ocidente. Entre as grandes empresas europeias e o Japão, teve início um vaivém de gerentes locais e gurus nipônicos. Nos setores de produção e nos escritórios, aceleraram-se os ritmos e reduziram-se as pausas. No norte da Itália, muitos jovens pararam de estudar depois do ciclo escolar obrigatório para correr à fábrica, e os patrõezinhos, considerando supérfluo fazer os filhos estudarem, passaram a mantê-los a seu lado, na pequena empresa familiar, para formar rapidamente o alter ego dos filhos.

O desdobramento desse ativismo pela produtividade, em âmbito empregatício e gerencial, foi diferente de acordo com a cultura de cada nação. Nos países protestantes – Alemanha encabeçando –, gerentes e subordinados qualificados, salvo nos dias de pico, continuaram a trabalhar – e trabalham até agora – durante as horas previstas no contrato, nem um minuto a mais, dedicando o restante do tempo à família, a seus hobbies, aos compromissos políticos e civis, à distração. Esse é um dos motivos pelos quais os países protestantes – hoje como no tempo de Max Weber – funcionam bem melhor que os católicos. No famoso ensaio *A ética protestante e o espírito do capitalismo*, Weber escreve: "Um olhar à estatística profissional de um país de confissões mistas nos mostra, com surpreendente frequência, um fenômeno: o caráter prevalentemente protestante da propriedade e da empresa capitalista e das elites operárias mais cultas, e, em especial, do mais alto aspecto técnico e comercial das empresas modernas... O protestante prefere comer bem, enquanto o católico quer dormir tranquilo."

Por outro lado, nos países de cultura católica (da Itália à Espanha, de Portugal ao Brasil, do Chile à Argentina), as empresas – principalmente as privadas – constrangem a grande maioria dos colarinhos-brancos a permanecer no escritório até tarde da noite, para escoar as próprias cargas de trabalho, excessivas, por definição. Na maioria dos casos, a hora extra dos funcionários qualificados e chefes acaba por se tornar corriqueira, não é remunerada e adquire um caráter de sacrifício, oferecido espontaneamente à empresa, em sinal de fiel integração, mas, no fundo, na esperança de obter vantagem na carreira. As empresas encorajam esse comportamento e, enquanto se apropriam, de forma irregular, de milhares de horas de trabalho não remuneradas, passam a considerar o tempo um recurso precioso, para ser gerido com parcimônia, quando a gestão é contratada. Recentemente, uma das empresas italianas mais prestigiosas chegou a reduzir o tempo de refeição para cinco minutos para fazer frente à crise. *Time is money,* diria Benjamin Franklin.

Na realidade, todas as liturgias processuais que acompanham essa preocupação da massa assalariada e gerencial - e que têm tomado o lugar das longas e cruentas lutas proletárias pela redução da carga horária de trabalho diária - representam um grande teatro, uma grande ficção, capaz de envenenar a existência de milhões de subordinados e chefes que nem mesmo se dão conta disso, sendo artífices e vítimas da própria alienação.

O alarme soou há alguns anos em uma empresa japonesa fora de qualquer suspeita de má conduta: o Fuji Bank publicou um estudo que mostrava que pelo menos 4% dos seus funcionários ficavam todos os dias no escritório sem fazer absolutamente nada. Eu levantei a hipótese de que nas empresas italianas também acontecesse alguma coisa do gênero, por isso decidi entrevistar a fundo centenas de funcionários que reclamavam de cargas de trabalho estressantes, horas extras não remuneradas, necessidades profissionais de sacrificar sistematicamente o tempo livre, abrindo mão da diversão, dos amores e da família.

Os dados reunidos validaram a hipótese de que, para cumprir todas as suas tarefas diárias, para a enorme maioria desses gerentes, teriam bastado não mais do que quatro ou cinco horas por dia. Mas o resultado mais surpreendente foi que quanto menos tempo um gerente levava para concluir o seu trabalho cotidiano, mais ele tendia a ficar no escritório depois de encerrado o horário de trabalho. Já tendo aprendido a fingir que trabalha quando tem pouco para fazer, ele lançava mão desse anômalo know-how para parecer, aos olhos do chefe, superatarefado e para estender essa capacidade de fingimento além do horário regular.

Em outras palavras, o estresse intelectual existe, mas boa parte dele não depende do trabalho extraordinário dos gerentes, e sim da frustração de ter pouco a fazer e, ao mesmo tempo, ter que se mostrar ocupadíssimo.

São quatro as causas principais desse paradoxo: a primeira é de ordem histórica. A preocupação com os horários consolidou-se nas velhas indústrias, em que a maioria dos trabalhadores era constituída de operários dedicados à linha de montagem, onde em tantos minutos deviam ser produzidas tantas peças. Por comodidade de organização, o controle minucioso do tempo foi estendido das fábricas para os escritórios, onde os auxiliares executam centenas de tarefas por dia, todas iguais e, por isso, sujeitas aos mesmos tempos e métodos adotados pela produção de parafusos. Sempre por comodidade dos chefes, os mesmos métodos são, hoje, aplicados ao trabalho intelectual, que – embora tenha de produzir ideias, e não parafusos – é, ainda assim, tratado como se a sua produtividade fosse diretamente proporcional ao tempo transcorrido entre as quatro paredes do escritório.

A segunda causa é de ordem tecnológica. As máquinas automáticas reduziram o tempo necessário para produzir parafusos; as máquinas eletrônicas reduziram o tempo necessário para concluir tarefas, e até para produzir ideias. Apesar disso, o tempo que os funcionários passam no escritório permaneceu o mesmo em razão da sua natureza conservadora.

A terceira causa tem origem cultural. Desde os primeiros dias em que assumiram as suas funções na empresa, os jovens gerentes foram submetidos a um rito de iniciação no trabalho prolongado. Quando, ao fim das oito horas contratuais, o recém-admitido arruma a mesa e se prepara para sair, os olhares imediatos dos colegas mais antigos dão a entender que a futura carreira dele está ligada à quantidade de horas extras que ele está disposto a oferecer ao chefe. Assim, o recém-admitido se habitua, aos poucos, a prolongar sua permanência diária no âmbito empresarial, ainda que não tenha nada urgente para resolver.

Depois de alguns meses, já familiarizado com essas regras não escritas, o novo funcionário-modelo, que já se tornou portador insano do vírus da eficiência, está pronto para contagiar, por sua vez, os recrutas seguintes. A essa altura, chefe e subordinado são cúmplices: ambos sabem muito bem que as oito horas contratuais seriam mais do que suficientes para concluir as suas obrigações, mas o escritório já se tornou, para eles, o único cenário em que ambos se sentem à vontade para representar o papel de trabalhadores estressados. Por um pacto humanitário tácito, todo funcionário ficará no escritório além do horário, sobretudo para fazer companhia ao chefe, que, por sua vez, fará o mesmo com o seu superior. E por aí vai, subindo, subindo, até o vértice da pirâmide empresarial.

Não menos determinante do que as outras três, a quarta causa – que mantém chefes e subordinados pregados em suas mesas após o horário de trabalho – é menos por amor ao trabalho que por aversão à família. Passam os anos, os filhos crescem e se tornam problemáticos, as mulheres envelhecem e se tornam ásperas, a convivência fica difícil, a vida conjugal perde o apelo erótico. No escritório, porém, a secretária é renovável, os colaboradores, também, o ar-condicionado funciona melhor e não tem custo, quase tudo está sob controle.

Aos poucos, os nossos funcionários qualificados e os nossos gerentes perderão o poder em casa e o adquirirão na empresa, onde encontrarão refúgio em tempo integral e serão pagos quase exclusivamente para se fazer companhia. Parecerão, cada vez mais, aquele diligente funcionário evocado por Leo Longanesi que manteve por toda a vida sobre a sua mesa o retrato dos filhos e só no leito de morte veio a saber que um ou dois não eram seus.

Trabalho remoto

Durante muitos séculos, os homens equipararam o local de convívio com o local de trabalho, a casa com o negócio. O tempo transcorria de forma mais equilibrada, a vida de bairro era mais intensa e o ambiente urbano era mais bem cuidado, até porque os cidadãos viviam e trabalhavam no mesmo bairro, considerado um prolongamento das casas e uma coisa só com ela. A oficina artesanal, que representava o modelo mais difundido de organização do trabalho, era caracterizada justamente pela forte coesão dos elementos que a constituíam: a habitação e a pequena empresa ficavam sob o mesmo teto, as tarefas domésticas e as profissionais se entrelaçavam e se confundiam. A oficina renascentista de Benvenuto Cellini, que, de dia, abrigava tanto a atividade criativa quanto a vida doméstica do artista e que à noite se transformava em um pequeno clube interdisciplinar onde se falava de política e de estética, fora pensada, construída e decorada de modo a resultar em um ambiente perfeitamente adequado às suas múltiplas funções. Hoje, que o trabalho intelectual se confunde cada vez mais com o estudo e a diversão, os escritórios tradicionais em que ele se desenvolve são cada vez menos capazes de acolhê-lo, enquanto os sites e as redes sociais fornecem a plataforma perfeita para a atividade pós-industrial, que se mostra cada vez mais flexível, abstrata, ubíqua e criativa, permitindo aos trabalhadores que se tornem ao mesmo tempo isolados, conectados, nômades e fixados, onde quer que estejam.

Na sociedade industrial, com as suas fábricas, o local de trabalho separou-se do local de convívio e, muitas vezes, se interpôs entre os dois uma longa distância. Criaram-se, assim, condições para que milhões de pessoas percam horas, todos os dias, para se deslocar de casa para o trabalho e vice-versa, acabando por se sentir deslocadas, seja no bairro onde trabalham ou naquele onde moram. Nesse meio-tempo, a linha de montagem acabou se tornando o símbolo da oficina, da empresa, da cidade, de toda a sociedade industrial. Na cidade que Le Corbusier chamou de "funcional", cada classe e cada papel tem o seu lugar determinado: a zona industrial, para produzir; o bairro comercial, para comprar e vender; o centro burocrático, para as atividades político-administrativas; o bairro do lazer, para o tempo livre. Cada cidadão se desloca todo dia de uma zona para outra, com base no que vai fazer. Com enorme desperdício, uma parte da cidade fica deserta nos dias úteis e outra parte, nos feriados e dias de folga; os bairros residenciais ficam vazios de dia, enquanto os industriais, comerciais e administrativos ficam à noite; o metrô e outros meios de transporte se encarregam de despachar massas de trabalhadores de uma parte para outra, para fazer frente à sincronização requerida pela "linha de montagem global", que requer todos presentes ao trabalho à mesma hora, todos de folga no mesmo dia, e assim por diante.

Por sorte, com o advento pós-industrial, a situação mudou radicalmente e apresenta múltiplos fatores que possibilitam cada vez mais trabalhar longe do escritório. Celular e internet, Skype e WhatsApp já conseguem realizar o antigo sonho humano da ubiquidade, aniquilando os vínculos espaciais e temporais. A matéria-prima do trabalho passou a se constituir de informações, suscetíveis, por natureza, ao máximo de distribuição em tempo real. As diferenças culturais entre chefes e subalternos atenuam-se cada vez mais, possibilitando a passagem das formas hierárquicas a formas funcionais de liderança. A organização por objetivos e a autonomia profissional dos trabalhadores permitem aos chefes controlar os resultados mais do que os procedimentos. A familiaridade com a informática já está generalizada.

Por outro lado, o caos urbano torna os humanos cada vez mais impacientes com a vida metropolitana e os deslocamentos diários, que corroem – em medida já intolerável – o tempo livre, o equilíbrio econômico e o ecológico, o familiar e o psíquico. Torna-se cada vez mais clara a inutilidade de centralizar o trabalho em um único lugar; espalha-se, com isso, a aspiração subjetiva a uma gestão autônoma, flexível, personalizada e descentralizada das próprias atribuições.

Em suma, o deslocamento obrigatório e cotidiano de milhões de pessoas entre casa e trabalho já não corresponde a uma exigência da produção nem a uma necessidade efetiva de cada um e de suas famílias, ao mesmo tempo que causa graves danos à empresa, à economia, ao meio ambiente e à sociedade.

Como em todos os casos nos quais a empresa é atrasada em relação à sociedade, também nesse a organização informal superou a formal, e se, oficialmente, as empresas têm dificuldade para estabelecer o teletrabalho com normas e contratos, na prática cotidiana o trabalho venceu nitidamente. Na rua, nos trens, nos restaurantes, nos aeroportos, nas praias há analistas, especialistas e gerentes que ouvem informações, recebem e transmitem decisões, prestam consultorias, compram e vendem mercadorias, admitem e demitem pessoas, fazem relações públicas, praticam lobby. Como o personagem de Molière que falava em prosa sem saber que era um prosador, assim também todos esses modernos profissionais trabalham remotamente sem se aperceber de que o fazem.

No plano formal e contratual, porém, o teletrabalho está banido da maioria das empresas, ou relegado por tempo indeterminado, como fez a Barilla, na Itália, prometendo-o para "por volta de" 2020. As diretorias empresariais estão dispostas a fazer loucuras para não realizar testes; preferem, até mesmo, reduzir os lucros para evitar inovações organizacionais que reduzam a ocupação física, tangível, de funcionários. O que se teme mais que a própria concorrência é que a cultura empresarial se dilua na cultura social, que trabalho e vida se misturem, num misto criativo e farto em que a produção de riqueza, de conhecimento, de alegria e de sentido se entrelacem e se confundam, superando, finalmente, a separação alienante entre os diferentes mundos vitais em que transitamos.

É claro que tudo isso constitui a sepultura da criatividade, que, afinal, é indispensável ao sucesso das empresas pós-industriais e, para se desenvolver em toda a sua potência inovadora, precisa de liberdade, de cor, de ironia, de alegria, de meditação, de cordialidade, de vivência social.

Já amanhã de manhã, seria tecnicamente possível para milhões de trabalhadores evitar deslocamentos cansativos e enervantes, convivência forçada com chefes importunos e colegas indesejáveis, para trabalhar remotamente em casa, no jardim ou no bar, mantendo-se conectados com chefes, colegas, representantes sindicais e clientes.

Com isso, ganhariam mais autonomia, menos alienação, grande economia de energia física, de combustível e de tempo, produzindo menos poluição do ar; a vida familiar rejuvenesceria com a presença de vários componentes; a vida do bairro ficaria mais intensa; o preço das áreas urbanas e dos imóveis cairia, pelo uso mais racional dos edifícios; seria possível reduzir as despesas com a manutenção das ruas; haveria menos acidentes; a vida das cidades, cada vez mais complicada com um congestionamento infernal de gente que se desloca sem sentido e sem parar, poderia ser melhorada; portadores de deficiência, anciãos, donas de casa e habitantes de zonas isoladas e distantes teriam o acesso a tudo facilitado.

É óbvio que uma revolução copernicana desse gênero traria, também, inconvenientes, principalmente na fase inicial. A industrialização levou mais de um século para conseguir que os trabalhadores substituíssem os hábitos rurais pelos industriais, bem como a adaptação ao trabalho centralizado e sincronizado; é compreensível, portanto, que o retorno ao trabalho desestruturado requeira, por sua vez, algum tempo - porém um período mais curto do que preveem as empresas - para ser experimentado, metabolizado e apreciado, reduzindo os inconvenientes que, em geral, são atribuídos ao trabalho remoto.

Tais inconvenientes consistiriam, para a empresa, na dificuldade de controlar o processo de trabalho dos funcionários separados e descentralizados; na necessidade de superar a resistência dos chefes; na fragmentação da identidade empresarial; e na exigência de formar previamente os trabalhadores remotos.

Para os trabalhadores, os inconvenientes consistiriam em uma sensação de isolamento; na marginalização das dinâmicas, das carreiras e dos jogos de poder empresariais; na necessidade de reciclar os costumes pessoais e familiares; no perigo - principalmente para as mulheres - da dupla jornada e da excessiva reclusão no contexto familiar; no risco de ficar menos ligados à rede protetora do sindicato. Para a coletividade, consistiria no perigo de pulverização social e no crescimento de um senso de precariedade generalizada.

Como se pode ver, as vantagens do trabalho remoto são certas, atraentes e altamente comprovadas, enquanto as desvantagens são improváveis e, de algum modo, superáveis, por meio de uma aplicação inteligente do método, livre dos preconceitos que o envolvem.

Mas então, como há anos se fala de trabalho remoto, por que a maior parte das empresas continua a ignorá-lo, pelo menos na forma? Uma razão pode estar no fato de que a empresa, por natureza, continua sendo um sistema antropológico, capaz de oferecer não só um trabalho e uma remuneração, mas também um sustento moral, um campo de jogo para o próprio antagonismo competitivo – das vítimas que sacrificam a própria agressividade, dos chefes a quem se dedica devoção –, uma sociabilidade, talvez forçada, às vezes doente e distorcida, mas sempre sociabilidade, um erotismo excitado pelas proibições, pela competição, pelo conformismo.

Mas, pelo menos por enquanto, o maior obstáculo à difusão do trabalho remoto está na aversão dos chefes à distância física dos trabalhadores do seu raio de relacionamento imediato. Eu chamaria isso de "síndrome de Clinton", imaginando uma resistência análoga à daquele presidente erotomaníaco dos Estados Unidos se lhe tivesse sido proposto o trabalho remoto da sua estagiária.

A esses motivos é preciso acrescentar o masoquismo generoso de que falamos, pelo qual, todos os dias, milhões de executivos, quase todos homens, ficam voluntariamente no escritório depois do horário, optando por horas extras não remuneradas com o único objetivo de agradar ao chefe e fazer-lhe companhia, confiando no seu reconhecimento na hora do aumento de salário. Seria estranho se esses mesmos chefes que ficam no escritório porque desprezam a vida familiar fossem propensos ao trabalho remoto para si mesmos e para seus colaboradores.

Em suma, todos reclamam do congestionamento que eles mesmos criam e obstruem; todos reclamam do estresse que eles mesmos alimentam e intensificam; todos maldizem o trabalho que eles mesmos prolongam e infernizam. Todos se ocupam em alimentar esse inferno, tornando-o cada vez pior, mas, quando as condições para melhorar a própria vida lhes são apresentadas, ninguém se empenha em salvá-la e salvar-se. Assim, todo dia, em vez de aproveitar a oportunidade de libertação oferecida pelo progresso tecnológico, milhões de pessoas estão enclausuradas nos automóveis e nos escritórios, para gastar tempo e saúde nos engarrafamentos e para perder paciência e inteligência no rame-rame do mundo empresarial.

Já nos anos 1930, quando havia apenas a automação mecânica, Bertrand Russell escreveu: "Continuamos a desperdiçar a mesma energia que era necessária antes da invenção das máquinas; nisso, temos sido idiotas, mas não há razão para continuar a sê-lo." O que diria ele hoje, diante dos bíblicos deslocamentos diários entre casa e trabalho, quando o notebook, o smartphone e a internet permitiriam evitar esse suplício?

Neet

Mesmo no assim chamado Primeiro Mundo está ocorrendo uma limpeza étnica. Aliás, uma dupla limpeza étnica, conduzida com cinismo e sistematização por aqueles quarentões que, nos Estados Unidos, são conhecidos como *baby boomers*. Na Itália, são 9,5 milhões, e batem como insensatos em duas categorias: seja contra aqueles da casa dos 30 anos, que são 8,3 milhões, seja contra os cinquentões, que são 7,8 milhões. Essa é uma tendência em todos os países pós-industriais.

Os cinquentões são perseguidos pelos quarentões nas empresas, nas repartições públicas, em todos os locais de trabalho. Cada inovação tecnológica, cada fusão, cada mudança organizacional se traduz, invariavelmente, na redução de pessoal, isto é, na demissão dos cinquentões. Aterrorizados pela crescente possibilidade de demissão, sempre à espreita, humilhados por formas vexatórias de assédio moral, lisonjeados com indenizações que no momento parecem atraentes, mas que, poucos meses depois de aceitas, revelam-se fraudulentas, os cinquentões acabam sendo considerados – e se considerando – excedentes, propensos a aceitar as propostas de demissão que lhes são apresentadas, ora com adulações, ora com ameaças. Assim, toda uma geração de trabalhadores, rica em experiência e profissionalismo, é precocemente atirada ao limbo da pré-aposentadoria, em que 30 anos de inutilidade social e lento declínio para a morte o esperam.

Mas os quarentões não se contentam em antecipar e forçar a saída dos mais velhos do mercado de trabalho para incorporar o poder que tinham e consolidar o seu. Com a mesma arrogância, eles retardam a entrada dos mais jovens no mercado de trabalho para evitar a concorrência e restringir as suas pretensões. Atrás e à frente deles, os quarentões criam um deserto, e chamam esse deserto de livre mercado.

Na Itália existem 14,7 milhões de pessoas nas casas dos 20 anos e dos 30 anos. O índice de desemprego dessas faixas etárias gira em torno de 40%. Segundo dados da Eurostat, na Itália os assim chamados Neet, que, antes da crise, em 2007, eram 19%, são agora 2,4 milhões, equivalentes a 26% dos jovens entre 15 e 29 anos. Trata-se de pessoas com títulos acadêmicos, geralmente graduadas e pós-graduadas, forçadas à marginalidade crônica, sem recursos para manter a família, sem perspectivas, expostas à depressão e à violência. Entre as mulheres e nas regiões menos ricas, os Neet superam a metade da população ativa. Condenados a consumir o pouco que podem sem produzir o que poderiam, eles sofrem a mesma maldição com que, no Deuteronômio, Moisés ameaçou os israelitas se infringissem os mandamentos do Senhor: "Lá vocês serão postos à venda como escravos e escravas, mas ninguém os comprará." Naquela época, os escravos não vendidos eram mortos. Hoje, os Neet são reduzidos a "trapos ao vento", como Marx definia os subproletários. E talvez representem o prenúncio de uma massa sem limites - de cidadãos da classe B sustentados por programas sociais de renda básica e condenados a consumir sem produzir - que, em um futuro próximo, circundará, ameaçadora e pedinte, o núcleo central dos poucos afortunados que, além de consumir, gozarão do privilégio de trabalhar.

Já nos países pós-industriais, milhões de jovens na plenitude de suas forças são relegados a uma espécie de limbo profissional, caracterizado pela ausência de uma família, um trabalho, uma ideologia, um partido, um sindicato ou uma meta próprios. Enquanto seus pais estiverem trabalhando, eles poderão contar com a generosidade da família, que redistribui a renda, garantindo a sobrevivência ou até mesmo a fartura de todos os membros do clã. Mas trata-se de uma generosidade transitória, fadada a acabar com os anos e que, até então, não oferece qualquer segurança nem permite planejar um casamento, filhos, uma vida autônoma e um estilo de vida decente.

Esses milhões de jovens aprenderam que tudo depende do trabalho: a dignidade, o prestígio, os meios de sustento, a socialização, até a remissão do pecado original. Mas, para um crescente número deles, não surge qualquer oportunidade de trabalho, ou, quando surge, são "trabalhinhos" ocasionais, sem qualificação, mal remunerados, que não permitem traçar uma meta de vida, uma trajetória intelectual e profissional. No lugar desses trabalhinhos, ainda que prazerosos, eles prefeririam um mais seguro, de lixeiro, já verbalmente promovido a operador ecológico.

Em toda a sua longa genealogia familiar, esse jovem na casa dos 30 anos é o primeiro que nasceu depois do microprocessador, que cresceu na sociedade pós-industrial e foi exposto aos meios de comunicação de massa desde o nascimento e com uma intensidade até então desconhecida, afastado dos pais separados e de algum modo ausentes por causa do trabalho, por necessidade de liberdade, por relações extraconjugais.

Ele é o primeiro que teve mais avós do que tios. O primeiro que navegou na internet. O primeiro que tem mais probabilidade de conhecer os bisavós, de comemorar a cura definitiva do câncer e da aids, de fazer ajustes no corpo com partes regeneradas impressas em 3D e até mesmo de ser clonado.

Cheio de incertezas, hoje, esse cidadão de 30 anos não sabe o que projetar, quem imitar, a quem agradecer pelas coisas que dão certo, a quem culpar pelas coisas que dão errado.

Tendo alcançado um instável intervalo da história – em que as regras industriais não valem mais e as pós-industriais ainda não nasceram –, esse jovem de 30 anos se apresenta inexperiente e indefeso frente ao próprio destino, que não depende dele, mas dos dois maiores tiranos de todos os tempos: o acaso e o caos.

Porém o egoísmo dos quarentões – que o privou do trabalho, da segurança e da autonomia – deixou-lhe dois grandes recursos, sem querer e sem perceber. Na situação de desempregado, ele tem muito tempo livre, que poderá dedicar a si, a sua introspecção, suas diversões, suas amizades, seus amores e sua sociabilidade. Se tem um subemprego, poderá fazer seu trabalho sem mitificá-lo, sem sobrecarregá-lo de ideologia, sem sofrer estresses psíquicos, liberto finalmente da preocupação com a competitividade destrutiva que agora corrói a vida dos *baby boomers*. Mais cedo ou mais tarde, perderá o interesse pelo trabalho que não tem e pelo trabalho de quem tem. E estará consciente de ter sido selecionado pela grande mutação natural para servir de elo entre a época industrial, marcada pela prioridade ao trabalho, e a época pós-industrial, marcada pela prioridade ao não trabalho.

Não trabalho

Nos países pós-industriais, os cidadãos empregados correspondem a cerca de 30% de toda a população. Cada um deles, quando está na plenitude de suas forças e da carreira, por volta dos 40 anos, tem a sensação de que a sua existência coincide totalmente com o trabalho, sem se dar conta de que o trabalho ocupa somente um décimo da vida humana inteira e um sétimo da vida adulta. Como já dissemos, hoje a expectativa de vida equivale a 700 mil horas. Na melhor das hipóteses, o trabalho preencherá 80 mil horas, enquanto as 620 mil restantes (iguais a 88% do período que vai desde o nascimento até a morte) serão compostas de não trabalho: sono, cuidados com o corpo, reprodução, escola, atividades domésticas, lazer.

Sabemos também que quanto maior for o progresso científico de um país e quanto mais um país conseguir substituir os trabalhadores por robôs e pela inteligência artificial, maior será o risco de criar multidões de desempregados, deprimidos pela falta de um objetivo de vida, visto que a sociedade lhes ensinou que o único objetivo é o trabalho.

A redistribuição do trabalho por meio da redução da carga horária poderia oferecer uma solução para o desemprego. Vejamos um exemplo que nos obriga a um simples cálculo matemático: hoje, na Itália, existem 23 milhões de empregados que trabalham, em média, 40 horas semanais, isto é, a mesma quantidade de tempo introduzida por Taylor e Ford no início do século XX. Trata-se de dois terços de trabalhadores operacionais (cerca de 15 milhões) para um terço de trabalhadores criativos (8 milhões). Paralelamente a esses empregados, e a seu encargo, estão 4 milhões de desempregados: 1,3 milhão de criativos e 2,7 milhões de operacionais. Para os criativos – dada a natureza de sua atividade –, é quase impossível reduzir a carga horária em favor dos desempregados. A única possibilidade para estes consiste na criação de novos postos de trabalho voltados para a sua vocação.

Todo esse raciocínio vale para os 2,7 milhões de trabalhadores operacionais que não trabalham e para os 15 milhões de trabalhadores operacionais que, atualmente, trabalham 40 horas por semana, num total de 600 milhões de horas. Se todas essas horas trabalhadas fossem redistribuídas igualmente, seria possível dar trabalho, também, aos trabalhadores operacionais desempregados, desde que a carga horária de trabalho semanal fosse de 34 horas para todos. Esses são cálculos aproximados, mas a essência do raciocínio é essa. Todos trabalhariam, todos trabalhariam *menos* e todos teriam mais tempo disponível para o não trabalho: cultura, relacionamentos, hobbies, sindicato, política, voluntariado.

Todavia, é preciso recordar que, até a automação completa do trabalho operacional (que, até o presente momento, parece ainda muito distante), essa solução racional é a melhor possível – embora transitória, porque logo o progresso tecnológico tornará a propor o problema e obrigará a novas reduções da carga horária de trabalho. Se daqui a uns 15 anos – como é muito provável – a longevidade média de cada trabalhador do Primeiro Mundo subir para 750 mil horas, graças à medicina e à biotecnologia, enquanto o tempo de trabalho cair para 60 mil horas, graças ao progresso tecnológico e à globalização, o tempo de não trabalho àquela altura será de 690 mil horas e continuará crescendo nos anos seguintes.

Em suma, depois de dois séculos dominados pelo trabalho, hoje um fantasma vaga pelo Primeiro Mundo: o fantasma do tempo livre. Aterrorizados por esse espectro, os obrigados a trabalhar unem-se em defesa das oito horas diárias de trabalho, somadas a um par de horas extras, e as seguram firme, sem ceder sequer uma migalha aos filhos desempregados; os *stacanovistas*,* satisfeitos, cultivam com tenaz solicitude o mito do trabalhador incansável, que faz tudo pelo escritório e pela empresa, em cuja bandeira se lê, em letras garrafais, o moto milanês "*lavoro guadagno, pago pretendo*" ("trabalho, ganho; pago, recebo"); os psicóticos da meritocracia apreciam tudo sobre a competitividade, sobre a luta pelo poder merecido,

* Stacanovista: adepto do stacanovismo, movimento nascido na antiga União Soviética que defendia o aumento da produtividade operária com base na própria força de vontade dos trabalhadores. (*N. do T.*)

sobre o incremento de valor da empresa, isto é, sobre o enriquecimento dos seus acionistas, que nem sabem quem são.

Seduzidos pelas empresas, espalham-se os míopes obrigados a trabalhar, os masoquistas do dever, neuróticos dedicados às reuniões de trabalho, às viagens de trabalho, aos almoços de trabalho, com que se masturbam reciprocamente até o ápice do orgasmo, atingido no momento em que o concorrente é humilhado.

Já em 1977 o grupo francês Adret, em um livro intitulado *Travailler deux heures par jour* (Trabalhe duas horas por dia), assinalara os paradoxos dessa fase de transição: "A verdadeira dificuldade para a nossa sociedade não é a de reduzir o tempo dedicado ao trabalho, mas sim a de não reduzi-lo: para atingir esse resultado, é preciso remunerar (o menos possível) um exército de desempregados; manter nas empresas uma considerável mão de obra excedente; criar cargos de trabalho, qualquer que seja a sua real utilidade; efetuar importantes pesquisas para tornar mais frágeis os bens de consumo, de que, por sua vez, não se esperaria outra coisa senão que durem muito; lançar custosas campanhas publicitárias para convencer as pessoas a adquirirem coisas das quais não têm qualquer necessidade; fazer o possível para manter fora da vida profissional os jovens, as mulheres, os velhos e assim por diante."

Coerentes com as teorias do crescimento infinito, seduzidas pelos neoliberalistas e adeptas do credo expiatório da Igreja Católica – que se tornou ainda mais drástico que o luteranismo e o calvinismo –, a educação familiar e a escola ficaram responsáveis quase que exclusivamente pela preparação do jovem para o trabalho, para a carreira e para a competitividade. Em todo lugar se prega uma relação exclusiva e onívora entre escola e trabalho. O rigor da disciplina, o ritmo das tarefas escolares e o conteúdo e os métodos dos programas visam muito mais a preparar cidadãos para as poucas horas de trabalho que para as muitas horas de não trabalho que caracterizam a vida pós-industrial, quando, na verdade, a família, a escola, a mídia e o Estado deveriam mexer nos pesos da orientação pedagógica, preparando os jovens para a vida inteira.

Para nossa sorte, começa a se difundir a consciência de que a transição da sociedade do trabalho para a sociedade do ócio, da sociedade do desperdício para a sociedade da sabedoria já chegou a um ponto sem volta. Como vimos, essa passagem épica foi profética e lucidamente analisada por John Maynard Keynes, em 1930, mas hoje está passando da profecia à realidade, pelo que se torna necessária uma elaboração rápida de um novo projeto do trabalho e da vida, tanto no âmbito individual quanto no social. Nós nos encontramos, hoje, na situação que Keynes, naquela época, vislumbrava como possível, no futuro: "Pela primeira vez, desde a sua criação", escreveu o grande economista, falando como sociólogo, "o homem deparará com o seu verdadeiro e constante problema: como aproveitar a sua liberdade das preocupações econômicas mais urgentes, como usar o tempo livre que a ciência e os juros compostos terão adquirido para ele, para viver bem, com sabedoria e harmonia."

Quando, no século XVI, depois da descoberta do Brasil, os portugueses obrigaram os índios, que nunca tinham trabalhado até então, a cavar nas minas e a se exaurir nas plantações, muitas mães preferiram matar os filhos a privá-los da tradicional vida ociosa, dedicada à contemplação da natureza, às atividades estéticas e à harmonia. Seria possível, portanto, pensar que a passagem inversa, do cansaço para o ócio, fosse aceita imediatamente como um progresso inesperado. Keynes, porém, temia que a passagem da sociedade do trabalho à sociedade do tempo livre (visionária à sua época, mas implacável e iminente na nossa) provocasse um colapso nervoso geral. E lembrou que não seria a primeira vez: "Já tivemos uma pequena experiência daquilo que eu entendo ser um colapso nervoso, parecido com o fenômeno já mais ou menos comum na Grã-Bretanha e nos Estados Unidos, entre mulheres casadas das classes abastadas, a maioria infeliz, que a riqueza privou das tarefas e ocupações tradicionais – mulheres que não conseguem encontrar interesse suficiente em cozinhar, limpar, costurar, quando não são forçadas pela necessidade, e que, no entanto, são absolutamente incapazes de inventar qualquer coisa mais divertida."

Para chegar à abundância econômica, são necessários homens incansáveis, mas, uma vez alcançada a abundância sem trabalho, não será fácil aprimorar a arte da vida. "Não existe país ou povo", considerou Keynes, "que consiga enxergar sem medo a era do tempo livre e da abundância. Na verdade, por muito tempo ficamos condicionados a nos cansar em vez de usufruir. Para o homem comum, sem talentos especiais, o desafio de se dar um trabalho é assustador, ainda mais quando ele não está mais ligado à terra e aos costumes, nem às convenções prediletas de uma sociedade tradicional. A julgar pela conduta e pelos resultados das classes ricas de hoje, em qualquer região do mundo, a perspectiva é realmente deprimente. De fato, essas classes são, por assim dizer, a nossa vanguarda, aqueles que exploram a terra prometida por nós e que nela montam acampamento. A maior parte dessas pessoas, que têm uma renda independente mas nenhuma obrigação, vínculo ou corporação, experimentaram uma derrota desastrosa, assim me parece, na tentativa de resolver o problema que estava em jogo."

Mas Keynes não desanimou e estava convencido de que, justamente graças ao péssimo exemplo oferecido pelos ricos do seu tempo (e mais ainda do nosso tempo, sinto acrescentar), conseguiremos projetar com sucesso essa passagem épica. Para nos desintoxicarmos aos poucos do trabalho, teremos de reduzir a carga de trabalho semanal para não mais que 15 horas; teremos de rebaixar o amor pelo dinheiro à categoria de paixão mórbida e repugnante; teremos de abandonar todos os hábitos sociais e as práticas econômicas relacionadas à acumulação de capital; teremos de recuperar "alguns dos preceitos muito sólidos e autênticos da religião e da virtude tradicionais: que a avareza é um vício; a arrecadação da usura, uma culpa; o amor pelo dinheiro, desprezível; e que quem menos se preocupa com o amanhã trilha o verdadeiro caminho da virtude e da sabedoria. Reavaliaremos, de novo, os fins pelos meios, e preferiremos o bem ao lucro. Prestaremos homenagem a quem souber nos ensinar a aproveitar a hora e o dia com virtude, às pessoas incríveis capazes de experimentar um prazer imediato nas coisas, os lírios do campo, que não semeiam e não fiam".

Se a maior parte da vida já é feita de tempo livre, e se esse tempo livre está destinado a crescer, é preciso, portanto, dedicar ao ócio toda a atenção que ele merece. A escolha de um colchão cômodo é mais importante que a escolha de uma escrivaninha funcional; a escolha de um amigo com quem passar férias é mais importante que a escolha de um colega de trabalho; a escolha de um curso universitário que prepara para a vida é mais sábia que a de um curso que prepara para o trabalho. O que conta não é o estresse da carreira futura, mas a serenidade da sabedoria atual. A civilização de referência não é mais a Seattle de Bill Gates, onde a corrida para o sucesso produz uma sociedade desequilibrada e, talvez, infeliz, mas sim a Atenas de Péricles, onde o ócio criativo proporcionava serenidade e beleza. Sob esse aspecto, Salvador, na Bahia, com o seu Pelourinho, pode, talvez, ensinar mais que Wolfsburg, com sua Volkswagen, ou Shenzen, com sua Foxconn. Segundo Platão, as matérias principais a serem compartilhadas com os jovens eram a ginástica, que harmonizava o corpo, e a música, que refinava o espírito; ele falava ainda de gramática e desenho. Eu, dentro das possibilidades, acrescentarei a recomendação de Antoine de Saint-Exupéry, embora desgastada e melosa: "Se você quer construir um navio, não reúna os homens para procurar a madeira e distribuir as tarefas, ensine a eles a nostalgia do mar amplo e infinito." Mas, acima de tudo, acrescentarei a oração em que Gaston Bachelard invoca a necessidade insaciável de conhecimento que deve acompanhar o homem pós-moderno: "Dai-nos hoje a nossa fome de cada dia."

Paraíso

A mitologia grega está repleta de engenheiros que são punidos por ousarem inventar máquinas capazes de reduzir o esforço humano. Ulisses é praticamente um engenheiro naval que se antecipou em projetar uma embarcação adequada para navegar até o oceano além das colunas de Hércules. Ícaro é um engenheiro aeronáutico que ousou projetar helicópteros. Prometeu é um engenheiro nuclear que quis experimentar novas fontes energéticas. Sísifo pretendeu, na verdade, arrancar de todos os deuses juntos os segredos da natureza. Cada um deles foi punido com penas terríveis.

Mas por que os gregos eram assim tão avessos ao progresso tecnológico? Provavelmente porque dispunham dos escravos, as máquinas mais perfeitas que jamais foram inventadas. Em média, cada um dos 40 mil cidadãos livres que viviam na Atenas de Péricles dispunha de oito escravos que, na prática, se ocupavam de tudo: do cultivo da horta aos afazeres domésticos e à atividade sexual. Desperdiçar tempo para construir máquinas teria sido considerado uma demência, uma vez que havia escravos disponíveis em abundância para suprir o indispensável. Mas os mais perspicazes entre os filósofos tinham consciência de que essa dádiva não continuaria para sempre. Aristóteles, como já vimos, deixou-se levar pelo prognóstico de que, mais cedo ou mais tarde, as lançadeiras aprenderiam a andar sozinhas, para cima e para baixo, e a urdidura permitiria que os teares tecessem automaticamente, sem qualquer contribuição do trabalho humano, assim como, depois, seria visto na Inglaterra do século XIX.

Quando, a partir do século X, os escravos começaram a se tornar escassos, gregos e romanos empenharam-se em inventar mecanismos como o moinho a água, os arreios modernos dos cavalos, e por aí vai, até que chegamos aos aviões supersônicos e à eletrônica.

A consequência mais imediata de tudo isso, como já vimos, é o aumento incontrolável do desemprego. A próxima consequência, quando finalmente tomarmos juízo, será uma generalizada e substancial redução da carga horária de trabalho, com forte aumento tanto da produção, confiada às máquinas, quanto do tempo livre, usufruído pelo homem.

Mas o que faremos no tempo livre quando a carga horária de trabalho semanal for reduzida a 15 horas, como prognosticava Keynes nos anos 1930?

Desde que existe, a espécie humana deu o sangue, trabalhando duro na terra ou nas fábricas; depois, esgotou o cérebro, nos escritórios ou nos laboratórios. Acumulou, portanto, uma experiência enorme na organização do trabalho, mas só em raros períodos e em regiões limitadas experimentou um tempo livre dilatado a ponto de corresponder à parte central da existência individual. Dois desses períodos coincidiram com a democracia ateniense, 400 anos antes de Cristo, e com a civilidade amazônica dos índios, antes da colonização portuguesa, iniciada no século XVI.

Falarei da Grécia de Péricles - com as suas inumeráveis festas - em um dos próximos capítulos. Por enquanto, quero me deter nos índios da Amazônia, sobre os quais dispomos de estudos aprofundados e apaixonados, conduzidos, durante 10 anos, por Darcy Ribeiro. No seu texto fundamental, *Os índios e a civilização*, o antropólogo e sociólogo brasileiro mostra que ainda hoje, não obstante o etnocídio que reduziu 5 milhões de índios a poucas centenas de milhares e apesar da forte integração econômica e tecnológica, os índios continuam sendo um povo profunda e irredutivelmente humano, tranquilo e alegre, que exerce de forma espontânea a sua criatividade no cotidiano, que mantém a máxima atenção e experimenta o máximo prazer em tudo que faz e usa. Hoje, como antes da colonização, esses índios são "gente muito mais capaz que nós de compor existências livres e solidárias". Tudo isso por quê? Para gerar beleza! "A verdadeira função que os índios esperam de tudo que fazem é a beleza. Incidentalmente, suas belas flechas e sua preciosa cerâmica têm valor de utilidade. Mas a função real, isto é, seu modo de contribuir para a harmonia da vida coletiva e para a expressão da sua cultura, é 'criar beleza'." Por isso o poeta brasileiro Oswald de Andrade pôde dizer: "Antes de os portugueses descobrirem o Brasil, o Brasil já tinha descoberto a felicidade."

No nosso mundo de civilizados, a política, a cultura popular e até a cultura de elite foram unânimes em considerar o ócio um pecaminoso pai de todos os vícios. A única experiência de ócio prolongado e permitido não é de natureza empírica, mas de natureza onírica: consiste na invenção dos paraísos, a que a humanidade se dedica desde sempre. Quer saber como pretende viver o homem liberto do trabalho? Releia os trechos da Bíblia, do Corão e de todos os outros livros sagrados em que se descreve minuciosamente o estado dos bem-aventurados dedicados a viver felizes por toda a eternidade.

Onde fica o céu, para os cristãos? E quem tem acesso a ele? Como é feito? O que fazem aqueles que têm a sorte de ser admitidos nele? Paraíso, em árabe, significa "horto", jardim com riachos, e não existe paraíso inventado pelo homem que não consista em um parque fresco onde as plantas crescem à vontade e os bem-aventurados passam o tempo cantando, dançando, contemplando o Senhor, vivendo na alegria da companhia recíproca. Há alguns anos, uma pesquisa da Gallup apurou que 71% dos adultos americanos estão convencidos de que existem anjos.

Segundo os teólogos, os bem-aventurados terão quatro características: serão ágeis, impassíveis, sutis e brilhantes. Não envelhecerão nem ficarão doentes, não sofrerão nem trabalharão. Não serão indolentes, terão ótimas relações sociais, cultivarão uma sabedoria crescente. Obviamente, não haverá mais necessidade de médicos, de advogados, de linguistas, de militares, de caçadores nem de mecânicos. Não existirão mais a noite e o mar; os prazeres serão todos permitidos e as diversões, inocentes. Um dos seus passatempos preferidos será contemplar do alto os sofrimentos dos condenados às penas eternas, lá embaixo, no inferno.

O paraíso islâmico é bem diferente: não se trabalha e não se sua, emite-se um aroma delicioso, paradisíaco; veste-se de modo suntuoso; come-se, mas não se digere; os homens se tornam muito viris e as mulheres se tornam todas belíssimas, com nádegas avantajadas. Todo orgasmo é paradisíaco e se prolonga por cerca de um século. Quem quiser trabalhar fará isso por livre escolha, dedicando-se a tarefas agrícolas em jardins altamente fecundos, mesmo que nos paraísos, seja qual for a religião de origem, seja raro encontrar gente que trabalha. E, uma vez que são a fantasia e o desejo dos vivos que floreiam os paraísos para onde irão depois de mortos, se o trabalho fosse mesmo desejável, teríamos paraísos abarrotados de altos--fornos, linhas de montagem e sedes corporativas similares às fábricas da Toyota ou aos bancos de Wall Street. Mas as descrições apresentadas pelos profetas e videntes nos fazem voltar para um além mais para Costa Esmeralda do que para Bolsa de Londres.

Trata-se de um sonho. O maior sonho que a humanidade se permite, desde 90 mil anos antes de Cristo, quando descobriu o além. Por outro lado, diz Eduardo Galeano: "Se não existisse o direito de sonhar, todos os outros direitos morreriam de sede."

Repouso

O filósofo francês de origem russa Alexandre Koyré, que conhecia como poucos a cultura da Grécia clássica, dizia: "Não é do trabalho que nasce a civilização, mas do tempo livre e da diversão." Ao contrário do que se crê hoje, durante muitos séculos, principalmente na era clássica e no Renascimento, o trabalho nunca esteve no centro da vida social, porque o cenário era ocupado pela política, pela guerra, pela filosofia, pela religião, pela ginástica, pelo teatro, pelas termas. O trabalho não era uma tarefa para homens livres, mas para escravos e agricultores.

O conceito onívoro de trabalho assim como o conhecemos hoje nasceu na Inglaterra do século XIX, com as minas e as fiações, quando as regiões mais desenvolvidas da Europa entenderam que não era necessário produzir em casa as matérias-primas, como o algodão e o ferro, abundantes nas colônias e a preços baixos, pois bastava ter os meios técnicos para transformar a terra ferrosa em gusa, a gusa em ferro, o ferro em aço, ou para transformar os flocos de algodão em fio, o fio em tecido, e o tecido em roupas.

Como é que os países produtores de matérias-primas não pensaram nisso antes? Na verdade, pensaram, mas foram impedidos pela astúcia e pela supremacia dos países colonizadores, para os quais as matérias-primas, produzidas em zonas de monocultura, eram vendidas a baixo custo para os industriais da Europa e dos Estados Unidos em vez de serem transformadas no local e depois voltavam a seus países de origem em forma de caros produtos industrializados. O primeiro exemplo é o cacau, que partia, a preço baixo, para Londres, Paris e Viena, das terras úmidas de Carúpano, na Venezuela, ou do Recôncavo Baiano, no sul da Bahia, e voltavam em forma de chocolates, tão refinados quanto caros. Nesse meio-tempo, exércitos de peões e escravos passavam a vida nas plantações insalubres, pagos com uma porção de carne-seca ou farinha e feijão, dizimados pela fome, pelo tifo e pela tuberculose.

O segundo exemplo é o algodão. Em 1703, Portugal e Inglaterra firmaram o Tratado de Methuen, segundo o qual a Inglaterra se comprometia a destinar um tratamento favorável aos vinhos portugueses e, em troca, Portugal abria o seu mercado – e o das suas colônias – às manufaturas têxteis britânicas. Alguns anos depois, em 1785, a Coroa portuguesa, com base em um acordo com a Coroa inglesa, ordenou ao Brasil a destruição de todos os seus teares e fiações. Assim, a indústria têxtil da Grã-Bretanha, que já empregava mais de um milhão de operários, continuou sem concorrentes e o algodão cultivado com esforço desumano nos campos do Nordeste brasileiro, embarcado em São Luís do Maranhão, chegava a Manchester e Lanark, onde era fiado e tecido, com grandes lucros para os industriais escoceses, que vendiam por alto preço, até na América do Sul. Com uma globalização já a pleno vapor, a nascente burguesia inglesa explorava o proletariado local e ambos, ainda que em medidas diferentes, exploravam o proletariado brasileiro, com a cumplicidade rapinante e estúpida da burocracia portuguesa e dos proprietários de terra brasileiros.

O Brasil, que produzia açúcar e algodão, poderia ter ganhado duas vezes se tivesse refinado um e fiado e tecido o outro. Mas já não havia tecelagens e em 1715 o refino de açúcar também foi proibido. Portanto, perdia duas vezes: quando vendia a baixo preço a matéria-prima para a Inglaterra e quando a comprava de volta, a preço elevado, em forma de produtos industrializados. Na metade do século XVIII, havia 120 refinarias de açúcar na Inglaterra e três quartos do algodão fiado em suas indústrias têxteis provinham das colônias.

A nêmesis histórica cumprida em punição a tão cínica arrogância foi a condenação bíblica do Ocidente ao trabalho. Se antes os aristocratas não trabalhavam e até mesmo os escravos trabalhavam pouco, com o advento da indústria trabalharam todos e muito: os proprietários, para gerir as fábricas; os proletários, para fazer os produtos; os comerciantes, para transportá-los e vendê-los. Milhões de lavradores abandonaram os campos, onde eram donos da própria jornada de trabalho, e se espalharam pelas fábricas urbanas, junto com suas proles (daí o nome *proletário*). A partir de então, a vida dos cidadãos tornou-se um infernal vaivém entre fábrica e mercado.

Nas primeiras fábricas, as jornadas eram tão massacrantes que, para possibilitar a recuperação das forças necessárias à produção, foram mantidos os repousos nos feriados e domingos. Depois, a luta de classes conquistou para os trabalhadores as primeiras reduções da carga horária de trabalho ("Se oito horas lhes parecem pouco, experimentem trabalhar", cantavam as operárias) e as férias – destinadas a aumentar, com o tempo, não só por motivos humanitários, mas também para expandir o círculo vicioso do consumismo, visto que nos dias festivos se consome mais que nos dias úteis. Uma vez que, por motivos técnicos, as linhas de montagem das fábricas eram obrigadas a parar todas juntas, os trabalhadores tinham de fazer o repouso diário e o semanal simultaneamente e tirar férias anuais em um único período, preestabelecido com base nas exigências da produção.

A situação começou a mudar de modo visível só depois da Segunda Guerra Mundial, quando a sociedade pós-industrial alterou a combinação entre operários e trabalhadores intelectuais a favor destes últimos. Hoje, tanto nos Estados Unidos como na Itália, quase 70% da população ativa não fazem trabalho braçal, mas intelectual, não trabalham na linha de montagem, mas no escritório, executando tarefas que não exigem a presença física de todos os trabalhadores no mesmo lugar e ao mesmo tempo. Isso permite tornar cada vez mais desestruturados os períodos de repouso diários, semanais e anuais, e confere ao repouso não só o dever de regenerar as forças físicas e mentais, mas também o de enriquecer o trabalhador do ponto de vista afetivo e cultural. Cessada a necessidade da presença simultânea, torna-se possível a muitíssimos trabalhadores intelectuais, e também a muitos operários, escalonar repouso e férias e programar as ausências do escritório com base nos gostos, nos ritmos, nas disponibilidades e nas exigências deles próprios, da família e da empresa. Em torno deles, os meios de transporte, cada vez mais rápidos e com custo menor, permitem alcançar com mais conforto o mar ou a montanha, o calor ou o frio, em qualquer época do ano. Daí a queda gradativa da sazonalidade turística, que permite evitar a multidão e os preços da alta estação, substituindo um extenso bloco único de férias por curtos períodos escalonados ao longo do ano. Esse escalonamento é vantajoso tanto para a economia quanto para a criatividade. Além do mais, limitar as férias a apenas uma viagem no verão para o mar ou no inverno para as montanhas significava tornar inúteis as estruturas hoteleiras durante grande parte do ano, condenando o pessoal do turismo à desocupação sazonal.

Por outro lado, hoje a maior parte dos trabalhadores intelectuais - do jornalista ao profissional liberal, do cientista ao artista - desenvolve atividades de caráter criativo nas quais é quase impossível distinguir a dimensão profissional da lúdica. Mais que de trabalho, trata-se de ócio criativo. Esse tipo de atividade na qual convergem estudo, trabalho e lazer é fundamental para o progresso humano e precisa ser alimentado todo o ano com repouso, diversão, reflexão e inspiração. Sem tempo livre e sem lazer não há criatividade. Consequentemente, como exortava Koyré, não existe civilização.

Grand Tour

O Grand Tour e, com ele, o diário de viagem, faz parte da história europeia e se origina na peregrinação religiosa medieval, evoluindo pela Inglaterra de Elizabeth I, a França de Montaigne e de Sade, a Alemanha de Paul Schede, para florescer aos poucos, em formas cada vez mais bem organizadas, mais difundidas, cuidadosamente descritas, como se estivesse se expandindo por meio de um aprendizado silencioso, que hoje chamamos de *learning organization* (organização que aprende).

Os objetivos do Grande Tour eram múltiplos: o desafio, a aventura, o aprendizado, o prazer, o desmame da adolescência, o símbolo de status. Voltar de um Grand Tour significava ter sobrevivido, ter visto coisas admiráveis, ter se relacionado com gente estranha ou de classe em lugares distantes, ter acrescentado uma experiência cultural à social e à familiar, ter demonstrado a si mesmo e aos outros que alcançou a maturidade.

Havia quem apostava se um aristocrata que partia da Rússia viajasse em direção à Itália. Quanto mais ao sul ele pretendesse ir, e, portanto, mais ao sul da civilização, mais altas eram as apostas: da Campânia até a Sicília. O viajante, por sua vez, ao relatar a experiência, exagerava na quantidade e na qualidade dos perigos enfrentados para impressionar a mulher amada e os invejosos que ficaram na pátria, à espera dele. Prova disso são as páginas de *Viaggio in Italia,* escritas por Goethe sobre suas escaladas do Vesúvio, em que simples excursões, pouco mais do que passeios, são contadas como aventuras perigosíssimas.

Tais excursões aconteceram na primavera de 1787, mas pouco menos de dois séculos antes, em 1625, com sua precisão científica característica, Francis Bacon tinha publicado um pequeno ensaio – *Of Travel* (Sobre viagem) – em que explicava cuidadosamente os motivos pelos quais aventurar-se em um Grand Tour e a maneira de aproveitá-lo ao máximo.

Leiamos alguns trechos: "Se você quer que o jovem aprenda o máximo possível durante a viagem, deve comportar-se assim: primeiro, ele deve ter alguma noção da língua do país a que se dirige; depois, deve ter um serviçal ou um tutor como guia do país. Dê-lhe para levar algum livro que descreva o país a ser visitado. Incentive-o a ter um diário. Não permita que permaneça por muito tempo em um país ou uma cidade. Faça que mude frequentemente de moradia, de uma parte da cidade a outra. Isso contribuirá para que ele conheça melhor a cidade; mas faça de modo que ele frequente os melhores ambientes da cidade onde se encontra; providencie que ele tenha cartas de apresentação para os residentes dos países que visita; elas servirão para facilitar as visitas que mais lhe interessam. Outro fato importante é fazê-lo estabelecer contato com o séquito dos embaixadores; incentive-o a visitar pessoas muito conhecidas na pátria, de modo que possa verificar se a fama delas é ou não indevida."

Como se vê, estamos no mesmo comprimento de onda, mas a uma distância sideral, com respeito às recomendações que, ainda hoje, todo pai ambicioso e toda mãe apreensiva fazem ao filho ou à filha quando partem para um programa de *au pair* por um mês ou dois em um país ou continente distante. Naquela época, o jovem inglês ou alemão ia ao sul principalmente para admirar os monumentos; hoje o jovem do sul vai a Londres mais para aprender *in loco* o novo esperanto da língua inglesa ou desvendar os mistérios das finanças na London School of Economics que para admirar pessoalmente as obras-primas da Tate Gallery ou ouvir a Orquestra Sinfônica de Londres.

Se quisermos saber com mais detalhes as recomendações para um Grand Tour entre os séculos XVI e XVII, basta continuar a ler o venerando Francis Bacon. "As coisas a ver e a observar", escreve, "são: as cortes dos príncipes, especialmente quando concedem audiência aos embaixadores; os tribunais de justiça, enquanto realizam sessões e ouvem as causas; bem como os consistórios eclesiásticos; as igrejas e os mosteiros, com os monumentos que restam; os vales e as fortificações de cidades e cidadelas; bem como as baías e os portos; as antiguidades e as ruínas; as bibliotecas, os colégios, os debates e as aulas, onde houver; a frota mercante e de guerra; os palácios; os jardins públicos e os parques próximos às grandes cidades; as armarias e os arsenais; os mercados; o câmbio; as bolsas; os depósitos; os centros de hipismo; a esgrima, o treinamento dos soldados e similares; as comédias frequentadas pela alta sociedade; os tesouros de joias e vestimentas; curiosidades e raridades; e, para concluir, qualquer coisa que seja célebre nos lugares pelos quais viajar. Sobre tudo isso, tutores e criados deverão fazer diligente pesquisa. Quanto a competições, bailes de máscaras, festas, casamentos, funerais, execuções capitais e espetáculos similares, não há necessidade de inseri-los na mente humana, todavia, não devem ser esquecidos."

Na verdade, cada um dos ilustres viajantes que deixaram um diário seguiu, depois, o próprio instinto, ao privilegiar este ou aquele aspecto, sem jamais chegar à completeza filológica pretendida por Bacon, que esmiúça de forma pouco mais detalhada do que aquela – detalhadíssima – com que Lévi-Strauss se prepararia, no nosso tempo, para partir para os tristes trópicos.

Charles Burney, por exemplo, partiu em 1770 para uma viagem pela França e a Itália apenas para realizar um reconhecimento completo acerca de *The Present State of Music in France and Italy* (O atual estado da música na França e na Itália). Ficaria em Nápoles e arredores por três semanas, tanto procurando notícias sobre os conservatórios e as outras instituições musicais como apreciando e criticando os dois Scarlatti, Vinci, Leo, Pergolesi, Porpora, Farinelli, Jommelli, Piccinni, Traetta, Sacchini e toda a ilustre corte de músicos a serviço do rei e dos aristocratas.

Stendhal, por sua vez, foi movido por interesses culturais bem próximos aos de Burney e se deteve nos artistas e no público, nos programas, nos mexericos dos teatros de Roma, Nápoles e Florença bem mais que na sociedade civil que aqueles teatros representavam.

Por volta de 1770, há toda uma efervescência de viagens da Inglaterra, da França e da Alemanha rumo às terras mediterrâneas. Interesses relacionados principalmente à arte e à arqueologia impeliram para o sul Edward Gibbon, de 27 anos, e sua equipe de desenhistas guiados por Dominique Vivant Denon, que percorrem Nápoles e a Sicília por conta do abade de Saint-Non até compor aquele milagre de reprodução que é *Voyage pittoresque*.

Intenções declaradamente científicas tiveram o astrônomo Lalande, atento principalmente aos aspectos geográficos das regiões visitadas, e Wolfgang von Goethe, o mais surpreendente e arguto sociólogo de todos, que estava em busca de folhas e pedras, mas encontraria – e se interessaria acima de tudo por – homens e mulheres, cérebros e almas.

Sade girou pela Itália com mórbida curiosidade por tudo que se podia encontrar de mais truculento. Suas descrições da fartura napolitana, cruentas e caseiras como um chouriço local, se aproximarão daquele viés gótico que só Coronetti conseguiria imprimir, 150 anos mais tarde, a seu *Un viaggio in Italia.*

Com o passar dos anos, a viagem se torna cada vez mais tecnológica, rápida e, de certo modo, superficial. Quase instantânea será a viagem de Strindberg, que voltará, horrorizado, logo após cruzar os Alpes; pouco mais planejada será a de Keynes, que descerá à Itália principalmente para satisfazer a ânsia pedagógica do pai, assim como, hoje, muitos jovens italianos sobem à Inglaterra para aprender inglês e assim aplacar a ânsia dos pais pelo idioma britânico.

Hoje, porém, não se trata mais dos aristocratas, e sim dos burgueses, que seguem os passos dos aristocratas do século XVIII para reproduzir seus hábitos e status. O progresso ferroviário e aéreo se encarregará, dali a pouco, de lançar no Sul italiano rios de turistas pequeno-burgueses, incentivados por guias turísticos a imitar a burguesia. Apesar de oceânico, trata-se, de certo modo, de um *petit tour.*

Turismo

No precioso ensaio de 1935 intitulado *O elogio ao ócio,* Bertrand Russell escreve: "Penso que neste mundo se trabalha demais e que males incalculáveis são decorrentes da convicção de que o trabalho é algo santo e virtuoso... O caminho para a felicidade e a prosperidade está, porém, em uma redução do trabalho... A técnica moderna permite que o tempo livre, dentro de certos limites, não seja uma prerrogativa das pequenas classes privilegiadas, mas possa ser equitativamente distribuído entre todos os membros de uma comunidade. A ética do trabalho é a mesma dos escravos, e o mundo moderno não precisa de escravos."

Toda noite, depois de um dia de trabalho, os escravos modernos voltam para casa exaustos, esgotados, entediados. A primeira vontade que têm é de se abandonar, diante da tevê, à mercê do mais cretino dos programas disponíveis. Se estivessem com a mente fresca, talvez escolhessem alguma coisa mais inteligente, mas, reduzidos a esse estado, não se podem permitir – sob pena de um ataque apoplético – outra coisa senão dançarinas inócuas, apresentadores sem graça, debates fúteis.

O que vale para um dia vale também para um ano. Eles chegam às férias em condição precária: exaustos, esgotados, entediados. A primeira vontade que têm é de se deixar levar por uma operadora turística que lhes propõe férias de completo descanso em um campo de veraneio onde cada atividade é preestabelecida, como se eles fossem doentes mentais.

Muitas grandes empresas custam a perceber que a sua organização está em crise e só cria infelicidade. Até que algum guru americano comece a avisá-las. Por exemplo, aquele espertalhão do Tom Peters, que, durante anos, vendeu às empresas pílulas de racionalidade, hierarquia e procedimentos, depois, no seu livro *Liberation Management* (Gestão da libertação), exibido por milhares de gestores em suas mesas, escreve: "As novas perspectivas de desenvolvimento não serão encontradas nas grandes dimensões nem nas pequenas, mas, muitas vezes, no fragmentado, no flutuante, na sintonia com o cliente... É necessário fundir e confundir as funções empresariais, superar os limites, criar grupos de trabalho autogeridos."

Não se entende por que essas exigências, válidas para o trabalho, não deveriam ser válidas, também, e com mais ênfase, para o tempo livre. Assim como as nossas férias deveriam ser fragmentadas, flutuantes, em sintonia com os lugares e o povo que nos acolhe. Pelo menos nas férias deveríamos superar limites e tabus, criar grupos vitais, autogerir as nossas jornadas, alimentar corpo e mente com novidades, comprar menos, aprender e doar mais.

Percebo que corro o risco de me transformar em um pároco do interior com tantos conselhos edificantes. Mas, se a alienação dos 11 meses de trabalho se prolonga no mês de descanso, toda a qualidade de vida se reduz ao mínimo.

O que significa "qualidade de vida"? Significa consciência do fato de que a nossa existência é única e que não se repete. Vale a pena, portanto, viver do melhor modo possível, sem fazer mal aos outros. E o que significa "férias de qualidade"? Significa que esse breve período de liberdade acontece apenas uma vez por ano; vale a pena, portanto, aproveitá-lo intensamente, junto de pessoas simpáticas e vitais, em um clima de entusiasmo, feito de relacionamentos calorosos, pessoais, intensamente emotivos, preenchendo o tempo com atividades criativas, sem medo das novidades, como em um grande jogo.

Juntos, às vésperas do verão, turbas de funcionários e chefes se encontram frente à encruzilhada entre férias conscientes ou férias distraídas. Por "conscientes", entendo aquelas preferidas por todos que amam escolher destinos turísticos capazes de satisfazer as necessidades em todos os campos: um bom mar ou uma boa neve; pela manhã, descanso ou mostras de arte; à tarde, concertos; à noite, locais e oportunidades raras; boa cozinha, hospitalidade cordial, mas não invasiva; respeito à privacidade, sem, porém, a angústia da solidão. Apenas em parte esse "turismo consciente", que interessa a 100 milhões de pessoas no mundo, corresponde ao turismo de alto custo.

À medida que nos afastamos desse grupo seleto precioso do turismo "consciente", caímos no turismo de massa, composto de 900 milhões de anônimos, em trânsito, doutrinados pelo turismo desenfreado, pela cultura do descartável, astutamente seduzidos por uma sagaz combinação de mega-atrações efêmeras e comunicação ardilosa. Essas massas de viajantes apreciam o barulho, o aperto, o fast-food, o chamativo, o televisivo, o cinematográfico, o gigantesco, o superficial. Para eles, quanto mais altos os decibéis e mais vistosos os arabescos de neon e laser em uma boate, um restaurante ou uma praça, mais atraentes estes se tornam.

A característica das férias deles consiste em conhecer as regiões e as coisas por alto e na velocidade máxima, sem jamais ater-se a elas, penetrá-las, compreendê-las ou aproveitá-las. Esses turistas estão ali, em meio a vestígios estrepitosos, mas não se apercebem e já pensam em correr para outro lugar, estranhos como são aos outros e a si mesmos. Por comodidade, vamos chamá-los justamente de "turistas distraídos": vítimas sacrificadas no altar do consumismo por espertos organizadores de férias alheias.

Entre os turistas conscientes e os turistas distraídos, não existe compatibilidade. Por uma espécie de lei de Gresham,* o mau turista expulsa o bom e a comunidade hospedeira sucumbe. Instaura-se, na verdade, um círculo vicioso, que liga o devastador turismo distraído ao hoteleiro míope e ladrão; da mesma forma, um fecundo círculo virtuoso liga o turismo consciente a redes hoteleiras voltadas para satisfazer as suas exigentes expectativas com um acolhimento feito de respeito recíproco, bom gosto e boas maneiras.

Quanto mais aumenta a população em trânsito de turistas distraídos, mais cresce a incompatibilidade, não só com os turistas conscientes, mas também com o melhor da população residente. Quem mora em um centro histórico ou em um país de rara beleza deseja preservar o silêncio, a ordem, a limpeza e está disposto a se empenhar, ainda que com ações a longo prazo, para a valorização notória do seu patrimônio natural e cultural. Mas quem chega ao mesmo centro para ficar poucas horas quer obter o maior núme-

* Lei de Gresham (dito popular em economia): "A moeda má tende a expulsar a moeda boa do mercado." (*N. do T.*)

ro de sensações superficiais com o menor custo em empenho e dinheiro. Só os donos de albergue e os comerciantes menos visionários veem com bons olhos essa turba de *daytrippers** desinteressada da preciosa mistura de monumentalidade, belezas naturais e diversidade étnica que constitui a matéria-prima de cada território com vocação turística.

Portanto, cada vez que a família burguesa planeja suas férias sabe que está frente a uma encruzilhada de escolhas conscientes e escolhas distraídas.

---

* Viajantes que chegam a um lugar e partem no mesmo dia. *(N. do T.)*

Entretenimento

Depois de ter visitado os Estados Unidos, Alexis de Tocqueville escreveu, no seu famoso ensaio *A democracia na América*: "Se procuro imaginar o novo aspecto que o despotismo poderá ter no mundo, vejo uma multidão incontável de homens iguais, interessados em procurar apenas prazeres pequenos e vulgares com os quais satisfazer seus desejos. Cada um deles, isolado, é quase estranho ao destino de todos os outros: os seus filhos e os seus amigos formam, para ele, toda a espécie humana. Quanto ao restante dos seus concidadãos, ele é vizinho deles, mas não os vê; toca-os, mas não os sente, de fato. Vive em si mesmo e para si mesmo, e, se ainda lhe resta uma família, pode-se dizer que não tem mais pátria.

"Acima deles, eleva-se um poder imenso e tutelar que se encarrega, apenas, de assegurar-lhes o bem e velar por sua sorte. É absoluto, particularizado, constante, precavido e pacato. Seria parecido com a autoridade paterna, se, como tal, tivesse o objetivo de preparar os homens para a virilidade, mas procura, em vez disso, fixá-los irrevogavelmente na infância, enquanto ama que os cidadãos se divirtam, para que não pensem em outra coisa que em se divertir."

Passaram-se quase 200 anos, mas hoje, mais do que então – com a cumplicidade da maior disponibilidade de tempo, do estresse da sociedade consumista e dos experts em marketing –, uma multidão incontável de homens, interessados apenas em procurar prazeres pequenos e vulgares, não pensa senão em se divertir, depois de terem se embriagado de trabalho ou se deprimido, pelo vazio em que estão imersos.

"Por onde quer que eu vá, vejo desenvolver-se a economia do entretenimento", escreveu, em 1999, Michael J. Wolf, um guru do assunto, em apoio à Booz-Allen & Hamilton. Já então, a indústria do entretenimento e da mídia nos Estados Unidos era a mais desenvolvida do mundo, e a incidência desse negócio na despesa das famílias (5,4%) superava a da vestimenta e a da assistência de saúde (5,2%). Os *baby boomers* (nascidos entre 1946 e 1964) superavam os 76 milhões e correspondiam a cerca de 28% da população americana, mas controlavam 51% da riqueza nacional. "Depois de 15, 20 ou 30 anos de overdose de trabalho, essa geração está, finalmente, voltando às suas raízes hedonistas, em busca do divertimento." E o divertimento, que é o conteúdo do entretenimento, pode ser sintetizado no slogan "sexo, drogas e rock and roll". Depois de se entulhar de refrigeradores, sofás e automóveis, agora os *baby boomers* querem se sentir menos estressados, querem mais tempo livre, mais CD, mais DVD, mais videogame, mais sexo, mais canais de televisão, mais parques temáticos, mais festas de Halloween, mais salas de cinema, mais jogos de azar. Tudo obrigatório, tudo devido, tudo pago. "O entretenimento – não o carro nem o aço nem os serviços financeiros – está se tornando, rapidamente, o motor da nova economia mundial." E assim foi.

O entretenimento não é divertimento nem ócio. O divertimento é regeneração; o ócio é arte. Hoje, a maioria dos trabalhadores desenvolve tarefas de tipo intelectual que não cansam o corpo, mas estressam a mente. Por isso, cada vez mais o entretenimento é preferido ao divertimento e ao ócio. E qual é a diferença entre esses termos? Já falamos do ócio e voltaremos a falar mais adiante. A etimologia da palavra divertimento é "divergir", isto é, "mudar de caminho", interromper a rotina, fazendo alguma coisa mais leve ou igualmente ativa, desde que diferente daquilo que se faz normalmente. Ler um outro livro, ouvir um álbum diferente, dar um passeio ou fazer uma viagem para fugir da rotina são outras formas de divertimento. Nelas há intencionalidade e participação ativa, ainda que não haja um *modus vivendi* ou um projeto de crescimento intelectual.

Não obstante, por natureza, o entretenimento pertence mais ao gênero da distração e do passatempo, não pressupõe profissionalismo e projeto, nem mesmo nos casos em que – como para um videogame – requer empenho. O divertimento ajuda a pensar; o entretenimento ajuda a esquecer. O divertimento tem um quê de saudável, genuíno, espontâneo, musical, alegre, gratuito, artesanal; o entretenimento tem um quê de organizado, orquestrado, industrial, oportunista, comercial, inútil, astuto. As incursões de Benigni durante o Festival de San Remo são outro exemplo de divertimento autêntico em uma transmissão de simples entretenimento.

Às vezes – embora seja raro acontecer –, o que parecia entretenimento despreocupado acaba por revelar uma consistência intelectual, se analisado com mais atenção. Por exemplo, quando o comediante italiano Totó era vivo, seus filmes eram considerados banalidades insensatas e confusas; depois de sua morte, passaram a se impor pela genialidade leve e se tornaram objeto de culto, até mesmo entre os intelectuais mais exigentes. Observado de longe e com sutil inteligência, o entretenimento pode se tornar fonte de irônica ou triste reflexão. Por exemplo, os pensamentos de Umberto Eco a propósito da fenomenologia de Mike Bongiorno ou os comentários sobre a *cuisine d'Elle* de Roland Barthes.

A favor do entretenimento, acrescente-se o fato de que a vida sob estresse tem necessidade de relaxar e fazer uma pausa, capaz de nos arrancar um sorriso sem empregar esforços mentais. Contra o entretenimento, existe a constatação de que, aproveitando-se de estarmos cansados e vulneráveis, ele se insinua, imperturbável, em nosso cérebro, condicionando-o, sem que o saibamos, à alienação e à manipulação.

A tevê italiana, por exemplo, durante os anos 1960 e 1970, substituiu a escola, padronizando a língua; durante os anos 1980 e 1990, substituiu o psicólogo, uniformizando as necessidades; hoje, substitui o tribunal e o Parlamento, domesticando o consenso. Os fins mudaram com o tempo, mas o recurso utilizado de forma dissimulada para insinuar na nossa vida social essas reformas de costumes e dos direitos continuou o mesmo em todas as três fases: sempre, e acima de tudo, o entretenimento. Sabemos, portanto, que, não obstante a sua aparência inócua, ou justamente graças a ela, o entretenimento, ao contrário do divertimento, nos deixa quase sempre pior do que estávamos antes de encontrá-lo.

Las Vegas

"A economia de Las Vegas", escreveu Michael J. Wolf, "cresce cerca de 8,5% ao ano. Qual é o segredo de Las Vegas? O entretenimento. Não há outras atividades. Há todos os tipos de jogo de azar, grandes espetáculos, competições de golfe, *tours* pelas várias atrações. O crescimento constante – e sem precedentes – registrado em Las Vegas pode ser atribuído a uma única fonte: o entretenimento."

Para entender toda a carga subversiva contida nessa afirmação de um especialista no assunto, é preciso dar um passo para trás. A sociedade industrial, como vimos, era filha do Iluminismo e se baseava nos valores da racionalidade, da especialização, da ordem hierárquica, da eficiência, dos balanços preventivos e finais, do risco calculado. A cidade industrial era aquela racional de Le Corbusier, onde cada bairro tinha a sua precisa e distinta função: produtiva, reprodutiva, financeira, comercial, religiosa, lúdica. As ruas, acima, e o metrô, abaixo, encarregavam-se de deslocar as massas de homens e coisas de um bairro a outro, nos horários determinados.

Depois da Segunda Guerra Mundial e durante toda a década de 1960, a ação sindical e a luta de classes dos pobres contra os ricos conseguiram conquistar para o proletariado alguns direitos de civilidade e uma tímida redistribuição da riqueza e do poder. Depois daqueles anos, a reação da burguesia foi implacável e a luta de classes se voltou contra os pobres, reduzindo-lhes a margem de liberdade e bem-estar.

Nesse meio-tempo, o vigor da economia, antes baseado na produção de bens materiais, se apoiou principalmente na produção de bens imateriais, a começar pela informática e pelas finanças. A Índia, a China e o Brasil tornaram-se atores protagonistas no cenário planetário. Na cidade, o tempo livre suplantou o tempo de trabalho; na paisagem urbana, a bolsa tomou o lugar da fábrica como símbolo de progresso e fonte de riqueza; a riqueza se tornou infinitamente mais veloz, seja para ser gerada ou para trocar de mãos e se dissipar.

Se a sociedade industrial produziu a cultura moderna e, com ela, a arquitetura modernista de Le Corbusier, de Van der Rohe, de Gropius, de Wright e de Aalto, a sociedade pós-industrial produziu a cultura pós-moderna e, com ela, a arquitetura formulada por Robert Venturi (*Complexidade e contradição em arquitetura*), por Aldo Rossi (*A arquitetura da cidade*), por Rob Krier (*O espaço urbano)* e por Paolo Portoghesi *(Depois da arquitetura moderna*), e concretizada por esses mesmos teóricos e depois pelo grupo Site, por James Stirling, por Charles Moore, por Michael Graves, por Philip Johnson, e ainda por Frank Gehry e Rem Koolhaas.

A esta altura, a cidade de referência já não é Atenas ou Roma, Florença ou Paris, nem Tóquio ou Nova York, mas Las Vegas, no deserto e no estado de Nevada.

Na Antiguidade, os centros urbanos de Mileto, Priene e Pérgamo eram frutos da ação precisa do império e representavam a concretização de uma planta abstrata, desenhada por um arquiteto detalhista, comissionado por um imperador determinado. Alexandria e Constantinopla carregam no nome a sua marca de fábrica. Aachen surge, principalmente, da mente de Carlos Magno. As cidades catalãs da América Latina, projetadas pelos espanhóis nos mínimos detalhes para melhor desfrutarem do clima, dos ventos e dos cruzamentos, foram todas erguidas com base em um plano regulador desenhado no papel que precedeu a construção efetiva das praças, das ruas e dos edifícios. Sérgio Buarque de Holanda diz que a construção seguia a ordem estabelecida pelos calceteiros, restringidos à inflexibilidade geométrica da linha reta. Analogamente, na Itália, depois do terremoto de 1963 na Sicília, o duque de Camastra decidiu onde e como reconstruir as cidades barrocas em Val di Noto.

Totalmente diferente é a estrutura das cidades que surgiram desordenadamente, com base em exigências circunstanciais. Exemplo disso são os centros lusitanos construídos pelos portugueses no Brasil, expandidos de forma tumultuada, sem um mapa preestabelecido nem um objetivo a longo prazo, inspirados na irregularidade, na transitoriedade, na instabilidade, no desperdício, na imprecisão. Segundo Sérgio Buarque de Holanda, essas cidades parecem ter sido construídas por um semeador que espalha as suas sementes quase que as confiando ao capricho do vento.

Positano, no Sul da Itália, seguiu os mesmos critérios: cada prédio explora os mínimos pontos de apoio oferecidos pela parede íngreme da colina e responde aos interesses imediatos de cada construtor, dando vida àquilo que Le Corbusier chamou justamente de "modelo Positano": amontoado de casas, igrejas, escadas e vielas, bonitas de se ver a distância mas desconfortáveis para se morar.

Chegamos, assim, a Las Vegas, que, das cidades irracionais, já representa o protótipo e surge como modelo. Erguida na metade do século XIX, a princípio como assentamento de missionários mórmons, ponto de encontro de caravanas e depois estação ferroviária, tornou-se oficialmente cidade em 1911. Autorizada ao jogo de azar em 1931, Las Vegas é conhecida hoje como a capital mundial do entretenimento, de forma mais sintetizada, *Sin City*, cidade do pecado ou do vício. As suas palavras-chave são kitsch, barulho, megalomania, surpresa, pop, bizarrice, desperdício, especulação, montagem, azar, potencialidade, mídia, telões, jogo, reality show e dinheiro, dinheiro, dinheiro.

Em um mundo onde os negócios se identificam, prevalentemente, nas finanças, nada melhor que o jogo de azar e o turismo de negócios para fornecerem como matéria-prima a máquina incansável do capitalismo acelerado, com suas fortunas ambiciosas e suas desventuras improvisadas, seus vícios públicos e suas inexistentes virtudes.

Se o órgão é a representação plástica da função, ou se o incitamento atribuído a Louis Sullivan *"Form follows function"* (A forma segue a função) é válido, as duas funções de Las Vegas – jogo de azar e congressos – encontraram lugar perfeito na estrutura e na estética dessa cidade-símbolo do pop. Lá não é como em Brasília, cuja função é governar um Estado e um povo residente, mas sim assegurar ao capitalismo puritano dos opulentos Estados Unidos uma válvula de escape, uma zona franca onde, vedada a prostituição, seja possível prostituir tudo. O cenário ideal onde Copolla ambientará *O poderoso chefão* e Scorsese, *Casino.*

Para abrigar o jogo e os grandes congressos empresariais sob o signo dos automóveis, da velocidade, da liberdade, do desperdício e das compras, não são necessárias as catedrais, o foro, o palácio do governo. Bastam, desordenadamente misturados, os drive in, os shopping centers, os fast-foods, as feiras megalomaníacas, os gigantescos resorts, os hotéis, os cassinos, os restaurantes, os teatros, os motéis, os postos de gasolina, as *wedding chapels* (capelas de casamento), os outdoors, o neon, o laser, a música a todo volume. Luz, multidão, vaivém, barulho, efemeridade, dólares, álcool.

Na Alemanha medieval, vigorava o mote "*Stadtluft macht frei*" (O ar da cidade confere liberdade), para dizer que nos centros urbanos não havia senhores a quem obedecer; apenas, remota e mutante, a autoridade do imperador. A mesma coisa ocorre em Las Vegas, de onde o Estado, com suas leis e seus magistrados, está distante, além do deserto de Mojave, e onde é possível anular qualquer limite entre dia e noite, entre feriados e dias úteis, entre belo e feio, entre verdadeiro e falso, entre dentro e fora, entre real e virtual. Onde a única ética é a do crupiê e do guarda-costas, a única estética é a dos reluzentes painéis luminosos, do desperdício de água que zomba da aridez do deserto circundante, da imitação pop dos canais de Veneza e dos anfiteatros romanos.

O primeiro a perceber que tudo isso não era apenas degradação intelectual, mas também o nascimento de uma nova estética e de uma nova antropologia, foi Giancarlo De Carlo. Já em 1971, o grande urbanista e arquiteto italiano sustentava que Las Vegas e sua essência pop "alargaram o espectro da comunicação humana, porque introduziram no uso comum algumas formas de expressão que, até então, tinham sido consideradas irrelevantes ou, até mesmo, execráveis... A descoberta da trivialidade, por outro lado, representa, principalmente, uma última sacudida desmistificadora no velho princípio segundo o qual a Arte é a representação do belo".

Para desvincular completamente a cidade-símbolo do kitsch, para decifrar a originalidade da sua mensagem estética e transformá-la em exemplo respeitável de arquitetura e urbanismo pós-modernos, levariam alguns meses. De fato, em 1972 Robert Venturi, Denise Scott Brown e Steven Izenour lançam *Aprendendo com Las Vegas*, em que reportam os resultados de uma profunda pesquisa efetuada em campo.

Seis anos antes, em 1966, Robert Venturi publicara *Complessità e contraddizioni nell'architettura* (Complexidade e contradições na arquitetura), acolhido pela crítica como o mais importante texto sobre o assunto depois de *Verso una architettura* (Sobre uma arquitetura), de Le Corbusier (1923), e considerado como um verdadeiro manifesto do pós-moderno. Segundo o teorema da incompletude, de Gödel, todo sistema axiomático é incoerente no próprio interior. Do mesmo modo – sustentava Venturi em seu manifesto –, toda cidade é complexa e contraditória.

Onde estão a complexidade, a contradição e a originalidade de Las Vegas? *Aprendendo com Las Vegas* nos responde atribuindo à *sin city* de Nevada a mesma força devastadora que as cidades muradas, a *polis* grega, a *urbs* romana, as obras arquitetônicas de Michelangelo e os desenhos de Vitrúvio tiveram na Europa.

Segundo Venturi, sob o impulso da pós-modernização, todas as metrópoles do mundo se assemelharão, cada vez mais, ao "modelo Las Vegas", que hoje já não é apenas uma megalópole milionária, feita de centros urbanos integrados e de áreas desincorporadas, mas uma cidade-mundo, uma cidade global, como a definiria Saskia Sassen, caracterizada por poder econômico e influência cultural, capaz de gerar e realizar novas ideias, criar e ativar novos mercados.

Las Vegas é a cidade do excesso: da desordem ao caos; da velocidade ao "tempo real"; do pecado à máfia; da produção de dinheiro através do dinheiro; da forma que vira substância; do símbolo que se torna o objeto simbolizado; dos grandes outdoors publicitários que se transformam, eles mesmos, em paisagens; da arquitetura que, de reacional, se torna eufórica, e que, em vez de proteger e representar, procura persuadir, manipular, induzir à regressão infantil por meio da surpresa e dos jogos de azar.

Nessa dança da história, encontram-se, desencontram-se, combinam-se capitéis, gôndolas, pirâmides e pagodes. "A grande invenção (involuntária) de Las Vegas", escreve Francesco Longo, "diz respeito, certamente, ao ecletismo dos estilos fundidos nessa cidade e à total falta de hierarquia entre alta cultura e estética popular. Colunas gregas, neon retorcido, mosaicos paleocristãos, pedras barrocas, quiosques em forma de hambúrguer, estátuas gregas, a Bauhaus havaiana e os escritos dos anos 1930 entram juntos em colapso em uma única cifra estilística que agita a história da arte, tornando-a uma experiência lúdica, vertiginosa, sem contexto nem diferenças."

Essa, afinal de contas, é a face caipira do capitalismo financeiro: um exagero econômico que se torna exagero visível. Portanto, Las Vegas – mais do que qualquer outra cidade – marca a passagem da economia produtiva, da sociedade industrial e da cultura moderna à economia financeira, à sociedade pós-industrial e à cultura pós-moderna. Como, segundo Ernst Haeckel, a ontogenia recapitula a filogenia, assim Las Vegas recapitula, no seu âmbito, a mais geral característica da sociedade pós-industrial: a de improvisar, sem uma meta e uma direção predefinidas, sem um modelo conceitual de referência que lhe permita distinguir o verdadeiro do falso, o belo do feio, o bem do mal.

O pós-moderno – considerando que estamos nesta sociedade excêntrica, a primeira da história humana a surgir ao acaso, sem respeitar um prévio mapa conceitual – não apreende da sua falta de modelo uma sensação de vazio, de carência; pelo contrário, faz disso a própria razão da sua existência, do seu sentido e até do seu mérito. Assim, a falta de modelo se propõe, ela mesma, como modelo em forma de vertigem.

Isso é o pós-moderno, essa é Las Vegas, a qual, segundo Venturi, se presta a representar a cidade de cada parte do mundo: uma Disneylândia global anterior a Cingapura, Dubai, Doha ou Abu Dhabi. Mas não é por meio dessa vertigem que se alcança a felicidade.

Férias

Apesar das férias fracionadas ao longo do ano, grande parte das famílias ainda espera por elas com a inquietação descrita por Goldoni em sua *Smanie della villegiatura* (Ânsia pelas férias). Existem muitos modos de aproveitá-las. Como existem muitos modos de arruiná-las. Lembro-me de pelo menos quatro.

O primeiro consiste em tirar férias "inteligentes", seguindo os conselhos sadomasoquistas sugeridos em detalhes pela imprensa radical-chic. Quem escreve nesses jornais "sérios" quase sempre sofre de complexo de inferioridade (em relação a outros jornalistas, mais apreciados, a outros escritores, mais vendidos, a outros acadêmicos, mais estimados). Por isso desconta nos leitores as próprias frustrações e os induz a visitar lugares impraticáveis, a ler livros enfadonhos, a ouvir músicas perturbadoras, sempre em busca da "distinção". Simples mortais que são, esses conselheiros esnobes ficaram obstinados por "distinguir-se" dos outros mortais: fingindo cultivar e induzindo a cultivar interesses tão obscuros quanto fúteis.

No pacotinho de conselhos gratuitos desses profissionais da tristeza cultural, existe sempre a sugestão de algum texto inacessível de Heidegger ou de alguma edição inacessível de Sade, algum álbum inacessível de Philip Glass, algum caderninho de notas de Wittgenstein ainda mais impossível de se encontrar. Se não for impossível de encontrar, não serve.

Como um preparativo indispensável para as férias inteligentes, e como um cordão umbilical que deve nos unir ao mundo pulsante do empreendedorismo, mesmo durante os dias de descanso, nossos guias radicais-chics recomendam a leitura frequente – até mesmo para alguém que tenha se aventurado pelos fiordes da Noruega ou pelas geleiras da Patagônia – do encarte cultural do *The New York Times* ou do *Le Monde*, em que o leitor pode recuperar a sua improvável erudição, lendo uma nota sobre a correspondência encontrada recentemente entre o abade Galiani e Diderot a respeito da conversibilidade da moeda.

O segundo modo de arruinar as férias consiste em viajar pelo mar no barco de um amigo mais rico que nós e ávido por companhia. Nesse caso, a vida marítima gira em torno do dono, que decide a rota da embarcação, o tempo e o lugar das paradas, o tema das conversas, o menu das refeições caras mas insossas.

Uma variante desse jeito de arruinar as férias é viajar de barco junto com amigos visivelmente agradáveis no começo da viagem, mas fadados a se tornarem feras no decorrer da travessia.

A vida num barco, como se sabe, é o mais severo teste para a preservação das relações humanas. Poucas amizades e pouquíssimos amores saíram incólumes de uma viagem de barco, lesados pela restrição de espaço, pela promiscuidade forçada, pela absoluta falta de privacidade, pelo ínfimo espaço dos banheiros. A viagem de barco é uma espécie de *role playing* (encenação) em tempo integral, uma imersão total nas águas agitadas dos jogos psicológicos, restringidos a tempos e espaços que frequentemente lembram instituições absolutas, como o cárcere ou o colégio. Ennio Flaiano dizia que, no fundo, o inferno de Dante consiste em uma multidão de italianos que enchem o saco de outros italianos. Pois bem, isso resume a vida num barco, castigada por um sol atroz, que devora a pele e frita o cérebro.

O terceiro modo de arruinar as férias é partir com a pessoa amada para pôr o sentimento à prova em uma viagem a sós e confirmar a profundidade do amor que nos liga a ela.

Geralmente essas viagens consistem em rotas solitárias, fora dos pacotes oferecidos pelas agências. O que mais se deseja, no momento da partida, é a felicidade a sós em um lugar reservado, distante dos olhares indesejáveis, longe da multidão, em hoteizinhos românticos, onde a simplicidade é compensada entre quatro paredes.

Com efeito, ao terceiro ou quarto dia, o romântico prazer começa a ser superado por pequenos mas persistentes problemas práticos: o revezamento do banheiro, muito pequeno; o ar abafado e os mosquitos noturnos em pleno verão; a saudade dos amigos mais próximos e divertidos que enquanto isso estão curtindo uns aos outros na praia de sempre; a comodidade do amor em grupo, preferível porque, como insiste o prestativo Flaiano, pode-se até dormir sem que ninguém perceba.

O quarto jeito consiste em ir para lugares de veraneio do tipo colônia de férias: hospeda-se em albergues, clubes e condomínios na província italiana de Cefalu fingindo-se ir à Bahia, fica-se nos Alpes de Siusi fingindo-se estar na Patagônia.

Nessas construções paramilitares, cercadas como quartéis, tudo – do menu ao despertar, da hora do tênis à hora do sexo – é rigidamente prefixado. A livre escolha, quando permitida, estende-se a três opções de peixe-espada, com três opções de molho: verde, ao rosmaninho; vermelho, ao vinagre; e branco, ao limão.

Esses aquartelamentos exercem uma atração fatal em especial sobre os executivos, porque os livram do processo decisório. Restringidos durante 11 meses a atividades superprogramadas, no 12º mês esses escravos do trabalho enlouqueceriam diante de um eventual tempo livre a ser administrado de forma autônoma e independente – sem horários rígidos, reuniões prefixadas, prioridades do dia estatutárias e chefes inflexíveis. Morreriam de infarto se tivessem de enfrentar o perturbador vazio da indecisão, a anarquia de uma folga sem programação e sem prazo de conclusão. Eis, portanto, o oportuno condomínio, onde as regras das férias reproduzem as do trabalho, onde a alegria está assegurada pelos animadores, onde a aventura erótica está garantida pela providência divina – com a presença confirmada de jovenzinhas afoitas e solteiros cheios de vida.

Limitei-me a quatro jeitos de arruinar as férias. Mas os perigos à espreita vão muito além: o hotel, que parecia confortável no folheto da agência mas que depois revelou-se um casebre; a excursão, que parecia tão entrosada quando fechamos o programa e que depois mostrou-se irremediavelmente inconveniente; o mar, que esperávamos estar limpíssimo e que, em vez disso, estava cheio de águas-vivas; as nossas ilusões, que nos fizeram sonhar com férias infinitas mas que estavam fadadas a acabar num piscar de olhos, assim como os sonhos.

Ócio

Em 1880, enquanto estava detido na prisão de Sainte-Pélagie, Paul Lafargue, genro de Marx, escreveu *O direito à preguiça*, um panfleto que viria a se tornar célebre. Três anos antes, porém, Lafargue publicara outro panfleto, intitulado *A religião do Capital*, em que imaginava um hilariante catecismo, compilado pelos representantes internacionais da burguesia em um congresso em Londres. Ao ser perguntado sobre seus deveres fundamentais, o assalariado deveria responder: "A minha religião ordena que eu trabalhe da infância até a morte, à luz do sol e à do gás, dia e noite, na superfície da Terra, embaixo dela e no mar, a trabalhar sempre e onde quer que seja, a inculcar nos meus filhos os sagrados princípios do trabalho."

Em homenagem a Lafargue, no protetor de tela do meu computador há um provérbio espanhol que sintetiza o conceito de ócio: "*Hombre que trabaja pierde tiempo precioso.*"

Até o início do século XIX, as atividades intelectuais eram consideradas, em bloco, como *otia:* um invejável privilégio reservado a aristocratas e intelectuais. Em seu ensaio *A vida cotidiana dos gregos no século de Péricles*, o especialista em Grécia Robert Flacelière nos conta que, naquele tempo, os feriados eram pouco menos numerosos que os dias úteis: durante o ano, havia os festivais de Saturnália e Synokia, as grandes Panateneias, os mistérios de Elêusis, as festas em homenagem a Apolo, os ritos da semeadura, as Tesmofórias, as Apatúrias (ou festa das confrarias), a festa dos Haloà, as Falofórias em homenagem a Dioniso, as festas Gamélias e Leneias, Antestérias, Cloia, os ritos propiciatórios em homenagem a Atena, as Grandes Dionísias, a festa de Muníquia, as Targeliãs, Oscofórias e Anetésias. A maior parte das celebrações compreendia competições ginásticas, concursos líricos, musicais, dramáticos e de beleza. Apenas nas Grandes Dionísias, todos os atenienses assistiam aos ditirambos e a pelo menos 15 óperas teatrais, ouvindo, em quatro dias, cerca de 20 mil versos cantados e recitados. Não se tratava, portanto, da atribulação estressante a que são obrigados, hoje, os funcionários públicos e os diretores de empresa: tratava-se de uma reflexão alegre e coletiva, de cujo húmus brotou uma das maiores civilizações de todos os tempos. Tratava-se de ócio elevado a arte.

Durante pelo menos cinco séculos, a partir de II a.C., a maior parte dos cidadãos romanos, em Roma e em todo o mundo então romanizado, saía de casa pelas manhãs, ia às termas e ali desenvolvia a maior parte de suas atividades, misturando o cuidado do corpo, o divertimento, o estudo e os afazeres, até o pôr do sol. Durante pelo menos cinco séculos, os romanos identificaram nas termas o seu modelo de vida e de civilização, difundindo-o por todo o mundo como máxima forma e garantia de romanização.

A vida social na Florença dos Médici e na Viena do Jugendstil* não devia ser muito diferente de Atenas e de Roma. Se é verdade que Otto Hoffman, Freud e Musil, Klimt e Mahler trabalhavam pelo menos 12 horas por dia, é verdade também que uma parte considerável dessas 12 horas transcorria nos maravilhosos *caffès liberty*, em fecundíssimas conversações interdisciplinares que um estudante da London School of Economics ou administrador recém-formado em Harvard trocaria por conversa fiada de preguiçosos.

Com o advento da sociedade industrial, o stacanovismo tornou-se uma virtude e o conceito de ócio gerou sentimento de culpa. Ao operário é lícito descansar apenas o necessário para recuperar as forças físicas esgotadas pelo trabalho. Se as suas horas de repouso excedessem essa recuperação, ele voltaria à categoria abominável dos ociosos, contra os quais os operosos nutrem um rancor surdo, atribuindo ao termo "ócio" significados estritamente depreciativos. "A ideia de que o pobre possa praticar o ócio sempre aborreceu os ricos", disse Bertrand Russell. E, se você procurar em qualquer dicionário os sinônimos de "ócio", encontrará pelo menos umas 40 palavras

* Estilo da juventude (al.) – Estilo decorativo no design e na arquitetura que se assemelhava à art nouveau. Popular nos países germânicos de 1896 a 1910, o *Jugendstil* foi lançado pela revista *Jugend*, de Munique. (*N. do T.*)

com acepções negativas: de malandragem a vagabundagem, de negligência a preguiça. E a preguiça é, antes de tudo, um dos sete pecados capitais.

Mas agora que, na sociedade industrial, a longevidade e a tecnologia multiplicam o tempo livre – enquanto a escolarização assegura níveis culturais mais elevados a uma parcela cada vez maior de cidadãos –, chegou o momento de restituir ao ócio toda a sua preciosa dignidade. Se o entretenimento é comercial, superficial e estéril, se o divertimento é imparcial, genuíno e agradável, o ócio é vital, complexo e fecundo. O ócio é uma arte. Uma arte que hoje, graças às condições atuais, poderia voltar a ser cultivada pela maior parte da população ativa, se esta não fosse dissuadida por quatro irracionais acusações, levantadas pelos operosos: 1) o ocioso está fadado a se entregar ao álcool ou às drogas, a romper em atos de violência, estupro e vandalismo; 2) o ócio destrói paulatinamente as comunidades, por meio da difusão de um individualismo de tendência anárquica e narcisista, em que cada um acaba por servir somente a si mesmo, sem se importar com as exigências sociais e os princípios sagrados da solidariedade humana; 3) aos ociosos e aos sindicatos que os protegem são imputados as crises econômicas, o passivo das balanças de pagamentos, as falências das famílias e das empresas, a dispersão dos serviços públicos, as quedas da bolsa; 4) a difusão do ócio cria as condições de uma guerra entre vadios e laboriosos, com a consequente possível instauração de regimes autoritários.

Como se vê, por mais sutil, ansiosa e ansiogênica que possa ser a pesquisa de consequências negativas deriváveis de uma eventual difusão do ócio, não há nada de catastrófico atribuído a ele que já não tenha sido causado, abundante e frequentemente, pela laboriosidade.

Contra os denegridores do ócio, não existem senão as armas da sabedoria e da ironia. Norman Douglas, que não carecia nem de uma nem de outra, insinuava que o mau uso do ócio provocava os danos mais disparatados, da dor de dentes à calvície.

Em nome da assonância e do conformismo, continua-se a repetir que o ócio é o pai de todos os vícios. Na realidade, foi justamente a classe ociosa – como escreve Bertrand Russell – "que cultivou as artes e descobriu as ciências, que escreveu livros, inventou sistemas filosóficos e refinou as relações sociais. Até a campanha para libertação dos oprimidos partiu, em geral, do alto. Sem uma classe ociosa, a humanidade não teria, nunca, passado da barbárie". Sabemos por experiência que uma época de grande ativismo, como aquela da sociedade industrial, provocou guerras e brutalidades de todo gênero. Isso legitima a hipótese de que uma civilização do ócio possa gerar solidariedade mais cortês, introspecção mais serena e convivência mais harmoniosa.

Mas a utilidade do ócio só pode ser atingida plenamente em conexão com a criatividade, isto é, com a principal atividade humana na sociedade pós-indutrial. Segundo Max Weber, o operário que trabalhava na "gaiola desumana" que era a fábrica passava as 10 horas de jornada diária à espera do som da sirene, que finalmente o restituía à família e ao tempo livre. E Marx diz que os operários enfraqueciam o seu corpo, destruíam o seu espírito e se sentiam de tal forma estranhos que, tão logo diminuía a coerção, eles fugiam do trabalho como da peste.

Então estar ocioso significava, antes de mais nada, descansar para recuperar as forças, mantendo parado e inútil o corpo, isto é, o equipamento mais caro de que dispunham os empregadores. Assim, ficar ocioso fora do tempo e do lugar permitidos representava um atentado ao capital, isto é, à sociedade e à religião.

Hoje, porém, tanto o trabalho quanto o tempo livre envolvem um investimento, sobretudo, de natureza intelectual, põem em jogo a mente e requerem flexibilidade e inventividade. O empregador não compra mais a força bruta, mas exige pensamento e criatividade. Eis, portanto, o ressurgimento do ócio como fator central da economia moderna. Em um mercado pós-industrial, que consome ideias com a mesma velocidade com que o mercado industrial engolia produtos avidamente e que pressupõe uma criatividade inexaurível, a capacidade criativa só pode ser incrementada por meio de uma reavaliação do ócio que permita regenerar a mente dos criativos, assim como a inércia regenerava o corpo dos operários.

Na atividade criativa, que não tem limites de tempo nem de espaço, empenhando o "trabalhador" 24 horas por dia, o ócio representa aquela espécie de sonolência do espírito durante a qual as intuições levitam pelo inconsciente e vêm se condensar em ideias novas. É o ócio, portanto, que possibilita o necessário distanciamento dos problemas que nos importunam e promove a imersão naquela espécie de limbo da mente onde flutua o plâncton da nossa criatividade.

Que eu saiba, quem assinalou esse mérito do ócio com mais vigor foi Hermann Hesse, em um artigo de 1904 ("A arte dos ociosos", que anos depois, em 1973, abriria – dando-lhe ainda o título – a sua coletânea de reflexões sobre o tema) no qual denuncia que a atividade industrial, inculcando desde a infância o ideal de um esforço coagido e ansioso, desacreditou e destruiu a arte do ócio, isto é, o pressuposto indispensável para o trabalho intelectual. Por isso, Hesse contrapõe a pressa da nossa fantasia sobrecarregada ao fascínio poderoso da indolência oriental, "vale dizer o ócio desenvolvido, patrocinado e saboreado até se tornar arte". Hesse afirmou que para "todos aqueles que provam a carência e a necessidade de se sentir viver e crescer, de estar conscientes dos fundamentos das próprias energias e de se construir segundo leis congênitas", para todos os que, em 1904, podiam se identificar com poucos artistas apenas, mas que hoje são os *milhões de trabalhadores da mente*, "a personalidade não é um luxo, e sim condição existencial, atmosfera vital, capital irrenunciável". Para esses trabalhadores, a pausa não é um desperdício de tempo, mas a condição essencial para provar e alimentar a si mesmos no ato de construir, compor e criar "para assegurar novos conhecimentos e amadurecer o trabalho inconsciente, em parte para reaproximar-se a cada vez, com fervor desinteressado, do mundo natural, voltando a ser criança, sentindo-se de novo amigos e irmãos da terra, da planta, da rocha e da nuvem".

Como é possível perceber, estamos a quilômetros de distância do ideal – de trabalhadores, empresários e gestores – até hoje cultivado nas escolas de negócios. Ainda assim, este é o desafio que espera as organizações: formar e valorizar os criativos, livrando-os do infortúnio do estresse e dos perigos opostos de "um trabalho intempestivo e indolente", ou de "um vazio pensativo e desencorajador".

Com o *direito ao trabalho*, o homem criou a sua condição industrial; com o *direito ao ócio*, o homem criará a sua condição pós-industrial. Aquele direito ao ócio, que era utópico para os operários da sociedade industrial, finalmente se torna realidade para os trabalhadores intelectuais da sociedade pós-industrial, desde que originados na cultura e na arte do ócio. É preciso que eles tomem consciência disso, combatam o obscurantismo dos burocratas ultrapassados e dos imperativos alienados, convencendo-se de que a contraposição entre trabalho e ócio já não tem qualquer sentido.

O trabalho criativo também aliena, o criativo também não vive em si, mas nas suas ideias, que são a sua obra de arte. No entanto, entre a obra de arte e o seu criador existe uma simbiose bem mais resistente do que aquela que, de maneira instável, ligava o operário e o empregado ao seu produto feito em série. Enquanto a alienação do trabalhador operacional esvazia, a alienação do trabalhador criativo preenche, completa, transborda. O trabalho operacional pertence à empresa. O trabalho criativo, mesmo quando é vendido à empresa, pertence ao seu autor para sempre. O trabalhador operacional marca sua parte a fim de que possa ser responsabilizado no caso de um eventual defeito; o trabalhador criativo assina a obra a fim de que seus méritos possam ser reconhecidos, para sempre.

Aquilo de que a civilização do ócio não pode abrir mão é o próprio e ininterrupto crescimento cultural. Como concluiria Russell, "uma população que trabalhe pouco, para ser feliz deve ser instruída, e a instrução deve levar em conta as alegrias do espírito, além da utilidade imediata do conhecimento científico."

Estupidez

O economista chileno Manfred Max-Neef perguntou-se, durante anos, o que distingue os homens dos outros seres vivos. Em um primeiro momento, pensou que somente nós éramos capazes de cooperar de modo solidário para atingir um objetivo comum; depois, passou a acreditar que somente nós tínhamos condições de desfrutar os recursos naturais e transformá-los em utensílios; a seguir, aventou a hipótese de que só nós sabemos modificar o ambiente que nos cerca, para adequá-lo aos nossos fins; mais tarde, ainda, iludiu-se imaginando que só a nós é dada a possibilidade de experimentar sentimentos como o amor e o espanto. Cada uma dessas hipóteses caiu, frente ao comportamento inequívoco de algumas espécies animais, que demonstram capacidades e sensibilidades iguais. Max-Neef chegou, então, a levantar a hipótese de que só seres humanos têm o dom do humorismo, mas descobriu que alguns pássaros japoneses têm o hábito de fazer brincadeiras muito divertidas. Depois de tantas reflexões, o economista chileno deve ter concluído que a única particularidade que nos distingue dos demais animais é a estupidez.

Somente nós, por exemplo, aceitamos dos assim chamados "experts" pareceres que qualquer pessoa dotada de bom senso é capaz de desmentir. Quando Bush e Tony Blair procuravam pretextos para desencadear a guerra contra Saddam, com a desculpa de exportar a democracia para o Iraque, os grandes experts do Pentágono sustentavam que os americanos e os ingleses poderiam, em poucas semanas, subjugar o "país canalha" que ocultava armas de destruição em massa. Os meus alunos, embora não tivessem um conhecimento profundo em matéria de armas e de estratégias bélicas, foram às ruas, junto com milhões de outros estudantes em todo o mundo, para protestar contra essa guerra que, a seu ver, além de infundada e injusta, estava perdida, desde o início. Como bem sabemos, os eventos desmentiram os gênios do Pentágono e deram razão aos meus alunos.

Em março de 2003, cerca de 150 mil soldados, sob comando do general Tommy Franks, atravessaram a fronteira com o Kuwait e marcharam sobre Bagdá; depois de oito anos e meio, em 15 de dezembro de 2011, os últimos soldados americanos deixaram o Iraque, pondo fim àquela que Vittorio Zucconi, no jornal *Repubblica*, definiu como "a mais dolorosa, cara e sangrenta aventura militar americana depois do Vietnã". Entre os americanos, 4.500 militares mortos e 150 mil feridos; entre os iraquianos, um massacre que até agora ainda não foi completamente contabilizado, com centenas de milhares de mortos. Um trilhão de dólares jogados fora.

Segundo exemplo de estupidez: por sorte nossa, a natureza acompanhou a função nutritiva da comida, graças à qual sobrevivemos, com o prazer da gula; de fato, um prato preparado com capricho e bem saboreado nos proporciona alegria. Pois bem, em nome da eficiência e do PIB, fomos limitados a comer fast-food, e com isso engolimos apressadamente alimentos que, além de serem repugnantes, também fazem mal à saúde. Carlo Petrini escreve: "Nessa corrida louca e frenética rumo a um crescimento contínuo, desrespeitosa ao extremo, conseguimos corromper até mesmo o elemento indispensável que nos permite viver e transformar o que é também um prazer fisiológico e cultural, pessoal e comunicativo em algo cada vez mais anônimo e uniformizado, inclusive potencialmente perigoso, para nós e para o planeta em que habitamos."

Terceiro exemplo: para fazer frente à recente crise econômico-financeira, muitos governos – entre os quais o italiano – postergaram a idade da aposentadoria. E, ao fazerem isso, reduziram drasticamente a oferta de postos de trabalho para os jovens, que enfrentam um desemprego próximo a 40%.

Ao mesmo tempo, na Itália foi introduzido o limite de vagas nas universidades; com isso muitos jovens foram excluídos tanto do trabalho como da possibilidade de prosseguir nos estudos. O percentual de jovens com idade universitária matriculados em faculdade é de apenas 36%, contra os 98% da Coreia do Sul, 95% dos Estados Unidos, 86% da Austrália e 80% da Dinamarca.

Qualquer cidadão com nível de capacidade intelectual dentro do normal é capaz de compreender essa contradição e, de fato, a questão foi apresentada em vários lugares aos ministros "competentes" e aos economistas que, de modo desenvolto, apoiam suas políticas. Tanto uns quanto outros reconheceram que a prorrogação da idade de aposentadoria sem dúvida furta a possibilidade de trabalho dos jovens, mas asseguraram que as economias ocidentais, depois de longos anos de crise, já estão mais próximas da retomada do crescimento, o que permitirá a criação de novos postos de trabalho para todos os jovens. Contestamos essa inverdade em um capítulo anterior. Os fatos, por si sós, contradizem essa previsão. Hoje, o PIB per capita de Mônaco é de 173 mil dólares; o de Luxemburgo, 111 mil dólares; o dos Estados Unidos, 53 mil dólares; o da França, 43 mil dólares; o da Alemanha, 46 mil dólares; o da Itália, 36 mil dólares, enquanto o do Brasil é de 11 mil dólares; o da China, 7 mil dólares; e o da Índia, 1.500 dólares. Como então as economias ocidentais retomariam o crescimento? Em prejuízo de quais outras economias ainda dispostas a se deixarem ser exploradas? Ainda que houvesse essa retomada, tão apregoada quanto improvável, por experiência, na ex-sociedade industrial, quando uma empresa se tornava mais rica, expandia-se admitindo mais trabalhadores; na atual sociedade pós-industrial, quando uma empresa se torna mais rica, expande-se comprando mais máquinas automáticas, computadores e robôs. É o fenômeno do *jobless growth* – o desenvolvimento sem trabalho que já analisamos –, árduo nesta fase de transição, libertador para as próximas gerações, quando o provérbio espanhol que passeia sobre o meu protetor de tela, "*Hombre que trabaja pierde tiempo precioso*", será, finalmente, atual.

Criatividade

O homem é estúpido, mas, por sorte, não é apenas estúpido. Se a estupidez – como sustenta Max-Neef – é exclusiva do ser humano, não é, todavia, a sua única característica.

Em 1938, Carl Gustav Jung realizou uma conferência, em Harvard, sobre os instintos humanos e apontou cinco deles: a fome, a sexualidade, a predisposição à atividade, a reflexão e a criatividade. Vinte e cinco anos depois, em 1963, Konrad Lorenz publicou um ensaio – *A agressividade* – em que atribui aos animais apenas quatro instintos: a nutrição, mais ou menos correspondente ao instinto da fome que Jung mencionara para o homem; a procriação, correspondente à sexualidade humana; a agressão contra um inimigo vencível, correspondente à predisposição humana à atividade; a fuga diante do perigo exorbitante, correspondendo, no homem, à reflexão. Nenhum instinto animal, portanto, corresponde àquilo que, no homem, é a criatividade. Em outras palavras, o homem é o único animal criativo e a criatividade – mais ainda do que a estupidez – é a característica descritiva da nossa espécie.

Se a criatividade é o instinto que caracteriza o ser humano, então todo homem é levado instintivamente a criar, descobrir, modificar a si mesmo, o grupo, o ambiente. Mas, no curso da história humana, essa atividade de descoberta e invenção não permaneceu a mesma. Além de inventar coisas novas, o homem inventou, também, novos modos de inventar; criou e recriou, incessantemente, a criatividade. Inventar as pedras lascadas, a faca, o eixo da roda é muito diferente de inventar a linguagem, os símbolos, a arte, o paraíso, o automóvel, os antibióticos, o computador. Por outro lado, o modo de construir uma casa, uma ponte, uma catedral mudou com a transformação da experiência, da instrução, do gosto, dos materiais, das ferramentas de cálculo, montagem e transporte.

No curso da história, as fases de intensa criatividade científica e técnica se alternaram com as fases de intensa criatividade estética, literária, filosófica e artística. Depois de milênios pré-históricos de lentíssimo progresso técnico-científico, quase de improviso e em um período de tempo relativamente curto, a Mesopotâmia inventou a escrita, a roda, a astronomia, a escola, a cidade e o Estado, a economia e a moeda. Depois, o progresso técnico-científico entrou em uma longa fase calcária, durante a qual – primeiro na Grécia, depois em Roma – a filosofia, a poesia, a arquitetura, a arte, o teatro e a historiografia produziram obras-primas até hoje insuperáveis. Mais tarde, a partir do século XII, e com cada vez mais intensidade depois do século XVII, o progresso tecnológico, que determinou o nascimento da era industrial e que, mais recentemente, tornou-se torrencial, culminou na chegada da sociedade pós-industrial, na qual estamos vivendo.

Por outro lado, ao longo da história a criatividade individual se confundiu com a coletiva. Provavelmente, foi individual a decoração das cavernas de Lascaux e de Altamira. Por certo, foi individual também a criação poética de Safo e de Píndaro, a pictórica de Michelangelo e a científica de Newton. Por sua vez, foram coletivas a elaboração dos poemas homéricos, a criação das catedrais na Idade Média e, mais recentemente, as descobertas físicas do grupo de Enrico Fermi, em Roma, ou da equipe de Max Perutz, junto ao Laboratório Cavendish, de Cambridge, bem como as invenções artísticas da Wiener Werkstätte e da Bauhaus.

A análise sociológica da criatividade não explicou, ainda, um fenômeno recorrente no curso da história: a concentração de criatividade extraordinária em alguns períodos e em algumas áreas do planeta. Já mencionei a Mesopotâmia, mas pensemos também na Atenas de Péricles, na Roma de Adriano, na Florença dos Médici, na Viena de Klimt e Mahler, na Nova York de Andy Warhol, de Keith Haring e de Jean-Michel Basquiat.

A Atenas em que viveram Sócrates, Platão, Aristóteles e dezenas de outros gênios da mesma magnitude contava com apenas 40 mil cidadãos livres; depois da peste de 1348, a Florença renascentista em que trabalharam Michelangelo e Leonardo, Brunelleschi e Donatello não tinha mais que 20 mil habitantes. Como é possível que comunidades tão exíguas, em épocas tecnologicamente tão imaturas, tenham produzido inovações muito mais profundas que as alcançadas pelas empresas atuais, que contam com milhares e milhares de colaboradores, recursos elevados e computadores onipotentes?

Mas, antes mesmo desse mistério, é preciso esclarecer outro: o que é a criatividade?

Silvano Arieti, autor do ensaio mais convincente até hoje sobre a gênese do ato criativo individual - *Criatividade: A síntese mágica* -, sustenta que o processo criativo, ao contrário dos seus produtos, "é privado de novidade e sublimidade; boa parte dele consiste em mecanismos mentais antigos, ultrapassados e primitivos, geralmente confinados nos recessos da psique, que estão sob domínio daquilo que Freud chamou de processo primário". Mais especificamente, segundo Arieti, o processo criativo consiste em uma síntese entre o pensamento primário e o pensamento secundário, entre o nível consciente e o nível inconsciente. "O *processo primário*, para Freud, é um modo de funcionamento da psique, em especial da sua parte inconsciente. Ele prevalece no sonho e em algumas doenças mentais, principalmente nas psicoses. O processo primário funciona de modo muito diferente do secundário, que é o modo de funcionamento da mente quando está desperta e faz uso da lógica comum. Os mecanismos do processo secundário também se manifestam no processo criativo em estranhas e complexas combinações com os mecanismos do processo primário. E, resumindo, embora sejam imprevisíveis, tais mecanismos ainda são suscetíveis de interpretação psicológica. É a partir da junção com os mecanismos do processo secundário apropriados que essas formas primitivas de cognição - geralmente limitadas a categorias anormais ou a processos inconscientes - tornam-se forças inovadoras."

A partir dos meus estudos sobre grupos criativos do passado, sintetizados no livro *L'emozione e La regola* (A emoção e a regra), e daqueles atuais, sinto a necessidade de enriquecer o processo criativo descrito por Arieti como síntese de pensamento primário e secundário lançando mão de uma variante posterior. A meu ver, ele não é síntese apenas de consciente (secundário) e inconsciente (primário), mas também de esfera racional e esfera emotiva. Ao cruzar o eixo cônscio-incônscio com o eixo racional-

-emotivo em uma tabela de dupla entrada, obtêm-se quatro áreas, das quais vou considerar apenas duas: a área determinada pela esfera emotiva e pelo inconsciente corresponde ao reino da fantasia; a determinada pela esfera racional e pelo nível consciente corresponde ao reino da concretude.

A criatividade, diferentemente do que se pensa, não está relacionada apenas à fantasia, mas consiste em uma síntese de fantasia e concretude. Michelangelo não foi um artista extraordinário só pelo fato de ter idealizado, já septuagenário, a cúpula da catedral de São Pedro; foi um grande gênio porque, além de a ter idealizado, conseguiu que o seu projeto recebesse a atenção do papa, que uma obra tão imparcial como a sua fosse aprovada e financiada, que uma enorme massa de pedreiros, escultores, carpinteiros e artesãos de todo tipo fosse recrutada e dirigida, e, por fim, conseguiu perseverar, por mais 20 anos, até o dia da morte, em um empreendimento hiperbólico do qual sabia que não veria a conclusão.

O criativo, portanto, é aquele que, em um determinado campo, consegue exprimir e realizar novas ideias. O gênio é o que consegue exprimir e realizar ideias de altíssimo nível, sendo dotado de uma extraordinária fantasia e de uma concretude igualmente notável.

Como veremos no capítulo dedicado a eles, os gênios são raros, porque na maior parte das pessoas prevalece a fantasia ou a concretude. A singularidade deles lhes conferiu um halo de mistério, respeito e inveja. A cultura romântica descreveu os gênios como loucos, melancólicos, extravagantes, anormais, taciturnos. Mas, em sua maioria, os gênios não são neuróticos ou maníaco-depressivos, não são excêntricos, desequilibrados ou eufóricos. A maior parte dos gênios é feita de pessoas que se comportam normal, civilizada e educadamente.

Quando você vê fotografias de gênios em poses excêntricas, como a de Einstein com a língua de fora, ou se trata de registros feitos furtivamente por fotógrafos à caça de fofoca ou de gestos conscientes com os quais os gênios quiseram ludibriar a falta de escrúpulos dos meios de comunicação e a ingenuidade do público. Em linhas gerais, o verdadeiro gênio é uma pessoa normal, sob todos os aspectos, inclusive aquele pelo qual é considerado genial.

Muitos psicólogos, com a intenção de delinear os traços de personalidade que caracterizariam os indivíduos criativos, chegaram a listas intermináveis e, portanto, improváveis. Mas alguns desses traços levam a mais listas: a curiosidade, o desejo de novidade, a presença de múltiplos talentos na mesma personalidade criativa, a proveniência de famílias e ambientes dinâmicos e variados, a indiferença pelas comparações com as opiniões alheias, a paixão e a tenacidade, a opinião positiva sobre si mesmo, a energia vital.

Os criativos não se conformam com a imperfeição das suas criações anteriores, mas sabem, com frequência, como transformar essa insatisfação em estímulo para uma nova obra melhor. Enfim, os criativos apresentam quase sempre o que eu chamo de "síndrome de Galois". Como é notório, Évariste Galois foi um grande matemático morto em um duelo aos 20 anos, em 1832. Com apenas 16 anos, elaborou algumas teorias concernentes à álgebra abstrata e aos grupos, mas nunca até então as tinha escrito de modo sistemático. Desafiado para o duelo e temendo não sobreviver, passou a noite anterior inteira sistematizando seus trabalhos matemáticos, não sem registrar que a falta de tempo o impedia de fazê-lo com a devida precisão. Seria Joseph Liouville quem organizaria o manuscrito e o publicaria, 10 anos depois, anunciando ao mundo que Galois determinara as condições necessárias para resolver algebricamente uma equação.

Quase todos os criativos que se empenharam em finalizar uma obra dentro de determinado prazo adiaram *sine die* a realização e, apenas quando foram pressionados pela urgência, conseguiram, como em um passe de mágica, recuperar o tempo perdido e exprimir o seu melhor criativamente.

Em geral, os contratos firmados entre adquirente e artista são cheios de cláusulas que determinam a dimensão da obra, o lugar a que se destina, a idade e a identidade das pessoas, dos santos ou das alegorias representados, as cores das roupas, a paisagem de fundo. E quanto mais condições, mais o artista se sente estimulado a demonstrar sua capacidade genial apesar dos obstáculos.

O papa Júlio II e seus herdeiros mudaram muitas vezes o lugar e a forma da sepultura encomendada a Michelangelo, e Michelangelo, por sua vez, protelou, durante anos, a execução da obra pactuada e já remunerada. Mas quando, finalmente, se pôs a trabalhar, eis que surgiu... o *Moisés*.

Idiotas

Qual é o nível de instrução das máquinas? Um martelo ou uma chave de fenda podem ser comparados a um analfabeto rude, flexível e diligente? O sociólogo francês Alain Touraine chamou-os de "máquinas do tipo A": simples prolongamentos de nossas mãos, que tiveram progresso lentíssimo no curso da história. Quando um lavrador inteligente, nosso ancestral longínquo, entendeu que à meia-lua da foice podia juntar um cabo, a sua produtividade de golpes decuplicou. É como se aquela ferramenta mecânica tivesse concluído o primeiro ciclo do ensino fundamental.

Com o passar do tempo, as máquinas aprenderam a fazer grande parte do esforço antes atribuído ao homem: sob a forma de roldana, aprenderam a elevar pesos enormes; sob a forma de tornos e de fresas, conseguiram produzir obras-primas de aço. É como se tivessem concluído o segundo ciclo do fundamental. Touraine definiu-as como "máquinas do tipo B".

Passaram-se, então, 10 séculos e as máquinas aprenderam a explorar a energia alheia: da mesma forma que tinham visto alguns homens utilizarem cães e cavalos, assim elas utilizaram vapor e eletricidade. A essa altura, os seus serviços já eram equivalentes aos de um técnico. Para Touraine, "máquinas do tipo C".

Mas a sua vontade de entender e de fazer não parou aí. Aliás, foi exatamente a partir daí que elas deram um grande salto, uma marcha triunfal, não mais para imitar o homem, mas para concorrer com ele. O rádio e o telefone superaram os limites da audição humana; a televisão superou os limites da visão; o carro e o avião superaram os limites da locomoção. Ao utilizar máquinas cada vez mais poderosas e cultas, o homem se sentiu mais poderoso e mais culto. Ao delegar às máquinas os seus trabalhos operacionais, sobrava cada vez mais tempo para que o homem instruísse outras máquinas e as tornasse capazes de executar tarefas inteligentes.

A essa altura, as máquinas começaram a construir outras máquinas, como se fossem engenheiras. Outras se puseram a desenhar, como se fossem arquitetas; outras ainda se puseram a tocar, como se fossem orquestras. Os confusos autômatos do século XVIII, transformados em computadores superpotentes, obtiveram diploma de graduação e pós-graduação, substituindo os seres humanos em todos os ofícios operacionais, tanto físicos quanto intelectuais. E algumas delas, não contentes, ousaram insidiar até mesmo a imaginação humana, inventando fractais e balbuciando poesias.

Chegamos, assim, aos nossos dias: a máquina não está mais abaixo de nós, como dócil escrava, mas frente a frente conosco, como concorrente ameaçadora. Artífice e vítima dela, o homem não consegue parar seu avanço nem administrar seus efeitos. Muito mais veloz e mais potente que ele, dribla-o no trabalho, provocando desemprego, e o dribla no tempo livre, tornando-o sedentário.

A sequência é impressionante: primeiro, a televisão, depois a fotocopiadora, o computador, o fax, o celular, a internet, as biotecnologias, as nanotecnologias, os novos materiais, os robôs, os drones, as impressões 3D, a inteligência artificial. Oitenta por cento dos produtos vendidos em qualquer loja de informática foram inventados há menos de dois anos.

Todas essas maravilhosas próteses mecânicas substituem os nossos músculos e aliviam o esforço físico; em boa parte, aliviam também o esforço mental, quando é repetitivo, enfadonho, banal. Logo a "nuvem" de informaçao terá transformado o mundo inteiro em uma nova ágora: *teleaprenderemos, teletrabalharemos, teleamaremos, teledivertir-nos-emos.* A inteligência artificial poderá resolver problemas com raciocínios incompreensíveis ao ser humano. O conceito de privacidade tende a desaparecer. Será quase impossível esquecer, perder-se, enfadar-se, isolar-se.

No fim dessa corrida – supondo que haja um fim –, teremos conseguido descarregar nas máquinas todo o trabalho, seja físico ou intelectual.

O que vai nos restar quando a inteligência artificial também tiver retirado de nós uma parte da atividade ideativa? Restarão, para nós, a fantasia, a introspecção, a amizade, o amor, a ironia, o divertimento, a convivência, a estética, a ética, o pensamento crítico e a solução de problemas – todos eles funções que movimentam o cérebro e o coração, mais que os bíceps.

O problema, portanto, consiste em manter sempre em forma esses nossos órgãos preciosos, em motivá-los a pensar coisas novas, em alimentá-los com situações estimulantes. Infelizmente, a organização e os ambientes de trabalho – nos quais muitos trabalhadores continuam alienados o dia inteiro – desencorajam o espírito de iniciativa e a idealização com sua rigidez burocrática e a monótona repetição de ritos sem sentido. Cada vez mais, funcionários e gerentes lamentam tanta monotonia, tanto tédio, tanto estresse, tanta alienação.

O resultado é que milhões de pessoas, pagas para pensar, acabam não pensando nada importante e as empresas das quais dependem são obrigadas a comprar ideias de terceiros. Um dos consultores empresariais mais estimados dos Estados Unidos – Jay R. Galbraith – escreveu: "A maior parte das atuais mudanças tecnológicas tem origem fora das indústrias. Não foram os produtores de máquinas de escrever mecânicas que produziram as máquinas de escrever elétricas; os inventores da máquina elétrica não inventaram a máquina de escrever eletrônica; as empresas que produziam válvulas não introduziram o transistor, e por aí vai."

Para ser criativo, é preciso viver em um ambiente adequado, livre de barreiras à imaginação e rico de entusiasmo. Nos locais de trabalho, a criatividade costuma encontrar obstáculos: a força do hábito, que nos leva a fazer sempre as mesmas coisas, do mesmo modo; os chefes incapazes de apreciar as nossas ideias, ou hostis a elas, por inveja; os excessos burocráticos, que oprimem a nossa vivacidade com o acúmulo de procedimentos supérfluos; as estruturas organizacionais muito rígidas, que não deixam espaço para a iniciativa pessoal; a confusão dos objetivos traçados pelas diretrizes empresariais; a limitação de ter que trabalhar sempre com as mesmas pessoas, que se desmotivam reciprocamente.

Para liberar toda a nossa força criativa, devemos conviver com pessoas também criativas, construindo um relacionamento espontâneo com elas, dando vida a uma superação contínua, mantendo intacta a independência do nosso pensamento. Devemos ter confiança em nós mesmos e ser firmes na defesa de nossas ideias. Devemos ser capazes de pensar fora da caixa, percorrendo caminhos novos, sem medo dos riscos e possíveis erros. Devemos assumir uma atitude positiva diante da vida e do nosso potencial.

O cérebro e o coração se nutrem de ideias da mesma forma que o estômago se nutre de comida. A leitura, as viagens, a reflexão, o cinema, o teatro e a música representam também fontes de alimento, a que, diariamente, o nosso cérebro e o nosso coração têm direito.

Enfim, é preciso a atmosfera adequada, o ambiente estimulante, o entusiasmo coletivo. A Grécia de Péricles, a Roma do imperador Adriano, a Florença dos Médici, a Viena de Francisco José, a América de Kennedy foram, também, casos admiráveis de ambientes criativos, caracterizados pelas tensões inovadoras e pelo reconhecimento dos méritos.

Não por acaso, Musil escreveu que, na sua Viena, onde floresceram Klimt e Hoffmann, Freud e Otto Wagner, Mahler e Strauss, era possível que um gênio fosse confundido com um otário, mas não era possível que um idiota fosse confundido com um gênio!

Gênios

Existe uma parcela ínfima de pessoas consideradas gênios, como já falamos. Quais são as características da sua personalidade? São eles necessários ou inúteis? Perigosos ou preciosos? O seu papel mudou ao longo do tempo?

Os gênios provocam – em quem não é gênio – sentimentos de sujeição, admiração, curiosidade, inveja, emulação, desmistificação e até agressividade. É mais fácil serem considerados monstros diabólicos que obras-primas angelicais. Em suma, frente aos gênios, não é possível assumir um posicionamento equilibrado. Isso vale para a maioria das pessoas que não são gênios, mas que são atormentadas pelo mistério da genialidade, que as faz se sentir superadas e oprimidas.

Muitos psicólogos têm procurado desvendar esse mistério por meio de pesquisas comparativas para descobrir se existem traços distintivos da personalidade intelectualmente superdotada. Alguns fizeram distinção entre inteligência e genialidade; outros negaram a própria existência dos gênios; outros, ainda, concluíram que muitos gênios somente o são em relação a apenas um determinado campo, enquanto nas outras áreas da vida comportam-se como pessoas normais ou, mesmo, como subdotadas. Newton, por exemplo, fez dois buracos na porta de sua casa de campo: um grande para o cão e um pequeno para o gato!

Entre os estudiosos desses problemas, Henle defende que o gênio criativo possui cinco características; Hirsh e Guilford concluem que são seis; Barron, 12; Taylor, 20; e Torrence, 84: da curiosidade à indiscrição, da versatilidade à vitalidade, da indiferença à paixão pelo jogo, do orgulho à soberba, da tenacidade à extravagância. Anne Roe, depois de ter estudado a fundo a personalidade de artistas, biólogos, físicos, psicólogos e antropólogos eminentes, chegou à conclusão de que essas listas são balelas e que a única característica presente em todas as personalidades geniais é "a persistência e a intensidade da dedicação ao trabalho". Darwin falava de "acidente", de evento raro, quase milagroso, graças ao qual, em certo momento histórico e em um determinado país, manifesta-se uma personalidade criativa. Como já vimos, houve uma concentração excepcional de gênios na Atenas de Péricles, na Florença dos Médici, na Viena de Francisco José.

Embora os psicólogos não tenham conseguido estabelecer ainda quais são – e se existem – os traços particulares da personalidade genial, a opinião pública providenciou a criação de alguns estereótipos, com os quais procura relacionar as biografias dos gênios, de modo a fazê-las coincidir com o prejulgamento de excepcionalidade, incompreensão, obscuridade, loucura e estranheza que acompanha a vida das pessoas excepcionais. No seu estudo altamente erudito *Lenda, mito e magia na imagem do artista*, Ernst Kris e Otto Kurz enumeram as lendas metropolitanas recorrentes nas comparações entre artistas geniais. O primeiro estereótipo retrata o gênio como uma precoce criança-prodígio, de origem humilde como Giotto, ajudado por um generoso mecenas ou um mestre famoso.

Uma segunda lenda sustenta que o gênio é insolente como Borromini. A terceira lenda afirma que se trata de um ser divino, um Parsifal, como Mozart ou como santa Teresa, que apenas em seus êxtases sobre-humanos conseguiam atingir a sabedoria e a beleza infinita. A quarta lenda entende que o gênio seja quase um mago, capaz – como Apelle ou Ticiano – de imitar a natureza, até competir com ela e superá-la, perscrutando-a e dominando seus processos. A quinta lenda determina que o gênio seja dotado de uma habilidade surpreendente, como Canova. A sexta declara que o gênio é alguém particularmente beneficiado pela sorte, como Wagner ou Mendelssohn. A sétima lenda pretende que o gênio seja uma personagem litigiosa, em rixa permanente com os próprios colegas, como Bernini com Borromini ou Bramante com Michelangelo. A oitava lenda afirma que o gênio é incansável, como Picasso. A última sustenta que o gênio é particularmente ávido e avaro, como Michelangelo, ou totalmente desinteressado, como Oscar Niemeyer.

O que sabemos com certeza é que, hoje, o gênio solitário está em baixa e que o progresso depende cada vez mais de equipes capazes de substituir a criatividade individual pela coletiva. Os Da Vincis e os Newtons dão lugar aos laboratórios do Cern, da Ferrari e do Google.

Equipe

Desde que a humanidade confiou o seu progresso à criatividade de um único gênio, vem avançando com lentidão. A grande sacada, a partir da metade do século XIX, foi desenvolver métodos capazes de obter notórios resultados criativos sem precisar dos gênios. John K. Galbraith atribui o mérito disso à indústria americana. "A real conquista da ciência e da tecnologia modernas consiste em pegar as pessoas normais, instruí-las a fundo em um campo limitado e conseguir, por meio de uma organização adequada, coordenar a sua competência com a de outras pessoas especializadas mas igualmente normais. Isso permite abrir mão dos gênios."

Na realidade, a ideia de formar grupos geniais com pessoas não geniais era definitivamente europeia, aprimorando a gloriosa tradição dos ginásios gregos e latinos, das *botteghe* do Renascimento, das academias e das *universitas studiorum*. Mas foi entre meados do século XIX e meados do século XX – enquanto os Estados Unidos, em especial com Taylor e Ford, elaboravam técnicas geniais para organizar as massas operárias dedicadas à produção em série – que a Europa dispôs de métodos originais para organizar os grupos criativos de natureza artística e científica. O Instituto Pasteur, em Paris; a Estação Zoológica, em Nápoles; a Wiener Werkstätte, em Viena; a Bauhaus, em Weimar e Berlim; o círculo de Bloomsbury, em Londres; o Instituto para a Pesquisa Social, em Frankfurt; o grupo de físicos dirigidos por Enrico Fermi, em Roma, representam casos excelentes dessa tendência europeia à organização criativa.

Os seus fundadores, ao elaborarem os métodos para trabalhar criativamente em equipe, precederam os nossos tempos. Hoje, na verdade, os trabalhadores estão cada vez mais escolarizados; as máquinas podem executar quase todas as tarefas repetitivas e operacionais; o mercado aprecia produtos cada vez mais inovadores, sofisticados e personalizados. É preciso, portanto, valorizar ao máximo a atividade criativa, que continua exclusiva do ser humano e tem exemplos extraordinários e métodos eficazes que foram e ainda são fornecidos pela experiência europeia.

O gênio possui, em proporção extraordinária, tanto a fantasia quanto a concretude, enquanto a maior parte dos indivíduos ou é prevalentemente fantasiosa ou prevalentemente concreta. Além disso, os fantasiosos preferem conviver com os fantasiosos, e os concretos, com os concretos.

Algo parecido acontece com os grupos organizados: os de natureza artística tendem a selecionar, em princípio, somente pessoas muito fantasiosas; aqueles de natureza empresarial tendem a selecionar, em princípio, apenas pessoas muito concretas. Assim, os primeiros correm o risco de se tornar fantasiosos, e os segundos, o risco de se burocratizar.

Por sua vez, os líderes dos primeiros grupos criativos europeus que citei – os Pasteur, os Dohrn, os Perutz, os Gropius, os Hoffmann – obtiveram resultados notórios reunindo, pela primeira vez, pessoas dotadas, sobretudo, de grande poder fantasioso com pessoas dotadas de grande concretude. Deram vida, assim, a uma espécie de "gênio coletivo", abrindo possibilidades inimagináveis de idealização e determinando a passagem da *small art* e da *small science* à *big art* e à *big science*.

Naturalmente, não se limitaram a uma simples composição mecânica do grupo. Depois de juntarem pessoas com perfis tão diferentes, souberam direcionar, graças ao seu carisma, os esforços feitos por cada membro do grupo de forma precisa – dando a eles uma visão; criar um clima de estima recíproca; tornar esse clima incandescente, graças a uma missão compartilhada e a uma liderança carismática; manter uma organização interclassista, antiburocrática, internacionalista, atenta à dimensão ética e estética, propensa à modernidade tecnológica, capaz de estabelecer modalidades lúdicas de trabalho, pronta a transformar condições em oportunidades, conflitos em estímulos, competitividade em colaboração. De certa forma, eles anteciparam a sociedade pós-industrial, dotando-a de métodos preciosos para organizar os grupos criativos e potencializar o jogo de equipe.

Ainda hoje, um filme, um edifício ou uma nova macromolécula são dotados de intensa criatividade somente se forem fruto dessa mistura, dessa união quase mágica de fantasiosos e concretos, entusiastas do trabalho guiados por uma direção visionária.

Com o advento do nazismo e do fascismo, um número enorme de cientistas, literatos e artistas transferiu-se da Europa para os Estados Unidos, pondo fim à hegemonia da criatividade europeia, que, depois das grandes e antiquíssimas façanhas da Mesopotâmia e do Egito, dominou ininterruptamente o Ocidente, da época de Homero até o século XX. A partir dos anos 1930, o grande êxodo dos criativos europeus acostumou o Novo Mundo a um superávit de criatividade que os Estados Unidos souberam merecer, pondo à disposição dos gênios imigrados uma riqueza de recursos, gratificações e liberdade. Derivou daí, na opinião pública americana, uma sensação generalizada de incontestável primazia, que só foi quebrada em 1957, quando o mundo foi surpreendido pelo anúncio de que, em torno do planeta, orbitava um satélite artificial inventado não em Stanford ou no MIT, mas na União Soviética.

Os estudiosos e os empresários americanos reagiram com a confiante racionalidade que lhes é própria, uns potencializando e outros financiando as pesquisas sobre criatividade e sobre as eventuais técnicas para incrementá-la.

O segundo golpe para aquela que o estudioso americano Thomas Kiely chamou orgulhosamente de "capacidade inventiva congênita da inteligência americana" veio 20 anos mais tarde, da concorrência japonesa, que em muitos setores conseguiu encontrar soluções mais geniais, mais práticas e esteticamente mais agradáveis que as adotadas nos Estados Unidos. Estes, pela primeira vez depois de saírem vitoriosos em duas guerras mundiais, viram ameaçada a sua supremacia técnico-comercial, e as empresas americanas, que durante algumas décadas tinham guiado o progresso mundial em parceria com os laboratórios universitários, descobriram-se desprovidas de ideias.

Ainda dessa vez, a iniciativa americana respondeu com renovado ardor por estudos e investimentos: as empresas destinaram fundos polpudos para a formação em criatividade, os formadores extraíram um rico instrumental de técnicas preparadas por novos gurus e as experimentaram em grupos de empresários, dóceis cobaias desejosas de se tornar geniais.

Essas técnicas, vendidas por gurus-missionários, compradas pelos formadores-adeptos e infligidas aos trabalhadores-cobaias, pressupunham que todo formando fosse constitucionalmente criativo, mas não conseguisse produzir e implantar ideias novas, impedido por uma teimosa resistência psicológica a mudanças. A formação em criatividade visava romper essa resistência e dar, enfim, abertura às capacidades criativas inatas que cada um possui no seu patrimônio genético. Só muito lentamente compreendeu-se que as deficiências criativas nas empresas não dependem tanto dos bloqueios psicológicos dos trabalhadores individuais, mas sim das barreiras que a estrutura empresarial impõe à criatividade individual, rejeitando propostas inovadoras, por serem ameaçadoras para os arranjos do poder constituído. Ao rejeitar intuições e propostas originais, a hierarquia empresarial reduz tanto a propensão dos trabalhadores a idealizar quanto a tenacidade em levar adiante as suas intuições.

Daí a necessidade de voltar à lição dos velhos grupos criativos europeus, até hoje exemplos insuperáveis de organização. Capazes de produzir novas ideias, novos produtos e novos paradigmas, inspirados em um modelo interclassista, antiburocrático, internacionalista e universalista, atento à dimensão ética e estética, propenso à modernidade tecnológica, capaz de estabelecer modalidades lúdicas de trabalho, de transformar as condições em oportunidades, os conflitos em estímulos, a competitividade em colaboração e radicado na própria história, mas propenso ao futuro.

Em suma, um grupo não se torna criativo se não questionar tanto o arranjo dos poderes quanto os métodos de gestão do sistema em que opera. Uma configuração dotada de entusiasmo contagiante, líderes carismáticos, liberdade de expressão e de ação, organização flexível, desestruturada no tempo e no espaço, curiosidade intelectual e cuidado estético dos modos e dos lugares opera milagres, mais que qualquer guru e qualquer obscuro conjunto de técnicas, muito mais voltados a impressionar os empresários e a enriquecer os gurus que a proporcionar às empresas êxitos empresariais à altura da "capacidade inventiva congênita da inteligência americana".

Junto aos colaboradores da cadeira de Sociologia do Trabalho da Universidade La Sapienza, em Roma, estudei durante mais de 15 anos cerca de 400 grupos criativos, das trupes do cinema, como a de Fellini, aos laboratórios científicos, como o da prêmio Nobel Rita Levi-Montalcini, até as grandes orquestras, como as do sistema Abreu. De forma muito resumida, quais são as conclusões – ainda que provisórias – a que chegamos? Na maioria dos grupos criativos estudados, verificamos que o trabalho é desenvolvido com métodos próprios do jogo, mais que do trabalho em si. Tanto as equipes criativas quanto as científicas se assemelham mais a um grupo de pessoas que se diverte do que a uma turma de operários na linha de montagem ou a um escritório de bancários às voltas com as práticas cotidianas.

Interna e externamente, as equipes criativas desenvolvem uma espécie de competitividade solidária, mais do que competitividade destrutiva. Quando a unidade e o sucesso diminuem, cria-se no seu interior o fenômeno cômico e cruel do "bode expiatório": começam os rumores de que fulano é incapaz, que é um "fanfarrão", que é um entrave ao grupo, que, inclusive, dá azar; e, a partir daquele momento, qualquer falha é atribuída ao desventurado. Minha mãe, a qualquer desastre que acontecesse, punha sempre a culpa no diabo; do mesmo modo, principalmente nas trupes do cinema e do teatro, uma vez designado o bode expiatório, todos os golpes e todas as tensões passam a ser descarregados em cima dele.

Ainda que um ou mais membros do grupo criativo sejam neuróticos, a equipe funciona igualmente bem se o líder for equilibrado. Isso aconteceu, por exemplo, no grupo de Enrico Fermi, não obstante a presença de um cientista como Ettore Majorana, que costumava se isolar do grupo e se suicidou.

Quase sempre, os grupos criativos conseguem transformar os conflitos com grupos concorrentes em disputas excitantes e em estímulos além da pesquisa e do sucesso. Assim aconteceu, por exemplo, entre os biólogos do Instituto Cavendish, de Cambridge, e os do King's College, de Londres, na corrida pela descoberta da estrutura do DNA.

Muitas vezes acontece também de os grupos criativos conseguirem transformar a escassez de recursos e as condições reais em oportunidades, como aconteceu, por exemplo, entre o fim do século XIX e o início do século XX na Estação Zoológica de Nápoles, criada por Anton Dohrn, ou no Círculo Matemático de Palermo, organizado por Giovanni Battista Guccia.

Os grupos criativos cultivam a paixão pela memória, adoram reviver o passado, celebrar os aniversários, nutrir continuamente o trabalho com a lembrança dos sucessos e dos insucessos transcorridos. Os seus escritórios transbordam de fotografias e certificados. Lembro-me da alegria com que Sergio Leone, Lina Wertmüller e Federico Fellini adoravam repassar mil episódios da sua longa experiência cinematográfica.

Os grupos criativos não são racistas nem classistas: são universalistas. Apreciam uma ideia pelo seu valor intrínseco, não por quem a pensou. Rico ou pobre, branco ou negro, católico, judeu ou agnóstico, quem está em um set ou em um laboratório ou em uma equipe de futebol é apreciado pelo que realmente vale, não por sua condição social, sua fé ou a cor da sua pele.

Além do mais, os grupos criativos são muito atentos à estética, mesmo quando o seu trabalho não está relacionado à moda, ao design ou às artes. As dependências do Cavendish eram absolutamente esquálidas, mas Krick (26 anos) e Watson (21 anos) adoravam o cinema e a beleza. A ideia de que a hélice do DNA viesse a ser dupla ocorreu-lhes ao ver uma cena do filme *Escola de sereias*, de George Sidney. Enquanto os biólogos do King's College desenhavam e testavam, uma de cada vez, as possíveis estruturas do DNA, os dois jovens cientistas do Cavendish desenharam toda uma vasta série de estruturas possíveis e depois se prepararam para testá-las, a começar por aquela que lhes parecia mais bonita, e que se revelou a correta. "É muito bonita para não ser verdadeira", comentaria mais tarde a cientista concorrente Rosalind Franklin.

Os grupos criativos amam se alimentar de estímulos culturais bem diversificados, dispõem-se a escutar pontos de vista divergentes, estabelecem interações com outros grupos e com pessoas relevantes. Por exemplo, os rapazes da rua Panisperna dirigidos por Enrico Fermi visitavam e conviviam com os mais importantes grupos científicos de toda a Europa, com os quais mantinham relações profissionais e pessoais.

Os grupos criativos são propensos às novidades tecnológicas e dão especial atenção ao futuro, são antiacadêmicos e odeiam as prolixidades burocráticas. Mais cedo ou mais tarde, neles se inspirarão todos os grupos que pretendem produzir qualquer coisa, mesmo nas fábricas. Portanto, a eles estão confiados o nosso futuro e parte da nossa felicidade.

Vale do Silício

O Vale do Silício representa o caso mais recente de extraordinária concentração criativa: 4 milhões de habitantes distribuídos em 20 aglomerados urbanos (de Cupertino a Newark, de Berkeley a Palo Alto, de Fremont a Redwood City), em um estado como a Califórnia, servido por 10 campi universitários (entre os quais Stanford, Berkeley, San José, San Diego, Santa Bárbara e Santa Clara), com milhares de empresas de alta tecnologia, entre as quais Apple, Facebook, Google, Hewlett-Packard, Intel, Microsoft, Cisco e Yahoo! Um grande laboratório de gênios muito jovens que, sem ao menos se conhecerem, contribuíram, de forma determinante, para uma das maiores aventuras do gênero humano: a revolução digital.

Os protagonistas dessa história são pessoas em que fantasia e concretude convergem para exprimir-se em uma criatividade inédita, do tipo pós-industrial, a meio caminho entre ciência e negócio, jogo desregrado e disciplina profissional. Ainda assim, esses gênios aparentemente isolados uns dos outros compuseram uma polifonia feita de relações intrínsecas entre universidades, entes públicos, empresas privadas, pesquisadores individuais, lobbies e corporações que, vez por outra, colaboraram ou entraram em concorrência, tendo como pano de fundo o país mais rico e poderoso do mundo, que, graças a eles, tornou-se ainda mais rico e poderoso.

As questões que esse fenômeno implica são fundamentais para quem quer que se interesse pela alquimia misteriosa e fascinante da criatividade humana quando desdobrada em formas coletivas: quais as disciplinas (sociologia, antropologia, ciências organizativas ou outras) que mais contribuíram para que esses segredos fossem revelados? Qualquer grupo pode ser criativo, ou só aqueles que possuam determinadas características? E quais são elas? Que estímulo elas exercem sobre as capacidades criativas de um grupo, a personalidade, o profissionalismo, as neuroses de cada membro, a motivação por dinheiro, sucesso, solidariedade e beleza? Quais são as fontes de poder e os estilos de liderança que melhor se coadunam com quem dirige um grupo criativo? Como se desenvolvem os processos informativos e decisórios dentro dele? Quais são as causas e as soluções possíveis dos conflitos que surgem? Como se pode avaliar, interna e externamente, o grau de criatividade de um grupo? Como os grupos criativos se formam e como e por que se desfazem? De quais recursos precisam? Que influência o contexto em que operam exerce sobre eles?

Enquanto, na biologia, o projeto Genoma foi rigorosamente um "projeto", pensado por um único motor organizativo e realizado segundo um plano centralizado, a revolução digital surgiu por meio de obras individuais ou de múltiplos pequenos núcleos de pesquisadores que, embora agindo por conta própria, com frágeis vínculos entre si, formaram, ainda assim, um único mosaico, cuja trama conectiva só se consegue ler às avessas.

Assim, as questões resultantes das descobertas e invenções digitais, que construíram um novo mundo de bits ao lado do velho mundo dos átomos, envolvem, mais uma vez, o mistério da criatividade: em que esta consiste, como se tornou cada vez mais coletiva, de que modo pode ser organizada para atingir graus cada vez mais elevados de fecundidade.

Os protagonistas e a aventura da revolução digital nos oferecem a possibilidade de seguir adiante na exploração dos grupos criativos, cujo húmus tem sido mais favorável nos Estados Unidos que na Europa, ainda que, como vimos, uma das invenções mais importantes do setor – a web – deva-se a Tim Berners-Lee, pesquisador inglês junto ao Cern de Genebra.

Em Palo Alto, ou na Route 128, em Boston, encontramos o mesmo entusiasmo coletivo, a mesma disposição ao risco, o mesmo gosto pela surpresa e pela exploração, a mesma confiança na capacidade inovadora do homem e no poder do seu cérebro que caracterizaram, na primeira metade do século XX, os grupos criativos pioneiros existentes na Europa.

Podemos extrair do Vale do Silício inesperadas contribuições ao conhecimento dos mecanismos que regulam a vida e a organização das atividades criativas no setor de informática, em que um número impreciso de protagonistas atuou, movimentou-se, inventou, intuiu, fundou, resgatou, esbanjou, trapaceou, sempre no contexto de alguma comunidade e de alguma universidade. No Vale do Silício, os Estados Unidos conduziram um experimento criativo de importância revolucionária: fecundar milhares de ideias concatenadas umas às outras, em um laboratório que, a partir de uma única região do país, expandiu-se até abranger todo o território americano e se propagar por todo o planeta.

Com exceção de pouquíssimos casos - Esther Dyson, Meg Whitman, Donna Dubinsky e Carly Fiorina -, essa revolução é tipicamente masculina. É claro que, por trás dos protagonistas, houve todo um universo feminino de colaboradoras, de esposas, de secretárias. Mas a revolução digital está assinada pelos homens. Isso define não só os valores, mas também os limites: a capacidade de produzir ideias ininterruptamente, imprimindo à pesquisa tecnológica a aceleração de uma corrida frenética, mas também a sujeição da ciência à aridez dos valores e incentivos como o dinheiro e o sucesso.

As preciosas descobertas eletrônicas e informáticas nasceram, quase todas, em contextos estressantes, em que a estética, a emotividade, o universalismo e a solidariedade estavam subordinadas ao delírio de onipotência, à conscientização de uma hegemonia planetária que tende a se fortalecer e à idolatria do sucesso, medido em termos de faturamento e lucro.

No capítulo *Globalização* já analisamos a escamoteação feita pela Apple de Steve Jobs ao pagar os impostos, destinando os lucros a uma filial no exterior. Na Itália, entre 2008 e 2013, a Apple "destinou" as receitas geradas no país à Apple Sales International, situada na Irlanda. Em outras palavras, é como se o computador no qual estou escrevendo, comprado e pago em Roma, do ponto de vista fiscal tivesse sido comprado e pago em Dublin. Com essa manipulação contábil, também chamada de inversão fiscal, a Receita italiana foi fraudada em 880 milhões de euros de impostos. Fraudes análogas, em prejuízo do Tesouro italiano, foram cometidas por Amazon, Western Digital e Crédit Suisse.

Como se vê, a revolução digital é talvez a primeira, em matéria de tempo, que nasce não de um universo cultural - onde sabedoria e coragem, conhecimentos científicos e humanísticos, determinadas práticas e aspirações universais convivem harmoniosamente, como na Atenas clássica, na Florença dos Médici, na Viena dos Habsburgo, na Londres pós-vitoriana -, mas em um solo americano embriagado por seus sucessos bélicos e econômicos, obcecado pelo consumismo desenfreado, ofuscado pelas rápidas arrancadas que a Nova Economia permite e destrói.

O paradoxo que emerge disso tem caráter definitivamente americano e pós-industrial: uma revolução da elite, promovida por homens, jovens, brancos, anglo-saxões, protestantes, graduados, especializados, bem pagos, que atuam dentro de um sociograma exclusivo de ricaços e superpoderosos, dá à luz a internet, isto é, a mais democrática (pelo menos, por enquanto) das revoluções humanas, que finalmente permite a cada um se conectar com os outros permanecendo indivíduo, unir-se continuando independente.

Casual

Este mundo em que vivemos é o melhor ou o pior dos mundos possíveis? – já se perguntavam os filósofos iluministas no século XVIII, os sociólogos da sociedade de massa por volta da metade do século XX e continuam se perguntando os historiadores de direita e de esquerda ainda hoje.

Há 200 anos, para ironizar os otimistas, Voltaire escreveu aquele irresistível panfleto intitulado *Cândido* (ou *O otimismo*), que, até hoje, ninguém consegue ler sem morrer de rir. Há 70 anos, os teóricos da sociedade de massa voltaram ao assunto e se dividiram em três linhas discordes. De um lado, os defensores entusiastas da época moderna (Shills, Bell, Bramson, etc.), que apreciavam, acima de tudo, suas vantagens: o fato de que, pela primeira vez na história, uma parte considerável da humanidade tivesse conseguido se livrar da escravidão da tradição, da miséria e do autoritarismo; o fato de que as minorias, os jovens e as mulheres fossem mais respeitados; o fato de que a meritocracia estivesse substituindo a aristocracia e de que a ciência cooperasse para prolongar a nossa vida e nos fazer viver melhor.

Em seguida, havia os "pessimistas de direita" (Croce, Eliot, Ortega y Gasset, etc.), amedrontados pelo crescente poder do povo, inseguros quanto às prerrogativas das elites, segundo as quais a sociedade de massa implica um perigoso excesso de democracia (Ortega falava de *hiperdemocracia)*, favorece a quantidade e o número em detrimento da qualidade e da cultura, possibilita à tecnologia desnaturalizar a humanidade, destrói os valores da tradição e prepara o advento da tecnocracia.

Por fim, tínhamos os "pessimistas de esquerda" (Lasswell, Mills, Adorno, Marcuse, etc.), segundo os quais, ao contrário do que parecia, os povos modernos estavam se tornando cada vez menos livres e cada vez mais manipulados pelos poderosos, a mídia de massa invadia a nossa esfera mais íntima, a economia estava baseada apenas no consumismo e no desperdício e o conformismo eliminava toda forma de criatividade.

A 200 anos de Voltaire e 50 anos de Adorno, a questão volta à tona hoje: que tipo de vida nos proporciona o nosso século, com suas maravilhosas próteses mecânicas e seus aterrorizantes conflitos? Há quem exalte o extraordinário avanço das nossas condições materiais e quem receie uma decaída igualmente extraordinária das nossas condições espirituais. Há quem destaque o aumento da expectativa de vida média, a erradicação da dor ou do esforço físico, a difusão da escolarização, o apaziguamento das relações, antes confiadas às clavas e aos duelos, e há quem lembre o preço desse progresso, no que se refere às guerras, aos campos de extermínio, às revoluções e ao estresse.

Como já arrisquei afirmar, este, a meu ver, é o melhor dos mundos que já existiram até aqui. Os esnobes que sonham reviver épocas do passado geralmente se referem ao modo como viviam os príncipes jovens e com boa saúde. Mas bastava ser proletário, velho ou doente para que a vida se transformasse em um inferno sem fim.

Com o nascimento da indústria, todo o mundo ocidental foi invadido por um frenesi de eficiência e de dinheiro, que ofuscou muitos valores mas montou as bases para uma existência enfim livre da miséria, da fadiga, da dor e do autoritarismo. Durante 200 anos, fomos todos transformados em operários de uma imensa linha de montagem que funcionou em ritmos cada vez mais insustentáveis. Para se adaptar a esses ritmos, a sociedade industrial inventou mitos e ritos alienantes: separar drasticamente o trabalho do tempo livre, as mulheres (em casa) dos homens (na empresa), a racionalidade e a prática (consideradas positivas forças viris) da emotividade e da estética (consideradas perigosas fragilidades femininas).

Pouco a pouco, nossa vida profissional, confinada em baias de tijolo de vidro, enrijeceu-se, normatizou-se e perdeu cor. O adulto e o velho mataram a criança que existe dentro de nós. Essa progressiva vitória programada encontra, agora, um obstáculo na sociedade pós-industrial, que enfim avança, em prejuízo da industrial. Ora, como já vimos, quase tudo que é exclusivamente racional, repetitivo, banal, normatizado e programável pode ser delegado aos computadores, tanto nas empresas como nas casas, ficando os seres humanos com a parte criativa, original, flexível e inteligente do trabalho.

Isso permite uma revolução no nosso estilo de vida: permite vivificar nossas atribuições, nossos hábitos, nossas relações humanas; permite cultivar, também, a criança que existe dentro de nós e animar, com os seus caprichos, a chatice da nossa vida cotidiana. Afinal de contas, um terno cinza e uma gravata clássica são mais sádicos e talvez até mais ridículos que um traje informal, casual.

Infelizmente, porém, uma vez resolvido o problema da enfadonha e geométrica sequencialidade industrial, surge um problema novo, ligado à cultura pós-moderna: a falta de vínculos, de limites e modelos, aliada ao entorpecimento da liberdade, cria a desorientação e a depressão do vazio. "Nenhum vento", afirmou Sêneca, "é favorável para um marinheiro que não sabe aonde quer ir."

Digitais

Em 1956, pela primeira vez no mundo, nos Estados Unidos os trabalhadores em escritórios (assim chamados colarinhos-brancos) ultrapassaram em número os operários (assim chamados colarinhos-azuis). Um sociólogo da Universidade Harvard, Daniel Bell, concluiu desse fato que a sociedade industrial, centrada nas fábricas de materiais produzidos em série, estava no ocaso e que, em seu lugar, estava surgindo a sociedade pós-industrial, centrada na produção de bens imateriais: principalmente serviços, mas também informações, valores, estética e símbolos. O seu livro *The Coming of Post-Industrial Society: A Venture in Social Forecasting* (O advento da sociedade pós-industrial: um risco à previsão social), de 1973, foi traduzido em vários países.

Em 1995, pela primeira vez no mundo – de novo, nos Estados Unidos –, o número de computadores vendidos ultrapassou o número de televisores, certificando, assim, que tínhamos entrado de vez na era digital.

A Microsoft é de 1975; a web, de 1991; o Google, de 1997; o Facebook, de 2004; o Twitter, de 2006. Em 2030, quem nasceu com a Microsoft terá 55 anos; quem nasceu com a web, 39 anos; quem nasceu com o Google, 33 anos; quem nasceu com o Facebook, 26 anos; quem nasceu com o Twitter, 24 anos. A essa altura, o mundo inteiro será digital e os raros "analógicos" – que ainda estarão usando caneta esferográfica – serão considerados, junto com suas canetas, achados da arqueologia antropológica.

Por enquanto, um número crescente de digitais convive com um número decrescente de analógicos. E dessa convivência forçada nascem não poucos problemas organizacionais e de psicologia social. O fantasma da digitalização que, estimulado pelo Vale do Silício californiano e pelo Cern, de Genebra, paira no mundo há quase meio século torna-se cada vez mais concreto em um novo paradigma, composto por elementos, características, modos de pensar e de viver que circunscrevem e distinguem um grupo social recém-formado, mas cada vez mais vasto e distinto – jovens, mas não apenas eles: há desempregados e subempregados.

Esse grupo, composto por clérigos que prestam culto à digitalidade, experimenta uma vida substancialmente nova em relação àquela que, durante dois séculos, caracterizou a sociedade industrial e forma uma massa já encorpada, homogênea e interconectada, contraposta àquela, ainda mais compacta, de todos aqueles que não são digitais, os chamados analógicos.

Um dos profetas e precursores da revolução digital, Nicholas Negroponte (autor do livro *Ser digital*, de 1995), apontou a questão central na passagem dos átomos para os bits: os átomos pesam, contêm poucas informações, o seu deslocamento é lento e oneroso; os bits não pesam, podem se deslocar em tempo real e a custo zero, são carregados de informações de todos os gêneros. Outro profeta e precursor, Bill Gates (fundador da Microsoft e autor do livro *A estrada do futuro*, também de 1995), sustentou que a revolução aconteceu em duas etapas: primeiro, a invenção do PC, o computador pessoal; depois, a inauguração das redes de transporte de dados.

Ambos experts em computação, esses dois profetas ressaltam o papel da eletrônica. Mas, se pensarmos bem, os digitais não se distinguem dos analógicos apenas por sua identificação quase obsessiva com o computador, com o celular ou com a internet. O computador é o seu objeto-símbolo, assim como o televisor foi o objeto-símbolo da geração da mídia de massa e a linha de montagem foi o objeto-símbolo da geração das fábricas. Não obstante, a verdadeira característica dessa revolução está justamente no fato de que ela não pode ser reduzida a um simples fator, por mais prodigioso que seja, pois consiste em um complexo de novidades que se iniciaram, cada uma, por conta própria e, depois, confluíram gradativamente a um sistema coerente – um paradigma, mesmo –, que podemos chamar de digital, mas que ultrapassa a digitalidade, abrangendo campos desiguais que vão da tecnologia à estética, da epistemologia à biologia, do trabalho ao hábito.

Portanto, a informática não passa de um dos pilares sobre os quais se assenta essa cultura digital. É preciso acrescentar a ela: a sensação de onipresença, conquistada graças aos meios de transporte cada vez mais velozes e aos meios de comunicação cada vez mais informatizados, convergentes na inegável prótese que é o celular; a crescente familiaridade com a virtualidade, que torna as relações humanas cada vez mais abstratas e enriquece os sentidos com novas dimensões; as esperanças legitimadas pela engenharia genética, que permite modificar o corpo e o seu destino biológico, apontando para uma vida mais longa e sadia do que a atual; a conquista da androgenia e da feminilização da sociedade, graças às quais a mulher invadiu as salas de comando que os homens mantinham reservadas para si mesmos. Os homens, por sua vez, também foram sendo colonizados pelas virtudes "femininas" da subjetividade, da emotividade, da estética e do cuidado do corpo, e os gêneros se equipararam cada vez mais, cada um deles assimilando valores que, antes, eram valorizados apenas pelo gênero oposto. Do mesmo modo, na experiência sexual, os digitais estão inclinados à "fluidez sexual" e à pansexualidade. É preciso acrescentar, enfim, a consciência cada vez mais difundida de que o tempo livre no mínimo triplicou e tem uma importância pelo menos igual em relação ao horário de trabalho.

Os digitais estão familiarizados com tudo isso. Por isso, vivem a noite pelo menos tanto quanto o dia. Não fazem muita diferenciação entre os dias oficialmente considerados úteis e os considerados feriados; praticam a estética cotidiana e democrática possibilitada pelo design; apreciam tanto a arquitetura quanto a arte contemporânea, sem renunciar, porém, à emoção provocada por um Caravaggio e sem evitar duas horas de fila para reverenciar o *Moça com brinco de pérola,* de Vermeer. São devotos da ecologia de Al Gore, atraídos pelo decrescimento sereno de Serge Latouche, inclinados ao desenvolvimento sustentável e ao "slow food" de Carlo Petrini. Aceitam como normal a multirracialidade e a convivência pacífica das culturas e das religiões.

Os digitais não fazem muita distinção entre atividades manuais e intelectuais, entre estudo, trabalho e tempo livre. Tendem, até mesmo, a misturar essas três atividades mentais no que eu amo chamar de ócio criativo.

A frequente familiaridade com o desemprego acostumou os digitais a conjugar tipos de trabalho casuais com fases de estudo mais intenso, viagens frequentes, momentos em família e entre amigos. Por isso eles tendem a falar mais línguas, principalmente o inglês, e se comunicam, também, por meio de "novos esperantos", como o rock, a arte pós-moderna, a desenvoltura das relações sexuais, a ausência de ideologias fortes.

Muitos digitais são cultos e, embora desempregados, são abastados, porque têm acesso ao patrimônio familiar. Por isso mesmo, dão pouca importância ao dinheiro como fim em si mesmo e ao consumo como símbolo de status. Cuidam do corpo, mas não se enfeitam com artigos caros, ostentam o apreço "pelo que se é" mais do que "pelo que se aparenta ser".

Como em toda geração, eles também têm preferências acentuadas por determinados cantores, artistas e revistas, com os quais se identificam.

Difícil dizer se aqueles que se deixaram fascinar pelo fantasma digital até ser dominados por ele estão inclinados a ter uma atitude otimista frente à vida e ao destino humano; a confiar no futuro que espera o planeta; a pensar, talvez inconscientemente, que a tecnologia, a inteligência e a criatividade prevalecerão sobre os instintos autodestrutivos do homem, assegurando-lhe uma condição de vida cada vez melhor.

Improvisam, sabendo que a rapidez da mudança e a precariedade do trabalho não permitem projetos de longo prazo. Pensam que não vale a pena fixar uma meta, se não se sabe de que lado soprará o vento. Removida toda a responsabilidade dos políticos, ainda assim os digitais não se preocupam com o futuro, tendo confiado o destino aos cientistas, ao controle da natalidade, aos reis dos entretenimentos, aos poderes financeiros, à globalização, à assistêncial social do Estado, aos novos fármacos e às novas drogas. Entre eles espalhou-se o boato de que se vive uma só vez, e eles consideram esta vida única e longa, como uma aventura, caso a caso, emocionante, aceitável ou execrável.

Esse paradigma pós-moderno compõe um divisor de águas quase intransponível entre os digitais – na maior parte, jovens e instáveis, em avanço – e os analógicos – prevalentemente mais adultos e estabilizados, em retrocesso. Se os digitais ficam, conscientemente inconscientes, parados em um limbo nebuloso, suspenso entre a euforia tecnológica e a depressão existencial, os analógicos se rendem a um pessimismo cósmico.

Estacionados em uma *desigualdade digital* das novidades que ocorrem em avalanches, em vez de aproveitarem as vantagens dessas novidades, os analógicos as transformam em motivos de pânico. "Quem não vive o espírito do seu tempo vive apenas os seus males", já dizia Voltaire. Assim, frente ao crescimento demográfico, os analógicos temem a fome, por todos, e a invasão do Primeiro Mundo, já iniciada, por parte do Terceiro Mundo. Consideram o desenvolvimento tecnológico um incontrolável cataclismo, culpado pelo desflorestamento, pela desertificação, pelo desemprego e pelo consumismo. Consideram inevitáveis e crescentes a violência social e as guerras, dado o declínio dos antigos valores. Temem as epidemias, o estresse, a instabilidade política, a dívida pública, os comunistas, os gays, os imigrantes, a inflação e a corrupção, considerando-os males congênitos e crescentes da sociedade atual, inexistentes em um passado fantasmagórico que eles gostam de mitificar. Não sabem outras línguas além da materna; não se informam por meio de outras fontes da mídia, senão aquelas que reforçam os seus alarmismos e os seus conformismos; não visitam outros lugares a não ser os habituais, onde encontram as pessoas de sempre, que pensam do mesmo modo e praticam os mesmos ritos. Para exorcizar a sua crescente sensação de impotência e a consciência de estar em atraso em relação à história, alguns deles camuflam até onde podem a sua incompetência e delegam à secretária ou ao netinho a tarefa da correspondência por e-mail; outros agarram-se ao passado e ostentam a sua fidelidade à caneta esferográfica, como se fosse um símbolo da sua nobreza intelectual.

Os seus comportamentos analógicos são inspirados em provérbios antigos: "A pressa é inimiga da perfeição"; " "Aproveite enquanto pode"; "Mais vale um pássaro na mão que dois voando"; "Devagar e sempre"; "Água mole em pedra dura tanto bate até que fura". Os digitais, por sua vez, se tivessem de escolher um aforismo próprio, optariam pela frase fulminante que disse certa vez o acadêmico da França e coreógrafo Maurice Béjart no fim de um de nossos bate-papos: "*Malgré la merde, je crois*" ("Apesar da merda, eu acredito").

Família

Quando, em 1848, Karl Marx escreveu o *Manifesto do Partido Comunista* incitando os proletários de todo o mundo a se unirem contra a burguesia, nas ruas de Londres e de Paris podia-se, frequentemente, esbarrar, ao amanhecer, nos corpos congelados de pobres desempregados que, sem casa e sem comida, não tinham resistido ao frio rigoroso da noite.

Hoje isso acontece, de vez em quando, em Nova York, onde um crescente número de sem-teto testemunha o cinismo social do país mais rico do mundo; muito mais raramente, acontece em Roma, onde a notícia de um mendigo morto pelo frio é tão excepcional que sai nas primeiras páginas dos jornais; jamais aconteceria no Rio de Janeiro, onde é verão o ano inteiro.

Cem anos depois de Marx, John Maynard Keynes – o maior economista do século XX – escreveu a sua famosa *Teoria geral do emprego, do juro e da moeda,* sustentando que um país com um índice de desemprego superior a 2% teria sido praticamente liquidado. Hoje, na Europa, os desempregados superam 10% da população ativa, embora morrer de frio e fome continue sendo um caso bastante raro. Por quê?

O motivo está não só no aumento da riqueza produzida hoje em relação a um século atrás, mas no papel desempenhado pelas famílias na distribuição da renda. O núcleo familiar representa um eficaz estabilizador econômico, capaz de subtrair riqueza dos que ganham e distribuí-la àqueles que não ganham, em nome de uma ligação afetiva entre os vários membros do grupo que supera o egoísmo individual.

Na média, o dinheiro gasto por uma família é recebido por uma ou duas pessoas (em geral, o pai; às vezes, também a mãe), e é usufruído por três ou mais indivíduos (pais e filhos). O segredo de tanta coesão – tão persistente no tempo – está na natureza múltipla das relações familiares. Enquanto os grupos que nós, sociólogos, chamamos de "secundários", como o escritório ou o condomínio, são reforçados, de vez em quando, pelo interesse econômico, profissional ou funcional, a família continua sendo o único microssistema em que coexistem os vínculos de sangue e de coabitação: afetivos, legais, religiosos, econômicos e sexuais.

Vez por outra, um ou mais desses vínculos prevalece, mas a essência do grupo primário se mantém no tempo. Houve épocas em que o vínculo jurídico prevaleceu sobre o religioso; e épocas em que a convivência sob o mesmo teto surgiu como condição suficiente ou imprescindível; épocas ou lugares em que vários membros se sentiam um só, não obstante a dispersão em um vasto território.

Durante o período de grandes migrações dos camponeses europeus para a América, em muitos casos os vínculos afetivos e econômicos entre os membros que emigraram e os que permaneceram na pátria continuavam mais fortes do que nunca e todos se sentiam ainda muito próximos entre si, embora vivessem a milhares de quilômetros de distância e sem o suporte afetuoso da internet.

O antropólogo Lévi-Strauss conta sobre algumas tribos da África banta, onde vigora a poligamia e cada mulher vive em uma cabana separada com os filhos, enquanto o marido as visita em turnos. Pensando bem, essa situação não é tão diferente da que acontece nas regiões civilizadas, em que é comum um homem ter, além da mulher, uma ou mais amantes com os respectivos filhos e dividir sua renda e seu tempo entre esses diversos relacionamentos, distribuídos em vários bairros e, até mesmo, em várias cidades.

Nas fases de transformação social mais intensa, como a que atravessamos agora, faltam até nomes para indicar as novas situações e as novas relações. Por exemplo, se eu me divorciar da minha mulher, com a qual tenho um filho, e se ambos nos casarmos com pessoas também divorciadas e com filhos, e ambos tivermos filhos no segundo casamento, o que serão, para mim, os filhos que a minha primeira mulher tiver com seu segundo marido? E o que serão os filhos do meu segundo casamento para o meu filho do primeiro? E o que minha mãe ou minha irmã serão para a mãe ou para a irmã do segundo marido da minha primeira mulher? Que nomes é preciso dar a essas várias figuras, enriquecendo o velho vocabulário familiar, baseado em termos como pai, mãe, filho, nora, genro, tio, cunhado? E como ganharão forma os novos hábitos da família que se formou? No fim do ano, por exemplo, vou precisar desejar boas festas ao segundo marido da minha primeira mulher? À sua segunda sogra? Aos seus novos cunhados? Acredito que tenha sido Ennio Faiano quem perguntou: "O que você faria se descobrisse que o amante da sua mulher a trai?"

Se, além dos problemas apenas aparentemente linguísticos, adicionássemos todas as questões relativas à divisão entre trabalho produtivo (em geral designado ao marido fora de casa e com cada vez maior frequência também à mulher) e trabalho reprodutivo (em geral designado à mulher em casa); se acrescentássemos a possibilidade – tornada real pelas telecomunicações – de desenvolver cada vez mais trabalhos em casa, sem se deslocar; se juntássemos, ainda, a possibilidade de reconhecer uniões homossexuais e permitir a esses casais recém-legitimados adotar crianças, perceberíamos como se dissipa rapidamente a importância dos vínculos geográficos, religiosos ou legais na definição do grupo familiar e como emerge a importância de dois fatores que já agora prevalecem sobre os outros: os vínculos afetivos e os econômicos.

São esses vínculos que, principalmente nos momentos de grave crise econômica, continuam sendo responsáveis pela sobrevivência de todos aqueles que, tendo perdido o trabalho, não têm outra garantia senão a solidariedade dos familiares. Os critérios usados para definir família acabam coincidindo com os vínculos afetivos e os econômicos. Afinal, só posso definir como verdadeiros familiares aqueles (parentes ou não) aos quais me sinto afetivamente obrigado a prestar esse tipo de solidariedade e dos quais posso esperar ajuda análoga, caso precise.

Resta, é claro, o problema dos solteiros. Na Itália, por exemplo, em cada 100 homens que vivem sozinhos, 60 o fazem por escolha própria; em cada 100 mulheres que vivem sós, 70 o fazem por serem viúvas. As mulheres vivem mais tempo que os homens, por isso as viúvas são quatro vezes mais numerosas que os viúvos. A viuvez implica maior chance de miséria, por isso há mais mulheres idosas e pobres. Nesse caso, tudo indica que também não se pode ter tudo.

Nomadismo

Com o trabalho remoto, é possível desenvolver atividades ficando em casa e eliminar, assim, a perda de tempo com deslocamentos cotidianos entre trabalho e casa. Enquanto, por um lado, a tecnologia permite que se trabalhe de pijama, fazendo uso do telefone e da internet, por outro, as exigências de estudo, trabalho e cultura impõem cada vez mais a mudança de residência, de uma cidade ou de uma nação a outra ou mesmo de um continente a outro. Diminui, portanto, o número de microdeslocamentos e se multiplicam, por sua vez, os deslocamentos de raio mais extenso, tanto de longa quanto de curta duração.

A sociedade pós-industrial está baseada no deslocamento e no agrupamento de pessoas e de mercadorias e informações produzidas nos lugares mais diferentes. Até os botões de nossos casacos incorporam tecnologias e conhecimentos provenientes de inúmeros países e no frango que comemos já existe mais informática do que carne.

Até a Segunda Guerra Mundial, para a maioria dos homens o único afastamento da própria terra estava relacionado ao serviço militar. As mulheres, isentas dessa obrigação, acabavam por viver e morrer na mesma casa, no mesmo vilarejo, no mesmo bairro da mesma cidade. Se no passado – principalmente quando cinema e televisão não existiam – os livros de viagem fizeram tanto sucesso, foi justamente por sua capacidade de proporcionar aos leitores de morada permanente a ilusão de acompanhar os viajantes por meio da própria fantasia. Os diários de Goethe e Stendhal, escritos ao longo do seu *Grand Tour* pela Itália, foram imediatamente lidos por milhares de jovens aristocratas, que os imitaram descendo, eles mesmos, pelos braços da grande mãe mediterrânea.

Hoje, junto com as viagens de curta duração para descansar, adquirir cultura ou fazer negócios, crescem aquelas de duração mais prolongada.

O que antes – e raramente – cabia somente aos diplomatas transferidos para o exterior, aos funcionários públicos transferidos de sede ou aos emigrantes, que abandonavam suas terras para se estabelecer nas cidades industriais, hoje acontece continuamente com burocratas, jornalistas, artistas, cientistas, intelectuais e jogadores de futebol. Calcula-se que, nos Estados Unidos, uma pessoa mude de residência, em média, 16 vezes ao longo da vida. Na Europa, a média gira em torno de nove vezes. Cresce, assim, a geração dos *globalizados*: filhos de pais de diferentes línguas e nacionalidades, que desde crianças mudam de país, escola, amigos, hábitos, formando uma mentalidade apátrida, uma visão planetária do espaço, um esperanto linguístico, a cidadania de um mundo sem pátria, para os quais o pertencimento a uma profissão vale mais que o pertencimento a um país.

Essa experiência de nomadismo difuso modifica profundamente as personalidades individuais, seja levando-as à maleabilidade mental necessária para compreender as diferenças entre pessoas, lugares e momentos diversos, para enxergar a realidade por mais pontos de vista e para descobrir problemas inéditos; seja estimulando-as à prática da flexibilidade para gerir situações mutáveis, para encontrar um plano da ação em contextos complicados, para transformar os vínculos em oportunidades.

A experiência da mudança estimula a criatividade à sua volta. Desde a primeira infância, Mozart não fez outra coisa senão girar o mundo, como um pião, para dar concertos, visitar cortes, conseguir trabalhos. Na verdade, diz-se que grande parte da ópera *La clemenza di Tito* tenha sido escrita a bordo de carruagens. Cada viagem contribuiu para enriquecer e refinar sua mente musical, até torná-lo o grande gênio que todos conheciam.

Viajar estimula a criatividade até mesmo quando os lugares visitados não diferem muito daquele onde vivemos. Como recordei no *TAG*, conta-se sobre o príncipe de Resuttano – que viveu na Sicília no início no século XX – que, durante uma grave doença, aterrorizado pela morte iminente, fez o voto de ir a pé até Jerusalém caso ficasse curado. Uma vez salvo, porém, arrependeu-se da promessa exagerada e obteve permissão do bispo para substituir a viagem a Jerusalém por uma quantidade de voltas no perímetro da sua propriedade equivalente à distância entre a Sicília e a Palestina.

O diário do príncipe, escrito durante os meses em que cumpria a sua ridícula viagem em torno da própria casa, demonstra que até um deslocamento fictício consegue tornar mais imaginativo e mais sábio aquele que o faz.

Ultrapassada, portanto, a vida sedentária dos nossos antepassados, não resta senão aproveitar e dar sentido ao nosso destino de *globalizados* pós-industriais.

Informação

É comum recordar que os nossos bisavós viveram num vazio de informações, ignorando até o que acontecia no país vizinho, enquanto nós vivemos emaranhados em uma meada de informações planetárias, obrigados diariamente a desenrolá-la, simplificá-la e decodificá-la. Comunicamo-nos por meio das palavras, das imagens, do silêncio, dos resmungos, dos gestos, dos olhos, das roupas, dos odores e da mídia.

A vida das abelhas também se baseia em uma contínua troca de mensagens, feita de vibrações, perfumes e danças. Toda a complexa atividade de uma colmeia é uma obra-prima de informações em que uma abelha indica a outra quanto néctar é necessário para a rainha, onde encontrar os melhores polens, como se defender das adversárias. As abelhas nos ensinam que dar e receber informações precisas contribui para a harmonia coletiva e para a felicidade individual.

Quanto a nós, humanos, o caminho da civilização coincide com a expansão progressiva do nosso raio de informações. A imprensa, com seus blocos de madeira, remonta à China da dinastia Tang (618–907), e o primeiro livro impresso é a tradução para o chinês da obra budista *Sutra do Diamante* (884 d.C.), tanto que os chineses se vangloriam da imprensa como uma das suas quatro grandes invenções, junto com o papel, a pólvora e a bússola. Foi necessário esperar o ano de 1455 para que Gutenberg concluísse, em Mogúncia, a prensa de tipos móveis da "Bíblia de 42 linhas". Cada uma dessas etapas provocou um salto épico em nosso progresso, possibilitando uma difusão mais rápida da cultura. Apenas 50 anos depois da prensa de Gutenberg, já tinham sido impressos 50 mil títulos, em um total de 12 milhões de cópias. No século XVI, só Veneza contava com 417 tipógrafos.

Hoje, o telefone, o rádio, a televisão e a internet assumiram um papel tão determinante que muitos definem a nossa sociedade como "a sociedade da informação". Pela primeira vez na história, a abundância e a velocidade das mensagens nos expõem a um problema inédito: no passado, sofríamos por carência; hoje, sofremos por excesso de mensagens. Na confusão causada pela fartura de informações, salva-se do desequilíbrio apenas quem é dotado de cultura sólida, que lhe permite selecionar as informações certas e assimilar e valorizar apenas as que são úteis.

Daí a ascensão de uma figura profissional - o jornalista - que não existia até o século XVIII e, em dois séculos, ganhou uma posição de destaque no mundo moderno: criou um nível cultural intermediário entre o acadêmico e o leitor. Enquanto o acadêmico dedica a vida inteira ao estudo aprofundado de um tema e o informa a seus leitores afins em livros volumosos e teorias profundas e exaustivas, o jornalista, mesmo aquele especializado em determinada área - como a economia, os fatos políticos ou a política externa -, trata todos os dias de temas diferentes e traduz, em um artigo, as informações e as impressões do momento. O acadêmico escava a realidade, o jornalista a sobrevoa. Mas, porque todos leem assiduamente artigos jornalísticos e pouquíssimos leem ensaios acadêmicos, uma camada de conhecimento superficial, talvez mais perigosa que a ignorância, formou-se no tecido social, cobrindo-o com a camada translúcida da informação presumida, à qual, na falta de cultura, juntou a pretensão de que todos são cultos.

Em paralelo à classe dos jornalistas, surgiu uma nova elite, constituída pelos *formadores de opinião*, que guiam as massas com o seu carisma, indicando quais informações aceitar e quais rejeitar. Em um país com forte exposição à mídia, um reality show, como o *Big Brother*, pode tirar do anonimato novos sujeitos e novas categorias sociais; uma boa campanha eleitoral pode determinar a sorte de um partido; uma campanha escandalosa pode arruinar a reputação e a carreira de um desventurado. O presidente do Conselho italiano, Giulio Andreotti, chegou a definir o interminável talk show italiano *Porta a porta* como "terceiro braço do Parlamento".

No século XVIII, Montesquieu demonstrou em sua obra-prima *O espírito das leis* que a democracia se salva separando-se claramente o poder legislativo do executivo e do judiciário. Se vivesse hoje, o grande pensador francês recomendaria que se separasse o poder da mídia do econômico e do político, para não cair numa ditadura pós-moderna tão suave quanto implacável e profunda.

Por outro lado, a manipulação das notícias não é de hoje. Quando, em março de 1815, Napoleão fugiu da ilha de Elba, o mais famoso dos jornais franceses, *Le Moniteur*, citou os eventos com estes títulos:

9 de março: *O monstro fugiu do lugar do exílio*

10 de março: *O ogro da Córsega desembarcou em Capo Juan*

11 de março: *O tigre apareceu em Gap. As tropas estão avançando por toda parte, para detê-lo no caminho. Ele concluirá sua miserável aventura nas montanhas*

12 de março: *O monstro avançou mesmo até Grenoble*

13 de março: *O tirano está agora em Lion. O terror toma conta de todos quando ele aparece*

18 de março: *O usurpador ousou aproximar-se até 60 horas de marcha da capital*

19 de março: *Bonaparte avança em etapas forçadas, mas é impossível que chegue a Paris*

20 de março: *Napoleão chegará amanhã aos muros de Paris*

21 de março: *O imperador Napoleão está em Fontainebleau*

22 de março: *Ontem à noite, sua majestade o Imperador fez sua entrada pública e chegou às Tuileries. Nada pode superar a alegria universal*

Só uma informação cabal, fluida e exata consegue potencializar as energias de uma sociedade conectando-a entre si. Sem informação, nenhum ser humano pode se desenvolver e nenhum sistema social pode funcionar. Mas, quando a informação se transforma em um bombardeio excessivo como é hoje, o equilíbrio pessoal e o social correm sérios perigos. Aos cidadãos, cabem cultura e experiência para escolher as mensagens certas e descartar as supérfluas. À sociedade, cabe separar o poder da mídia do econômico e do político para salvar a democracia.

Países

Toda vez que, à noite, sobrevoo o mundo de avião, surpreendo-me com os minúsculos grãos de luz que constelam a paisagem lá embaixo: países onde, enquanto olho do alto, alguns sofrem, alguns gozam e quase todos se sentem parte da mesma pequena comunidade, com sua história, suas esperanças, seus amores, seus ódios, seus cinismos, sua generosidade, suas situações tristes, suas festas alegres. Pode ser que amanhã esses países sejam incorporados administrativamente, por causa de incógnitas maquinações burocráticas, mas cada um deles permanecerá sempre o mesmo, separado e por vezes hostil a todos os outros, porque cada país é uma história à parte, uma história de amor e ódio entre pessoas e famílias, entre natureza e cultura, entre passado e futuro.

De cima, todos parecem iguais, como parecem iguais, entre si, as casas, as pedras, as pessoas no interior de cada um; como parecem iguais, para quem as ouve distraidamente, as suítes de Bach e, no interior de cada uma delas, a trama e a urdidura do violoncelo.

É preciso treinar o gosto por muito tempo e se familiarizar com essas antigas terras para descobrir as nuances, as diferenças e até os rangidos, ocultos sob a comum cobertura de telhas e pedras, e as linguagens monódicas.

Ainda assim, cada pedra, cada porta difere das outras, sob a adaptabilidade comum do mármore travertino, lavrado pelos sábios canteiros sem tempo. Cada escada é diferente das outras, sob o mistério comum do subir e descer cotidiano. Cada janela é diferente das outras, sob a maravilha comum do olhar fora do âmbito da família, no perímetro da rua, do beco, da pracinha. Cada rosto é diferente dos outros, sob o entalhe comum, de traços fisionômicos arcaicos, densos de sol e de problemas.

Nesses países sem tempo, a areia do tempo flui, lenta, na ampulheta das obras e dos dias. Os homens observam com resignada ansiedade as premonições do céu. Os anos são um arco tenso entre as eras geológicas, com seus lentos desmoronamentos e suas catástrofes repentinas. As pedras e os torrões têm um sortilégio interior que os movimenta e reaviva, e os torna portadores de vida, testemunhas de morte, sem que os mortais possam compreender a finalidade e a razão deles.

Ao visitar esses países, a sensação que se tem é de sempre profanar relíquias que não merecem ser profanadas. Quem já subiu aquelas escadas? Quem olhou – e o que olhou – daquelas janelas? Que vida existia entre essas coisas quando as coisas tinham outra vida? Que relação se estabeleceu entre as antigas e as novas inquietações que efervescem nesse lugar, sob a superfície sem enrugamento aparente?

Aqui, durante séculos, amou-se e odiou-se como em todos os países onde o homem faz morada. Aqui, traições e alianças, encontros furtivos e relações tenazes foram consumadas. E essas coisas – a rua, a janela, a porta, a pedra, a árvore – testemunharam e conspiraram, sobrevivendo perenes aos sentimentos e aos homens por elas mesmas alimentados e aos poucos substituídos por aquela separação que chamamos de "história".

Porém, em cada um desses países algo mudou. Há apenas alguns anos, quando, ao pôr do sol, os velhos agricultores passavam devagar – não mais em lombo de burro, mas sempre com cestos e tralhas, o passo meio oblíquo – e afastavam os seixos do caminho, não havia um que não saudasse ou respondesse à saudação do passante desconhecido.

Há apenas alguns anos, quando os jovens passavam apressados – não mais com cestos e tralhas, mas sempre com o antigo olhar de brandura e furor dos pais –, já não cumprimentavam mais, nem se saudavam entre si. Talvez seja essa falta de uma relação humana e solidária que rache as metrópoles, onde a convivência tolhe a solidão sem oferecer a companhia. A moto e o celular compensam a morte da saudação.

Esses países, agora, são periferia de um Império, cada vez mais permeados pela grande onda do progresso tecnológico, que quebra lenta, como nas praias remotas, mas, ainda assim, implacável. O desafio que a pós-modernidade lança a esses países indefesos é como se fazer modernizar sem, ao mesmo tempo, perder suas características históricas, frágeis, tenazes e intangíveis.

Pólis

A cidade é uma invenção do homem para se proteger dos inimigos, para facilitar a comunicação entre os habitantes, produzir e trocar mercadorias, aproximar o mais possível o local de trabalho dos outros lugares de convívio, para se divertir, para dispor de melhores condições de saneamento e de distrações inéditas, para cultivar a memória dos antepassados.

Por causa das pressões centrífugas produzidas pela miséria rural, pelas guerras e pelas ditaduras, e graças às atrações centrípetas exercidas pelas ofertas de trabalho, pelos serviços e pelo consumismo, a urbanização acelera o ritmo ano a ano. Em 1900, apenas 224 milhões de pessoas, que equivaliam a 14% da população total, viviam em cidades. Hoje, são 3,6 bilhões, que correspondem a 51%; em 2030, serão 5 bilhões, equivalentes a 63% de toda a população mundial. Londres levou 146 anos para crescer de um para 16 milhões de habitantes. Lagos, na Nigéria, levou muito menos tempo: em 1950, tinha 300 mil habitantes; em 2000, 8 milhões; hoje são 15 milhões; e, em 2020, serão 24 milhões. Em 2030, a China terá 15 megalópoles com mais de 15 milhões de habitantes cada uma.

Até o advento da indústria, a cidade era, acima de tudo, o lugar onde se consumiam produtos agrícolas provenientes dos feudos e onde se produzia burocracia: papeladas de funcionários reais e de advogados, acadêmicos e escrivães. Depois, as fábricas conquistaram um lugar de destaque no espaço urbano, ao lado da catedral e da câmara municipal: a cidade tornou-se o lugar da produção material por excelência e se expandiu, para abranger os bairros operários.

Em seguida, a própria indústria – barulhenta, cara, poluente – aos poucos foi se afastando da cidade grande para se refugiar, primeiro, nas zonas mais afastadas do Primeiro Mundo e, depois, no Terceiro Mundo, liberando espaços que foram sendo transformados em hotéis, salas de concerto, salões de exposições, feiras internacionais, ateliês de artistas e estilistas. Até alguns anos, por exemplo, a Fiat produzia em suas ruidosas oficinas no Lingotto, em Turim, muitas peças dos seus automóveis, hoje compradas no exterior, enquanto as velhas instalações de produção se tornaram auditório, projetado pelo arquiteto Renzo Piano, onde as melhores orquestras do mundo executam suas sinfonias.

Portanto, em poucas décadas a cidade sofreu uma outra metamorfose: de lugar de produção, transformou-se em lugar de transação. O geógrafo Jean Gottmann, o primeiro a se aprofundar nesse fenômeno, fala justamente de "cidade transacional", ou seja, um lugar já destinado, sobretudo, à troca de informações, aos acordos financeiros, aos congressos, ao divertimento, às grandes assembleias políticas e comerciais, às manifestações de massa, ao turismo cultural, religioso, profissional.

Essas transações incluem deslocamento de informações de um lugar para outro. Antes do advento das novas tecnologias da informação, esse deslocamento se dava por meio das pessoas, cuja mente continha as informações - ou por correspondências. Assim, tais informações tinham de se deslocar constantemente de um lado para outro da cidade, em caminhão, metrô, ônibus, bonde, automóvel e todo tipo de transporte urbano, com seus engarrafamentos, seus horários de pico, seu desperdício de tempo e dinheiro.

Finalmente, agora que as empresas estão se libertando da "síndrome de Clinton" - segundo a qual todo chefe quer ter os seus colaboradores e, principalmente, as suas colaboradoras por perto, como se fossem estagiários disponíveis -, o trabalho remoto permitiria a milhões de pessoas trabalhar de casa, ou no bar, ou no carro, economizando todos os dias algumas horas antes perdidas no trânsito. Em casa, no café, na praia, onde todo mundo pode trabalhar à vontade, de acordo com o próprio biorritmo, evitando o desperdício de tempo e dinheiro imposto pelas grandes organizações centralizadoras, o trabalhador remoto consegue executar a sua tarefa com mais motivação e em um tempo até inferior ao que, antes, levaria, no escritório. Segundo uma pesquisa recente, realizada com 35 mil funcionários da AT&T que trabalham remotamente, são necessárias apenas cinco horas para executar as mesmas tarefas que, no escritório, consumiriam oito.

Como já vimos, se acrescentarmos a isso o contínuo aumento da expectativa de vida média e o prolongamento do bem-estar físico para mais de 70 anos proporcionado pela medicina geriátrica, chegaremos à conclusão de que o tempo livre prevalecerá cada vez mais sobre o tempo de trabalho. Na Europa do início do século XX, todo cidadão adulto tinha diante de si poucas décadas de vida, transcorridas na maior parte ralando no mercado ou no campo. As horas de tempo livre correspondiam a um terço do tempo de trabalho; hoje equivalem ao triplo.

A razão da existência, portanto, deixou de ser o trabalho e passou a ser o ócio, e as cidades vão aumentando cada vez mais a relação de estruturas dedicadas à vida fora do trabalho: cinemas, teatros, auditórios, restaurantes, pizzarias, cafés, lojas e pontos de encontro de todos os gêneros – cobertos e ao ar livre – suplantam os locais de trabalho, sejam eles fábricas ou escritórios. As pessoas passam a dormir cada vez menos, ocupando-se durante a noite, escolhendo os espetáculos com mais atenção, deslocando-se de cidade em cidade para acompanhar um festival, uma apresentação, a turnê de um cantor, o clube do coração.

Depois de uma longa pausa industrial, a cidade volta à vida transacional para a qual tinha sido projetada na época clássica. Um ótimo exemplo de cidade voltada para o divertimento e o ócio ativo é a Atenas dos tempos de Péricles, em que a ocupação que provocasse suor era considerada inconveniente, em que os dias festivos superavam largamente os dias úteis e onde as festas – que já mencionamos – se sucediam sem parar. Nas festas, ao lado das bacanais e patuscadas, havia as apresentações dramáticas, as competições poéticas e as ginásticas. Corpo e alma eram igualmente cuidados pelo Estado, que custeava as entradas dos teatros para os atenienses mais pobres.

Nos intervalos entre uma festa e outra, os gregos livres se dedicavam principalmente à política. "Quem se desinteressa da política", diz Péricles, em um célebre discurso de 430 a.C., "não é considerado pessoa pacífica, mas inútil." Ladeavam a política a pedagogia, a filosofia e a estética. "Nós", prossegue Péricles, "amamos o belo na simplicidade, amamos a cultura do espírito, mas sem fraqueza... Em uma palavra, diria que a nossa cidade, no seu conjunto, constitui um ensinamento vivo para toda a Grécia, e todo ateniense criado nesta escola pode desenvolver uma personalidade autônoma, sob muitos aspectos, com destreza e refinado decoro."

Por isso, a cidade grega punha no seu centro a praça, o templo e o foro. E todo cidadão participava da idealização desses bens comuns como se fossem seus.

Veja como a elaboração do projeto da Acrópole se torna realidade, segundo o acurado reconhecimento de Christoph Hocker e Lambert Schneider em *Pericle e la costruzione dell'Acropoli* (Péricles e a construção da Acrópole): "O andamento da construção estava relacionado, em todos os níveis, à sociedade ateniense da época. O comitente não era um monarca ou um tirano, mas a população ateniense, que, depois de uma profunda discussão – provavelmente até controversa –, concebeu de forma conjunta ideias gerais sobre um projeto. Em seguida, um arquiteto, dentro dos custos preestabelecidos, visualizou-o primeiro por meio de esboços, talvez também com modelos, e depois o submeteu de novo à aprovação da assembleia. Esses protótipos foram transformados em um projeto verdadeiro e próprio, não apenas de um único arquiteto, mas com intensa colaboração de uma assembleia popular, o Conselho dos Quinhentos como seu comitê responsável e uma comissão encarregada da realização da construção, que conferia outra vez ao arquiteto diretivas vinculantes até nos detalhes. Por isso o projeto de construção não custava uma cifra de dinheiro muito alta, mas abrangia, mediante uma medida de base, todas as proporções da obra, os traços e as dimensões de cada elemento, de modo tão simples que tornava possível uma fácil preparação da escavação de pedra, um rápido deslocamento no canteiro e ainda uma precisa e veloz organização de cada setor da construção."

Enquanto os 40 mil atenienses livres iam para a escola, faziam política, criavam obras-primas e se divertiam, 250 mil escravos trabalhavam para eles. Enquanto nós, por nossa vez, estivermos nos divertindo, milhares de robôs incansáveis trabalharão a nosso favor, permitindo-nos transformar, igualmente, a vida e as cidades em sistemas de transação e divertimento.

Mas uma cidade dura muito: é construída em uma ou mais épocas e resiste, ainda, por outras, tendo de suportar ou acompanhar as inovações. Por volta da metade do século XVI, parece que, em Paris, circulavam apenas duas carruagens: a da rainha e a da princesa Diana de Poitiers. Depois, vieram as ferrovias, que romperam os bastiões das cidades muradas. Até que sobreveio, anômala e destruidora, a onda dos automóveis, que jamais poderia ter sido prevista pelo arquiteto Biagio Rossetti quando projetou a cidade de Ferrara, em 1492, ou mesmo pelos maiores urbanistas de metade do século XIX. Embora, no século XVIII, tenham sido testados vários protótipos de veículos com motores de combustão interna e até elétricos, o barão Georges-Eugène Haussmann, não obstante a sua genialidade, não previu o advento do automóvel quando transformou Paris, em 1853; nem Ludwig von Förster, quando construiu o anel em torno do núcleo medieval de Viena, em 1857. Somente 30 anos depois, com Benz, Daimler e Diesel, o automóvel iniciou sua marcha triunfal, e se tornaria, em pouco tempo, o dono prepotente e absoluto, estuprador das cidades antigas.

Assim, por causa da relação desequilibrada entre a quantidade de construções arquitetônicas antigas, pensadas para os pedestres, e a exigência de espaço imposta pelos automóveis, o homem – que é um dos animais mais lentos da criação, mas que sempre sonhou em conquistar a velocidade – vê-se outra vez preso na lentidão do tráfego urbano, causada pela gestão irracional dos novos meios que circulam em um espaço antigo.

A única metrópole planejada para conter as funções tradicionais da cidade considerando o automóvel já transbordante é Brasília. A capital do Brasil, construída em 41 meses, entre 1956 e 1960, foi concebida por incumbência do visionário presidente Juscelino Kubitschek a um grupo de gênios – Lúcio Costa, Oscar Niemeyer e Roberto Burle Marx –, os quais, inspirados nos ideais socialistas, pretendiam favorecer o sereno equilíbrio da vida social e os rápidos deslocamentos de homens e coisas, dando forma a uma transparente relação democrática entre poder e povo. Mas Brasília consistia, intencionalmente, em uma arquitetura nova de funções antigas: representar a unidade da nação no palácio presidencial; legislar nas sedes dos três poderes; julgar nos tribunais; administrar nos ministérios; ensinar nas escolas, nos teatros, nos museus; morar nos conjuntos habitacionais das superquadras; comercializar nas entrequadras; passear e relaxar nos parques.

Para exprimir e coordenar todas essas funções tradicionais, Brasília apelava a um urbanismo e uma arquitetura racionais, programados, sociais. Propunha-se, assim, ser a primeira cidade projetada pelo homem levando em conta o automóvel e a última produzida pela sociedade industrial considerando valores de especialização, eficiência e democracia. Dali em diante, as novas cidades se inspirariam em Las Vegas.

Pulp

Um rio subterrâneo de sangue escuro atravessa a literatura de todos os tempos: de Hipônax a Cecco Angiolieri, de Verlaine a Rimbaud, de Oscar Wilde a Pasolini, de Kerouac a Salinger, de Hornburg a Edoardo Nesi. São os poetas malditos: aqueles que vivem a própria existência como uma descida ao inferno, um doce deslizar sobre a água rumo ao medo.

Além da literatura, o rio subterrâneo de sangue escuro impregnou também a música (de Bob Marley ao grupo italiano Assalti Frontali), a arte (de Caravaggio a Basquiat) e o cinema (de *Easy Rider* a *Pulp Fiction*).

Dante também desceu ao inferno, mas ajudado por Beatriz e guiado por Virgílio, como em um passeio turístico a certa distância dos danados: o bastante para vê-los fritar sem ficar queimado. Caravaggio, Rimbaud e Kerouac, por sua vez, compartilharam os mesmos submundos dos seus personagens, desafiaram pessoalmente os punhais noturnos das vinganças, seguiram com as próprias pernas as alucinações das drogas e das violências.

A questão é: uma vez que a expectativa de vida se estende, o tempo de trabalho diminui e, portanto, aumenta o tempo livre, quantos cederão à tentação fatal de preencher os seus dias vazios com uma descida ao inferno? Ou melhor: uma viagem ao Caribe, anunciada pelas revistas de fofoca, ou uma fuga entre espancamentos, as festas *rave* e os desmiolados de Portland e de Nova York?

Tudo está sendo feito para que um número crescente de jovens há muito tempo desempregados e um número crescente de idosos aposentados muito cedo prefiram o caminho do inferno.

Não sei se o filme *Trainspotting – Sem limites* é do seu tempo: o jovem protagonista sente-se obrigado a escolher entre uma vida familiar com pais idiotas, em uma casinha desconcertante por sua banalidade, e uma vida grunge em lugares fedorentos, entre jovens devastados pela heroína mas, ainda assim, capazes de voar alto no delírio da droga. Se o dilema de fato fosse esse, se realmente não existisse uma terceira opção entre a tristeza cinzenta da vida de pequeno-burguês e a florescente autodestruição da droga, bem, eu também escolheria a droga.

Não sei se você leu *Bongwater*, de Michael Hornburg: o protagonista, David, exerce a profissão de eterno "ex-aspirante" a alguma coisa e toca o próprio bar de Portland como uma "casa de repouso para desempregados terminais". Frente a seus cínicos amigos, os rapazes da vida de Pasolini eram ternos crismados analfabetos. Os durões de Portland, por sua vez, todos formados ou graduados, são capazes tanto de ironias refinadíssimas quanto de estupros desapiedados.

"Eu estava tão atordoado", disse David, "que tudo tinha um duplo sentido, isto se tornava aquilo, era muito arriscado prever conclusões, mesmo tendo a cabeça cheia delas." Quando lhe ocorre acompanhar nos jornais os anúncios corriqueiros do McDonald's, acaba concluindo que "o aspecto mais excitante desses trabalhos era a capacidade psicológica de se convencer, de qualquer maneira, a não estar entre os perdedores totais".

Em Portland, como em Nova York, todos procuram alguma coisa para passar o tempo: "Passei muito tempo perdendo tempo, usando 'ecstasy', seguindo os pequenos pontos de luz das bolas espelhadas do City Club ou do Metropolis. Eu esvaziava um copo e enchia outro, fazia amor com mulheres que não conhecia, a vida parecia sem sentido." David só conhece gente que faz amizades erradas no bairro errado, com o futuro errado; todos têm alguma coisa de que querem fugir; todos – não importa onde vivam – queriam estar em qualquer outro lugar. "Nunca tanta gente perdeu tanto tempo para obter tão pouco."

Para o nosso ex-aspirante não resta senão concluir: "Espero em certo momento ter um álibi glorioso para encobrir a miserável derrota da minha vida, como um acidente de carro ou um câncer no cérebro." E uma amiga sua constata: "Daqui a muito pouco começará a contagem regressiva para o fim do milênio, tudo se tornará gótico e estranho, será um mix de *glam-new-age*-de-fim-de-século e uma espécie de instantâneo *Zeitgeist*."

Inspirando-se nesses americanos raivosos, alguns escritores italianos muito jovens – de Ammaniti a Nove, de Governi a Nesi – também se mostraram furiosíssimos. A ingênua Isabella Santacroce, por exemplo, concluiu assim o seu *Destroy*: "Vocês estão aspirando sintético Violence, vol. 1, enquanto o cão de vocês sodomiza a Barbie modelo. Gostaria de ver a cabeça de vocês explodir. Gostaria que vocês explodissem todos. Como fogos de artifício, em uma noite negra e brilhante."

A cândida Isabella não conseguiu o nosso escalpo: estávamos muito apaixonados pela vida para não saber que entre o inferno do desespero e o limbo do consumismo existe espaço para bilhões de anjos.

Previsões

Aquele tratante do Savinio, o mais pós-moderno dos nossos escritores pré-industriais, escreveu, uma vez: "Quando Alexandre, que atravessava a Pérsia, viu, uma noite, chamas muito altas elevarem-se da terra, não sabia no momento que aquelas chamas um dia fariam um senhor chamado Deterding ganhar milhões."

Portanto, é difícil fazer previsões, até para uma pessoa arguta como Alexandre, o Grande. Alguns, aliás, sustentam que seja impossível. Assim, o filósofo político Charles-Louis de Secondat Montesquieu, morto na metade do século XVIII, pensava, prudentemente, que "a maior parte dos efeitos se produz por vias tão singulares ou depende de causas tão imperceptíveis e remotas que não se pode prevê-las. Mas é possível, por outro lado, adotar como máxima geral que toda revolução prevista nunca acontecerá... Ao consultarmos a história, é possível ver que todo lugar está cheio de grandes eventos imprevistos".

Ainda assim, em nossa sociedade pós-industrial é necessário fazer previsões. Como saber em que posição é melhor instalar um posto de pedágio na estrada sem uma previsão de quantas pessoas passarão por ele, vindo de onde e indo para onde? Como saber quantas salas de aula devem ser construídas sem uma previsão de quantas crianças nascerão nos próximos anos? Nós trabalhamos hoje para a sociedade de amanhã, que será como nós a projetamos com a devida antecipação. Alain Touraine chegou inclusive a sustentar que a sociedade atual não será chamada de "sociedade da informação", ou "sociedade da globalização", ou "sociedade pós-industrial", como dizem, mas "sociedade programada", justamente porque a exigência de programar a caracteriza mais que qualquer outra coisa.

A necessidade de prever gerou o negócio da previsão. Na Grécia e na Roma antigas existiam os harúspices, que inferiam o destino pelo voo dos pássaros ou pelas vísceras dos animais imolados. O povão acreditava neles, assim como os imperadores às vezes também, mas os intelectuais permaneciam céticos. Cícero, por exemplo, confessava: "Não me arrisco a entender como um harúspice faz para não morrer de rir quando encontra outro harúspice."

Agora, porém, são justamente os intelectuais que todo dia arriscam previsões: os filósofos políticos exibem previsões políticas, os economistas oferecem previsões econômicas, os sociólogos arriscam previsões sociológicas. Sobretudo, os especialistas em marketing tiram da cartola previsões a respeito de tudo: como os andróginos se vestirão, que cor excitará os frígidos, que lobby favorecerá os prostáticos.

Prever, pelo menos em certos casos, é possível. Mas, para não ser desmentido pela realidade, é preciso levar em consideração um número enorme de variáveis, adotando um bom método de previsão. Einstein não fez isso quando, em 1932, sentenciou que "nada nos autoriza a pensar que se possa obter energia nuclear". O general Foch não fez isso quando, em 1911, assegurou que "os aviões são brinquedinhos interessantes, mas de nenhum valor militar". O senhor Warner, da Warner Brothers, não fez isso quando, em 1927, disse: "O cinema mudo não morrerá. Quem, diabo, gostaria de ouvir os atores falarem?" O senhor Zanuck, da 20th Century Fox, não fez isso quando, em 1946, conversando sobre televisão, disse: "Em seis meses, as pessoas estarão cansadas de ficar todas as noites diante de uma caixa de compensado." Não fizeram isso os diretores da Decca quando, em 1962, disseram sobre os Beatles: "Não os queremos. A música deles não funciona e as bandas que usam guitarra já estão fora de moda."

Além daqueles que embarcam em previsões sem as ter ponderado cientificamente, existem os previsores mercenários, que, para não ser desmentidos pelos fatos, atêm-se ao óbvio, dissimulando-o como verdade sacrossanta: "Cresce a necessidade de bem-estar"; "Vai-se viver pensando cada vez mais no presente"; "Estamos caminhando para uma reavaliação da família". "Aumenta o medo da morte", sentenciam esses modernos harúspices, lautamente pagos, que, em vez de perscrutar o movimento dos intestinos animalescos, maquinam com os seus computadores alimentados com banalidades.

E, como nos tempos de Cícero, eles se controlam para não morrer de rir quando encontram um colega.

Sanremo

No imortal Festival de Sanremo, de alcance mundial e transmitido todo ano para a Europa inteira, o que mobiliza as emoções e as massas não é a música, nem são as letras das canções, moderadamente alcoólicas, nem as exibições dos cantores, irreverentes em dose pediátrica, nem as cenografias de cor pastel como salões de dança populares, mas fosforescentes como boates, nem os apresentadores ternamente previsíveis nas aparências, nos gestos, nas roupas e nas falas, nem os convidados saídos do panteão do modernismo mundano.

Sanremo é tudo isso misturado, de modo a criar um sistema. Um sistema tão incrível que cada vez parece inédito e, no entanto, se repete todos os anos, com a mesma pontualidade do santo Natal. Uma musse preparada por Liala, mais que por Proust, recheada mais de *taralli* – os biscoitinhos doces do Sul da Itália – que de *petites madeleines* – os bolinhos franceses –, mas que, mesmo sob milhares de holofotes, continua crepuscular e que, mesmo durante as incursões de rap e punk, reconhece as mães que apertam o filho junto ao peito, assim como faziam tia Carlota e vovó Speranza, do poema de Guido Gozzano, com "suas boas coisas de péssimo gosto": a senhorita Felicidade, os amores ilícitos, as flores emolduradas, as aquarelas um pouco pálidas, os cofres feitos de conchas, os objetos com o aviso "Salve".

Se você quer entender a Itália, só há uma coisa a fazer: ir a Sanremo. O que confirma isso são os números incontestáveis da audiência, da avaliação, do *share*, dos concursos, do público alcançado, do índice de fidelidade. Sanremo vence em todos os aspectos, assim como a *soap opera* do calibre de *Guiding Light* nos Estados Unidos ou as telenovelas do calibre de *Roque Santeiro* no Brasil. A postura inicial de impassível superioridade intelectualoide passou, uma vez que os espectadores da quermesse musical são uma amostra bem mais representativa que os utilizados nas melhores pesquisas eleitorais. Muitos não admitem, mas ficam ali, colados à telinha, para acompanhar, pelo menos furtivamente, esse encontro coletivo que se repete há mais de 60 anos, continuando a gozar de ótima saúde e a prosseguir inabalável, enquanto o país naufraga em incertezas, a Europa é varrida pelos ventos da guerra e os migrantes morrem nas mesmas águas que servem de fundo ao festival.

Nesse naufrágio universal, um em cada cinco italianos se agarra, e até mais que antes, ao bote salva-vidas do rito popular de Sanremo, que, com a desculpa de celebrar a canção italiana, lhe proporciona algumas horas de distração de massa, confirmando-se como último baluarte de uma cultura nacional-popular que, na Itália, existe e resiste, não obstante os poucos intelectuais constrangidos que tentam explicá-la ou compará-la, e não obstante os muitos enviados especiais que tentam codificá-la e descrevê-la, atribuindo-lhe um lugar no panteão das coisas que contam. Aquele lugar que a Igreja – arguta e, por isso, bimilenar – atribui astutamente a taumaturgos úteis, como padre Pio de Pietrelcina ou santa Rita de Cássia, deixando aos teólogos solenes a familiaridade culta com os Pais da Igreja, como são João Crisóstomo ou santo Agostinho de Hipona. E é significativo que a afeição do público a Sanremo persista, apesar do colapso da televisão em geral, da mesma forma que o culto de padre Pio resiste ao colapso dos devotos das missas dominicais.

É claro que a cultura popular não é aquela da classe dominante, que procura, ainda assim, hegemonizá-la sem sujar as mãos e, por isso, sem conseguir. Sanremo é um poderoso rito não libertário porém suavemente liberador. É um circuito fechado em que o intelectual que colabora com a seção de cultura dos jornais se resguarda de entrar, por medo de contaminar a sua já improvável virgindade cultural. Trata-se da cultura que os Pippo Baudo e os Mike Bongiorno formaram na Itália, os Jô Soares e os Fausto Silva, no Brasil, e os Walter Cronkite e os Charlie Rose, nos Estados Unidos, e que minha mãe consumiu a vida toda.

Ela e eles se entenderam muito bem. Os acadêmicos é que nunca nos entenderam e não entenderão jamais, porque a cultura popular é estranha à da elite. A elite discute o andamento das bolsas e os vencedores do prêmio Goncourt; o povo fala do amor perdido. A elite discute as primaveras árabes; o povo fala de vinganças e traições. A força dessa cultura é que dá espaço a sentimentos eternos, que, aliás, são sete ou oito ao todo, como as notas musicais. A cultura dominante, por sua vez, vive da contingência e, por isso, não é eterna. Já Sanremo tem um público tão vasto e tenaz justamente porque não se deixou levar pelas tentações da atualidade, que os sociólogos, economistas, políticos e juristas amam disputar. Em Sanremo, a atualidade só entra superficialmente, e, quando isso acontece – penso em um Bellini que caçoa de Berlusconi –, parece, de algum modo, uma contradição.

A cultura da elite é copernicana: gira em torno do mundo. Já a cultura popular é ptolemaica, com o mundo girando à sua volta. Vive dos sentimentos simples e duradouros. Não requer sequer opções ideológicas. Quando Sanremo estiver sendo transmitido, pare e veja, ouça, pense em outra coisa, coma, distraia-se, cochile, sem desligar. É uma noite finalmente dedicada a coisas eternas: a música fácil de decorar, a ignorância, o amor, a futilidade, o repouso, o sono. Tudo pode mudar, exceto isso.

Os fatos e os protagonistas da política e da economia estão muito distantes da cultura nacional-popular. Mesmo quando se apropriam e se revestem dela, é só teatro, disfarce, imitação grosseira. Na realidade, os políticos e os economistas não sabem nem podem prometer aquilo que as pessoas comuns querem de verdade, isto é, os sentimentos eternos. O seu insucesso atual – razão por que estão desorientados, não conseguem encontrar nem candidatos nem votantes, nem sequer obter votos e angariar seguidores – deve-se ao fato de que não sabem pensar em uma estratégia capaz de ultrapassar a contingência e a atualidade. Não sabem apontar futuros utópicos. Não sabem elaborar discursos sobre os sentimentos humanos, como faria Adam Smith, que dedicou aos seres humanos, durante toda a vida, a sua missão de professor.

A distância inalcançável de Sanremo está no fato de que a mente da elite intelectual navega pelo que vê, enquanto a do povo de Sanremo enxerga longe os fundamentos de que o destino humano depende: a vida, a morte, o amor, o ódio, o ciúme, o desespero e a resignação. Todos eles, sentimentos básicos que encontram correspondência tanto nas melodias tristes como nas canções gritadas e que são sintetizados por um convidado portador de deficiência, que conclui a sua comovente performance dizendo ao público, comovido: "A música, como a vida, só pode ser feita de um modo: junto."

Contudo, se repararmos bem, nessa constância inteiramente sanremense, embora não se perceba, alguma coisa muda, de um ano para outro. Se compararmos as canções de 60 anos atrás – *Grazie dei fiori, Vola colomba, Son tutte belle le mamme del mondo, Vecchio scarpone, Viale d'autunno, Buongiorno tristezza* – com as de edições recentes – *Vorrei avere il becco, Non è l'inferno, L'essenziale, Controvento* –, notaremos que uma espécie de secularização sutil introduziu-se também no palco de Sanremo, onde uma apresentadora pôde exibir uma saia com abertura lateral, sem calcinha, uma canção pôde falar de preservativos e mais de um texto pôde fazer alusão a amores homossexuais.

Já se foram os tempos de Pio XII, e até a televisão italiana pode se permitir qualquer contradição em uma cultura nacional-popular que, ao lado do coração e do amor, admite uma digressão controlada com um rapper e com Elton John. Tolerar, misturar, dosar, atenuar e conter eram, ontem, as palavras de ordem. Consentir, aludir, seduzir são, hoje, as palavras-chave.

TV

Há alguns anos, um banco me encomendou um texto sobre a felicidade para ser publicado no Natal. O texto seria ilustrado por um fotógrafo de minha escolha, livre como eu para viajar no tema. Indiquei o amigo Oliviero Toscani, que aceitou o desafio, e lhe impus apenas uma condição: que as fotos fossem abstratas e coloridas, porque, a meu ver, cor e abstração são a dupla essência da felicidade.

Algumas semanas depois, Oliviero me mandou um material fotográfico digno da sua genialidade: bonito, intrigante, coloridíssimo. Tão abstrato que eu não conseguia entender quais eram os objetos fotografados por ele. Fez um pouco de mistério e depois me revelou que se sentou diante do televisor ligado e fotografou a esmo as imagens que passavam pela tela e depois imprimiu, bem ampliados, alguns detalhes cromaticamente sedutores. A televisão, a seu ver, é o brinquedo que distribui maior felicidade aos telespectadores do mundo inteiro. Merece, portanto, ser promovida a mais perfeita metáfora da felicidade moderna.

De fato, cada um de nós deve à televisão inúmeros momentos felizes: quando rimos assistindo a um comediante inteligente, quando aguardamos, ansiosos, pelo telejornal; quando o nosso clube do coração faz um gol inesperado. A partir dos anos 1950, esse eletrodoméstico adentrou nossas casas e tem nos acompanhado diariamente, mudando a sua forma, o seu conteúdo, as nossas ideias e o nosso comportamento.

Do seu surgimento, no segundo pós-guerra, até o fim dos anos 1970, o televisor era um cubo volumoso, de muita madeira e pouca tela, que transmitia em rigoroso preto e branco. Naquela época, as imagens da televisão nos encantavam com sua magia e nos dominavam com sua novidade. Em um primeiro momento, formou-se uma segregação entre os poucos afortunados que possuíam um televisor e os muitos excluídos que tinham de se contentar com visões fugazes como convidados na casa dos outros, por ocasião das transmissões mais imperdíveis.

Mas essa fase elitista durou pouco. A televisão se difundiu rapidamente, como um contágio viral, e logo substituiu a escola e o professor, a paróquia e o padre, o cinema e o rádio. Unificou a linguagem, engolindo os dialetos; impôs a mesma sintaxe em todas as regiões. Ditou novos padrões estéticos para o nosso corpo e para a nossa casa; difundiu uma ética mais tolerante para com a sexualidade; amenizou diferenças entre cidades e países, entre ricos e pobres; e fez da dona de casa o parâmetro de referência para toda a classe média emergente. Agora, a segregação não era mais entre os poucos possuidores da onerosa caixa mágica e os muitos invejosos privados dela, mas entre a massa de possuidores e a suposta minoria de intelectuais que ostentava a intencional recusa da televisão, tida como veículo diabólico de mensagens manipuladoras. *L'intox vient à domicile*, diriam os estudantes do movimento de maio de 1968 na França.

Nos anos 1980 e 1990, o móvel que envolvia a tela das nossas ambições tornou-se mais essencial, quase desaparecendo, a tela se dilatou, as imagens ganharam cor. Os programas de televisão, depois de terem superado de longe os cinematográficos, tomaram o lugar do psicólogo e do especialista em marketing. Uma vez unificada a linguagem, passaram a nivelar as necessidades e a orientar o consumo. O ingênuo *Carosello* italiano, com pequenas esquetes que acompanhavam os telespectadores à aquisição de um produto, foi substituído pelo exagerado bombardeio dos spots publicitários rápidos, inescrupulosos, violentos, insinuantes, que fizeram do consumo a primeira preocupação dos telespectadores, enchendo sua cabeça de ideias insensatas; suas casas, de objetos fúteis; e suas geladeiras, de alimentos supérfluos. O entretenimento ludibriou todos os outros gêneros e, dali em diante, tornou-se o vetor privilegiado para modificar os gostos, criar mitos, encorajar ritos, influenciar opiniões, vencer eleições. A essa altura, a segregação se deu entre os jovens, mais propensos à boate com os amigos que à televisão com os "velhos"; estes últimos, mais parcimoniosos e mais temerosos da violência das ruas, preferiam ficar em casa diante da tela inofensiva. A qual, não obstante, aumentava a olho nu a sua oferta de programas, possibilitando a cada telespectador montar a própria programação.

Com entrada triunfante no século XXI, o televisor mudou mais uma vez por dentro e por fora e multiplicou as suas formas e os seus conteúdos. Tornou-se fino, amplo e curvo como uma tela de cinema, ou pequeno e versátil como um iPad. Insinuou-se em todos os cômodos da casa, nas vitrines comerciais, nas cozinhas dos restaurantes, nas estações e nos aeroportos, nos automóveis, nos aviões, nos computadores e nos celulares. Depois de ter substituído o professor, o padre e o psicólogo, a televisão tomou o lugar do tribunal e do Parlamento. Hoje, decide quem é culpado e quem é inocente, quais leis promulgar e quais vetar, quais alianças políticas restringir e quais escolher. Depois de ter unificado a linguagem e o consumo, o objetivo passou a ser orientar as escolhas políticas, capturar o consenso social, manipular a esfera racional e, principalmente, a emotiva, dos cidadãos. A ficção banal substituiu as minisséries literárias e a telenovela de alta classe; o *quiz*, o reality e o talk show triunfaram sobre todos os outros gêneros, tornando-nos mais rudes, superficiais e tristes pela degradação do gosto estético, a liberação da rixa, a trivialidade da linguagem e do comportamento.

Agora, a televisão – acossada pela internet, pelo YouTube e pelo Facebook – pede emprestadas à informática e à web as ferramentas para se tornar cada vez mais miniaturizada, interativa, personalizada, diversificada, até inundar os destinatários com uma enxurrada de mensagens que nem mesmo os receptores mais cultos e sábios conseguem decodificar, selecionar e assimilar sem se deixar subjugar.

Casada com o celular e capaz de uma comunicação em via de mão dupla, também de ponto a ponto, aquela que um dia foi televisão agora possibilita que cada um se torne um diretor multimídia, compondo no WhatsApp um mix de palavras escritas e faladas, fotografia, música e filme, capaz de chegar aonde quer que seja em tempo real. Nesse ponto, depois de ter unificado a linguagem, o consumo e o consenso, depois de ter transformado o povo em massa e a massa em átomos, a televisão sumiu, em um híbrido que contém e mistura todos os outros meios de comunicação, que competem entre si com a promessa de posteriores e imprevisíveis metamorfoses. Resta saber se a nossa identidade individual será capaz de sobreviver a essa tempestade de informações e sensações que se adensa sobre e dentro de nossa cabeça.

A última segregação – provocada por esse mix de que o televisor ainda hoje faz parte – não é mais entre os poucos afortunados que o possuem e os muitos que não têm possibilidade financeira de o adquirir, nem mais entre os consumistas integrados e os apocalípticos esnobes, mas sim entre os analógicos que se mantiveram fiéis à caneta esferográfica e os digitais, já completamente adaptados ao computador e às redes, com suas infinitas metamorfoses ambíguas e surpreendentes.

Stakhanov

Alexei Grigorievich Stakhanov nasceu no vilarejo de Lugovaya, em 3 de janeiro de 1906, e foi operário nas minas de carvão da região de Donbass, na então União Soviética, hoje Ucrânia. Incansável até o heroísmo psicótico, em 31 de agosto de 1935 conseguiu extrair em 5 horas e 45 minutos cerca de 102 toneladas de carvão, o equivalente a 14 vezes a produção prevista. Assim o 31 de agosto tornou-se o "Dia do Minerador" e Stakhanov, desde então, passou a ser considerado o trabalhador-modelo para todo o proletariado soviético. Recebeu as honras da Ordem de Lenin, da Ordem da Bandeira Vermelha do Trabalho, os distintivos de primeira, segunda e terceira classe pela glória minerária; fez carreira como assistente, engenheiro e, depois, foi a diretor. Sua saúde de ferro permitiu-lhe viver até os 70 anos, não obstante o tempo vivido no inferno das minas.

A partir do empreendimento desse Prometeu proletário nasce o estacanovismo: um fenômeno de massa, incentivado pela propaganda e pelos prêmios de produção, voltado a demonstrar ao mundo a eficiência dos métodos de trabalho socialistas e a dedicação à causa por parte dos operários soviéticos. "O movimento estacanovista", disse Stalin, "representa o futuro da nossa indústria e carrega em si o germe do futuro arroubo cultural e técnico da classe operária, e nos abre a única estrada pela qual podemos atingir aqueles altos índices produtivos, indispensáveis para passar do socialismo ao comunismo e eliminar a divergência entre trabalho intelectual e trabalho manual."

Na realidade, a divergência entre trabalho intelectual e manual não foi nivelada elevando o segundo à dignidade e à criatividade do primeiro, mas estendendo a trabalhadores de escritório e empresários o mesmo imprudente frenesi produtivo, a mesma alienada dependência do trabalho, a mesma obtusa disponibilidade para a hora extra. E assim, ao estacanovismo dos operários comunistas somou-se o *workaholismo* dos funcionários e empresários capitalistas, agrupando-os no mesmo distúrbio obsessivo-compulsivo: o distúrbio do exagero, a mania de grandeza, de superioridade, de velocidade, de disputa perpétua do *homo faber*, do Prometeu, do Ícaro, da sociedade em que tudo deve ser maior, exagerado, descompensado e desproporcional.

Aumentar em 14 vezes a produtividade do operário realizava na União Soviética o sonho já sonhado na Inglaterra pelos primeiros empreendedores industriais, racionalizado e experimentado depois nos Estados Unidos por Taylor e Ford, teorizado pelos liberais como supremacia da concorrência, da competitividade, dos recursos ilimitados a serviço de um crescimento também ilimitado. Um sonho que se manifestava periodicamente nas várias edições triunfais da Grande Exposição Universal, a Great Exhibition of the Works of Industry of all Nations, promovida pela primeira vez em Londres, em 1851, pelo príncipe Albert, marido da rainha Vitória, e destinada a desencadear uma competição de grandeza entre os diversos países industriais, da qual restarão construções futuristas como o Crystal Palace da edição londrina, a Torre Eiffel, da edição parisiense (1889), o Atomium, de Bruxelas (1958), a Biosfera, de Montreal (1967).

Em 1869, o soberbo Giosuè Carducci publicou o *Inno a Satana* (Hino a Satanás), em que Satanás representava a razão e o progresso contrapostos às superstições dos padres e às prepotências imperiais. Como encarnação moderna do satânico progresso, Carducci assumia a locomotiva que George Stephenson tinha inventado 40 anos antes e já se difundia na Itália: *Un bello e orribile/ mostro si sferra/ corre gli oceani,/ corre la terra:// corusco e fumido/ come i vulcani,/ i monti supera,/ divora i piani* (Um belo e horrível/ monstro se liberta/ corre os oceanos/ corre a terra:// brilhante e fumegante/ como os vulcões,/ as montanhas supera/ devora as planícies).

O excesso, a velocidade, a euforia do progresso transbordaram da indústria para a arte: uns 10 anos depois do *Inno a Satana*, em 11 de janeiro de 1881, estreou no Scala, de Milão, o balé mímico *Ballo Excelsior*, destinado a se tornar a trilha sonora da época, uma "ação coreográfica, histórica e alegórica em seis partes e 11 cenas" em que se celebrava, com o imenso corpo de baile, composto de 450 elementos, e com efeitos especiais surpreendentes, o triunfo da ciência, alegoricamente entendida como vitória da luz e da civilização sobre o obscurantismo, inimigo do progresso. Cada uma das seis partes celebrava uma grande invenção ou uma grande realização da época: do barco a vapor ao navio a vapor e à pilha elétrica, da lâmpada elétrica ao telégrafo, do canal de Suez ao túnel de Fréjus. "É o paraíso, o triunfo da humanidade incivilizada, uma festa do pensamento rico e esplêndido", comentaria o *Corriere della Sera*.

Com a chegada do século XX, a síndrome de Stakhanov – isto é, o frenesi do progresso, do excesso e da velocidade – explode em todas as direções, o Ocidente encabeçando. Taylor e Ford inventam tempos e métodos para multiplicar a produtividade das fábricas, entre 1903 e 1905, os irmãos Wright, nos Estados Unidos, e Alberto Santos Dumont, na França, experimentam os primeiros aeroplanos. Em 1909, esses triunfos do homem moderno encontram a sua exaltação no *Manifesto futurista*, de Filippo Tommaso Marinetti: "A magnificência do mundo se enriqueceu de uma beleza nova: a beleza da velocidade. Um automóvel de corrida, com o seu capô adornado de largos tubos semelhantes a serpentes de hálito explosivo... um automóvel rugidor, que parece correr nos disparos de uma metralhadora, mais bonito que a *Vitória de Samotrácia*... Nós já vivemos no absoluto, uma vez que criamos a eterna velocidade onipresente."

Em seguida, o futurismo se confronta com o cubismo e com o orfismo até na América e no Japão, dá à luz o cubofuturismo de Burliuk e Maiakovski na Rússia, o rondocubismo de Josef Gocar em Praga, o raionismo de Larionov, outra vez na Rússia, o vorticismo de Lewis na Inglaterra, o manifesto *Reconstrução futurista do universo*, de Balla e Depero, na Itália, e a Semana de Arte Moderna, em São Paulo.

O exagero e o gigantismo são a marca registrada da sociedade industrial: o Stakhanov que existe dentro de cada empreendedor que arrisca, dentro de cada operário que se aliena, de cada empresário que organiza e de cada político que se exalta oferece o melhor de si construindo arranha-céus cada vez mais altos, fábricas cada vez mais monstruosas e eficientes, armas cada vez mais destrutivas, escolas, hospitais, casernas, centros comerciais, transatlânticos, aviões, petroleiros e porta-aviões cada vez mais espetaculares, grandiosos e inovadores. E, com a fúria de crescer industrialmente, Stakhanov se perde na ideia exaltante da ultramoderna ausência de limitações.

Segundo Paul Valéry, com a descoberta da América em 1492, teve início “o tempo do mundo concluído”. Segundo Serge Latouche, só no ano 2000 começamos a tomar conhecimento de fato das limitações dos nossos recursos, da ausência de limites das nossas pretensões, da ignorância das nossas contradições. Assim, “limite e medida ressurgem na forma de catástrofes: mudança climática, contaminação nuclear, novas pandemias, fim do petróleo barato, esgotamento dos recursos naturais renováveis e não renováveis, efeitos deletérios dos produtos químicos sintéticos, contraprodutividade dos nossos sistemas tecnológicos, crises sociais e falências fulminantes das promessas de felicidade, ameaças integralistas e terroristas. Entramos na era dos limites, não há dúvida”.

É urgente, portanto, que um novo Iluminismo liberte a sociedade pós-industrial do excesso da religião do crescimento, da competitividade, da colonização, da manipulação, do consumismo e da economia, assim como o velho Iluminismo empenhou-se em libertar a sociedade rural do exagero do poder religioso e do poder imperial.

Limite

"O capital", disse Marx, "considera todo limite um obstáculo." Portanto, empenhou-se até o fim em superar cada um deles, romper cada barreira, quebrar cada recorde, transformar cada dado em hipótese. A essa mania compulsiva, Serge Latouche dedicou uma reflexão sua, intitulada *Limite*, em que analisa as ferramentas elaboradas pela modernidade capitalista para desafiar os vários tipos de limite, com a megalômana pretensão de contorná-los ou superá-los. Para anular os limites jurídicos, por exemplo, compôs leis *ad hoc*, estabeleceu paraísos fiscais, zonas francas, redes de máfia e de narcotráfico transnacional, exceções às regras e exceções às exceções. Transformou as guerras em guerrilhas e os combates entre exércitos em batalhas entre drones, procurou enfraquecer as barreiras entre Estados e povos, assim como reduzir as distinções entre civis e militares.

Para superar os limites culturais, os grupos hegemônicos do sistema capitalista impuseram às massas subalternas – uniformizando-as – desejos, necessidades, histórias, línguas, modelos de produção, de consumo e de pensamento. A corrida obsessiva pelo excesso não poupou os limites do corpo humano, estressado para obter dos atletas desempenho sobre-humano, recorrendo ao doping com fármacos e drogas capazes de aumentar a massa e a força muscular, multiplicar o aporte de oxigênio aos tecidos, reduzir a percepção da dor e variar o peso corporal.

Em escala macroscópica, verificamos que milhares de etnias (talvez 5 mil, talvez 20 mil) foram impelidas a se enfrentar, a se confundir, a se extinguir. Das 20 mil línguas faladas na Era Neolítica, restaram apenas 6 mil, reduzidas à metade neste século. Ao mesmo tempo, a metade de toda a população mundial fala apenas cinco línguas: chinês, inglês, russo, espanhol e híndi. A globalização – que poderia fecundar uma prodigiosa mestiçagem cultural, uma fertilização cruzada das diferentes culturas – se reduz ao devastador domínio de uma civilização colonizadora sobre uma civilização colonizada.

Além disso, para romper os limites ecológicos, a modernidade esgotou os recursos não renováveis, poluindo o ar e a água, destruindo a fauna e a flora, empobrecendo a biodiversidade. E esbanjou de modo inconsciente os recursos raros ou não renováveis, colocando-se frente à Terra, como força antagonista capaz de intervir e destruir os grandes ciclos da vida planetária.

Esse tipo de monstruosidade opera em planos diferentes. Nicholas Georgescu-Roegen enfatiza, justamente, que "não podemos produzir geladeiras, automóveis ou aviões a jato *melhores e maiores* sem produzir, também, lixos *melhores e maiores*". Para absorver a quantidade de CO_2 produzida por cada litro de gasolina que queimamos, são necessários 5 metros quadrados de floresta. Considerando que a superfície terrestre é de 51 bilhões de hectares, dos quais dois terços estão submersos, o espaço biorreprodutivo – isto é, útil para nossa reprodução – é de apenas 12 bilhões de hectares, equivalentes a 1,8 hectare per capita. É essa a nossa "marca ecológica". Uma vez que hoje já consumimos 2,9 hectares per capita (para ser preciso, um americano consome 9,6 ha e um indiano, 0,8 ha), no estado atual, já excedemos amplamente os limites da nossa marca ecológica, e os superaremos ainda mais, continuando a crescer como crescemos, a 3% ao ano. Então, se os países pobres também conquistassem – como é sua aspiração legítima – o padrão de vida dos países ricos, apenas o nosso planeta não bastaria para satisfazer a marca biológica de todos os seres vivos: seriam necessários de três a seis dele.

No setor agrícola, o ecossistema está ameaçado pela erosão dos solos, pela salinização, pela poluição por pesticidas e fertilizantes, pela poluição das camadas aquíferas. No setor industrial, o ecossistema está ameaçado tanto pela poluição da água como pela do ar – provocada pela produção de dejetos e ruídos – e como pelo esgotamento dos recursos naturais não renováveis. No setor energético, o ecossistema está ameaçado tanto na fase de produção como na fase de transporte e de consumo da energia. Em todos os casos – no que diz respeito ao consumo per capita de energia – permanece forte e iníqua a diferença (1 para 5) entre países pobres e ricos, e também entre zonas urbanas (mais esbanjadoras e mais poluídas) e zonas rurais (mais sóbrias e saudáveis).

Se o planeta não fosse protegido pela atmosfera, a temperatura média da Terra seria de -19°C; graças à atmosfera, gira em torno de 15°C. Infelizmente, porém, o último relatório do IPCC (Intergovernmental Panel on Climate Change – Painel Intergovernamental sobre Mudanças Climáticas), da ONU e da Organização Meteorológica Mundial, nos adverte de que "o grau de aquecimento previsto é bastante superior às mudanças observadas no século XX, e muito provavelmente não há precedentes nos últimos 10 mil anos". Se a oscilação natural, que teria ficado no equilíbrio, foi alterada de modo tão preocupante, o fenômeno é atribuído à emissão e concentração dos gases do efeito estufa (dióxido de carbono, óxidos de nitrogênio, ozônio, etc.), resultantes, sobretudo, do uso das fontes energéticas e capazes de reter calor no interior da atmosfera.

Outras ameaças ao ecossistema são oriundas do desmatamento (a cada minuto desaparecem entre 20 e 50 hectares de florestas e a cada ano é desmatada uma superfície quase tão grande quanto a da Itália, com consequências devastadoras, tanto na biodiversidade quanto no equilíbrio hidrogeológico), do fim da biodiversidade (da qual se reduz, ano a ano, a variedade de mais de 5 milhões de espécies de plantas, animais e microrganismos presentes no planeta), da redução da espessura da camada de ozônio que protege a Terra (o que aumenta a exposição à luz solar e, com ela, fazendo crescer as várias formas de câncer de pele), das precipitações de chuva ácida, causadas principalmente pela produção termelétrica de gás carbônico, que contém agentes poluidores como o dióxido de enxofre ou os óxidos de nitrogênio (com danos aos edifícios, às árvores, às colheitas, aos aquíferos e, por consequência, à saúde do homem).

Além dos limites jurídicos, culturais e ecológicos, o homem moderno tem realizado um assalto sistemático aos limites econômicos. Em primeiro lugar, ele sustenta que essas limitações não existem de fato, pois a criatividade humana consegue, sempre, superá-las, e a mão invisível do mercado consegue, sempre, amenizar os efeitos. Portanto, é possível acumular, investir, gastar e consumir infinitamente. Mesmo as crises entram no ciclo do progresso econômico, segundo o qual, depois de cada crise, há, com certeza, um novo crescimento, e quem nega esse dogma é um bruxo profeta. Enquanto se espera o Godot do crescimento real, basta alimentar os desejos com a relativa e presumida felicidade que se espera da realização deles.

Aqui se faz necessário, ainda que seja cansativo, citar as palavras que, ditas e repetidas, repercutem por meio de Hobbes, Smith, Hegel e Marx, até Marcus e Baudrillard. Disse Hobbes, no *Leviatã*: "A felicidade desta vida não consiste no repouso de um espírito satisfeito... A felicidade é um contínuo fluxo de desejo, de um objeto a outro, e a conquista do primeiro não é mais que o caminho para conquistar outro." A natureza do desejo e o objeto por meio do qual ele é alcançado não são naturais e espontâneos, mas induzidos, como entendera Hegel, já nos primórdios da sociedade consumista, quando escreveu: "A necessidade de um maior conforto não nasce exatamente dentro de vocês; ela lhes é sugerida por aqueles que esperam tirar proveito da sua criação." Se a necessidade fosse satisfeita, deixaria de ser necessidade e não incitaria aquisições posteriores. Só quem é infeliz e, também, alienado está disposto de verdade a adquirir bens pelos quais se ilude de obter a solução para a própria infelicidade. "Na minha profissão", confessa sem pudor o publicitário autodenominado pessimista e hedonista Frédéric Beigbeder, "ninguém deseja a felicidade alheia, porque gente feliz não consome." "O que provoca a infelicidade humana é a contradição entre a nossa condição e os nossos desejos", afirma Jean-Jacques Rousseau. Portanto, é preciso relembrar ao consumidor a sua insolvência, de modo a torná-lo particularmente infeliz. Depois disso, basta oferecer-lhe o bote salva-vidas do consumo a crédito para que ele fique preso à droga do consumismo compulsivo.

Escreve Jean-Paul Baudrillard, no ensaio *O sistema dos objetos*: "É o crédito que parece ter uma assonância com o mágico e que desenvolveu a percepção e a gestão do nosso tempo... Antes do seu surgimento, a compra era precedida de economia; para tanto, era preciso transcorrer um período de trabalho duro, às vezes longo e doloroso, a fim de que fosse possível dispor de meios financeiros suficientes para satisfazer as necessidades pesadas, como a compra de móveis. Era preciso produzir antes de consumir. Com a monetização das economias e o desenvolvimento do crédito, a lógica se inverteu e o imediatismo foi alçado a novo imperativo social: não se deve mais retardar o prazer!"

A saída social dessa evolução da desproporção – que começa com a fábrica industrial, prossegue com a economia do crédito e chega ao centro comercial – é o famoso *incipit* de *O homem unidimensional*, de Herbert Marcuse: "Uma confortável, polida, racional, democrática não liberdade prevalece na civilização industrial avançada, sinal de progresso técnico."

A essa altura, a evolução é um círculo fechado: os produtores insaciáveis são atormentados o tempo todo pelo fantasma da concorrência, os consumidores insaciáveis são atormentados continuamente pelo fantasma dos débitos e a sociedade insaciável inteira é atormentada sem parar pelo fantasma basculante de inflação e deflação, atingindo níveis crescentes de infelicidade até diante de níveis crescentes de riqueza. Disse Marx: "Assim como uma sociedade, segundo Smith, não é feliz quando a maioria sofre... é preciso admitir que a infelicidade da sociedade é o objetivo da economia política. As únicas engrenagens que a economia põe para funcionar são a avidez pelo dinheiro e a guerra entre aqueles que por ele são afetados, a concorrência." Enquanto a ciência moderna cultivava a ideia de uma natureza infinita, substituindo a ideia medieval de um Deus infinito, a população mundial aumentava em proporção geométrica: nos anos em que Augusto era vivo em Roma e Cristo, na Palestina, a humanidade somava 330 milhões de indivíduos. Depois, levou 1.700 anos para chegar a 791 milhões, na época do Rei Sol e dos iluministas. Às vésperas dos anos 2000, éramos 6 bilhões. Desde então, crescemos ao ritmo de 200 indivíduos por minuto; hoje somos 7 bilhões; em 2025 seremos 8 bilhões.

Essa desproporção demográfica teve efeitos devastadores sobre a situação socioambiental: "Eu, que completei 60 anos", escreveu Gianfranco Bologna em seu ensaio *Natura Spa: La Terra al posto del Pil* (Natureza Spa: A Terra no lugar do PIB), "vi ao longo da minha vida a população mundial duplicar e pude perceber os efeitos ambientais, sociais e econômicos das extraordinárias transformações ligadas a esse crescimento. Quanto mais pessoas são acrescentadas à comunidade humana no planeta, mais se torna urgente e improrrogável encontrar soluções factíveis e concretas para a degradação ambiental e social."

Uma vez que permanece substancialmente válida a lei enunciada por Thomas R. Malthus no seu célebre *Ensaio sobre o princípio da população*

(1798), segundo a qual a humanidade cresce em proporção geométrica, enquanto os meios de subsistência crescem em proporção aritmética, a solução "factível e concreta" adotada até agora consiste em uma iníqua e vergonhosa distribuição dos recursos pela qual o PIB per capita, no Principado de Mônaco, é de 173.337 dólares, enquanto o da Somália é de 133 dólares. Considerando que, em 2025, para cada habitante dos países ricos haverá cinco nos países pobres, a riqueza desproporcional dos poucos ricos onerará cinco sextos da população, compostos de pobres, e será feito de tudo para que esses cinco sextos permaneçam submersos em uma pobreza perpétua; do contrário, a sua marca ecológica impediria os ricos de permanecerem ricos.

É claro que a desproporção dos fatos é consubstancial à da teoria que os justifica. Os teóricos da desproporção flutuam pela astroenergética, pela biometalurgia e pelo biotransistor, até Francis Fukuyama, que prevê um mundo em futuro próximo sem deficiências e sem lutas de classes, em que "a história humana terminará, porque aboliremos os seres humanos como são. E começará uma nova história, além da humana". Segundo esses utopistas tecnológicos, a associação de nanotecnologias, biotecnologias e informática permitirá o nascimento do "cyberman" pós-humano, para o qual todos os discursos contidos neste meu livro terão sido completamente superados, até porque, como prometia o relatório de 2003 da National Science Foundation – *Converging Technologies for Improving Human Performance* (Tecnologias convergentes para melhoria do desempenho humano) –, logo teremos a paz universal, o bem-estar global de ordem material e espiritual, a pacífica, vantajosa e prodigiosa interação homem-máquina, a total possibilidade de comunicação, prescindindo das barreiras linguísticas, a disponibilidade de fontes energéticas inexauríveis, o fim da degradação ambiental, até "um grau superior de compaixão e realização".

Acreditar nesse exagero dos exageros nos exime de ter escrúpulos ou dissabores de todo gênero, mas não nos exime de considerar que, pela primeira vez na história humana, podemos dar início a ações que evocam não a destruição de uma cidade ou a submissão de um exército inimigo, mas a continuação da vida sobre a Terra.

Desequilíbrios

O que os edifícios pós-modernos de Berlim, os templos cambojanos de Angkor, o teatro grego de Siracusa e as ilhotas tailandesas Koh Kood e Koh Chang têm em comum? Apoiam-se na mesma superfície terrestre e pertencem a este planeta, cada vez mais conhecido, mas cada vez mais bizarro.

Durante séculos, tivemos uma ideia parcial dele, como a do caubói que atravessava as pradarias; agora, incitados por Serge Latouche, devemos aprender a ter uma ideia abrangente dele, como o astronauta que contempla o planeta de fora. De uma pequena nave espacial, a Terra surge azul, uma vez que sua superfície é coberta por água, na maior parte. Apenas 2% dessa água são doces, mas um americano usa 575 litros dela por dia, sobretudo para lavar pratos e carros; um europeu usa 250 litros; um habitante da África subsaariana usa menos de 19 litros, e as mulheres de lá caminham uma média de 10 quilômetros por dia para transportá-la.

Ideia tão bizarra quanto é a nossa relação com a comida. Hoje há cerca de 7 bilhões de bocas para alimentar, mas, por sorte, os produtos cultivados pelos agricultores correspondem a 2.800 calorias por ser humano, mais que suficientes, portanto, para assegurar uma nutrição sadia para todos. No entanto, a distribuição desigual desses produtos faz com que a Índia despenda, para comer, a mesma soma que os Estados Unidos gastam com a embalagem da sua comida; uma vaca leiteira, na Europa, recebe um subsídio igual a 913 dólares, enquanto um habitante da África subsaariana vive com apenas 8.

A renda mundial já supera 65 trilhões de dólares e aumenta, em média, 3% ao ano. Segundo relatório da ONU sobre o desenvolvimento humano, bastariam 100 bilhões de dólares por ano para erradicar do planeta a fome e a extrema pobreza. No entanto, 795 milhões de pessoas passam fome e toda noite uma em cada nove pessoas vai dormir com fome. Na África subsaariana, uma em cada quatro pessoas está subnutrida. A fome atinge 2/3 da população asiática e 13% da população dos países em desenvolvimento, onde 100 milhões de crianças estão abaixo do peso e todos os anos 3 milhões de crianças abaixo de 5 anos morrem de desnutrição.

Milhões de pessoas no Terceiro Mundo e nas periferias do Primeiro Mundo não conseguem trabalhar porque estão desnutridas, e estão assim por conta da pobreza, que impede a aquisição de sementes por causa da insuficiência de infraestrutura agrícola, como estradas, celeiros e irrigação, por causa da má educação agrícola e gastronômica, por causa da estiagem, das mudanças climáticas, dos desastres naturais, das guerras, das perseguições, das ondas migratórias, das crises econômicas, das doenças como a aids, a malária e a tuberculose. Enquanto isso, nos países ricos um terço de toda a comida produzida, equivalente a 1,3 bilhão de toneladas/ano, é desperdiçado, embora tenha absorvido um volume de água equivalente ao do rio Volga e tenha emitido 3,3 bilhões de toneladas de gases do efeito estufa na atmosfera.

Em 2007, às vésperas da grande crise mundial, toda a riqueza possuída por 3,5 bilhões de pessoas (número correspondente à metade pobre da raça humana vivente) era igual à riqueza possuída pelas 85 pessoas mais ricas da lista *Forbes*. Hoje, como vimos, a riqueza ficou mais concentrada, a da imensa maioria igualando-se à dos 62 mais ricos. Algo semelhante aconteceu na Itália, onde, em 2007, as 10 pessoas mais ricas tinham uma riqueza igual à dos 3,5 milhões de italianos mais pobres. Hoje os mesmos 10 mais ricos têm riqueza igual à dos 6 milhões de pobres.

Não menos bizarra é a distribuição geográfica dos seres humanos. Em 1950, moravam nas cidades 746 milhões de pessoas, que correspondiam a 29% de toda a população mundial; hoje são 3,6 bilhões, equivalentes a 51% da população. Em 1950, apenas 83 metrópoles superavam um milhão de habitantes; hoje são 480, enquanto 28 megalópoles superam 10 milhões, hospedam 453 milhões de pessoas, ocupam 2% da superfície terrestre, mas utilizam 60% da água potável e são responsáveis por 80% de todas as emissões de gás carbônico produzidas pela humanidade. A China, que hoje tem uma população rural de 635 milhões, por volta de 2030 terá 15 megalópoles, com uma média de 25 milhões de habitantes cada uma.

A Índia, que hoje tem a maior população rural do mundo, com 857 milhões de pessoas, pode vangloriar-se também de uma megalópole como Déli, que possui atualmente mais de 16 milhões de habitantes e, dentro de 15 anos, alcançará Tóquio, com 37 milhões.

Nova York representa 10% do PIB dos Estados Unidos e, sozinha, supera o PIB de todo o Brasil. Londres e Paris, juntas, têm o mesmo PIB da Índia inteira. O peso econômico de Osaka, no Japão, supera o da Espanha.

Dez por cento da população mundial, equivalentes a 700 milhões de pessoas, estão insatisfeitos com o seu país e gostariam de emigrar. Nos últimos 10 anos, o número de emigrantes internacionais quase dobrou. A emigração enriquece os países já ricos: a metade dos graduados de Gana vive no exterior; no Reino Unido, 37% dos médicos são imigrados do Terceiro Mundo.

Como os seres humanos correm em busca de uma solução frente a essas bizarrices do planeta que eles mesmos contribuíram para acentuar? Sabemos que um planeta de recursos limitados não se pode permitir um crescimento ilimitado. No entanto, daqui a 10 anos o planeta inteiro produzirá uma riqueza que, se fosse distribuída igualmente, asseguraria a cada um dos seus habitantes uma renda de 15 mil dólares, contra os atuais 8 mil. Sabemos também que os quatro países do Bric (Brasil, Rússia, Índia e China), com outros seis países do Civets (Colômbia, Indonésia, Vietnã, Egito, Turquia e África do Sul), terão um crescimento econômico impetuoso, com um aumento semelhante de consumo e poluição.

A essa altura, os 196 países do mundo se encontrarão, provavelmente, frente a um dilema: ou adotam um modelo de tipo americano, chamado pelos filósofos políticos de *Washington Consensus*, que se caracteriza por um crescimento lento da economia de mercado, do consumismo, das contundentes desigualdades, do pluralismo político, das eleições livres e da liberdade de expressão; ou adotam um modelo de tipo chinês, chamado pelos filósofos políticos de *Beijing Consensus*, que se caracteriza por um crescimento rápido da economia planejada, por um único partido, pelo autoritarismo, pela ausência de liberdade de imprensa e de eleições livres.

O que continua difícil é acreditar que essas cruéis bizarrices do nosso mundo sejam prova da existência de um criador.

Migrações

Este capítulo está apinhado de números porque jamais os números falam tanto por si como neste caso, mesmo que as estatísticas sobre a emigração sejam sempre contraditórias, flutuantes e atrasadas.

Mas vamos partir de outra tragédia bíblica: o Holocausto. Mais de um milhão de prisioneiros foram exterminados em Auschwitz, 800 mil em Treblinka, 700 mil em Jasenovac, 600 mil em Belzec e quem sabe quantos, ainda, nos 15 mil campos de concentração grandes e pequenos que a SS disseminou, onde quer que pusesse o pé. Entre os milhões de pessoas que moravam em torno desses campos de extermínio, ninguém viu, ninguém admite ter visto, ninguém suspeitou do que acontecia ali. Pelo portão da cerca entravam vagões blindados, sem que se pudesse conseguir ver a mercadoria transportada; pelas chaminés, saía fumaça sem que se pudesse distinguir do que provinha. Havia, portanto, todas as condições para que se escondessem atrás do álibi de não saber.

Mas hoje, não. Hoje sabemos tudo, em tempo real. Hoje não há margem para ignorância a partir da qual se possa construir álibis e basear impunidades. De 1988 até 2 de fevereiro de 2016, morreram, ao longo das fronteiras da Europa, 27.382 emigrantes em fuga da guerra, da fome e da ditadura, que tentavam penetrar nessa nossa fortaleza de bem-estar, paz e democracia.

No Mediterrâneo, para a Grécia, a Itália e a Espanha, e no oceano Atlântico, para as Canárias, afogaram-se 22.223 pessoas. No canal da Sicília, entre Itália, Líbia, Egito, Tunísia e Malta, já são mais de 13 mil vítimas. Outras 229 pessoas morreram navegando da Argélia para a Sardenha. Ao longo das rotas que vão do Marrocos, da Argélia, do Saara Ocidental, da Mauritânia e do Senegal para a Espanha, em direção às Canárias ou atravessando o estreito de Gibraltar, morreram pelo menos 5 mil pessoas. No mar Egeu, entre a Turquia e a Grécia, quase 3 mil pessoas perderam a vida. No Adriático e no Jônico, entre Albânia, Montenegro, Grécia, Apúlia e Calábria, pelo menos 700 pessoas morreram. De todos esses mortos, 28 mil jazem no fundo do mar.

Muitos emigrantes, antes mesmo de embarcar, fizeram uma longa viagem a pé ou em caminhão – se tiveram sorte – através do Saara. De 1996 até hoje, morreram 1.900 desses refugiados, aos quais somam-se milhares de vítimas das deportações em massa praticadas pelos governos de Trípoli, Argel e Rabat, abandonadas à própria sorte, nas zonas fronteiriças, em pleno deserto. Enquanto viajavam escondidas em carretas ou trens, 514 pessoas perderam a vida por sufocamento, outras 42 morreram congeladas nos vãos de trens de pouso de aviões, outras 417 afogaram-se atravessando a nado os rios fronteiriços, outras 209 morreram tentando atravessar a pé fronteiras ou campos minados. As polícias de fronteira mataram 317 pessoas e outras 25 foram assassinadas por contrabandistas beduínos do Sinai. Esses números são de março de 2016, mas estão fadados a aumentar a cada dia.

Todas as noites, o telejornal mostra embarcações superlotadas de desesperados; os últimos cadáveres que flutuam no mar; muros de cimento guarnecidos no topo com pontas agudas de ferro, dos quais essas pessoas são excluídas e dentro dos quais a sociedade rica da Europa cristã está protegida.

Frente a essas imagens, está em curso uma vasta operação de esquecimento, perfeitamente alinhada com o comportamento centralizado no presente, que é próprio da cultura pós-moderna. Umberto Eco, poucos meses antes de morrer, concedeu uma entrevista à *ICS Magazine* em que, depois de ter definido a cultura como "alternância contínua entre a liberdade de expressão e a crítica dessa expressão", lamentava a atual vitória do esquecimento sobre a memória. "Assistimos a uma enorme crise da memória coletiva... A memória coletiva entra em crise porque entra em crise também o gosto pela memória individual. Quem não sabe quando morreu Mussolini provavelmente não está interessado em recordar nem mesmo o que fez no último verão. Importa-lhe menos ainda saber o que aconteceu a seus pais e a seus avós... Então corre o risco de nascer uma geração interessada em conhecer apenas o presente... Não sei responder quantos jovens, hoje, saberiam dizer quando chegaram os celulares, mas posso apostar que muitos se encontrariam em grande dificuldade só de imaginar uma época em que tais parafernálias não existiam... A internet pode ser usada para cultivar a memória coletiva desde que haja interesse. O ponto é – mais uma vez – manter a capacidade crítica, que é, antes de tudo, capacidade de discernimento, separação. Basta pensar: em toda cultura sempre houve uma elite, que tinha acesso às gavetas da memória e, portanto, ao saber, e uma massa mais ou menos ampla, que ficava excluída dela. Hoje temos, de novo, uma elite, que usa de forma crítica as ferramentas tecnológicas e cultiva, conscientemente, a memória e o saber, e uma massa que não o faz, não porque não tenha tido acesso ao saber, mas por ter recebido saber em excesso e não o tenha organizado. Portanto, continuará sendo massa manipulada, mas por excesso de democracia."

Umberto Eco, que, há 50 anos, opunha-se à esquerda, às ideias de Ortega y Gasset, de Thomas Eliot e de Benedetto Croce porque criticavam a democracia – acusando-a de hiperdemocracia –, depois de meio século aderiu às posições deles, atribuindo a um "excesso de democracia" a incapacidade da massa de cultivar conscientemente a memória e o saber.

Acredito que essa incapacidade tenha origem, mais prosaicamente, no mesmo egoísmo com o qual, desde sempre, o homem procurou administrar o luto, ignorar e esquecer tudo aquilo que o faz sofrer, que o intimida, que o obriga a criticar a si mesmo, a se empenhar, a sair da sombra ardilosa para enfrentar, de olhos abertos e à luz do sol, os testes de realidade, sem temer ser esmagado pelo peso da evidência.

A atitude repugnante de milhões de italianos e europeus de ignorarem, descaradamente, a tragédia das ondas migratórias atuais – de proporções bíblicas – condiz com a luxuosa e egoísta conveniência do esquecimento, no qual afogam a terrível verdade de que, há apenas 100 anos, eram os antepassados dos italianos que estavam nos barcos dos emigrantes.

Entre 1876 e 1886, cerca de 7 milhões de italianos paupérrimos emigraram para outros países da Europa. Na década seguinte, outros 7,5 milhões de patrícios embarcaram para Argentina, Brasil e Estados Unidos, sem passagem de volta.

Segundo dados expostos no Museu Nacional da Emigração Italiana, "para o transporte dos migrantes, eram destinadas as 'carroças do mar', com 23 anos de navegação, em média. Tratava-se de navios a vapor em desaparelhamento, chamados de *naus da morte*, porque não poderiam conter mais que 700 pessoas, mas carregavam mais de mil, que partiam sem a certeza de que chegariam ao destino".

Assim, em 17 de março de 1891, 576 italianos (quase todos sulistas) morreram no naufrágio do *Utopia,* diante do porto de Gibraltar, e 549 emigrantes (a maioria italianos) morreram na tragédia do *Bourgogne*, ao largo da Nova Escócia, em 4 de julho de 1898. Singular foi o caso do vapor *Principessa Mafalda*, naufragado em 1927, porque nele morreram emigrantes italianos – do Piemonte, da Ligúria e do Vêneto – e sírios. Inaugurado em 1909, esse carro-chefe da frota do Lloyd italiano era o mais prestigioso e luxuoso navio tricolor, com uma terceira classe composta de salões capazes de hospedar até 1.200 emigrantes. Mas, em 1927, o vapor já era uma sucata, obrigado a parar em todos os portos para reparos no motor ou na hélice. Não obstante, em outubro de 1927, zarpou para o Brasil e a Argentina com 1.259 pessoas a bordo. Ao largo da costa brasileira, entre Salvador e Rio de Janeiro, um defeito na hélice provocou um rasgo no casco e a nave afundou, causando a morte de 634 passageiros.

Outro caso, igualmente dramático, foi o do "vapor veloz" *Sirio*, com 116 metros de comprimento, construído nos famosos estaleiros navais da Napier & Sons, de Glasgow, com casco de aço, velocidade de cruzeiro de 15 nós, equipagem de 128 homens, um velho lobo do mar no comando, 38 lugares nas cabines de primeira classe, 80 nas de segunda classe, 1.200 beliches na terceira classe. Em 4 de agosto de 1906, o *Sirio* navegava de Gênova para o rio da Prata levando a bordo 900 passageiros, entre os quais muitos clandestinos italianos e espanhóis. Ao dobrar o cabo Pelos, repentinamente encalhou nos recifes. Foram 500 mortos, na maior parte passageiros da terceira classe.

Quando esses navios conseguiam chegar ao destino, frequentemente traziam a bordo mortos ou vítimas de peste. Em 1884, o vapor *Matteo Bruzzo* atracou com 20 mortos por cólera e foi repelido a disparos de canhão, por medo de contágio. No *Carlo Raggio*, 18 passageiros morreram de fome em 1888, e 206, por doença, em 1894. Ainda em 1888, no *Cachar*, 34 morreram de fome ou asfixia. No ano seguinte, em 1899, no *Frisia*, houve

27 mortos por asfixia e mais 300 doentes, enquanto, no *Pará*, 34 migrantes morreram de sarampo. Em 1893, no *Remo*, houve 96 mortos por cólera e difteria. Em 1894, dos 1.317 migrantes do *Andrea Doria*, 159 morreram. No mesmo ano, no *Vincenzo Florio*, houve 20 mortes. Em 1905, dos 600 embarcados no vapor *Città di Torino*, 45 morreram.

No início do século XX, quando a população mundial era de 1,65 bilhão, 20% dos desníveis demográficos entre os países eram preenchidos por meio das migrações. Hoje, somos 7 bilhões e apenas 3,5% dos desníveis são compensados com o deslocamento de migrantes de um país para outro. Isso significa que, todo ano, cerca de 240 milhões de pessoas mudam de país; reunidos em uma só nação, seriam a quarta do mundo em número de habitantes. Estima-se que 10% de toda a população mundial gostariam de emigrar de seu país. Para criar essa necessidade, jogam, de um lado, a força centrífuga exercida pela miséria, pelo desemprego, pelas ditaduras, pelas guerras e pelos desastres naturais, e, de outro, a força centrípeta exercida pela qualidade de vida dos países ricos, cada vez mais evidente e atraente pelos meios de comunicação.

No hemisfério Norte, a renda per capita é de 37.500 dólares, enquanto no hemisfério Sul é de 10 mil dólares. Segundo um relatório da Oxfam, 48% da riqueza global estão concentrados nas mãos dos mais ricos, quc equivalem a 1% da população. Estima-se que 80% da população vivam com 5,5% da riqueza global; 1,2 bilhão de pessoas sobrevivem com uma renda inferior a 1 dólar por dia (relatório do PNUD – Programa das Nações Unidas para o Desenvolvimento). Os chamados "migrantes econômicos" correspondem aos 180 milhões de famintos que, em 2014, escaparam de seus lugares de origem para não morrer de fome. Existem, ainda, os "migrantes forçados" (como se os outros o fossem por escolha ou por diversão!), que fugiram das guerras, das ditaduras, das perseguições políticas, religiosas e raciais: 60 milhões, dos quais 38 milhões de retirantes internos, 2 milhões de solicitantes de asilo e 20 milhões de refugiados.

Em 1º de janeiro de 2014, viviam nos 28 países membros da União Europeia 5 milhões de imigrantes provenientes da África e 4 milhões provenientes da Ásia. Os solicitantes de asilo e os refugiados somavam 1,6 milhão. Em 2014, pediram asilo a países europeus 628 mil migrantes e, desses, 23 mil eram menores desacompanhados. Em 2015, os estrangeiros desembarcados nas costas europeias superaram um milhão.

Quanto à Itália, em 1º de janeiro de 2015 os estrangeiros residentes no país eram 5 milhões, correspondendo a 8,3% da população total (na Suíça, são 24%). Em 2000, eram apenas 2,5%, mas a incidência aumentou tanto por causa da chegada de novos imigrantes quanto por causa da diminuição dos nativos. E os imigrantes aumentaram não só pelos desembarques, mas pelo nascimento de crianças estrangeiras em solo italiano. A presença maior é de romenos, albaneses, marroquinos e chineses, nessa ordem.

Em 2015, desembarcaram nas costas italianas 154 mil migrantes, a maior parte sírios, eritreus e nigerianos. No fim de 2015, os solicitantes de asilo hospedados nas estruturas de acolhimento eram 104 mil. Calcula-se que os estrangeiros irregulares, que moram ilegalmente no território nacional, sejam cerca de 300 mil. Os alunos estrangeiros nas escolas chegam a 800 mil.

Como no mundo inteiro, inclusive na área mediterrânea, os desníveis econômicos, as guerras, os desastres naturais e as perseguições impelem todos os dias milhares de pessoas a superar a barreira líquida do mar, a mais transponível – e traiçoeira – das barreiras. Os nove países da margem norte somam 220 milhões de habitantes, que vivem em relativa paz. Os oito países da margem sul somam 271 milhões de habitantes, que vivem em contínuas guerras, guerrilhas e revoluções. A taxa de natalidade no Sul, onde os jovens representam a metade da população, é o dobro em relação à taxa de natalidade do Norte, onde os jovens representam apenas um quinto da população. Entre os dois blocos, há fortes diferenças no que diz respeito a longevidade, riqueza, instrução, tecnologias e estilo de vida. A renda per capita é de 33.600 euros nos países do Norte e de apenas 4.750 euros nos países do Sul.

A Europa, demograficamente decrépita, precisa dos jovens imigrantes, os quais, por necessidade, estão dispostos a exercer as funções árduas mas indispensáveis, refutadas pelos europeus. No entanto, os herdeiros daqueles europeus que foram obrigados a procurar em outras plagas a dignidade e o trabalho que a miséria ou a perseguição lhes negavam na pátria agora demonstram, frente aos imigrantes, um patológico complexo de superioridade, um impulso à rejeição e à exclusão, uma cínica pretensão de submissão total.

Em vez de evitar as emigrações, levando paz e qualidade de vida aos países dos quais se emigra, os europeus erguem muros, prolongam barreiras de arame farpado, inventam burocráticas distinções entre refugiados de guerra e refugiados da miséria, transformando o mar em limite, as diferenças em superioridade frente aos imigrantes, violam despudoradamente os direitos e as garantias que a Europa sempre considerou pontos fundamentais e irrenunciáveis da sua civilização. Infringem a sabedoria e a beleza do modelo clássico, a felicidade celestial do modelo católico, a graça divina e o rigor terreno do modelo protestante, a razão e o progresso do modelo iluminista, a liberdade de pensamento e de ação do modelo liberal, a cooperação e a felicidade terrestre do modelo socialista, o humanismo igualitário do modelo comunista, esquecem as próprias raízes e a própria missão, para se curvarem a um obscurantismo desumano. Essa traição poderá custar um preço alto: primeiro, o fim do Tratado de Schengen; depois, a destruição da própria Europa como unidade cultural, econômica e política.

Cada um de nós compartilha com o restante da raça humana a condição de eterno estrangeiro em relação a um planeta que não escolhemos e que, dada a brevidade da vida, não conseguiremos, jamais, conhecer por inteiro. Oitenta anos não bastam para se tornar nativo no que diz respeito a um mundo onde nunca se esteve antes e para onde nunca mais se voltará. A arrogância pode nos induzir a distinguir entre conterrâneos e estrangeiros, a delimitar fronteiras, a nos vangloriarmos das diferenças. Como dizia André Gide: "Tão menos é inteligente o branco quanto mais lhe parece que seja estúpido o negro."

Cleóbulo

No ensaio *Limite*, Serge Latouche reproduz duas citações inquietantes. Uma é de Yvens Coppens, professor no Collège de France, convidado por Chirac para presidir a Comissão de Desenvolvimento Sustentável e Ambiente – ao qual a cobiçada função deve ter aturdido: "Deixemos de pintar o futuro de preto! O futuro é magnífico", sentenciava Coppens no *Le Monde*. "A próxima geração aprenderá a desenhar o próprio mapa genético, a aumentar a eficácia do próprio sistema nervoso, a pôr no mundo os filhos dos seus sonhos, a controlar as placas tectônicas, a programar os climas, a passear entre as estrelas e a colonizar os planetas que quiser. Aprenderá a deslocar a Terra, para colocá-la em órbita em torno de um sol mais jovem."

A segunda citação é de um presidente em sentido pleno, Nicolas Sarkozy, que troca confidências com Michel Onfray em *Confidences entre ennemis* (Confidências entre inimigos). "Penso que se construa a si mesmo *transgredindo*", confessa Sarkozy. "Eu mesmo criei o meu personagem *transgredindo* certas regras do pensamento único. Acredito na *transgressão*... A importância da regra, do limite, da norma está justamente no fato de que permite a transgressão. Porque a liberdade é *transgredir*." Todos os itálicos desse Che Guevara da guerrilha presidencial são dele.

É claro que, em ambos os casos, estamos diante de comportamentos desproporcionais, arrogantes, soberbos, excessivos, insolentes e prevaricadores que os gregos chamavam de *hybris* e que os deuses do Olimpo não toleravam nem mesmo em heróis como Prometeu ou Sísifo, contra os quais descarregaram o seu desdém vingativo, a sua nêmesis. Prometeu é o titã que molda o primeiro homem, conferindo-lhe inteligência e memória. Queria doar-lhe também o fogo, roubando-o dos deuses, e Zeus o castiga, mandando acorrentá-lo a uma rocha, onde, durante o dia, uma águia lhe dilacera o fígado, que durante a noite se regenera. Belerofonte é o herói mitológico que conseguiu matar Quimera e ousou tentar a escalada do Olimpo, mas os deuses, indignados, fizeram-no apear do seu cavalo, Pégaso, provocando-lhe uma enfermidade que o atormentaria pelo resto da vida. Tântalo, rei da Lídia, por sua vez, tentou ultrajar os deuses e, fulminado por Júpiter, foi condenado, por toda a eternidade, a ter fome e sede, amarrado a uma árvore de cujos frutos não podia se alimentar e imerso num lago de água doce com a qual não podia matar a sede. Sísifo, rei de Corinto, astuto e sem escrúpulos, não cumpriu os pactos feitos com os deuses e chegou a zombar deles, pelo que Zeus o condenou a empurrar ao longo da encosta, montanha acima, uma rocha que, toda vez que atingia o cume, rolava pelo vale. Lúcifer – o portador de luz, a estrela da manhã –, induzido por sua soberba a se elevar acima de Deus, foi por ele lançado às profundezas do inferno.

"O oposto do amor não é o ódio, mas o poder", disse Lacan. E o oposto da cobiça desmedida pelo poder é a sabedoria. O conceito de "sabedoria" é tão rico de significados que em algumas línguas nem sequer existe o vocábulo para indicá-lo. Os gregos, que adoravam recorrer a imagens, quando precisavam exprimir um conceito muito complexo usavam um artifício: figuravam-no não com um, mas com vários personagens míticos. Assim, o conceito de "arte", por exemplo, era representado com nove musas, todas elas filhas de Júpiter e protegidas por Apolo: Terpsícore, para a dança; Melpômene, para a tragédia, e assim por diante. Para a poesia, eram mobilizadas, na verdade, três musas: Érato, para a poesia romântica; Euterpe, para a lírica; Calíope, para a épica.

Para o conceito de sabedoria, usavam outro artifício: recorrer ao que nós chamamos, hoje, de *focus group*, isto é, uma pesquisa conduzida por alguns experts de fama notória. Segundo Platão, os experts eram sete, diferentes pela data de nascimento e por cidade de proveniência: Tales de Mileto; Sólon de Atenas; Bias de Priene; Pítaco de Mitilene; Cleóbulo de Lindos; Quilão de Esparta e Míson de Queneia. Cada um desses sábios sentenciou as suas máximas, que, juntas, constituíam a essência da sabedoria grega. Bias, por exemplo, disse: "A maioria dos homens é perversa." Quilão disse: "Conhece-te a ti mesmo." Cleóbulo disse "A moderação é o melhor", isto é, a moderação contraposta à *hybris,* à arrogância, ao excesso.

A mitologia grega está cheia de heróis e divindades intemperantes, como Aquiles e Dioniso, mas exalta figuras como Apolo – em quem a perfeição do corpo e a serenidade da mente criam uma separação entre o Olimpo e os mortais comuns, evocando as perfeitas geometrias do Partenon, as nobres feições dos bronzes de Riace. Mais tarde, Nietzsche falará de personalidade dionisíaca contraposta à personalidade apolínea e, mais tarde ainda, Giorgio Colli reconstituirá as duas tendências opostas – a equilibrada e a desequilibrada – numa única figura de Apolo, munido tanto do arco hostil como da lira benigna. Em *O nascimento da filosofia*, de fato, Colli fala de "múltiplas ações de Apolo, de um lado, como palavra oracular, com a carga de hostilidade, de uma dura predição, de um conhecimento do futuro áspero, e do outro, como manifestação e transformação jocosa, que se impõe às imagens terrestres e aos interesses na magia da arte".

Portanto, para os gregos, ou seja, para o povo mais inteligente que já existiu na face da Terra, a moderação é o melhor. E para nós? Nós vivemos de exagero: na economia, no meio ambiente, na demografia, na teoria, na prática, na literatura. "Tira-me o necessário, mas deixa-me o supérfluo", dizia Oscar Wilde, incapaz de entender a serena conquista da sobriedade, equidistante do defeito e do excesso. A nossa sociedade midiática tende às figuras que Nietzsche definiria como dionisíacas, isto é, desequilibradas, surpreendentes, transbordantes: aquelas que têm "presença de palco", que são "acima da média", que se impõem pelos tons fortes, pela agressividade, pela arrogância e até pela cafonice; aquelas ensinadas, desde a infância, à competitividade que governa a economia de mercado e premia os vencedores, apreciando a sua falta de escrúpulos, seu cinismo, seu exibicionismo. De resto, o tom abrangente do capitalismo ambicioso tende à agressividade e à visibilidade, usadas para ludibriar os concorrentes.

Somos psicológica, constitucional e satisfatoriamente desproporcionais.

Mas vimos que, para Latouche, já estamos na "era dos limites", e talvez essa crise multiforme do capitalismo pudesse finalmente desviar a atenção das perigosas personalidades dionisíacas para as prudentes personalidades apolíneas, que, por índole e por educação, privilegiam um estilo caracterizado pela sobriedade e pelas boas maneiras.

É o estilo de Lorenzo Lotto em relação a Rafael; de William Pitt em relação a Napoleão; de Mazzini em relação a Garibaldi; de Churchill em relação a Hitler; de Gorbachev em relação a Stalin; de Chico Buarque, em relação a Michael Jackson; de Berenson em relação a Sgarbi. Um estilo que se impõe mais pela ausência do que pela presença, mais pela qualidade do que pela quantidade, mais pelo método do que pela surpresa.

Evidentemente, todos esses personagens têm os seus aspectos positivos e os seus excessos. A personalidade dionisíaca contagia com sua perigosa vitalidade, desperta simpatias e antipatias imediatas, logo, divide a plateia em admiradores e opositores, cria proselitismo vital, mas, quando ultrapassa os limites, torna-se inescrupulosa e invasiva. Violenta, até. Todos os ditadores são dionisíacos, entusiasmam os seus súditos e os manipulam, os persuadem, mas depois exageram e acabam invariavelmente causando a ruína do seu povo, que por fim os leva à forca.

A personalidade apolínea custa a ser apreciada, porque não gosta de ostentar suas virtudes. Mas, para sua sorte, seus defeitos também custam a se manifestar, porque ela se atém aos critérios da prudência e da discrição. Como dizia Leopardi, a melhor maneira de não mostrar aos outros os limites da própria capacidade consiste em não os superar. O risco das personalidades reservadas é cair na inércia e na passividade, acabando banais e chatas.

Melhor, portanto, é a moderação, equidistante da felicidade e da infelicidade. Aquele senso de proporção que leva Samuel Beckett a dizer: "As lágrimas do mundo são uma constante, mas o mesmo vale para os sorrisos." E Primo Levi: "Todos descobrem, mais cedo ou mais tarde na vida, que a felicidade perfeita não é realizável, mas poucos se detêm na consideração oposta: de que assim é também a infelicidade perfeita. Os momentos que se opõem à realização de ambos os estados-limites são da mesma natureza: derivam da nossa condição humana, que é inimiga de qualquer infinito. A isso se opõe o nosso sempre insuficiente conhecimento do futuro; e isso se chama, em um caso, esperança e no outro, incerteza do amanhã. A isso se opõe a certeza da morte, que impõe um limite a cada alegria, mas, também, a cada dor. A isso se opõem os inevitáveis cuidados materiais, que, como contaminam toda felicidade duradoura, desviam assiduamente a nossa atenção para a desventura que nos ameaça e a tornam fragmentária e, por consequência, sustentável a consciência.”

Retração

A economia industrial tem por objetivo o crescimento exponencial e simultâneo tanto da produção como do consumo, e todos nós, mais na prática que na teoria, condenamo-nos e somos condenados ao consumismo: compramos um celular novo mesmo se o antigo ainda atende bem as nossas necessidades, jogamos fora um pulôver furado em vez de costurá-lo. Tudo isso produz resíduos, tanto na fase da produção como na fase do consumo, e, poluindo, provoca efeitos devastadores. Basta pensar que, se a temperatura aumentasse 2°C, um bilhão de pessoas seriam obrigadas a emigrar das zonas costeiras e dos países quentes. Todos os contêineres existentes no mundo não seriam suficientes para evacuar os computadores descartados na América. Dos Estados Unidos, todo mês partem 800 navios cheios de aparelhos eletrônicos fora de uso, barbaramente descarregados na Nigéria, em Gana e em outros países africanos. Os países pobres vendem aos países ricos não só as matérias-primas, mas também a mão de obra para transformá-las em produtos de consumo que, uma vez usados, voltam aos países pobres, como subprodutos ou sucatas. Ciclo análogo fazem, na Itália, os resíduos tóxicos das fábricas do Sul, escondidos pela Camorra nos lixões meridionais, onde crescem os filhos dos próprios criminosos. Enquanto isso, as indústrias despoluidoras, que limpam, competem com as poluentes, que sujam, assim como Penélope desmanchava, à noite, a trama tecida durante o dia.

Há alguns anos, os filósofos descobriram o "pensamento fraco", e os sociólogos, as "necessidades fracas". De que se tratava? Quando se é pobre – como éramos, na Itália, depois da Segunda Guerra Mundial –, toda a tensão se concentra em três ou quatro desejos "fortes", que orientam nossas ações e monopolizam toda a nossa energia. Encontrar um trabalho, ter uma casa, constituir família são necessidades fortes, que atormentaram nossos avós e nossos pais. Depois, à medida que nos tornamos mais ricos e que as necessidades essenciais foram satisfeitas, a sobriedade cedeu lugar ao consumismo e as exigências imprescindíveis cederam o passo aos desejos mais efêmeros: celulares de última geração, sapatos de grife, ração que protege as vias urinárias dos gatos, água mineral que faz "plin plin".

Os sociólogos e os filósofos disfarçados de sociólogos disseram que a cultura pré-moderna da sociedade agrícola e a cultura moderna da sociedade industrial cederam o passo à cultura pós-moderna, fecundada pela mídia: uma colagem bagunçada de ideias, necessidades, objetos, lugares e experiências em que é difícil distinguir a substância da aparência, o conteúdo do recipiente, o autêntico do inautêntico, o meio do fim. O neoliberalismo proporcionou a tudo isso o paradigma econômico segundo o qual o crescimento pode ser infinito, assim como são infinitos os recursos do planeta.

Enquanto nos deixávamos levar por essa eufórica ilusão, na realidade o crescimento do PIB e do consumo dos países ricos desacelerava continuamente o seu ritmo, até beirar a recessão. Na Itália, por exemplo, de 1952 a 1980 o crescimento do PIB, a preços constantes, oscilou em torno de 6%. Entre 1980 e 2000, oscilou em torno de 2%. Daí em diante, caiu, até chegar a zero.

Infelizmente, essa longa queda, não intencional nem programada mas induzida e repentina, encontrou a sua hora da verdade na atual crise financeira, na mudança climática, no desemprego galopante. Assim, alguns filósofos abandonaram o "pensamento fraco" para se debruçar sobre o "novo realismo": uma posição mais racional, frente à crise que repõe em primeiro plano o instinto de sobrevivência. Alguns economistas começaram a se perguntar se, em um mundo já globalizado, seria possível que os países ricos – com um PIB per capita superior a 30 mil dólares – continuassem a crescer, enquanto países imensos e emergentes, como a China e a Índia, ainda estivessem abaixo dos 10 mil dólares. Os sociólogos, por sua vez, procuraram compreender se, apesar da retração, ou justamente graças a ela, seria possível zerar o nosso atual estilo de vida, baseado no desperdício, para enxugá-lo de todas as superestruturas supérfluas e restituí-lo a uma sólida sobriedade essencial, talvez mais serena e feliz que o crescimento, tão infundado quanto insensato.

É preciso agradecer a Ivan Illich, a André Gorz e a Serge Latouche se aprendemos a ver o mundo de um ponto de vista inusitado, segundo o qual, uma vez atingidos certos níveis de crescimento, se faz necessário desacelerar sabiamente o ritmo e administrar a queda, para viver melhor, trabalhando e consumindo menos.

Até agora, o crescimento econômico dependia da ação conjunta de quatro fatores: a publicidade, que alimenta artificialmente as nossas necessidades; os bancos, que nos impelem a nos endividar para satisfazê-las; a propensão a ostentar os bens que possuímos como símbolos de status e de poder; a obsolescência enganosa desses bens, pelos quais somos induzidos a substituir continuamente produtos velhos, mas ainda valiosos, por outros, mais novos e mais atraentes, por serem mais divulgados. Graças a esse ciclo infernal, um sexto da população mundial conseguiu crescer à custa do planeta, das futuras gerações, dos consumidores, dos operários e do Terceiro Mundo.

Segundo Kenneth Boulding, "quem acredita que o crescimento exponencial possa continuar até o infinito num mundo finito ou é louco ou economista". E Latouche acrescenta: "O drama é que já somos todos mais ou menos economistas."

Para explicar a situação em que nos encontramos, Illich usa a metáfora do caracol, que constrói a sua concha unindo pacientemente, uma a uma, espiras cada vez maiores. Ao atingir certo ponto, porém, se dá conta, como por instinto, de que, se juntasse mais uma espira larga, a concha ficaria tão pesada que superaria a sua força física necessária para transportá-la. Então dá marcha a ré e passa a construir espiras cada vez mais estreitas.

Latouche parte dessa metáfora para nos pôr de sobreaviso contra o ritmo insensato da modernidade, que nos leva direto contra um muro, como se estivéssemos a bordo "de um bólido sem piloto, sem marcha a ré e sem freios que está andando para espatifar-se contra os limites do planeta". Para buscar a solução logo, é preciso pensar em uma sociedade nova, capaz de decrescer economicamente, reduzindo os desperdícios, e de crescer sociologicamente, melhorando a qualidade de vida. Para isso, é necessário que todos os países – ricos ou pobres – parem de encorajar o consumismo e passem de uma economia do desperdício para uma economia da felicidade.

Segundo Latouche, bastaria focalizar em oito objetivos, equivalentes a oito "erres". *Revalorizar* o altruísmo, a colaboração, o tempo livre, a sociabilidade, a autonomia, a beleza e a atitude do jardineiro, mais que a do predador. *Redefinir* em que consistem, de fato, a riqueza, o luxo, a beleza e a propriedade. *Reestruturar* a produção, o consumo, o tempo e o espaço, em função de um decrescimento ponderado. *Ressituar* as sedes do poder, da produção, do consumo e da vida a fim de evitar centralizações autoritárias, deslocamentos inúteis e desertificações coagidas. *Redistribuir* equitativamente o trabalho, a riqueza, o saber, o poder, as oportunidades e as defesas, para superar os atuais desequilíbrios de reduzir a possibilidade de situações de conflito violentas que deles derivam. *Restabelecer* a produção, a cultura e a vida de modo a ancorá-las ao seu território natural. *Reduzir* o desperdício, a superprodução, o esbanjamento acintoso, recuperando o tempo para os deveres da cidadania, para a produção artística, para a diversão, a introspecção, a contemplação, a alegria de viver. *Reciclar* os objetos que se tornam obsoletos pelas modas fugazes ou inutilizáveis por falta de manutenção eficiente.

Não se trata de fazer de conta que se é pobre, assim como, no passado, fazíamos de conta que éramos ricos. Trata-se de recuperar a simplicidade, depois de ter resolvido os aspectos vorazes da complexidade.

Tudo isso põe fim a muitos mitos industriais - velocidade, concorrência, dedicação incondicional ao trabalho, mercantilização das relações, desintegração dos vínculos sociais - e nos obriga a recuperar algumas dimensões da vida deixadas de lado, que Latouche nos recorda: "O tempo para cumprir o seu dever de cidadão, o prazer da produção livre, artística ou artesanal, a sensação do tempo reencontrado, o lazer, a contemplação, a meditação, a conversação ou, simplesmente, a alegria de viver." Cornelius Castoriadis acrescenta a isso o amor à verdade, o senso de justiça, a responsabilidade, o respeito à democracia, o elogio à diferença, o dever de solidariedade, o uso da inteligência. Em poucas palavras, o encanto da vida.

Heller

Cleóbulo diz: "A moderação é o melhor!" Mas qual é a medida da moderação? Protágoras, sofista amigo e inspirador de Péricles, responderia: "O homem é a medida de todas as coisas, daquelas que são enquanto são e daquelas que não são enquanto não são." Portanto, o homem, o indivíduo único, a sua comunidade, a sua cultura e a humanidade inteira são árbitros supremos do bem e do mal. Mas essa é a porta do relativismo. Tanto é verdade que Protágoras acrescenta: "Como as coisas em particular aparecem para mim tais quais são para mim, assim aparecem para ti tais quais são para ti, uma vez que tu és humano e eu sou humano."

Cada um de nós conhece bem qual é a sua medida: quanta comida e quantos cigarros o seu corpo pode aguentar, quantas pessoas o seu coração é capaz de amar, quantas verdades a sua mente pode compreender. Mas nenhum de nós é uma ilha, como destaca o poeta John Donne, decano da catedral de Saint Paul, a um passo do *Devotions upon Emergent Occasions* (Devoções acerca de ocasiões emergentes), que teve o raro privilégio de sugerir o título de dois livros importantes. *Nenhum homem é uma ilha* é, de fato, o título de um ensaio famoso do monge trapista Thomas Merton, que escreve: "Aquilo que faço é, portanto, feito pelos outros, com os outros e pelos outros. Aquilo que eles fazem é feito em mim, por mim e para mim. Mas a cada um de nós cabe a responsabilidade da parte que temos na vida do corpo inteiro."

Por quem os sinos dobram é, por sua vez, o título do célebre romance de Ernest Hemingway, também derivado da mesma poesia de John Donne, que, lida por inteiro, diz: "Nenhum homem é uma ilha, completo em si mesmo. Todo homem é um pedaço do continente, uma parte da Terra. Se um torrão é levado por uma onda do mar, a Europa diminui, como se um promontório estivesse no seu lugar, ou a casa de uma amiga, ou a sua própria casa. Cada homem que morre me diminui, porque sou parte da humanidade. Por isso, nunca mande perguntar pela morte de quem está soando o sino: ele soa por sua causa."

Mais tarde, o mesmo conceito voltaria a ser proposto por Hegel, com uma fórmula mais laica e menos poética: "No curso da atual realização de finalidades egoístas, existe um sistema completamente formado de interdependências nas quais a vida, a felicidade e a condição jurídica de cada um estão ligadas à vida, à felicidade e aos direitos de todos. Desse sistema depende a felicidade individual."

Ao relativismo de Protágoras, que define o homem como medida de todas as coisas, John Donne contrapõe o *every man is a piece of the continent* (todo homem é uma parte do continente), uma espécie de panteísmo que sistematiza tudo. Um século mais tarde, os iluministas reafirmariam o conceito de liberdade individual, segundo o qual o homem é a medida de todas as coisas, mas moderariam essa liberdade com o dever de levar em conta a liberdade de todos os outros, em respeito à igualdade. E regulariam as relações de igualdade com base no princípio da fraternidade, uma vez que estamos todos "envolvidos na espécie humana", como diria John Donne. Immanuel Kant é muito claro nesse ponto: "Ninguém pode me obrigar a ser feliz a seu modo (isto é, como ele imagina que seja o bem-estar dos outros homens), mas cada um pode procurar a felicidade do jeito que lhe parece bom, desde que não prejudique a liberdade dos outros de buscar o mesmo objetivo."

Mas cada um, ao medir as coisas de acordo com a sua medida, o faz com base nas suas necessidades, que precisam ser satisfeitas no tempo certo e na medida certa. Daí a tentativa por parte dos psicólogos, filósofos e sociólogos de classificar as necessidades: das mais materiais às mais espirituais, das mais imperiosas às mais débeis.

Entre todos os tipos de classificação, a que mais me convence é a formulada por Agnes Heller, uma genial filósofa húngara que, em parceria com seu grande mestre Lukács, comparou corajosamente as hierarquias comunistas e foi obrigada ao exílio. No seu livro *O cotidiano e a história*, Heller constata que todos os seres vivos – de uma planta a um animal e até um homem – têm em comum as necessidades existenciais ligadas à sobrevivência física: ar, água, comida, descanso, metabolismo.

Mas existem necessidades exclusivas da espécie humana que condicionam toda a dinâmica das nossas sociedades. Algumas dessas necessidades têm caráter quantitativo, referem-se à aquisição de coisas que possam ser mensuradas. Trata-se, principalmente, da necessidade de riqueza, que pode ser satisfeita por meio do acúmulo de dinheiro; da necessidade de poder, que pode ser satisfeita pelo consenso e pela obediência obtidos dos outros; da necessidade de posse, que pode ser satisfeita por meio da aquisição e da disponibilidade de objetos, casas, terrenos, comida e informações.

Por serem quantitativas, essas necessidades nunca têm fim e são estimuladas a partir da comparação com os outros. A grama do vizinho é sempre mais verde, e a inveja que isso desperta – ou até mesmo só o senso de emulação – me impele a cuidar do meu gramado até superar o do vizinho. As infinitas classificações preparadas pelas revistas de celebridades sobre quem é o homem mais rico, o mais elegante ou o mais fascinante não fazem mais do que incitar essa necessidade desproporcional de ter e de superar. Imagino que os Tios Patinhas do mundo inteiro esperem com ansiedade a classificação anual da *Forbes* para saber em que posição se encontram, e, recentemente, chegou às minhas mãos uma edição da *Time* que até mesmo arriscava uma lista dos 10 homens mais ricos de todos os tempos. Em primeiro lugar figurava Mansa Musa (1280-1337), rei do Mali, o maior produtor de ouro de todos os tempos; em segundo, César Augusto, que possuía um quinto do valor do Império Romano; em terceiro, o imperador chinês Chen Zong (1048-1085), que produzia de 25% a 30% do PIB mundial; em quarto lugar, o imperador da Índia Akbar I (1542-1605); em quinto, Iosif Stalin; em sexto, o empresário escocês-americano Andrew Carnegie (1835-1919), que vendeu a U.S. Steel por uma cifra que hoje equivaleria a 372 bilhões de dólares; em sétimo, o petroleiro americano John Davison Rockefeller (1839-1937), que possuía uma fortuna equivalente a 341 bilhões de dólares atuais; em oitavo lugar, o nobre francês Alan Rufus, "o vermelho" (1040-1093), que, ao morrer, possuía um patrimônio igual a 194 bilhões de dólares atuais; em nono, Bill Gates, o mais rico vivo, que possui um patrimônio pessoal de 79 bilhões de dólares; por fim, o imperador mongol Gengis Khan (1162-1227), cujas posses estendiam-se da China até a Europa.

Aqui, para todos nós excluídos dessa classificação, volta a servir o conceito de *moderação*, isto é, o meio-termo entre os inconvenientes do muito e os inconvenientes do pouco; entre a dolorosa falta do necessário e a desagradável opulência do supérfluo, por isso o melhor é morrer nem rico nem pobre, mas naquela mediocridade pouco áurea a que os ricos têm aversão e os pobres invejam.

Toda a filosofia grega e latina procurava seguir o caminho da sobriedade, partindo do princípio de que a vida é um néctar raro e precioso para ser bebericado, não bebido no gargalo. Mas Heller, que se mantém prudente em relação à explosão consumista dos nossos tempos, sustenta que é difícil evitar os excessos provocados pela atual competitividade desenfreada, a menos que desviemos grande parte dos nossos impulsos e dos nossos desejos para necessidades de outro gênero, marcadas pela qualidade, não pela quantidade.

Quais são essas necessidades? Heller aponta cinco. A *necessidade de introspecção* requer que de vez em quando possamos nos isolar do mundo para nos voltar para nós mesmos e refletir sobre o nosso destino. A *necessidade de amizade* requer que uma parte de nós se realize por meio de pessoas confiáveis, capazes de completar a nossa vida com a delas. A *necessidade de amor* exige uma relação exclusiva, ardente e avassaladora com uma pessoa que nos pareça diferente de todas as outras e, mais do que qualquer uma, digna da nossa dedicação incondicional. A *necessidade de distração* abre espaço à criança que existe dentro de nós, com os seus assombros, as suas curiosidades, as suas aventuras, as suas ingenuidades. A *necessidade de comunidade e de convivência* exige que nos reconheçamos em uma coletividade étnica, geográfica, política e ideológica de algum modo capaz de nos fazer sentir parte de um todo pelo qual valha a pena empenhar-se.

A essas, eu acrescentaria mais duas: a *necessidade de beleza*, que exige à nossa volta um universo de sinais e de objetos coerentes com a nossa sensibilidade; e também a *necessidade de serenidade*, que exige respeito recíproco e consciência da fugacidade escrita no nosso destino humano.

Ter o senso de moderação e preferir as necessidades qualitativas às quantitativas são expressões de perfeita sabedoria. Mas não basta. É preciso ser sábio a ponto de chegar a entender que a sabedoria não é tudo. É a essa sublime conclusão de "metassabedoria" que Jorge Luis Borges chega quando, próximo dos 85 anos, escreve: "Se eu pudesse viver novamente a minha vida, procuraria, na próxima vez, cometer mais erros. Não tentaria ser tão perfeito, relaxaria mais, seria mais insensato do que tenho sido; na verdade, levaria poucas coisas a sério. Correria mais riscos, viajaria mais, escalaria mais montanhas, contemplaria mais o pôr do sol e atravessaria mais rios, iria a lugares aonde nunca fui, teria mais problemas reais e menos problemas imaginários. Fui uma daquelas pessoas que vivem com equilíbrio, produzindo cada minuto da vida. É claro que tive momentos de alegria. Mas, se pudesse voltar a viver, procuraria ter somente bons momentos. Porque é disso que a vida é feita, de momentos imperdíveis. Eu era uma daquelas pessoas que nunca saem de casa sem um termômetro, uma bolsa de água quente, um guarda-chuva e um paraquedas; se voltasse a viver, viajaria mais leve. Se eu pudesse tornar a viver, começaria a andar descalço no início da primavera e continuaria assim até o fim do outono. Daria voltas pela minha rua mais vezes, contemplaria o nascer do sol mais vezes e brincaria mais com as crianças. Se tivesse outra vez a vida pela frente... Mas, vejam, estou com 85 anos e não tenho outra chance."

Segurança

Os gregos, como sabemos, dedicaram-se mais que qualquer outro povo à definição e à busca da felicidade. Aristóteles relacionou minuciosamente aqueles que, a seu ver, eram os ingredientes da felicidade: bom nascimento, bons amigos, saúde, beleza, prosperidade, virtude, independência e por aí vai.

Muito mais próximo de nós, Abraham Maslow, professor da Universidade Brandeis, em Massachusetts, publicou um livro que se tornaria uma espécie de bíblia para todas as escolas de negócios do mundo. A obra, intitulada *Motivação e personalidade* (1954), sustentava que todo ser humano, ainda que na sua singularidade, coloca as suas necessidades em uma mesma escala hierárquica, composta de cinco degraus. Antes de tudo, segundo Maslow, atentamos às necessidades de sobrevivência física: comida, ar, sono e sexo. Uma vez que essas necessidades primárias sejam satisfeitas, sobressaem-se aquelas ligadas à segurança do corpo, do trabalho, da família, da saúde e da propriedade. Em seguida, vêm as necessidades de participação social, como o afeto familiar e a amizade. No degrau seguinte, estão as necessidades que se referem à autoestima e à estima recíproca. Enfim, no degrau mais alto aparecem as necessidades de autorrealização, como a criatividade, a espontaneidade, a solução de problemas, a ausência de preconceitos.

Como se vê, passaram-se 24 séculos, mas a necessidade de segurança permanece prioritária na vida humana.

Em uma passagem de *O mundo de ontem*, Stefan Zweig ilustra bem isso ao descrever a Áustria no início do século XX: "Na monarquia austríaca, quase milenar, tudo parecia duradouro... A nossa moeda circulava em barras de ouro, garantindo, assim, a sua estabilidade; cada um sabia quanto possuía ou quanto lhe era devido, o que era permitido e o que era proibido. Cada família tinha um orçamento preciso, sabia quanto podia gastar em aluguel e em alimento, com as férias ou com as obrigações sociais, e sempre havia uma pequena reserva para os imprevistos, para as doenças e o médico... Tão logo um recém-nascido era posto no berço, punha-se no cofrinho ou depositava-se na poupança o primeiro óbolo para o seu futuro, iniciando uma pequena reserva para a sua jornada."

A aspiração à segurança está impressa no DNA de todos os seres humanos e até hoje guia as nossas escolhas de vida, de trabalho, de tempo livre. Mesmo quando viajamos durante as férias, não só escolhemos lugares seguros, sem conflitos religiosos, étnicos ou militares, mas também desejamos ter a máxima garantia acerca da qualidade e dos preços dos bens e dos serviços. Em um país vasto e belíssimo como o Brasil, por exemplo, o turismo contribui com apenas 2% do seu produto interno bruto – o PIB –, porque é desencorajado pelas notícias alarmantes sobre a insegurança.

Essa qualidade – tão importante na valorização dos bens – é, na verdade, fundamental à valorização dos serviços e representa a essência da vida econômica. É claro que estamos distantes da idílica situação da Áustria descrita por Zweig: a dívida pública, as flutuações monetárias, as crises financeiras e a inflação minam as nossas certezas econômicas. O fantasma do desemprego é tão iminente que fizemos, de necessidades, virtudes, teorizando a decadência do emprego fixo. A instabilidade política abala cotidianamente a confiabilidade dos nossos governos vacilantes. E, depois, existe o medo da explosão demográfica, da dívida pública, das invasões bárbaras, da criminalidade, das epidemias, dos terremotos e tsunamis.

Quando os Estados Unidos se formaram, no século XVIII, declararam irrenunciável a busca pela felicidade, mas depois confiaram a sua felicidade às armas e à guerra. No fim da Segunda Guerra Mundial, em 1945, o exército americano tinha 6 milhões de pessoas alistadas. Em 1952, durante a Guerra da Coreia, eram 1,5 milhão de soldados. Depois da queda das Torres Gêmeas, em 2001, e da falência do banco Lehman Brothers, em 2008, os Estados Unidos também tiveram que se conscientizar de que, na sociedade pós-industrial, não há exército nem armamento capazes de garantir a segurança de um povo que, ao pretender ser o mais poderoso do planeta, acaba sendo o mais odiado.

Assim, o ex-secretário de Defesa Chuck Hagel chegou a propor reduzir o exército americano para 450 mil soldados, voltando às dimensões de 70 anos atrás, quando o país ainda não tinha entrado na Segunda Guerra Mundial. E Obama propôs nunca mais combater duas guerras simultaneamente, só enfrentando uma segunda depois de ter vencido a primeira. Dessa vez, a segurança não é garantida pelo número de soldados empenhados em um campo de batalha onde matam e podem ser mortos. É garantida pelos técnicos em informática empenhados nas guerras cibernéticas e pelos pilotos remotos de drones, que, seguros nas instalações do Pentágono, toda noite, depois de terem abatido algumas centenas de civis que dormiam a 10 mil quilômetros de distância, voltam para casa, para aparar a grama do jardim e cantar canções de ninar para o filho recém-nascido.

Welfare

Para tratar de *welfare* ou da assistência social oferecida pelo Estado, peço ao leitor que me acompanhe pacientemente na leitura de alguns números. Afinal, nada é mais simples e convincente que eles.

Em média, cada italiano ostenta um produto interno bruto de 36 mil dólares. Não é pouco, se pensarmos que o PIB per capita de um chinês é de 7 mil dólares e o de um brasileiro é de 11 mil. Mas o PIB da China aumenta de 7 a 10 pontos por ano e, em 2020, superará o dos Estados Unidos, enquanto o PIB do Brasil, que vinha crescendo continuamente ao longo dos últimos 30 anos, está, agora, caindo vertiginosamente em uma perigosa recessão.

Nós, italianos, também crescemos cinco pontos nos distantes anos 1960, mas depois desaceleramos e o nosso PIB cresceu três pontos nos anos 1980, dois pontos nos 1990 e apenas um ponto nos primeiros 15 anos do século XXI.

Tudo isso induz a, pelo menos, três reflexões. A primeira é que a diminuição da progressão do PIB na Itália é um fenômeno que ocorre há décadas, do qual, infelizmente, economistas e governantes não nos haviam avisado. Se o houvessem feito em tempo, teríamos nos adequado aos poucos, sem ter necessidade da atual terapia de choque.

Dos 196 países do planeta, a Itália ocupa o sétimo lugar no ranking do produto interno bruto, o quinto lugar no da produção industrial e o nono no ranking das exportações. Somos, portanto, uma grande potência econômica, mas temos a maior dívida pública do mundo depois do Japão e da Grécia. Além disso, como acabamos de ver, nosso crescimento ano a ano diminui.

A segunda observação é que, em vez de fazer algo a respeito, continuamos a imaginar um improvável crescimento num futuro próximo, mesmo que, em todos nós, reste a dúvida de que esse crescimento, isto é, essa inversão de tendência depois de 40 anos de desaceleração sistemática, pertença mais ao mundo da mídia do que à realidade.

A terceira observação é que, na incerteza de uma efetiva retomada, vale que cada um de nós projete, para si e para a família, um "plano B" baseado na hipótese de queda. O que aconteceria, e como deveríamos nos comportar, se nos próximos anos o produto interno bruto per capita na Itália caísse 16 pontos, passando de 36 mil para 20 mil dólares, voltando, assim, ao PIB per capita que tínhamos em 2000?

Dez por cento dos italianos (o correspondente a 6 milhões de pessoas) são tão ricos que nem notariam a diferença. Já 5% (o equivalente a 3 milhões) vivem em tal nível de pobreza que pior do que está não poderia ficar. Mas todos aqueles que estão no meio seriam obrigados a refazer os seus orçamentos familiares, aprendendo a viver com parcimônia. É possível ser menos rico, mas, nem por isso, menos feliz? Sim, é possível, com duas condições: que aprendamos a concentrar as nossas despesas naquilo que de fato nos satisfaz; e que o Estado aprenda a redistribuir equitativamente a riqueza por meio dos auxílios sociais.

Em 23 de fevereiro de 2012, em uma entrevista ao *Wall Street Journal*, o presidente do Banco Central Europeu, Mario Draghi, declarou: "O que se configura na Grécia é um novo mundo que abolirá o velho regime e nos libertará dos sepulcros caiados: por fora, parecem bonitos, mas, por dentro, estão cheios de ossos de mortos e podridão. O Estado social está morto."

Se pensarmos bem, os modelos estatais em voga hoje no mundo são quatro: o americano, que em síntese extrema consiste em um fundamentalismo econômico baseado no extremismo consumista; o chinês, que consiste em um fundamentalismo autoritário baseado no extremismo estatal; o islâmico, que consiste num extremismo expansionista baseado no fundamentalismo religioso; o europeu – ultrapassado, segundo Draghi –, que pode ser sintetizado num fundamentalismo humanista baseado na equidade do Estado social. A opinião do presidente do Banco Central Europeu é de que o Estado social europeu está morto, mas em sua defesa poderiam se levantar vozes prestigiosíssimas, a começar pelo grande economista e sociólogo William Beveridge, colaborador de Sidney e Beatriz Webb, que com o seu *Report of the Interdepartment Committee on Social Insurance and Allied Services* (Relatório do Comitê Interdepartamental de Seguro Social e Serviços Associados) preparou a base para a famosa reforma do Estado social britânico. Se ainda estivesse vivo, Beveridge rebateria a frustrada afirmação de Draghi, recordando-o de que o *welfare* ajuda a libertar a sociedade de quatro monstros: a necessidade, a doença, a ignorância e a inércia.

Entre o fim do século XIX e o início do século XX, Viena vivia a sua época mais feliz. Assim a descrevia o grande Stefan Zweig, no seu já citado *O mundo de ontem*: "Foi a idade de ouro da segurança... Tudo tinha uma norma, um peso e uma medida precisos. Quem possuía um capital tinha condições de calcular com exatidão a renda anual correspondente, o funcionário podia marcar no calendário com certeza o ano da promoção ou o da aposentadoria. O século da segurança era também a idade de ouro para todas as formas de seguro. Contratava-se seguro domiciliar contra incêndio e furto, seguro agrícola contra geada e temporais, seguro-saúde contra acidentes e doenças, adquiriam-se pensões para a velhice e se presenteava recém-nascidos com apólices para o dote futuro. Até os operários conseguiam se organizar, recebendo pagamentos regulares e auxílios-doença."

Mas nem todo o Império Austro-Húngaro e muito menos o restante da Europa gozavam da mesma segurança invejável. Antes, nos países liberais ao extremo, começava-se a se perceber que nenhuma mão invisível viria reequilibrar as profundas injustiças do livre mercado e, paralelamente, insurgia a ação antissistêmica do proletariado, induzida pelas ideologias comunistas, socialistas e anárquicas.

Para remediar isso, pelo menos em parte, o chanceler Otto von Bismarck tornou obrigatório em 1883 na Alemanha o seguro-desemprego e, em 1889, a aposentadoria. Naquele mesmo ano, a Itália introduziu o seguro obrigatório contra acidentes de trabalho. Desde então, o auxílio se estendeu a outros aspectos do trabalho e da vida: velhice, invalidez, morte do cônjuge, doença, desemprego, encargos familiares insustentáveis, auxílios para pessoas não autossuficientes, renda mínima garantida, pensões, formação profissional (subsídios, licenças, anos sabáticos, etc.), agências de emprego, ajuda de transporte, amortizadores passivos, políticas ativas, licenças por motivo de cuidados parentais, licença-maternidade e licença-paternidade.

Podemos dizer que o *welfare* contribuiu para a modernização da Europa, balanceando os excessos do liberalismo, reduzindo as situações de conflito, estabilizando a economia de mercado, consolidando as instituições democráticas, fornecendo respostas originais às necessidades dos trabalhadores e dos cidadãos. Em síntese, representou o "modelo social europeu", em que depois se inspiraram muitos outros países do mundo, do Japão à Austrália. Na prática, os auxílios sociais constituem a correção social-democrática do liberalismo e representam o modelo socioeconômico europeu, contraposto ao americano – muito mais cínico nas comparações da indigência, imputada de forma calvinista não a falhas do sistema social, mas a culpas individuais que não devem recair sobre a sociedade.

Com o neoliberalismo de Ronald Reagan e Margaret Thatcher, a partir dos anos 1980 reforçaram-se e se difundiram algumas convicções conservadoras – das quais a declaração de Mario Draghi é um exemplo – segundo as quais a Europa possui um excesso de sociabilidade de que se deve livrar em nome do utilitarismo e do liberalismo, e a sociedade europeia não é uma conquista e não deve ser defendida a todo custo. O sistema americano, longe de discriminar gerando pobreza e desigualdade, emprega os recursos públicos melhor que a Europa e gera mais empregos.

Trata-se de afirmações genéricas e infundadas, tanto que existem na Europa pelo menos quatro tipos de *welfare*, diferenciados com base em alguns parâmetros. O primeiro parâmetro considera *quem goza* do auxílio: se o critério é o universalismo, a cobertura é total, para todos os riscos; se o critério é a cidadania, a cobertura é assegurada apenas aos cidadãos; se o critério é o perfil, a cobertura é reservada apenas a determinadas categorias e para determinados riscos. O segundo parâmetro leva em consideração *quem financia* o auxílio, que, por isso, pode ser retributivo ou contributivo. Um terceiro parâmetro leva em conta *quem administra* o auxílio: o Estado, as entidades públicas, as privadas ou um regime misto.

Assim existem na Europa quatro tipos de *welfare*. O primeiro tipo é aquele adotado nos países escandinavos, onde a proteção social é um direito de cidadania, financiada com arrecadação fiscal e administrada pelo Estado (só o seguro-desemprego é administrado pelos sindicatos); a cobertura é universal e inclui os não trabalhadores; para cada risco são previstos valores fixos; existem serviços complementares, por parte do Estado.

Na Grã-Bretanha e na Irlanda, a cobertura é para todos e fiscalizada só no âmbito da saúde. É exceção dentre os serviços assistenciais, pois todos os outros são contributivos. A garantia de receita é assegurada pelo National Insurance (Seguro Nacional) - com exclusão dos inativos e de quem tem baixa renda. A gestão é inteiramente pública.

A Europa continental (França, Alemanha, Holanda, Bélgica, Áustria e Suíça) adota um terceiro tipo de *welfare*, de tradição bismarckiana. Há uma correlação direta entre cargo e contribuições sociais, pela qual o seguro obrigatório entra em vigor assim que se inicia um emprego rentável. Grande parte da população é segurada, mas existe uma acentuada diversificação entre os grupos profissionais. Em qualquer lugar vigora a gestão autônoma de empresários e sindicatos.

Por fim, a Europa meridional (Itália, Espanha, Portugal e Grécia) apresenta uma situação fragmentada, sem uma rede de proteção mínima de base. O serviço de saúde é nacional, baseado no direito de cidadania, universal e fiscalizado. Os serviços são padronizados. As concessões, frequentemente clientelistas e fraudulentas, são a outra face dos desvios das contribuições.

Como se pode ver, em três dos quatro casos o *welfare* representa um modelo de civilidade original e positivo, no qual, agora, os Estados Unidos também estão se inspirando. No quarto caso, melhor que decretar a sua morte seria corrigir os seus defeitos.

Frente aos enormes problemas que já expõem, hoje, o desequilíbrio entre produção e distribuição da riqueza, impõe-se a urgência de um novo pacto social - um *welfare* renovado - entre homens e mulheres, entre jovens e anciãos, entre nativos e imigrantes, entre ricos e pobres, entre empregados e desempregados, para redistribuir, de modo equitativo, a riqueza, o trabalho, o saber, o poder, as oportunidades e as proteções. "Vasto programa", diria o general De Gaulle.

Butão

Em junho de 1774, Thomas Jefferson, futuro presidente dos Estados Unidos, proclamou em um discurso: "Consideramos estas verdades evidentes por si sós: que todos os homens foram criados iguais; que foram dotados pelo Criador de alguns direitos inalienáveis; que entre estes estão a vida, a liberdade e a busca pela felicidade." Em 4 de julho de 1776, esse trecho se tornaria parte integrante da Declaração de Independência.

Infelizmente, essa busca pela felicidade chegou a Hiroshima, a Guantánamo e ao Vietnã, mas não se pode negar que os pais fundadores, signatários da célebre declaração, tiveram a coragem de transferir para um projeto político o que todo ser humano leva consigo no coração como aspiração tácita. Freud disse: "O que os homens demandam da vida e o que desejam obter dela? Não há dúvida: eles lutam para obter a felicidade; querem ser felizes e permanecer assim."

Mas o que é a felicidade? Em que consiste? São essas as perguntas cruciais sobre as quais se debruçou toda a filosofia grega durante, pelo menos, cinco séculos. E eis a resposta de Aristóteles: "Podemos definir a felicidade como a prosperidade aliada à virtude; ou como uma vida independente; ou como a satisfação garantida do máximo prazer; ou como uma boa condição de bens e do corpo, somada ao poder de defender os próprios bens e o corpo e usufruir deles. Que a felicidade consiste em uma ou mais dessas coisas, quase todos admitem. A partir dessa definição de felicidade, obtemos que ela seja constituída das seguintes partes: bom nascimento, abundância de amigos, bons amigos, riqueza, bons filhos, abundância de filhos, uma boa velhice e uma boa condição física, isto é, saúde, beleza, força, alta estatura, porte atlético, além de fama, honra, sorte e virtude."

Como se vê, 400 anos antes de Cristo, Aristóteles já identificava a felicidade individual com a posse de "bens interiores" (saúde, virtude, etc.) e de "bens exteriores" (amigos, dinheiro, etc.). Mil e setecentos anos depois de Cristo, os pais fundadores da democracia americana deram um passo adiante, introduzindo o conceito de felicidade coletiva: a busca pela felicidade não era mais apenas uma questão pessoal, mas um direito natural, que o Estado devia garantir a todos os cidadãos, indistintamente. Em visita aos Estados Unidos meio século depois da declaração da independência, Tocqueville observa com a sua extraordinária perspicácia sociológica: "Um país tão empenhado em atingir a felicidade é, quase sempre, mais rico e mais próspero que o país que parece se contentar com o que tem. E, comparando-os, é difícil entender como aquele consegue descobrir, todos os dias, tantas necessidades novas, enquanto este parece conhecer tão poucas."

E hoje? Hoje, a lista exposta por Aristóteles foi substituída por indicadores e índices com os quais a ciência estatística mede todos os ângulos do nosso dia a dia, substituindo, porém, friamente, a palavra "felicidade" por "bem-estar". Ao partir do pressuposto de que a riqueza não traz felicidade – mas a simula muito bem –, as instituições estatísticas elaboram, todo ano, um ranking dos 196 países do mundo com base no seu PIB: um parâmetro quantitativo que mede quanto se produz, quanto se consome, quanto se ganha. Assim, invariavelmente, verifica-se que o país mais rico do mundo (173.377 dólares de PIB per capita) é o Principado de Mônaco (onde não existem fábricas e as pessoas ficam de férias o ano inteiro) e a cidade onde se vive melhor é Zurique (sobre a qual Karl Kraus disse: "Zurique é ligeiramente menor que o cemitério de Viena, mas, em compensação, é, de longe, mais triste").

Na outra parte do planeta, incrustado entre o Tibete e a Índia, na cordilheira do Himalaia, está o Butão, pequeno Estado de 700 mil habitantes que falam a língua *dzongkha*, têm como flor nacional a papoula azul e consideram ilegal a importação de cigarros. Lá, a partir dos anos 1970, o rei introduziu, como princípio norteador do desenvolvimento, o índice de Felicidade Interna Bruta (FIB), que inclui o bem-estar espiritual, o respeito aos valores culturais e a preservação ambiental, partindo do conceito de que o objetivo essencial de um povo não é o crescimento do produto interno bruto (PIB), mas o incremento da felicidade interna bruta. Segundo esse rei singular de um povo singular, a felicidade – entendida como satisfação das necessidades materiais, espirituais e emocionais – depende de um processo de mudança fundamentado em cinco objetivos: o desenvolvimento humano, a governabilidade, o desenvolvimento equilibrado e equitativo, o patrimônio cultural e a conservação do ambiente.

O exemplo do Butão inspirou Cameron, na Inglaterra, e Sarkozy, na França, a introduzir, ao lado do PIB, um índice BIL, para medir o bem-estar dos seus concidadãos por meio de alguns parâmetros qualitativos. Mas, pelo menos por enquanto, os efeitos não foram percebidos, e esses dois países – como todo o restante do mundo convertido ao neoliberalismo – prosseguem em sua corrida rumo ao aumento do consumo material como se considerassem também os produtos poluentes, o napalm e os mísseis com ogiva nuclear, como pregou Bob Kennedy em um discurso recitado com edificante emoção mesmo para os consumistas mais calejados.

Política

A civilização talvez mais refinada e moderna já criada pelo homem – a ateniense, na época de Péricles – nutria o máximo desprezo por qualquer trabalho remunerado e por qualquer esforço físico, exceto os de natureza esportiva e militar. O título de "executivo" que hoje muitos assalariados ostentam no seu cartão de visita seria motivo de vergonha mesmo para o mais humilde dos gregos.

O fator discriminante era, principalmente, o suor. Qualquer atividade que envolvesse o suor físico era indigna de um homem livre e reservada aos 300 mil escravos que, em Atenas, executavam todos os serviços públicos e domésticos.

Por sua vez, os trabalhos de cunho intelectual eram classificados por Platão, no *Fedro*, em nove níveis decrescentes de prestígio: o filósofo, o bom rei, o homem político, o esportista, o adivinho, o poeta, o agricultor, o artesão, o demagogo, o tirano. Como se vê, logo depois da filosofia (Platão, que era filósofo, falava em causa própria) vinham duas atividades relativas à gestão da máquina pública; exercer o papel de rei e de homem político. Daí em diante, a atividade política permaneceu quase sempre no cume da pirâmide social: César e Richelieu, Napoleão e Cavour, Churchill e Kennedy compartilharam, ao longo do tempo, uma fama igualmente indiscutível.

A partir do fim do século XIX, ao lado da profissão política e em contraste a ela, firmou-se, aos poucos, a figura do empreendedor e, depois, a do gestor. Desde então, os políticos têm procurado conter a indústria, considerando-a muito voltada à avareza do lucro e à visão limitada dos interesses privados; os homens de negócios, ao contrário, têm procurado condicionar os políticos, considerando-os pouco eficientes e pouco funcionais nas questões práticas e nos negócios.

Em algumas fases históricas (na relação entre Mussolini e os grandes industriais do Norte da Itália, por exemplo), o poder político prevaleceu sobre o econômico; em outras (na relação entre Silvio Berlusconi empreendedor e Silvio Berlusconi político, por exemplo), o poder empresarial prevaleceu sobre o do Estado.

Hoje o prestígio da profissão política atravessa, no mundo, a fase mais baixa da sua trajetória: embora a relação entre política e negócios seja tão estreita a ponto de não permitir uma atribuição de culpa àquela ou a esses, ainda assim a opinião pública nunca foi tão unanimemente negativa em relação a ministros e parlamentares, prefeitos e vereadores.

A solução, então, é abandonar o trabalho político? Deixar a gestão da máquina pública nas mãos dos medíocres, sem imiscuir-se nos afazeres dos partidos? Muitos pensam que sim. Aliás, nas disputas eleitorais, até os maiores partidos têm cada vez mais dificuldade para recrutar figuras proeminentes para suas bancadas, e a maioria dos cidadãos já se abstém de votar, achando que, independentemente do seu voto, a máquina pública cairá, de qualquer modo, nas mãos de administradores medíocres ou desonestos.

É possível, porém, que a hora mais escura da noite seja também a mais próxima da aurora e que a geração dos digitais reinvente a política de base.

Mas quais são as características do trabalho político, comparado ao dos gestores de empresas? As empresas são organizações voltadas para a concorrência de mercado que valorizam, acima de tudo, o aspecto racional dos seus colaboradores. O seu objetivo é o lucro. O meio privilegiado para atingi-lo é a eficiência. A célula elementar da sua organização é a tarefa. A sua "unidade de medida" de tempo é o ano fiscal. Os homens que as preferem devem ser capazes de projetar a médio prazo, garantindo alta especialização e um profissionalismo centrado na economia da produção.

O trabalho político, por sua vez, valoriza tanto o aspecto racional quanto o emotivo de quem o exerce. Visa à gestão do poder por meio do consenso; tenciona direcionar as tensões sociais para metas abrangentes; programa o futuro a médio e longo prazo, atentando ao equilíbrio ambiental e às novas gerações. A sua célula organizadora é o partido; a sua "unidade de medida" é a duração do mandato eleitoral. Os homens mais adequados a desenvolvê-lo com sucesso devem ter uma vasta cultura e uma visão do mundo voltada não só para o projeto econômico, mas, acima de tudo, para o crescimento civil.

Junto à empresa e ao partido, operam a administração pública e as organizações do terceiro setor. A primeira tem por objetivo a gestão homogênea das questões pertencentes à esfera executiva, por meio do respeito aos procedimentos. A sua célula organizadora é o cargo; a sua "unidade de medida" é o prazo dos termos normativos.

Por fim, as organizações do terceiro setor têm como objetivo a solidariedade; como meio, a motivação; como célula organizadora, o grupo de referência; e como "unidade de medida", o testemunho.

Depurado de todos os resíduos degenerativos a que está sujeito, o trabalho político continua sendo o mais complexo e o mais inevitável, porque diz respeito à feliz organização da comunidade acolhedora. "Quem não pode entrar para fazer parte de uma comunidade", diz Aristóteles, "ou não precisa de nada, bastando a si mesmo, não faz parte de uma *polis*, mas, sim, é uma fera ou um deus."

Políticos

Em 1960, o presidente de uma empresa privada americana ganhava o dobro do salário do presidente dos Estados Unidos. Hoje, ganha 62 vezes mais. Esse é um sintoma não secundário de como tem mudado a relação de forças entre economia e política em todo o mundo industrial. No atual estágio desse processo, pode-se dizer que a economia já ocupou o mundo político, que as finanças ocuparam o mundo econômico e que as agências de classificação de risco de crédito ocuparam o mundo financeiro. Com uma crítica a tudo, as exigências da empresa suplantaram as da *polis* e as razões da bolsa suplantaram as da empresa.

Os critérios organizacionais da empresa financeira se propõem a regular, também, a gestão da vida pública. Fala-se de universidade como empresa, saúde como empresa, Estado como empresa, como se o bom funcionamento de qualquer instituição – Estado incluído – fosse possível apenas adotando as mesmas regras que a indústria adota para maximizar os lucros. Consequentemente, os empresários e os gestores, pelo fato de terem fechado negócios com base naquele princípio, julgam-se os únicos legitimados a gerir também as organizações políticas e sociais. Na Itália, muitas vezes Berlusconi reafirmou que o seu sucesso como empreendedor constitui uma garantia de sua capacidade de estadista. E em todo o mundo são cada vez mais numerosos os candidatos a eleições políticas que ostentam a carreira empresarial como o grande diferencial para entrar no parlamento.

Assim, quase sem perceber, estamos vivendo uma das transformações mais profundas da vida pública. Na verdade, até hoje a visão centrada no modelo empresarial nunca tinha ousado afirmar de modo tão explícito que a cultura empresarial e gerencial é melhor do que qualquer outra cultura, incluindo a política, a administrativa e a burocrática; portanto, autorizada a ocupar até o parlamento e a administração pública. Mas em que consiste essa cultura empresarial que está suplantando a cultura política? De que autoridade científica ela é dotada? É um bem ou um mal que ela ocupe toda a nossa sociedade?

A indústria – e a sociedade industrial que dela toma o nome – é um produto histórico e, como tal, teve a sua incubação, o seu nascimento, o seu desenvolvimento e o seu declínio, que se tornou evidente e certificado ao ser superada pela sociedade pós-industrial. Como já vimos, o modo de produção industrial, desconhecido até o século XIX, inicia-se no racionalismo iluminista – vagamente aplicado às necessidades da produção em massa – e proclama que toda tarefa profissional deve ser programada e realizada cientificamente e expele dos locais de produção todo resíduo de emotividade, estética e solidariedade, para dar lugar à racionalidade, à prática, à competitividade e ao utilitarismo.

Se a religião persegue um objetivo ético, se a política persegue um objetivo social, se a arte persegue um objetivo estético e se o partido persegue um objetivo coletivo, a empresa persegue um objetivo lucrativo. O importante é que cada sistema permaneça coerente com o seu objetivo e impeça a incursão de lógicas provenientes de outros sistemas: assim, por exemplo, negócios são negócios e não se devem deixar influenciar por impulsos emotivos ou por caridosos arroubos filantrópicos. A democracia moderna está baseada na divisão dos poderes.

Essas cercas ideológicas e operacionais, antes rígidas e intransponíveis, estão, aos poucos, tornando-se mais flexíveis e permeáveis. Nas últimas décadas, a distância entre a filosofia dos partidos e a filosofia das empresas foi encurtando cada vez mais; os políticos têm adotado técnicas sutilmente empresariais, como os balanços, o marketing, as seleções com testes de aptidão; os empresários, principalmente por meio das fundações, invadiram áreas como meio ambiente e conservação dos monumentos.

À medida que a ação política se enfraquecia sob os golpes sádicos da direita e dos masoquistas da esquerda, os empresários sentiram-se mais tentados a preencher o vazio político com a sua racionalidade e eficiência.

Quando, enfim, o judiciário descobriu a corrupção que envolvia política e negócios, o mundo industrial, graças aos meios de informação dos quais estava superequipado, tomou as rédeas da mudança, conseguiu atribuir aos políticos quase toda a responsabilidade pelos escândalos, ofereceu-se como partido, obteve a confiança da maioria e se propôs a governar, adequando as suas ações aos critérios empresariais, dos quais se sente dono.

Mas quais são esses critérios? Que garantias democráticas oferecem?

A cultura empresarial se caracteriza pela preferência por tudo aquilo que é padronizado, especializado, piramidal. A inteligência, entendida como máximos resultados quantitativos no mínimo tempo, constitui o método e, ao mesmo tempo, o parâmetro mais intransigente de juízo.

Esses princípios quase fundam uma religião. Graças a eles, de todo modo, a sociedade industrial derrotou a fome, a ignorância, a dor, a tradição, o feudalismo dos países industrializados.

Ao lado deles, o empresário cultiva uma visão agressiva da vida, atormentada pela necessidade de destruir ou englobar os concorrentes; um posicionamento acrítico acerca das ordens superiores; uma tendência a monetizar tudo, subvalorizando os aspectos humanistas, éticos e estéticos da vida; uma preferência por tudo que é planejado, previsível, controlável; uma boa dose de cinismo para tudo que é perdedor; uma inclinação a inovar as tecnologias sem, porém, modificar os arranjos sociais; um modernismo econômico acoplado ao tradicionalismo cultural; uma atenção mais voltada ao dever quase militar da marca que à convivência de natureza solidária. Bastariam como exemplo o papel, até agora secundário, reservado às mulheres nas empresas e a atenção quase obsessiva dos empresários à vida profissional em prejuízo da vida familiar e do crescimento cultural.

À busca obstinada de procedimentos padronizadores, de regras centralizadoras, de separações não naturais entre tempo livre e horário de trabalho, o empresário acrescenta a propensão a excluir um número crescente de trabalhadores do processo produtivo em nome da competitividade global, assumida como prioritária em relação à solidariedade humana e à qualidade de vida. Toda vez que o navio da economia encalha nas secas da crise, a empresa retoma a viagem jogando ao mar todo o lastro de jovens, mulheres, anciãos e marginais que a tornam pesada. Ao mesmo tempo, a tecnologia prossegue na sua marcha triunfal destruindo um número crescente de funções, o que libera o trabalho, mas submete massas crescentes de trabalhadores, antes na condição aviltante de "excedentes", à condição desesperada de desempregados.

O estresse da subutilização do raciocínio dentro das empresas e o estresse do desemprego fora delas são consequência direta de uma organização do trabalho já decrépita, que seria repensada desde a base com uma revolução pós-industrial de alcance igual à industrial de 200 anos atrás.

O mundo empresarial, junto com o político, o intelectual, o escolar e o sindical, deveria contribuir para a elaboração de um novo modelo de trabalho e de vida baseado na distribuição equitativa da riqueza, do trabalho, do saber e do poder. Em vez disso, oferece, descaradamente, o mais despudorado exemplo da recrudescência das desigualdades. Estávamos ainda no limiar do século XXI quando um relatório elaborado pelo Institute for Policy Studies, não por acaso intitulado *Executive Excess 2000*, certificou que nos 10 anos precedentes o salário de um trabalhador médio americano tinha aumentado 27%, os lucros empresariais tinham aumentado 116%, o valor das empresas na bolsa aumentara 297% e a remuneração dos CEOs aumentara 535%. O relatório admitia: "Acreditamos que diferenças excessivas sejam incompatíveis com o princípio de democracia sadia e de justiça econômica." Só os altos executivos das empresas que ocupavam os primeiros 50 lugares na classificação da *Fortune* detinham juntos *stock options* em um valor cinco vezes maior do que a remuneração total dos 91 milhões de americanos enquadrados na faixa mais pobre da população. Nos últimos 15 anos, essas desigualdades aumentaram na mesma proporção assustadora que a crise mundial desencadeada pelos bancos americanos. Essa é a cultura implementada pelos empresários. Oscar Niemeyer, o maior arquiteto do século XX, disse: "Eu me envergonharia se fosse um homem rico", mas os nossos altos executivos consideram o dinheiro a medida de todas as coisas e se envergonhariam se ganhassem menos que seus concorrentes muito bem remunerados.

A filosofia empresarial – que se inspira nessa cultura do poder e do dinheiro, nessa cultura da competitividade destrutiva – se apresenta, cada vez mais, como solução para gerir não só a economia, como também a escola, a saúde, a política – em suma, a nação inteira e as suas estruturas estatais.

Talvez essa ocupação do público pelo privado consiga difundir uma tendência à autodisciplina, à programação, à dedicação acrítica. Mas a cultura empresarial não é só isso. Ela veicula, também, uma perigosa inclinação ao cinismo, ao machismo e à agressividade; uma subvalorização sistemática da qualidade ética e estética da vida, da vida afetiva e da subjetividade; uma propensão ao compromisso, às relações hierárquicas; uma supervalorização do sucesso econômico, do consumismo, do particularismo, do dinheiro como medida do sucesso.

Os empresários custam a reconhecer todas as conquistas sociais que a política possibilitou; desconfiam da política, julgando-a vazia em si mesma: um ruído na vida ativa e um obstáculo no caminho das grandes realizações materiais. Eles buscam simplificar as dinâmicas sociais, reduzindo qualquer variável à simples dimensão econômica, e consideram obscura, por conta disso, qualquer ação de raio mais amplo e ótica mais abrangente. Subestimam de forma sistemática as exigências da base, subordinando-as àquelas do vértice, com as quais se identificam.

O quadro que expus talvez seja muito sombrio porque se refere ao modelo empresarial de tipo taylorista e fordista. Fato é, porém, que de alguns anos para cá as ciências da gestão têm proposto a substituição de uma estratégia industrialmente veterana *product oriented*, ou seja, orientada ao produto e baseada no controle, por uma estratégia pós-industrial *marketing oriented*, voltada para o cliente e baseada na motivação. Segundo essa estratégia inovadora, a postura iluminista e paternalista – pela qual o empresário pretendia ser capaz, sozinho, de prever, avaliar, decodificar e explorar tanto as necessidades dos seus funcionários quanto as necessidades dos seus clientes potenciais, imaturos e ignorantes por definição – pertence a uma fase já obsoleta da sociedade industrial.

Hoje, segundo essa nova abordagem, um empresário moderno ou um gestor atualizado, antes de lançar uma nova linha de produtos, deve se preocupar em identificar, por meio de uma séria pesquisa de mercado, quais desses produtos já correspondem às necessidades explícitas e urgentes dos destinatários, o que requer uma campanha simples de anúncios, e quais deles, para serem lançados no mercado, precisam de uma maciça campanha de propaganda manipuladora que supere a *expectativa do freguês*, como se diz.

Transposto ao plano político, isso significa que o líder político da era pós-industrial deve saber manipular os cidadãos de modo que lhe peçam o que ele já havia programado lhes dar. Assim, no início do século XXI, aportamos na situação alienante que Tocqueville dissera temer há cerca de dois séculos: a sociedade, composta de uma massa de súditos reduzidos ao estado pueril, sobre a qual se eleva um imenso poder protecionista que se ocupa em mantê-los presos a uma infância perpétua e divertida.

States

Quando Le Corbusier chegou pela primeira vez aos Estados Unidos e os jornalistas lhe perguntaram suas primeiras impressões, ele declarou estar decepcionado, porque esperava que os arranha-céus fossem mais altos. Ao contrário de Le Corbusier, e menos esnobe que ele, admito que, quando cheguei pela primeira vez à "América", isto é, a Nova York, fui tomado justamente pela beleza audaciosa do horizonte desenhado pela silhueta dos arranha-céus, cada um mais alto e mais bonito que o outro.

A maioria dos turistas comete o erro de ir de uma cidade para outra de avião, ficando com a impressão de que os Estados Unidos são uma imensa megalópole, ininterruptamente. Mas quem tem a ousadia de atravessar o país de uma costa a outra de carro fica convencido de que o país é uma interminável sequência de florestas, de pradarias, de desertos, de vilarejos, de montanhas, interrompida, aqui e ali, por uma metrópole. É dessa imensa província que nasce a força vital do país mais poderoso do mundo. No seu famoso livro *Megatrends,* John Naisbitt escreveu: "Os Estados Unidos são uma sociedade que se move de baixo para cima, ou seja, onde as novas tendências e ideias começam em cidades e distritos menores, como Tampa, Hartford."

A força intelectual dos Estados Unidos está justamente na capacidade de valorizar as boas ideias, qualquer que seja a fonte. O sociólogo Robert K. Merton chamou esse fenômeno de "universalismo", isto é, a disponibilidade de não se deixar enganar pelos preconceitos e valorizar as coisas pelo que realmente valem, intrínseca e universalmente.

Prevalência do campo sobre a cidade e universalismo são duas das características que fazem dos Estados Unidos o país mais moderno, mais forte, mais amado e mais odiado do planeta.

A terceira característica é dada pela mistura de raças, de usos e costumes, de línguas, de religiões, de movimentos que se toleram e se enfrentam sem parar: *melting pot* ou caldeirão. A impressão que se tem é de que se está sempre num paiol prestes a explodir e ir pelos ares, e que abala a todos, mantendo toda a sociedade em contínua excitação. Quando encontramos um amigo, nós o cumprimentamos dizendo "Oi"; já os jovens de Boston ou de São Francisco se cumprimentam dizendo: "Fique tranquilo."

A quarta característica é o amor dos americanos pela cultura humanista. Nós, europeus, costumamos nos considerar detentores da filosofia e da história, das artes e da literatura. Na verdade, principalmente na Itália, desprezamos monumentos, deixamos bibliotecas e fundações caírem aos pedaços, arruinamos teatros gloriosos, museus lotados de obras de arte, orquestras com passado ilustre. Nos Estados Unidos, qualquer cidadezinha se orgulha de sua filarmônica e de sua universidade, arrecada doações para contratar maestros e prêmios Nobel, como nós fazemos para os jogadores de futebol, oferece bolsas de estudo a jovens que se destacam, para investir em sua potencialidade, recebe com generosidade os intelectuais que escapam das ditaduras. O resultado é que a maior parte das ideias e dos livros que circulam mundo afora provém dos Estados Unidos.

A quinta característica é o amor pela ciência e pela tecnologia. Fugitivos da pobreza de países católicos como a Irlanda, a Polônia e a Itália, os imigrantes adquiriram, aos poucos, uma mentalidade de tipo protestante, baseada na racionalidade científica e na confiança incondicional nas máquinas, que deu origem a laboratórios produtores de milhares de patentes e também a toda uma civilização tecnológica, na qual o cidadão tem uma contínua familiaridade com o progresso e com a velocidade do seu avanço.

A sexta característica é a natural afinidade dos americanos com o cinema, com a televisão e, hoje, com a mídia social. Nascida na Europa, a décima musa logo encontrou nos Estados Unidos o seu melhor campo de cultura e produziu obras-primas a todo vapor, fazendo do cinema a maior arte do século XX e o veículo mais difundido pela cultura americana no mundo. Quando um europeu chega a Los Angeles ou a Nova York, tem a impressão de estar em lugares conhecidos, tantas foram as vezes em que esses lugares serviram de cenário a filmes famosos.

A sétima característica é o amor dos americanos pela liberdade individual e pela democracia coletiva. As duas coisas não combinam muito, mas, nos Estados Unidos, foram aos poucos encontrando o ajustamento ideal, bem resguardado por leis compartilhadas e por uma opinião pública alertada continuamente pelos magistrados, pelos intelectuais e pelos meios de comunicação de massa.

A oitava característica é a indiferença ao conceito de classe proletária e aos pobres. No país mais rico do mundo, 30 milhões de pessoas vivem como mendigos, em casas e bairros decadentes, submetidos à humilhação da indigência, da violência e do clima frequentemente glacial. A assistência pública é reduzida ao mínimo; basta que um familiar adoeça para que toda a família vá à falência pelo pagamento dos cuidados médicos. Desse modo, milhões de cidadãos são reduzidos ao nível desumano dos *homeless*, isto é, dos sem-teto.

A nona característica é a tendência dos americanos à simplificação. Todo problema que, para os europeus, pareceria tão complexo a ponto de requerer soluções e sofismas tortuosos é naturalmente reduzido ao indispensável, livre das firulas, e enfrentado com as ferramentas mais idôneas, sem veleidade de perfeição, na certeza de que o melhor é inimigo do bom.

A décima característica é a alienação. Todo americano queria ser, em algum grau, diferente do que é: rico, como Bill Gates; inteligente, como Einstein; bonito, como George Clooney. Isso acarreta uma perspectiva desinteressada do passado e desequilibrada acerca do futuro, que está sempre na dianteira, que privilegia a velocidade em relação à lentidão e que anseia pela contínua destruição de casas, lojas e obras de ontem para substituí-las pelos produtos de amanhã.

Como se vê, trata-se de características contraditórias, que geram pânico e atração ao mesmo tempo e justificam plenamente a primazia dos Estados Unidos no ranking dos países mais visitados por estrangeiros.

Na outra América, a do Sul, visitando a região do extremo sul do Brasil – o Rio Grande do Sul –, ouvi velhos imigrantes italianos entoando uma canção que dizia: "América, América, mas o que será essa América? Um lindo buquê de flores." Para os Estados Unidos, nunca se aplicaria uma metáfora tão suave como essa. Nenhum povo canalha jamais teria estudado, durante dois anos, obstinadamente, como destruir o World Trade Center se as duas torres fossem erguidas no Rio de Janeiro.

Terceira via

Espelho, espelho meu, existe alguém mais belo que eu? O mais belo, o mais competente, o mais atraente, o mais *in*, o mais *out* era Tony Blair, de que já nos esquecemos, mas que ainda representa um modelo de primeiro-ministro para o italiano Matteo Renzi e para tantos outros premiers, de aquém e de além-mar. Não tinha a bunda sedentária de Bill Clinton ou de Angela Merkel, não tinha a cara deprimente de Romano Prodi, não tinha a pança gigantesca de Helmut Kohl, não tinha o semblante esperto e excitado de Silvio Berlusconi, não tinha o nariz de Pinóquio de François Hollande, não tinha o aspecto estupefato de Putin. Era perfeito.

Quando Blair recitou os Salmos no funeral da princesa Diana, seu semblante se tornou *fané* (murcho) sem que se precisasse pôr um filtro na câmera. Quando dançou com um saiote escocês, estava mais belo que um transexual de férias. Quando passeava com a mulher e os filhos, todas as mulheres e filhos da Grã-Bretanha desejavam ter um marido e um pai como ele.

A velha Inglaterra nos habituou a surpresas desse gênero. Quando parecia que Napoleão a tivesse derrotado definitivamente, ela surgiu com um rapazinho fatal como William Pitt, que, em poucos meses, liquidou o imperador e restituiu a França à supremacia dos queijos.

Quando parecia que lorde Brummel tinha conseguido abolir para sempre as cores renascentistas, envelopando os barõezinhos em roupas fúnebres, cor de "fumaça de Londres"; quando parecia que a rainha Vitória tinha conseguido afrouxar todo esguicho de erotismo anglo-saxão, pudicamente cobrindo os seios das mulheres e até as pernas das mesas, eis que surge o Círculo de Bloomsbury, com a inescrupulosa homossexualidade das diversas Virginia Woolf e Maynard Kreynes, e Forster e Strachey.

Quando parecia que Elisabeth tinha conseguido transformar todas as mulheres inglesas em resistíveis donzelas, sufocando-as com chapeuzinhos, saias longas e sapatos grosseiros, eis que despontam em Carnaby Street as míticas Twiggy e Mary Quant, com suas minissaias à prova de pudor.

E depois, quando a Dama de Ferro Margaret Thatcher acreditava ter sepultado para sempre a alegria de viver dos seus compatriotas sob um acúmulo de livres mercados e privatizações, eis que desponta ele: o mais belo, o mais competente, o mais atraente, o mais *in*, o mais *out*: Tony Blair.

Não estamos mais no século XVIII ou XIX, quando eram precisos colossos do pensamento para construir um "ismo". Hoje não é mais necessário um Diderot para criar o Ilumin*ismo*, nem um Marx para criar o marx*ismo*, nem uma ideia para criar o ideal*ismo.* Bastam homens e conceitos muito mais modestos. Para alcançarem o patamar de líder, é necessário apenas que os meios de comunicação de massa e o desejo por ídolos, cada vez mais difundidos entre as pessoas meio confusas, os considerem como tal.

Se bastou uma princesa burguesa como Diana para surgir o "dianismo", um Tony Blair é mais que suficiente para nascer o "blairismo". Mais cedo ou mais tarde, não poderemos deixar de usar o novo termo: "blairista". Nem deveremos nos sentir incomodados. Afinal, com Gorbachev enfraquecido e Mitterand desaparecido, ficaram só dois cavalos na corrida, para conquistar a audiência e para "criar tendência": o "santo para já" João Paulo II e o nosso Tony Blair.

É preciso reconhecer que são João Paulo apostou tudo na sua cartada final para conquistar os jovens, do lado de cá, e o paraíso, no lado de lá. Pediu perdão a Galileu, pediu perdão às mulheres, beijou os leprosos de santa Teresa de Calcutá, nomeou "doutora da Igreja" a frágil santa Teresinha, cantou "O Sole Mio" em Nápoles com Mario Merola e "Blowin' in the Wind" em Bolonha com Bob Dylan. Se Deus está em todo lugar, ele já esteve antes.

Mas contra ele lutavam duas deficiências: era muito integralista, para não despertar suspeita de astúcia populista, quando descobriu tardiamente as novidades deste mundo; era muito anticomunista para sustentar uma postura entre o socialismo, que odiava, e o capitalismo, que preferia.

Desde 1891, ano da *Rerum Novarum*, de Leão XIII, até 1991, ano da *Centesimus Anus,* de João Paulo II, a Igreja nunca desistiu da tentativa de traçar e ocupar uma terceira via entre capitalismo e socialismo, condenando um e outro. Se, porém, as críticas de Leão XIII se distribuíam quase equitativamente contra as duas ideologias, João Paulo II foi implacável contra o comunismo e indefinido contra o capitalismo. Na *Centesimus Anus*, começa adotando uma posição em cima do muro: "Não é possível compreender um homem partindo unilateralmente do setor da economia, nem é possível defini-lo, simplesmente, com base na aparência de classe." Mas, depois, não se contém em dar um golpe de misericórdia no comunismo: "Luta de classes – no sentido marxista – e militarismo têm as mesmas raízes: o ateísmo e o desprezo pela pessoa humana, que fazem prevalecer o princípio da força sobre o da razão e do direito." Já ao capitalismo dá um tratamento de favor, com base em distinções: "Se por 'capitalismo' entende-se um sistema econômico que reconhece o papel fundamental e positivo da empresa, do mercado, da propriedade privada, da consequente responsabilidade pelos meios de produção e da livre criatividade humana no setor da economia, a resposta é, com certeza, positiva... Mas se por 'capitalismo' entende-se um sistema em que liberdade no setor da economia não se encaixa num contexto jurídico que a ponha a serviço da liberdade humana integral e a considere uma particular dimensão dessa liberdade, cujo centro é ético e religioso, então a resposta é decididamente negativa."

Mas até o santo Wojtyla não resiste à tentação de monopolizar uma terceira via e a elabora em algumas passagens. Primeiro, reivindica para a Igreja o mérito exclusivo de oferecer aos trabalhadores uma "visão da dignidade pessoal, que se manifesta em toda a sua plenitude no mistério do Verbo encarnado". Traduzida em palavras menos esotéricas, essa "visão" consiste em reconhecer "a legitimidade dos esforços dos trabalhadores para adquirir o pleno respeito à dignidade e mais espaço para participar da vida da empresa, de modo que, embora trabalhando junto com outros e sob a direção de outros, possam em certo sentido 'trabalhar por si', exercitando sua inteligência e liberdade".

Depois Wojtyla, ao reconhecer a positividade do mercado e da empresa voltados para o bem comum, pede ao Estado que garanta aos cidadãos a possibilidade de desempenhar o trabalho dignamente, de modo a esvaziar "o comunismo do potencial revolucionário constituído por multidões exploradas e oprimidas". Por meio da regulamentação dessas relações econômicas, esse Estado deve criar "as condições primordiais de uma economia livre, que pressupõe uma certa igualdade entre as partes, de forma que uma delas não seja tão mais poderosa que a outra a ponto de poder reduzi-la à escravidão". Não é preciso, portanto, que a igualdade entre as partes seja plena: basta que a supremacia de uma das duas não chegue à superpotência.

Com relação a conflitos, a terceira via de são João Paulo consiste em reconhecer o direito a contestar o patrimônio de valores transmitidos e adquiridos, "discernindo o que, na tradição, se vale de hipocrisias, erros ou formas ultrapassadas que possam ser substiuídas por outras, mais adequadas aos tempos". No que diz respeito às lutas de classes, o julgamento é mais articulado: "O papa, naturalmente, não tenciona condenar toda e qualquer forma de conflito social. A Igreja sabe bem que, na história, os conflitos de interesses entre diversos grupos sociais surgem inevitavelmente e que, frente a eles, o cristão deve muitas vezes se posicionar com decisão e coerência." A encíclica *Laborem Exercens*, por sua vez, reconheceu claramente o papel positivo do conflito quando este se configura como luta por justiça social e já em *Quadragesimo Anno* escrevia: "A luta de classes, quando se abstém dos atos de violência e do ódio recíproco, transforma-se aos poucos em uma discussão honesta, fundada na busca pela justiça." O que é condenado na luta de classes é a ideia de um conflito não restringido por considerações de caráter ético ou jurídico, que se recusa a respeitar a dignidade da pessoa no outro (e, por consequência, em si mesmo) e que exclui, por isso, uma razoável acomodação e persegue não mais o bem geral da sociedade, mas um interesse da parte que substitui o bem comum e quer destruir o que se lhe opõe."

O que a Igreja tentou fazer com a religião, Tony Blair (instruído por seu mentor, o sociólogo Anthony Giddens) procurou refazer com a política, tomando emprestada a ideia de "meio-termo" do seu predecessor, Harold Macmillan, primeiro-ministro britânico de 1957 a 1963, que inspirou o seu governo nessa ideia e publicou um ensaio sobre ela em 1938. Surfando nessa ideologia que, para não se dizer trabalhista, definia-se como *new labour* (novo trabalhismo), o nosso Blair favoreceu as privatizações na Grã-Bretanha e participou – como principal aliado dos Estados Unidos e amigo pessoal de George Bush – das extravagantes e desafortunadas operações de pacificação no Iraque.

Inventada pelos movimentos social-democratas temerosos de se assemelharem ao comunismo e pelos movimentos liberais temerosos de acabarem no fascismo, a terceira via nasce com a intenção equilibrista de criar uma estrutura socioeconômica intermediária entre o liberalismo e o socialismo, sem, porém, ser centrista e apropriando-se do intervencionismo keynesiano. Segundo essa ideologia, baseada na lei do terceiro excluído – já mudadas as condições em que amadureceram as ideias comunistas de Marx e Engels e mudadas, também, as condições em que amadureceram as ideias socialistas de Owen e de Bernstein –, a essa altura o capitalismo não deve mais ser abolido, mas suavizado e lisonjeado.

Chega-se, assim, àquele novo capitalismo que Tony Blair ventilou em um discurso imerecidamente famoso, proferido na conferência "Novo mundo, Novo capitalismo" organizada em 2009 pelo presidente Sarkozy e pelo economista Éric Besson.

O que Blair disse naquele discurso? Começou afirmando que mal explodiu a crise econômica, ela já tinha se tornado a maior e a mais delicada e complexa do seu tempo, mas terminou assegurando que a mesma crise, vital em si mesma, era uma oportunidade, uma lição para o progresso humano e para o futuro de todos. Se perguntassem aos especialistas onde iríamos parar, a resposta mais frequente seria "É imprevisível", mas se fizessem a Tony perguntas cruciais a respeito de que destino teria o sistema de livre empresa e que tipo de capitalismo deveríamos esperar no futuro, uma vez que no futuro do seu socialismo não se vislumbra outra coisa senão capitalismo, alguma coisa ele saberia responder.

Na incerteza dominante, Blair se baseava em quatro certezas, ainda válidas hoje: 1) a origem dessa crise é de natureza financeira. Quando os consumidores não gastam, os empresários não investem e os bancos não concedem empréstimos; 2) o impacto sobre a economia real cria a necessidade de que se estimule a demanda. Ao ter de escolher, é preciso privilegiar os investimentos em energia renovável, na ciência, na tecnologia, na educação e na inovação; 3) é preciso oferecer suporte às vítimas, sobretudo aos desempregados, mas infelizmente o *welfare* tradicional não está preparado para enfrentar a natureza e a grandeza desse tsunami; 4) é urgente uma coordenação das relações de poder e um *entendimento comum* entre Europa, Estados Unidos, Oriente Médio e China. Lamentavelmente, estamos governando o mundo do século XXI com as instituições do século XX. Basta pensar que, no assim chamado *clube econômico do mundo* do G7, estavam presentes quatro nações europeias, mas não estavam nem a China, nem a Índia, nem o Brasil, nem sequer uma nação do Oriente Médio e da África.

A atual crise nos mostra que não existe no mundo hoje um governo nacional tão poderoso que exerça um governo global. Por outro lado, quando nos perguntamos se a globalização é um bem ou um mal, supomos que ela tenha sido criada pelos governos e que os governos possam modificá-la. Porém a globalização é obra dos povos: não é um simples fato econômico, mas diz respeito à internet, ao seu poder comunicativo, à sua capacidade de derrubar fronteiras. Diz respeito às viagens em massa, às migrações, às mídias modernas. É, em parte, uma atitude da mente. É o que os jovens escolheram ser. Por isso, a globalização "precisa de valores para que seja justa".

Para esse objetivo, é preciso recuperar a confiança no sistema financeiro. É preciso que o sistema busque valores diferentes da maximização do *lucro a curto prazo*, indo além da mera especulação e da malícia nos negócios.

O *novo capitalismo* não é, portanto, uma volta ao passado. A mudança que Tony Blair procurava não era para substituir o "sistema de livre iniciativa ou de mercado", mas para conseguir sustentá-lo de modo estável e duradouro.

A solução da terceira via de Blair confiava no modelo de intervenção econômica keynesiano e o contrapunha à mítica mão invisível do neoliberalismo, que defende até as últimas consequências o livre mercado e a diminuição do peso do Estado na vida pública até o ponto de "saciar a besta", como Reagan gostava de dizer.

Segundo a concepção de Blair, a terceira via – uma vez que o socialismo moderno superou a fase marxista da luta pela abolição do capitalismo – deve tornar-se porta-bandeira da justiça e da coesão social, da igualdade de todos os cidadãos e das oportunidades iguais. Giddens acrescentaria a isso a remoção dos elementos injustos do capitalismo, graças ao incentivo de políticas como o *welfare*.

Para exercer um papel intermediário entre capitalismo e socialismo democrático, a terceira via oferece as suas opções. Na economia, recusa o conceito de decrescimento, é favorável ao mundo empresarial, visa ao equilíbrio da balança, à colaboração público-privada, mas também ao sistema de saúde nacional; privilegia os investimentos em pesquisa e em educação; encoraja o desenvolvimento tecnológico e a proteção ambiental. Na sociedade, exige a justiça social garantida pelo Estado e a proteção do capital social; visa ao igualitarismo alcançado por meio de oportunidades iguais, à redistribuição do conhecimento, da capacitação e dos meios de produção (mas não da riqueza) entre as classes sociais. Do cidadão, exige a responsabilidade moral. Na política, adota a descentralização do poder, o reformismo, o gradualismo e o pluralismo da democracia liberal.

Eis como Tony Blair – discursando no think tank Progress de 2015 e alertando o Partido Trabalhista do Reino Unido contra um possível desvio para a esquerda – descrevia os meios pelos quais a Realpolitik da terceira via conduziria diretamente ao sucesso eleitoral: "Vence-se pelo centro, vence-se quando nos dirigimos a uma faixa de opinião transversal, vence-se quando se apoia tanto as empresas quanto os sindicatos. Não se vence com uma posição tradicional de esquerda. A escolha concerne aos princípios, concerne ao que significa manter os nossos valores no mundo moderno... Hoje vivemos em uma sociedade que de maneira geral acredita que o sucesso é determinado pelo mérito e pela mudança. Vencemos as eleições quando reformulamos os serviços públicos e não nos limitamos a investir neles, quando entendemos que são as empresas que criam postos de trabalho, não o governo. Vencemos quando fomos os autores da mudança, e não pequenos conservadores de esquerda."

Tony Blair, que deixou a política ativa em 2007, defendia tudo isso de cabeça erguida, como protagonista que, graças a essas suas convicções, vencera duas vezes a disputa eleitoral. E se vangloriava disso, sem dar aquela impressão de espertinho oportunista que, por sinal, Berlusconi jamais conseguiu dissimular, falando do seu amor pela Itália. Seja quando recebia as Spice Girls no número 10 da Downing Street, seja quando gracejava com o Oasis, seja quando discutia com Danny Boyle, seja quando admirava a arquitetura de Norman Foster, entendia-se que Tony Blair era verdadeiro, que se sentia em casa com gente da sua mesma raça, que tinha visto *Trainspotting – Sem limites,* que lhe agradavam os objetos desenhados por Tomato e que não desdenhava o underground dos Prodigy.

Um homem de esquerda sem a cara lúgubre dos intelectuais empenhados; um integrante do Partido Trabalhista inglês sem medo de parecer conservador; um inglês que queria restituir hegemonia à sua pátria sem se preocupar em ostentar valores universais. É aquele que faltava na Inglaterra para reunir homens de negócios e estrelas do rock, designers e diretores, estilistas e arquitetos. Quanto isso teria de fato favorecido a Inglaterra e quanto teria conseguido diminuir as diferenças sociais são outra questão. O importante, para Blair, era que favorecesse Blair.

Blair foi o primeiro chefe de governo a perceber que o seu país se tornara pós-industrial e a usar essa informação como uma oportunidade de peso histórico: "O acesso do rock ao exterior é superior ao da indústria metalúrgica. Os nossos produtos inovadores estão conquistando novos mercados. Nove em cada 10 carros de Fórmula 1 são desenhados e construídos na Inglaterra. O organizador pessoal Psion, os jogos eletrônicos Bullfrog, as pilhas Duracell, os aspiradores de pó de James Dyson e as próteses Blatchford ilustram a variedade da produção britânica."

Até anteontem, a grandeza da Inglaterra se apoiava na guarda da rainha, na pontualidade do Big Ben, nos chapéus-cocos dos *brokers,* na severidade de Eaton, nas fiações de Manchester, nas siderúrgicas de Yorkshire, nos veleiros por todos os oceanos. Apenas um belo, competente, atraente, *in* e *out* como Tony Blair podia ressignificá-la por meio dos jogos eletrônicos, das próteses e dos aspiradores de pó. Como não blairista? Até Dilma Rousseff, no Brasil, Matteo Renzi, na Itália, François Hollande, na França, e Shinzo Abe, no Japão, entenderam isso; e mais cedo ou mais tarde Putin, na Rússia, Xi Jinping e Li Keqiang, na China, também entenderão. Desfeito o sonho de percorrer a primeira e a segunda vias até o final como salvador, para acabar arruinado só restou a terceira.

Agressividade

Qual é a diferença entre a agressividade de um exército em guerra, de um gladiador em luta, de um jogador de futebol em campo, de um enxadrista em competição, de um gerente em carreira? A diferença é a dose e o modo. Dois jogadores de boliche se alternam para executar, um de cada vez, a melhor jogada, independentemente do outro; dois tenistas ou 22 jogadores de futebol se empenham não só para pôr em prática suas jogadas, mas também para fazê-las de modo que seus adversários errem.

O instinto agressivo é comum a todos os animais. Konrad Lorenz o destacou como um "impulso ao ataque" em todos os animais por ele estudados. Gustav Jung o distinguiu como "impulso à atividade" no homem, que, diferentemente dos outros animais, é dotado de criatividade – qualidade que lhe permitiu modificar a natureza por meio da cultura. Ao fazer isso, conteve a agressividade nas regras do jogo e conseguiu transformá-la de competitividade destrutiva em emulação solidária e de emulação solidária em cooperação, quando se conseguiu concluir que apenas um esforço conjunto e coordenado podia atingir um objetivo comum a muitas pessoas. "Estamos todos no mesmo barco", é o que se diz nesses casos.

Por sorte, a história da humanidade não é feita só de guerras e lutas, mas também de ajudas recíprocas, de iniciativas solidárias, de abraços coletivos. Entre as nações do planeta, por exemplo, existe uma série de ajudas bilaterais e multilaterais cujos maiores doadores, em percentual do PIB de cada um, são os Emirados Árabes, a Noruega, a Suécia e Luxemburgo; e, como maiores destinatários, a Cisjordânia e Gaza, Kosovo, Timor Leste e Jordânia.

Às vezes, a mesma instituição alterna agressividade e solidariedade, ferozes inquisições e obras de caridade, cruzadas e orfanatos, como Torquemada e san Filipo Neri. Outras vezes, a mesma pessoa é agressiva com seus funcionários e afetuosa com seus familiares; torturador com os seus prisioneiros e altruísta até o heroísmo com os seus companheiros.

Conforme o nível de civilização, nós nos julgamos um tanto sobrecarregados das razões do inimigo. Nas fases primitivas da convivência, trucidávamos os adversários. Depois, aos poucos, substituímos a espada pela clava, a clava pelos punhos, os punhos pela ofensa verbal, a ofensa verbal pela discussão inflamada e, enfim, pela discussão passiva. Quando a televisão exibe uma blitz da polícia num covil de traficantes de drogas ou de mafiosos, ao observar as caras dos chefes, podemos ver as feições primitivas, rudes e ferozes, feras que, quando falam, o fazem em linguagem arcaica e não excluem das suas regras do jogo a tortura e a eliminação física do adversário. Ao olhar com atenção as caras dos políticos nas entrevistas, ou dos banqueiros na *Forbes*, vemos senhores de paletó e gravata que exibem o subjuntivo italiano e o sotaque de Oxford e que substituíram o punhal pela palavra, a automática pelas estatísticas, a violência pela sedução. Querem prevalecer sobre o adversário, superá-lo política e profissionalmente, mas não querem matá-lo, a não ser em casos extremos. A guerra entre bandos é substituída pela competição entre os partidos e pelos acordos econômicos ou políticos entre os aliados.

Para administrar a nossa agressividade, aprendemos a deslocá-la para fora do nosso território, como fizeram os americanos, que, depois de ter combatido contra os índios no mesmo continente, de 100 anos para cá preferem mandar seus filhos menos afortunados para lutar na Europa, na Coreia, no Vietnã, no Iraque. E aprendemos a exorcizar a agressividade por meio dos jogos que simulam a guerra, na tentativa de minimizá-la. Mas também nisso a competição assume níveis diferentes de civilidade, desde que esta comporte a morte física de um competidor (como para os gladiadores, no Coliseu); a mortificação tangível do corpo (como para os pugilistas, no ringue); a mortificação simbólica (como para os esgrimistas, na pista); a morte física de um animal (como para os touros, na "corrida"); a morte virtual de um símbolo (como para o avatar, nos videogames).

Guerra, luta, competição, competitividade destrutiva e emulação criativa também são inclinações do nosso instinto agressivo que, junto com os desdobramentos degradantes, podem ter ainda efeitos positivos de seleção natural e de inspiração recíproca. Boa parte da arte do Renascimento foi alimentada pela competitividade entre os amigos Bramante e Rafael, de um lado, e Sangallo e Michelangelo, de outro. Todo o barroco romano foi sublimado pela competição entre Bernini e Borromini, que terminou com o suicídio deste último. A cavalheiresca contraposição entre Bartali e Coppi inflamou durante anos os torcedores do ciclismo italiano; a nada cavalheiresca rivalidade entre Foreman e Cassius Clay deixou extasiados os amantes do pugilismo.

Hoje a expressão mais frequente, apreciada e organizada de competitividade é aquela dos executivos, nas empresas, e das empresas, no mercado. Uma competitividade implacável, sem exclusão de golpes, que encontra sua globalização nas bolsas de valores e seu enobrecimento na teoria liberal. Esse paradigma, que impera hoje de forma sutilmente aperfeiçoada em comparação ao original do século XVIII, é fundado justamente no pressuposto de um instintivo e inato individualismo agressivo. "Não é, por certo, pela benevolência do açougueiro, do cervejeiro ou do padeiro que esperamos a nossa refeição, mas pelo fato de que eles cuidam do seu interesse pessoal. Não nos dirigimos à sua humanidade, mas ao seu egoísmo, e falamos da vantagem deles, nunca das nossas necessidades", escreve Adam Smith em uma passagem muito conhecida da sua obra-prima *A riqueza das nações*, publicada em 1776. Com base na sua tese, se cada um age segundo o próprio interesse econômico, desse ato egoísta comum brotará, quase que por magia, o maior bem comum e a maior riqueza de todos. Segundo Smith, essa disputa de egoísmos não termina em uma luta fratricida, ou no caos, ou na centralização de toda a riqueza nas poucas mãos dos mais rapinantes, porque um respeitável *laissez faire* do Estado garante a seleção e o sucesso dos melhores. Mas acima de tudo porque, para assegurar o equilíbrio total do sistema, intervém, misteriosa e redentora, a "mão invisível", semelhante à Divina Providência, que milagrosamente faz brotar da livre manifestação dos egoísmos uma redistribuição equitativa das oportunidades e da riqueza.

Smith a menciona três vezes e sempre de modo fugaz (no ensaio *História da astronomia*, de 1750, no livro *Teoria dos sentimentos morais*, de 1759, e na sua obra-prima *A riqueza das nações*, de 1776), tomando-a emprestada de *Macbeth*, de William Shakespeare, no qual, no terceiro ato, evoca-se justamente a "mão sangrenta e invisível". Mão invisível cuja inexistência já foi verificada, pois hoje – como já observamos – os 62 homens mais ricos do mundo possuem uma riqueza igual à de metade da humanidade viva. No entanto essa mão invisível e inexistente tornou-se um dogma indiscutível, talvez o mais afortunado dos dogmas citados com devoção pelos estudiosos de uma disciplina como a economia, que, aliás, pretende ser considerada científica e exata.

No entanto, "competitividade" continua sendo a palavra de cunho liberal e neoliberal mais cortejada nas empresas e mais ensinada nas escolas de negócios, entendida como tensão permanente até o espasmo a fim de superar os concorrentes, incorporá-los ou eliminá-los definitivamente do mercado, jogando, quem sabe, milhões de trabalhadores e suas famílias na miséria.

Vince Lombardi, o legendário treinador do Green Bay Packers, costumava dizer que "vencer não é tudo: é a única coisa". Mas vencer como? A quem? Por quê? Para o liberalismo, significa vencer qualquer concorrente que cruze o caminho de um executivo em busca de ascensão profissional ou de uma empresa em busca de lucro no livre mercado. E a partir do mercado, das empresas, das escolas e do mundo dos negócios, o credo da competitividade estendeu-se a toda a sociedade, envenenando e embrutecendo toda e qualquer relação humana.

Os italianos, por exemplo, eram um povo gentil. Quando, no século XVIII, Goethe veio à Itália, ficou encantado com a sensibilidade do nosso caráter e a nossa inclinação natural à felicidade acolhedora. À medida que descia ao longo da península, crescia o seu entusiasmo pelo nosso estilo de vida pacífico, extrovertido, alegre e sensual. Em Nápoles, pareceu-lhe, inclusive, que tinha encontrado a quintessência da alegria, o segredo de um contagioso e sereno entusiasmo. "Aqui tudo é tranquilidade e bom humor", anota ele em seu diário de viagem, em 15 de março de 1787. E, em 16 de março, acrescenta: "Nápoles é um paraíso. Todos vivem em uma espécie de embriaguez e de esquecimento de si mesmos. Comigo acontece a mesma coisa; quase não me reconheço mais, pareço outro homem. Ontem, eu me dizia: ou era louco até aqui, ou fiquei louco agora."

O que aconteceu nos dois séculos e meio que se seguiram? O que nos transformou de mestres de vida corteses em vorazes mal-educados endiabrados, sempre prontos a furar as filas, a fraudar o fisco, a depenar o turista, a desprezar e explorar o imigrante, a berrar quando usamos o telefone em público, a trapacear descaradamente o colega para superá-lo na carreira? Cada região criou a própria forma de agressividade, a própria Máfia e a própria Camorra, a própria fraude, o próprio egoísmo, o próprio cinismo, exibindo-o ou até mesmo elevando-o a partido político.

Com receio de que a natureza humana pudesse tender à agressividade, temos procurado, diferentemente dos animais irracionais, construir uma cultura com a qual possamos represar os instintos competitivos e formar uma sociedade solidária. Mas na dialética constante entre agressividade, solidariedade e afeto, a agressividade venceu. Para Aristóteles, "o trabalho visa o repouso, a guerra visa a paz, as coisas úteis visam as coisas belas" e, portanto, o repouso, a paz e a beleza têm o direito de triunfar. Segundo Hobbes, porém, prevalece a guerra de todos contra todos, pois todo homem se comporta como um lobo em relação aos outros homens. Hobbes venceu, como demonstra amplamente a onda crescente de vulgaridade gratuita que transborda das nossas telas de TV, dos nossos discursos e das nossas ações cotidianas.

Tornamo-nos agressivos até a crueldade, na tentativa sempre frustrada de satisfazer, além de qualquer limite, aquelas nossas três necessidades que Agnes Heller chama de "quantitativas": a conquista e conservação do poder, a apropriação da riqueza, a acumulação de bens materiais. Por natureza, essas três necessidades concernem a recursos limitados e, portanto, estão "em soma zero": se um tem de mais, significa que outro deve ter de menos. Daí a corrida frenética para se apropriar de doses cada vez maiores, em detrimento dos outros, sem nunca atingir a impossível saciedade definitiva.

Concorrência e competitividade – dogmas do nosso sistema socioeconômico – centuplicaram a avidez de dinheiro e a guerra entre aqueles que deles são acometidos. A busca por dinheiro é acompanhada e às vezes se confunde com a busca por poder, e a guerra de todos contra todos acaba por se transformar em uma guerra de nós contra nós mesmos, em uma esquizofrenia coletiva que, no fim das contas, reduz-se a um descontentamento universal. É o oposto de uma sociedade harmoniosa, em que a solidariedade triunfa sobre a competitividade e a felicidade de um é diretamente proporcional à felicidade do outro; em que o proveito material não abusa do bem-estar coletivo; em que a prática rude e trivial de quem está sempre "com os pés no chão" não impede os outros de sonhar. Até uma personalidade agressiva como Napoleão conseguiu entender que a agressividade não é tudo e chegou a dizer: "Antes mesmo do que nos campos de batalha, eu venço as minhas guerras nos sonhos dos meus soldados."

Certezas

O que significa ser agourento na cultura mundial e ser um *iettatore* na cultura napolitana? É alguém – frequentemente encontrado e na natureza contraposto ao homem positivo, otimista – que enxerga o pior no quer que pouse o olhar; que, além de prever desgraças, é capaz de determiná-las; que até mesmo se compraz da sua carga destrutiva.

O número e a presença de *iettatori* não é estável no tempo: há períodos em que predomina o otimismo positivo (aqueles de abundância, a que a Bíblia se refere como tempos das "sete vacas gordas"), durante os quais os *iettatori* se escondem, prontos, porém, para sair de seus esconderijos monótonos assim que se delineiam os períodos desafortunados (aqueles da carestia, que a Bíblia chama de os tempos das "sete vacas magras").

Agora, na Itália, na Europa e em grande parte do mundo, é tempo de *iettatori*. Segundo a opinião vigente, a economia vai mal; a saúde, os correios, as ferrovias não funcionam. Se um adolescente se mata na época das provas, os jornais logo anunciam uma "súbita onda de suicídios". Os valores de antigamente, os sentimentos de antigamente, as relações de antigamente, tudo "de antigamente" era melhor, mais genuíno, mais coerente com Deus, com a Pátria, com a Família.

Hoje o pessimismo é chique! A depressão é até ostentada, como foi a tuberculose pulmonar entre os românticos do século XIX. Os padres, os economistas e os ambientalistas disputam para formar uma triste coroa desgraçada. Já em seu tempo, Anaxágoras recomendava a Péricles que não bebesse, porque o vinho o deixava de bom humor e o fazia rir: se risse, não seria levado a sério, o que seria o fim de Tebas, isto é, ele perderia o poder. Muito mais recentemente, os italianos confundiram Amedeo Nazzari com um grande ator só porque fazia chorar, e confundiram Totó com um comediante só porque fazia rir. Pouco antes de ser deflagrado o golpe de 1964 no Brasil, o secretário de Estado americano almejou que os Estados Unidos encorajassem o golpe porque considerava o povo brasileiro perigoso: era perigoso porque ria sempre e, como se sabe, os povos que riem são uma presa fácil para o comunismo.

O pessimismo é obrigatório, principalmente entre os intelectuais: um intelectual de verdade *deve* ser pessimista, do contrário não é confiável. Quase todos os livros lançados nos últimos anos jorram profecias de desgraças. Um livro muito modesto de Charles Handy teve sucesso sobretudo por causa do título *Tempo de mudanças*. Dois livros intitulados *A era da incerteza*, um deles de John Kenneth Galbraith e outro de Vera Slepoj, e um terceiro, de Ilya Prigogine, *O fim das certezas*, certamente devem uma dose do seu sucesso às consequências ameaçadoras subentendidas nesses títulos. A certeza da incerteza é o cavalo de batalha dos mais pessimistas entre os cientistas, os literatos, os jornalistas, os empresários e os docentes de administração.

Segundo esses modernos desgraçados, antes tudo era certo, preciso, previsível e seguro. Sabemos que milhares de crianças morriam antes mesmo de aprender a falar; que milhares de vidas eram ceifadas por epidemias inesperadas; que milhões de cidadãos viviam na mais profunda miséria, sem esperança de sobreviver até o dia seguinte; que a comida, o direito civil, a instrução, a higiene e a saúde eram negados à esmagadora maioria dos nossos antepassados; que até os príncipes caíam no desespero quando eram acometidos por dor de dente ou apendicite. Mas os nossos intelectuais inclinados ao pessimismo ativo continuam a prantear aqueles "bons e velhos tempos".

Hoje a expectativa de vida mais que dobrou; os jovens desempregados estão em melhor situação que seus pais ocupadíssimos; o *welfare* foi estendido de tal maneira que em todos os países da OSCE (Organização para a Segurança e Cooperação na Europa) estão planejando reduzi-lo. Mesmo assim, os modernos *iettatori* gritam que tudo é incerto, que vai acabar, que estamos à beira do abismo.

Experimento, então, enumerar algumas certezas, desafiando a impopularidade reservada aos otimistas.

Não é certa, porventura, a morte e, com ela, o fim de toda relação com cretinos, chatos, desonestos, astutos, intrometidos, pessimistas, vigaristas, impostores e prepotentes?

Não é certa a crescente longevidade e, com ela, a possibilidade de boas leituras, boa comida, mais introspecção na solidão, mais alegria na convivência?

Não é certo, por acaso, o amor e, com ele, a ambiguidade comprometedora do fascínio, a trepidação do cortejo, a plenitude do erotismo, a ternura ou o furor das despedidas?

Não é, por acaso, certa a amizade e, com ela, o prazer da doação, o calor do acolhimento, a candura das confidências, a inesperada solidariedade?

Não é certa, porventura, a beleza e, com ela, a emoção de cada nascer e pôr do sol, a perplexidade das paisagens, a profundidade dos olhares, a inexaurível opulência da criatividade?

Não é certa, por acaso, a ubiquidade permitida pelas novas tecnologias e, com ela, a aventura das viagens, a liberdade do moderno nomadismo, a riqueza das informações, a aldeia global, a cidadania universal?

Não são talvez certas as horas do dia, as estações do ano, as épocas da vida e, com cada uma delas, a variedade de gostos, a alternância das paixões, a acumulação dos recordes?

Orla

Diante de um quadro de Toulouse-Lautrec, uma visitante exclamou escandalizada: "Que vergonha! Uma mulher que se despe na presença de um homem!" O pintor ouviu e consertou: "Veja que não está se despindo, está se vestindo." Vestir-se e despir-se representam as duas faces de uma moeda, suspensa entre o exibicionismo e a discrição, o candor e a desfaçatez. Na arte, o nu masculino exprime potência; o nu feminino, sensualidade. Na vida, despir-se significa para todos liberação e sedução.

O nu é algo muito sério para ser feito de qualquer maneira (*absit iniuria verbis* – "sem ofensa"). Recorrerei, portanto, a sábias citações, a começar pela súmula sociológica do século XVI representada pelos *Ensaios* de Michel de Montaigne.

Você vai perguntar: mas o que Michel de Montaigne tem a ver com a satisfação de se despir? Eis o que tem a ver: o nobre Michel nasceu em 1533 em um castelo perto de Bordeaux, onde o pai era prefeito. Educado "à italiana" pelos pais, que conheciam a fundo a Itália, estudou, casou-se, tornou-se membro da câmara e depois foi ele mesmo prefeito de Bordeaux. Rodou meia Europa, para afazeres diplomáticos e tratamentos termais, sofrendo tanto de ansiedades políticas como de cólicas renais. Morreu aos 59 anos, enquanto assistia à missa, justamente no momento da elevação.

Seu nome está ligado a uma obra-prima: os *Ensaios,* logicamente. Mais de mil páginas de reflexão sobre todo o saber humano, da tristeza às paixões, do ócio à glória, das amizades à crueldade, dos prognósticos aos canibais, das orações à embriaguez, dos polegares aos coxos.

Um dos ensaios se destina ao "uso de se vestir". Por que, pergunta-se Montaigne, alguns povos andam completamente nus? Não pode ser apenas por causa do clima, porque, em muitos casos, a temperatura dos países onde se anda nu é similar àquela de onde se anda agasalhado. Além disso, nós que costumamos andar vestidos deixamos descobertas justamente as partes mais delicadas, como a boca, o nariz e as orelhas. Se a natureza tivesse nos criado para ser vestidos, teria nos dotado de penas, como os pássaros, ou de lã, como os carneiros. E, se as roupas servissem apenas para cobrir, por que haveria tanta diferença entre as vestes de um rico e de um pobre, de um militar e de um padre? Montaigne nos deixa com essas interrogações sem nos dar respostas, mas subentendendo que a maioria dos seres humanos se veste não por exigências naturais, mas por imposições culturais.

A meu ver, as pessoas também se vestem pelo prazer de se despir. E quanto mais abundantes e elaboradas são as roupas, mais intenso e sutil é o prazer de se livrar delas. A primeira coisa que se faz, ao entrar em casa depois de um almoço com um traje elegante, é se pôr à vontade, jogando sapatos e roupas para os quatro cantos do quarto.

A nossa vida nada mais é que um vestir-se e despir-se. Por conveniência, por comodidade ou por erotismo. Calcula-se que quem chega aos 80 anos vestiu-se e se despiu, pelo menos, 58.400 vezes. Mas, se o ato de se vestir é considerado óbvio, o ato de se despir atende a razões mais complexas e intencionais. Despimo-nos para ir para a cama sem o incômodo das roupas. Despimo-nos para tomar banho. Despimo-nos para oferecer o corpo ao olhar e ao toque de outra pessoa, a fim de que desfrute de toda a sua triunfante nudez. Despimo-nos privadamente o ano inteiro. Despimo-nos coletivamente nas praias no verão.

Assim como para apreciar a folia animada do carnaval é necessário compará-la com a tristeza lúgubre da Quaresma, para apreciar o desvelamento do nu é preciso um corpo coberto, para despir.

Quando eu digo "despir-se" não pretendo chegar necessariamente ao nu integral. Mas, sim, àquela dosagem ponderada de nudez em que cada centímetro de carne exibido acaba representando uma consciente concessão de quem mostra e uma cobiçada conquista de quem vê.

O sexo é a orla. E o desejo do observador se fixa no limite entre a parte coberta e a parte descoberta, em qualquer ponto do corpo em que elas se encontrem.

Para pintar a *Madona dos peregrinos* mantida na basílica de Santo Agostinho, em Roma, Caravaggio inspirou-se em uma bela prostituta, com a intenção de lhe restituir toda a atração erótica. Para obter esse efeito blasfemo, o grande pintor envolveu inteiramente o corpo da mulher com uma longa veste escura, mas deixou maliciosamente descoberto um cândido e sensualíssimo pé.

O sexo é a orla entre a veste e a carne. Por isso, um corpo quase nu em uma praia no verão pode ser menos excitante do que um centímetro de carne rosada que ameaça aparecer, furtivo, sob a saia de uma senhora que desce do táxi.

Ainda assim, a exibição do corpo durante o verão se tornou tão generalizada que está a ponto de tirar do nu todo o valor erótico. Portanto, se você quer que seu corpo seduza, cubra-o!

Descaramento

Philippe-Auguste-Mathias, conde de Villiers de L'Isle-Adam (Mathias para a família, Villiers para os amigos, Auguste para os seus leitores), filho único de uma família tão nobre quanto decaída e arruinada, viveu entre 1838 e 1889, passando da Bretanha para Paris, dos cafés para os salões, do jornalismo para a poesia, de uma *demi-mondaine* para uma viúva analfabeta e para a filha de Théophile Gautier, de Baudelaire para Flaubert, de Mallarmé para Wagner e para Léon Bloy.

Simbolista, idealista, profundamente irônico, de desenfreada fantasia (é sua a criação da palavra "androide"), esse "dorminhoco acordado, magnífico prosador, cheio de harmonia e esplendor", como foi definido por Anatole France, deixou-nos os *Contos cruéis* (1883), tão extraordinários que Jorge Luis Borges os inseriu na fascinante coleção de contos organizada por ele para Franco Maria Ricci.

Em um desses contos, *A aventura de Tse-i-La* – oblíqua parábola em que Auguste antecipa o muito conhecido "dilema do prisioneiro" –, o nosso nobre, brilhante e arruinado representa o poder prostrado diante do açoite da inteligência e do amor. Eis uma síntese obviamente inexpressiva em relação ao original.

Conta Auguste que, em uma remota província chinesa, ao norte do Tonkin, somente o imperador Tche-Tang – embora cruel e odiadíssimo – conseguiu morrer de morte natural depois de longa velhice.

E eis a causa de tão imerecida longevidade: um dia, bem antes da sua morte, os guardas lhe trouxeram, acorrentado, um jovem chamado Tse-i-La, capturado enquanto ousava pular, furtivamente, o muro do palácio imperial. Com intenção de condená-lo à morte, o imperador interrogou-o, segundo os procedimentos de praxe, na presença dos seus infiéis cortesãos.

Tse-i-La, sem medo algum, contou-lhe ter enfrentado tal perigo porque no dia anterior encontrara os deuses da floresta, que lhe haviam revelado um segredo a ser confiado apenas ao imperador, pessoalmente. Graças a esse segredo, o imperador poderia descobrir antecipadamente qualquer conspiração e identificar os conjurados no exato momento em que eles concebiam suas tramas.

Os cortesãos, amedrontados por essa perspectiva, incitaram o imperador a não ouvir mais Tse-i-La e condená-lo à morte sem mais delongas. Mas o imperador, curioso pelas palavras do jovem, ordenou-lhe que revelasse publicamente o segredo.

Tse-i-La manteve-se firme e lhe respondeu que, segundo a exigência taxativa dos deuses da floresta, o segredo teria que ser rigorosamente transmitido apenas ao imperador. Ademais, Tse-i-La jamais lhe revelaria o segredo se, em troca, não lhe fosse concedido, em reconhecimento, um prêmio triplo: 50 mil liangs de ouro, o título nobiliário de mandarim e a mão da belíssima princesa Li-tien-Se.

O cruel monarca, ainda que enfurecido, cedeu: conduziu Tse-i-La a um subterrâneo ao lado da câmara de torturas, onde ninguém podia ouvir, e calou-se, esperando que o jovem lhe revelasse o mistério. "O meu segredo não existe", disse finalmente Tse-i-La. "Mas, se tu me matares, os teus cortesãos saberão que eu te disse uma mentira e que eles nada têm a temer. Rirão da tua credulidade e talvez, hoje mesmo, caias vítima dos seus punhais. Mas, se tu saíres desta nossa conversa com o semblante radiante e me deres os três prêmios acordados, eles se convencerão de que o mistério que te confiei é extraordinariamente eficaz e que, daí em diante, não é mais o caso de tramar contra ti."

Ao imperador cruel e avarento, embora fosse tudo, menos estúpido, não restou outra saída senão aceitar: concedeu ao jovem descarado a sua muito amada filha e o título nobiliárquico, acrescentando aos liangs de ouro, como recompensa, o precioso colar imperial.

Toda vez que se fala de descaramento, vem à minha mente esse conto ambíguo. A meu ver, na verdade, Tse-i-La é um exemplo evidente do louco varrido – o Parsifal, de Wagner –, capaz de superar toda e qualquer imaginação prudente até ver premiada a sua coragem programada.

Tem razão a corrente da psicologia que diz que em cada um de nós moram uma criança, um adulto e um velho. A criança age dentro de nós quando nos apaixonamos ou nos irritamos, quando partimos para uma cruzada impossível e quando levamos a vida como um jogo. O adulto age em nós quando a razão prevalece sobre o sentimento, quando projetamos cuidadosamente uma empresa, quando conseguimos conter as nossas paixões em um conceito de seriedade. O velho age em nós quando o medo da morte nos assalta e quando nos sentimos cansados de lutar, quando deixamos de sonhar, criar, amar e procriar. Baudelaire diz que não se é velho enquanto se desejar seduzir e ser seduzido.

Na interação com os outros, às vezes é o nosso eu-criança que trabalha; outras vezes é o nosso eu-adulto e, por fim, outras vezes é o nosso eu-velho. Por sua vez, os nossos interlocutores também podem nos responder com o seu lado infantil, com o seu lado adulto ou com o seu lado senil. Por exemplo, no conto de Villiers: o jovem Tse-i-La se vale, prevalentemente, do seu lado criança; o imperador, do seu lado adulto; os cortesãos, da sua parte senil.

O importante é que nenhuma das três personalidades impere o tempo todo em detrimento das outras duas, mas que a cada vez se impulsione aquela que, entre elas, melhor responda às exigências do momento. O mun do da burocracia, por exemplo, tende a utilizar apenas a parte decrépita dos seus funcionários, enquanto o mundo industrial tende a utilizar só a parte adulta dos seus administradores. Em ambos os casos, a adorável criança que existe dento deles é mortificada: a sua dimensão criativa e original – à qual se devem a qualidade de vida e o bem-estar do corpo e da mente.

Cada um de nós, ao interrogar o jovem descarado, o sábio imperador e o decrépito cortesão que age no fundo da sua personalidade, pode compreender muito bem qual dos três exageradamente prevalece e como restabelecer o necessário equilíbrio interior, reforçando o componente débil. É isso, creio eu, que Georges Braque quis dizer quando confessou: "Amo a regra que corrige a emoção"; ou Juan Gris, quando rebateu: "Amo a emoção que corrige a regra." Ou, ainda, Gilberto Freyre, quando escreveu: "Se dependesse de mim, jamais seria maduro nem no estilo, nem nas ideias, mas seria sempre verde, incompleto, experimental."

Riqueza

Dizem que riqueza não traz felicidade, mas é preciso admitir que a simula muito bem. A questão não é irrelevante. Basta pensar que o primeiro livro de história de todos os tempos, escrito por Heródoto cinco séculos antes de Cristo, inicia-se justamente com um capítulo sobre a relação entre riqueza e felicidade.

Conta-se que Sólon, depois de ter finalizado a promulgação das suas leis em Atenas, dedicou-se a longas viagens por todo o mundo para enriquecer a sua sabedoria com novas experiências.

Nessas suas andanças, chegou à Lídia, onde reinava Creso, o mais rico de todos os reis. Depois de se ter pavoneado com Sólon, exibindo a pompa do seu palácio real, Creso não resistiu à tentação de perguntar-lhe quem era o homem mais feliz que ele encontrara em todas as suas viagens. "Isso ele perguntava na secreta esperança de ser ele mesmo o indicado como o mais feliz dos homens."

Sólon, então, citou um certo Tello, de Atenas, homem simples, pai de dois esplêndidos filhos, morto em batalha na defesa de sua cidade, a qual, por isso, prestara-lhe grande honra.

Na esperança de ocupar pelo menos o segundo lugar na classificação, Creso perguntou a Sólon de que outro ele se lembrava, depois de Tello. Então o viajante descreveu a boa sorte de Cleobis e Bitão, dois jovens bonitos, fortes e generosos para os quais a mãe pedira à deusa Era tudo aquilo que um homem pode obter de melhor. A deusa atendeu as orações: os dois jovens adormeceram e morreram serenamente, no sono. Os concidadãos, para recordar a excelência dos irmãos, consagraram a eles duas estátuas, no templo de Delfos, com os seus semblantes.

Creso se zangou e disse: "Hóspede de Atenas, a nossa felicidade é, para ti, tão pouco considerada que não nos julgues digno de rivalizar sequer com cidadãos comuns?"

Sólon, reportando-se à longevidade média da sua época, respondeu-lhe que cada homem vive, em média, 70 anos, cerca de 26 mil dias. Dado que em cada um desses dias acontece alguma coisa diferente, toda pessoa viva, até o seu fim, está sempre à mercê dos acontecimentos. Ele disse: "Não é verdade que aquele que é muito rico seja mais feliz do que os que têm de viver um dia de cada vez se a sorte de terminar a vida em completa felicidade não acompanhá-lo."

Um homem muito rico tem duas vantagens: a possibilidade de enfrentar com mais facilidade as desgraças repentinas e a possibilidade de satisfazer uma quantidade maior de desejos. Por esse aspecto, pode dizer-se afortunado, mas não feliz. Se um pobre é bonito e goza de boa saúde, se tem uma bela prole e consegue encerrar a vida bem, eis um caso real e completamente feliz. Fora isso, até a morte, ninguém pode se considerar autossuficiente (um bom provérbio napolitano diz: "Até mesmo a rainha precisou da vizinha").

Heródoto conclui o seu conto mencionando que Creso, furioso, expulsou Sólon, mas pouco depois seu filho morreu num acidente de caça e Ciro conquistou o seu reino. Salvo, por sorte, da fogueira a que fora condenado, Creso lembrou-se de Sólon. Se antes sentia-se rico pela opulência das suas propriedades, agora sentia-se riquíssimo pelo simples fato de sobreviver. Portanto, a abundância não traz felicidade, porque é minada pela obsessão da insegurança.

Então, o que fazer? Para os crédulos, há a esperança da eterna felicidade ultraterrena, fácil para os pobres, dificílima para os ricos. "Que tu tenhas em abundância riquezas e outros bens terrenos", diz a famosa encíclica social de Leão XIII, *Rerum Novarum* (1891), "ou que tu delas sejas privado, isto nada importa à eterna felicidade. Os afortunados do século são, pois, avisados de que as riquezas não os livram da sua dor, e que elas servem não só para que a felicidade venha como para prejudicá-la."

Para os incrédulos, privados da felicidade ultraterrena, basta a sábia convicção de que a riqueza e a pobreza vêm, ambas, acompanhadas de muitas preocupações, para as quais a condição desejável é esta: vida nem rica nem pobre, desde que duradoura.

Significado

Utilizarei uma frase do pedagogo americano John Dewey para refletir sobre a relação entre as nossas experiências cotidianas, a nossa cultura e a nossa felicidade. A frase é: "Educar significa enriquecer as coisas de significado."

Imaginamos fazer uma viagem à Índia para visitar os monumentos hindus de Tamil Nadu. Depois, seguimos para as montanhas suíças, ao cantão dos Grisões, para visitar Lenserheider e as termas de Vals. Depois, ainda, partimos para Londres e, em seguida, descemos para a Toscana. Deslocar-se para lugares tão diferentes entre si é o que chamamos de "experiência". Mas é uma experiência mais ou menos intensa e feliz segundo a nossa cultura, a nossa preparação, a nossa sensibilidade. Isso nos foi ensinado por John Dewey, personalidade de destaque não só na pedagogia como, também, na vida social do século XX.

Dewey nasceu em Burlington em 1859 e morreu em Nova York em 1952.

Foi educado nas melhores universidades de Vermont e Baltimore no evolucionismo de Darwin e no pragmatismo. Tornou-se ele mesmo professor e ensinou primeiro na Universidade de Michigan e na de Minnesota, depois na de Chicago, onde pôs em prática um método revolucionário para a renovação do sistema escolar, inspirado no princípio daquela que, dali em diante, viria a ser chamada, justamente, de Escola de Chicago.

Em sua longa vida, viajou da China ao Japão, da Turquia ao México e à Rússia; uniu a teoria à prática, o empenho social à luta política. Declarou-se a favor de Sacco e Vanzetti, lutou pelo voto feminino, denunciou os crimes de Stalin, defendeu a urgência de reformas radicais para tornar efetiva a democracia americana, influenciou o pensamento político de Roosevelt e dos seus seguidores democratas.

Na sua pedagogia, o papel da experiência é central. Para se preparar para a vida, sustenta ele, todo jovem deve experimentar, ativamente, os aspectos concretos do mundo que o cerca, expandindo, aos poucos, a sua curiosidade, os seus conhecimentos e a sua reflexão, apreciando a dialética entre opiniões divergentes e empenhando-se diretamente no aprimoramento da sociedade. A pedagogia de Dewey pressupõe que o mundo está em contínuo progresso e a coletividade possui as forças necessárias para renovar os seus valores, para extrair um tesouro da sua tradição, para vencer os grandes desafios que a natureza lhe impõe.

Uma vez que a sorte de cada cidadão é influenciada pelo ambiente social em que vive, é preciso que esse ambiente seja profundamente democrático. Só uma sociedade democrática de fato estimula a renovação por meio das suas crises recorrentes. Mas não pode haver democracia sem a participação ativa de cada cidadão, e não pode existir participação verdadeira se o cidadão não for educado para a liberdade de pensamento, para o compartilhamento e para a sociabilidade.

Essa formação só pode se configurar se o Estado fornecer ao indivíduo a cultura necessária para rebater criticamente a manipulação exercida pela mídia e desenvolver, frente à economia, um papel regulador autorizado, garantidor do pluralismo.

Entre os muitos ensinamentos de John Dewey, considero o mais precioso de todos aquele contido na frase que citei no início: "Educar significa enriquecer as coisas de significado."

Frente à mesma paisagem, ao mesmo monumento, ao mesmo filme, pessoas diferentes atribuem significados diferentes e experimentam emoções diferentes, de acordo com o modo como foram educadas para compreender, avaliar e apreciar toda a riqueza dos conteúdos que aquele filme ou aquele monumento ou aquela paisagem apresentam. De nada serve viajar a um país ou ver um filme só porque é promovido pela publicidade. As longas filas de visitantes que se acotovelam para uma mostra podem demonstrar o aumento da necessidade profunda de prazer cultural, mas podem também indicar a comercialização da arte, reduzida a um interesse da moda. Para que uma experiência seja rica de significado a ponto de nos deixar felizes, é preciso tratá-la como uma aventura do espírito, para a qual nos preparamos com a mesma atenta ansiedade reservada a um encontro amoroso. Mollie Orshansky disse: "A pobreza, como a beleza, está nos olhos de quem vê."

Simpatia

O mesmo Adam Smith que forneceu ao liberalismo os fundamentos teóricos para estabelecer no conceito triunfante do egoísmo todo o funcionamento do sistema econômico, oferece também uma outra leitura do comportamento humano, explicando-o com base na ideia de "simpatia". Em 1759, ele publicou o ensaio *Teoria dos sentimentos morais* e depois, durante quase 40 anos, até a sua morte, voltou ao tema, remanejando-o em umas seis edições sucessivas.

O ensaio, com quase 600 páginas, inicia-se com um capítulo dedicado justamente à simpatia: "Por mais egoísta que se possa considerar o homem, são evidentes na sua natureza alguns princípios que o tornam partícipe das formas alheias e que tornam a felicidade alheia necessária para ele, não obstante ele não obtenha dela mais do que o prazer de contemplá-la. Nesse gênero se encaixam a piedade, ou compaixão, e a emoção que experimentamos pela miséria alheia, quando a vemos ou somos levados a imaginá-la de maneira muito vivaz. O fato de que frequentemente nos cause sofrimento o sofrimento dos outros... não é, na verdade, prerrogativa do virtuoso ou do piedoso, se bem que, talvez, eles o experimentem com acentuada sensibilidade. Nem mesmo o maior tratante ou o mais calejado transgressor das leis da sociedade está totalmente privado dela." A simpatia denota "o nosso sentimento de participação por qualquer paixão... Não há nada que dê mais prazer do que observar em outras pessoas uma participação em todas as emoções do nosso coração".

Os outros capítulos da *Teoria dos sentimentos morais* são dedicados às virtudes amáveis e respeitáveis, às paixões sociais e às egoístas, à origem da ambição, ao mérito e ao demérito, à gratidão e ao ressentimento, à justiça e à beneficência, à aprovação e à desaprovação, ao costume e à moda, à prudência e à felicidade.

Sobre o conceito de simpatia, Smith volta ao *Riqueza das nações*. Depois de ter constatado, como vimos em um capítulo anterior, que o açougueiro, o padeiro e o cervejeiro se abstêm de doar generosamente a sua mercadoria a quem tem fome, por outro lado, reconhece que eles vendem a sua mercadoria não só para ganhar, por egoísmo, mas também para satisfazer os desejos dos fregueses e obter deles apreço, simpatia e conceito social.

O comportamento humano, por sua vez, é muito complexo para ser explicado com base em rígidas leis naturais. As nossas ações são determinadas não só pelo egoísmo, pelo altruísmo e pela benevolência, mas também pela simpatia, que nos leva a nos imaginarmos nas condições alheias e a nos identificarmos com os sentimentos alheios. "A sociedade não pode subsistir entre aqueles que estão sempre prontos a prejudicar e menosprezar um ao outro."

Por outro lado, tudo que a sociedade produz é fruto de uma divisão do trabalho, que nasce espontaneamente de uma propensão natural humana "a negociar, permutar e substituir uma coisa por outra", sem a qual "todo homem deveria procurar sozinho os seus meios de subsistência e de comodidade. Se todos executassem as mesmas funções e o mesmo trabalho, não existiriam aquelas grandes diferenças de atividade que, sozinhas, determinam as grandes diferenças de talento". Mas a divisão do trabalho e a especialização profissional dos talentos individuais têm necessidade da colaboração. "A roupa de lã que veste os trabalhadores de dia, por mais espessa e rude que possa parecer, é o produto do trabalho conjunto de uma grande multidão de operários. O pastor, o selecionador de lã, o penteador ou cardador, o tingidor, o cardador de fio grosso, o fiandeiro, o tecelão, o apisoador, o engomador e muitos outros devem reunir as suas diferentes artes a fim de levar a termo ainda que apenas essa produção caseira. Além disso, quantos mercadores e carroceiros devem ter sido empregados para transportar os materiais de algum desses operários para outros que com frequência vivem em partes remotas do país! Em particular, quanto comércio e navegação, quantos construtores de navios, marinheiros, velejadores e cordoeiros devem ter sido empregados a fim de reunir as diferentes substâncias usadas pelo tingidor, provenientes dos cantos mais remotos da Terra." Smith prossegue em outra página inteira evocando as tesouras, os mineradores que extraíram o ferro, o carvão que alimenta o fogo do artífice e assim por diante, para concluir que, "em suma, se examinarmos todas essas coisas e considerarmos a variedade de trabalho que é empregada em cada uma delas, nos daremos conta de que, sem a assistência e a cooperação de muitos milhares de pessoas, mesmo o ser mais mesquinho de um país civilizado não poderia gozar sequer do estilo de vida de que a maioria goza, e que nós, erroneamente, chamamos de simples e fácil".

Fiquei muito impactado com as palavras de Smith a favor da simpatia e da colaboração porque se trata do sociólogo mais utilizado pelos liberais e neoliberais para sustentar a validade de suas teorias baseadas no egoísmo e na competitividade como propulsores indiscutíveis, prevalentes, naturais, quase providenciais, do modo de agir humano.

Bem mais próximo de nós, em 1986, o sociólogo Alfie Kohn, do *The New York Times*, dedicou um ensaio muito convincente à relação entre competição e cooperação intitulado *No Contest. The Case Against Competition*, considerado por Noam Chomsky "uma obra verdadeiramente imponente, responsável e profunda". Com o propósito de demonstrar *why we lose in our race to win* (porque nós perdemos em nossa corrida para vencer), Kohn desconstrói, peça por peça, os quatro mitos sobre os quais se baseia o conceito de competição, cultivado principalmente nos países anglo-saxões e na cultura protestante. Segundo esses quatro mitos, a competição é uma modalidade consubstancial à natureza humana, intimamente agressiva e rebelde; representa um propulsor que nos impele a dar o melhor de nós; é uma ótima fonte de diversão; reforça o caráter e a confiança em nós mesmos. Aos quatro mitos contestados por Kohn, soma-se um quinto mito que alimenta outro sociólogo, Spiro Agnew, segundo o qual uma sociedade não competitiva acabaria sendo uma experiência fraca, um mar estagnado e cheio de gente sem objetivos que se encontra em um casulo de falsas seguranças e mediocridades satisfeitas.

Já Kohn demonstra com abundância de argumentos que a cooperação é parte integrante da natureza humana, pelo menos quanto à competição, e que a competição não é um comportamento inato, mas aprendido. A mesma seleção natural descrita por Darwin não requer competição, mas a desencoraja, premiando, acima de tudo, as espécies que realizam uma integração melhor no contexto ecológico, uma maior manutenção dos equilíbrios naturais, uma utilização mais eficiente dos recursos disponíveis, um cuidado e uma educação mais atentos com as crianças e uma ausência de lutas mais duradoura no interior do grupo.

Lamentavelmente, a cooperação salta menos aos olhos do que a competição, que atrai tanto mais a mídia quanto mais violenta for a sua forma. Mas, se a competitividade fosse realmente natural, as famílias, as escolas, as empresas e, sobretudo, as escolas de administração não se preocupariam tanto em inculcá-la, instigá-la e premiá-la.

Fato é que o modelo de vida mais difundido no mundo sempre foi o modelo elaborado e imposto pelo vencedor, e as duas guerras mundiais – a quente e a fria – foram vencidas pelos Estados Unidos. Como descreve Richard Hofstadter, professor na Universidade Columbia e duas vezes vencedor do prêmio Pulitzer, "a sociedade americana se reconheceu no conceito de seleção natural levado adiante com unhas e dentes, e os grupos dominantes conseguiram dramatizar essa visão da competição, apresentando-a como realidade positiva em si mesma. A rivalidade negociável mais desapiedada e a política sem escrúpulos parecem ser justificadas pela filosofia da sobrevivência". David N. Campbell, por sua vez, observou, no seu *On Being Number One: Competition in Education* (Sobre ser o número um: Competição na educação), que "toda essa luta frenética e irracional para bater os outros é essencial para o tipo de instituição que são as nossas escolas, agências baseadas no mercado, encarregadas de selecionar a figura necessária ao mundo dos negócios".

Em síntese, "procurar fazer qualquer coisa bem e procurar derrubar os outros são duas coisas diferentes", e geralmente a segunda prejudica a primeira, como nos recorda Alfie Kohn.

Diferentemente do capitalismo liberal, o ideal comunista baseia-se na supremacia da convivência, do dom desinteressado, da colaboração organizada. Infelizmente, sabemos quantos crimes foram cometidos em nome desse ideal e vimos como tudo terminou, depois de 70 anos de Guerra Fria entre Leste e Oeste. Porém, quando da queda do muro de Berlim, o dramaturgo Václav Havel, então presidente da Tchecoslováquia, me disse, de forma profética, numa conversa telefônica: "Lembre-se de que o comunismo perdeu, mas o capitalismo não venceu."

Em 1930, como sabemos, Maynard Keynes profetizou que seus netos superariam capitalismo e comunismo, porque em poucos anos o progresso tecnológico asseguraria à humanidade bens exorbitantes, segundo suas necessidades. Assim, finalmente "o amor possessivo ao dinheiro será reconhecido como aquilo que é: uma paixão mórbida, um pouco repugnante. Uma daquelas propensões meio criminosas e meio patológicas que muitas vezes são mencionadas por especialistas de doenças mentais com um calafrio".

Como já era calculado, os netos de Keynes somos nós, mas a sua profecia ainda não se realizou, não por miopia sua, mas por crueldade nossa. Quem ama e acumula descomedidas riquezas agressivamente, longe de ser levado ao psiquiatra, é admirado pelas massas e considerado um modelo a ser imitado. Quanto mais escandalosas as desigualdades, mais toleradas são. Hoje, 795 milhões de pessoas no mundo não têm o bastante para comer; mais de 3 milhões de crianças morrem de fome todo ano e 24 mil pessoas morrem por dia de subnutrição endêmica.

Por sorte, nem todos os bens e necessidades são de "soma zero". Se eu lhe dou uma moeda, fico sem ela; se lhe ensino uma poesia, incremento o seu saber e o seu prazer sem reduzir o meu. Portanto, o melhor modo de diluir a agressividade maligna em serenidade cortês consiste em deslocar o eixo dos nossos desejos das conquistas de ordem quantitativa – como o dinheiro, o poder e a posse de bens materiais – para as conquistas de ordem qualitativa, como a paz e a busca interior, a generosidade, a amizade, a convivência, tudo que Agnes Heller chama de "comunismo". Para obter essa sublimação são necessários o estilo certo, a educação certa, o garbo necessário e o lugar apropriado. E mais: cortesia e amor.

Para se livrar da agressividade, longe de serem úteis os pensamentos liberal e neoliberal, nos é precioso o de Marx, quando fala da beleza e da felicidade como caracteres identificadores do homem. Ele diz: "O animal constrói apenas conforme a medida e as necessidades da espécie a que pertence, enquanto o homem sabe produzir de acordo com a medida de qualquer espécie... O homem constrói, também, segundo as leis da beleza." E, a propósito da felicidade diz: "A experiência define como felicíssimo o homem que fez feliz o maior número de outros homens. Se escolhemos, na vida, uma posição em que é possível trabalhar melhor pela humanidade, então não experimentaremos uma alegria mesquinha, limitada, egoísta, mas a nossa felicidade pertencerá a milhões de pessoas e as nossas ações viverão silenciosamente, mas para sempre."

Solidão

A frase de Primo Levi que nos servirá de guia desta vez paira sabiamente entre serenidade e inquietude: "Todos descobrem, mais cedo ou mais tarde na vida, que a felicidade perfeita não é realizável, mas poucos se detêm na consideração oposta: de que assim também é a infelicidade perfeita. Os momentos que se opõem à realização de ambos os estados-limite são da mesma natureza: derivam da nossa condição humana, que é inimiga de todo infinito."

Para nos aproximarmos o máximo possível da felicidade, o meio mais eficaz está dentro de nós e consiste em nossa capacidade de refletir, meditar, imaginar e sonhar. As culturas orientais, centradas na jornada interior, educam os indivíduos, desde pequenos, a explorar a si mesmos, por meio do exercício disciplinado da introspecção. E a introspecção, por sua vez, está baseada na solidão e no silêncio.

O Oriente cultiva a meditação tanto quanto o Ocidente cultiva a distração. Desde que nascemos, nós, ocidentais, estamos imersos numa sarabanda de vozes, formas, objetos, sons, rumores e cores, produzidos por uma turba irrequieta de nossos semelhantes, que nos envolve em turbilhão, alienando-nos.

Um dos mais notáveis intelectuais alemães, Hans Magnus Enzensberger, depois de ter concluído que o luxo consiste na posse e na ostentação de coisas raras, constatou que na sociedade ocidental somente são raros o tempo, a autonomia, o espaço, o silêncio, a segurança e o ambiente não poluído.

Tempo, espaço e silêncio convergem para a solidão, isto é, para a única condição que nos permite refletir e adentrar o doce mistério da serenidade consciente. Olhar sem pressa o lago Malawi, que finda no horizonte africano, costear a Turquia num barco a remo, sondar os fundos de mar da Sardenha, entre Capo Malfatano e Chia, e deixar-se acompanhar pelo espírito de Lucio Dalla nas enseadas das ilhas Tremiti são também modos de apreciar a solidão, nesta época em que, com a cumplicidade da tecnologia, o isolamento tornou-se quase impossível.

A felicidade é um fato subjetivo, e cada um tem os seus lugares de solidão e silêncio onde pode alcançá-la. Já vimos que o suíço Jean-Jacques Rousseau admitia ter experimentado a plenitude só na solidão da ilha de Saint-Pierre. Por sua vez, o alemão Hermann Hesse procurava, na Ásia, os segredos do ócio elevado a arte, por meio da reflexão solitária. Já o escocês Norman Douglas só encontrava conforto, inspiração e plenitude de vida no silêncio das ilhas para onde Ulisses fugira ao feitiço do canto das sereias. Douglas, como se sabe, foi um grande e erudito vagabundo, escandalosamente ocioso, que valorizou o papel desempenhado pelos lugares e atmosferas na arte de meditar e criar. A introspecção criativa não é igualmente possível em uma rua de Manhattan, em um fiorde da Noruega, em uma biblioteca de Oxford ou em um estádio de futebol. A terra das sereias, isto é, aquela área belíssima e misteriosa composta de água e de verde estendida entre Sorrento e Capri, com epicentro no arquipélago das Sereias, deve parecer, para Douglas, o lugar mais apropriado à sabedoria e ao luxo da pausa, do silêncio e da solidão. Seu livro *A terra das sereias* (1911) é, também, uma descrição da sua relação amorosa com essa paisagem natural e interior.

Nele, Douglas nos recorda que a serenidade da mente e do corpo só pode produzir frutos se estimulada em lugares adequados, até que se torne um estilo de vida. Cita, inclusive, os monges que construíam abadias e igrejas: "Uma visão moderníssima os impelia a se estabelecer no alto de colinas isoladas, onde podiam plantar vinhedos e meditar. E com certeza foi essa a razão pela qual eles tinham inspirações em que as pessoas comuns não reparavam: o desejo do poeta, que anseia por solidão, rochas e nuvens... a alegria criativa do artista, que cobre a tela nua com cenas vibrantes de vida, da divindade que faz brotar a água do deserto... Em Cassino, os beneditinos construíam prédios de formas nobilíssimas e meditavam."

O ócio só pode ser elevado a arte na solidão dos lugares certos, no isolamento certo, à mais desencantada distância das opiniões do mundo. O resultado desse sábio equilíbrio de silêncio, inteligência, reflexão e criatividade é a bem-aventurança do corpo e do espírito. É "a flor da evolução humana".

Mesmo Sócrates, apesar de amar a conversação social, só consegue ser plenamente feliz quando está só. Platão descreve isso numa abafada tarde de verão, enquanto se compraz do seu estado de graça, exclamando: "Por Juno, que lugar maravilhoso! Este plátano cobre tanto espaço quanto é alto. E esta castanheira, como é grande e magnificamente sombreira! Em plena florada, como está, o lugar não poderia ser mais perfumado. E o fascínio sem igual desta fonte que escorre sob o plátano, o frescor das suas águas: basta o pé, para me dizer... E diga-me, por favor, se esta brisa de verão e o bom ar que se respira aqui não são desejáveis e extraordinariamente agradáveis. Clara melodia de verão, que faz eco ao coro das cigarras. Mas o mais delicado requinte é este prado, com a delicadeza natural do seu declive que permite, quando nele se estende, ter a cabeça perfeitamente à vontade."

Segundo o maior filósofo de todos os tempos, para ser feliz basta o frescor de uma fonte e de uma árvore, apreciados em perfeita solidão!

Aquela solidão que, quando é imposta, torna-se tortura; quando é escolhida de propósito, torna-se a mais suave das condições. "Ao monólogo com a minha mulher", dizia Karl Kraus, "prefiro o diálogo comigo mesmo!"

Desaparecimento

Em uma noite de maio de 1935, mais úmida e abafada que de costume, o presidente Roosevelt convidou para a Casa Branca um grupo restrito de pessoas com as quais conversa alegremente. Na atmosfera não convencional que sempre acaba se formando depois da ceia, o presidente confia aos amigos que há algum tempo ocupa-lhe a mente a trama de um romance policial em que o protagonista – um quarentão rico e enfastiado do seu mundo – decide desaparecer, levando consigo o seu considerável patrimônio, que servirá para que ele organize, em uma remota cidadezinha, na qual ninguém o conhece, atividades esportivas de massa, voltadas para livrar os cidadãos do tédio.

O ponto duvidoso da trama está no modo de desaparecer levando consigo alguns bilhões sem despertar suspeita. As diferentes condições que os convidados arriscam se desfazem, uma a uma, sob as objeções de Roosevelt, até que surge uma ideia de encomendar um romance em fascículos aos melhores escritores comerciais dos Estados Unidos. A ideia é realizada e, alguns meses mais tarde, começa, na revista *Liberty,* a publicação em fascículos do *Suspense do presidente,* trama escrita por Franklin Delano Roosevelt.

O protagonista do romance, que se tornou também filme de sucesso, é Jim Blake: rico como poucos, mas semelhante a muitíssimos americanos por sua insatisfação com a vida cotidiana e pela vontade de fugir da prisão que é a normalidade monótona e frustrante, para, enfim, dar uma guinada na própria vida.

Por mais frívola que possa ter sido a origem desse romance, ainda assim ele representa, de algum modo, a metáfora do New Deal (Novo Acordo) pretendido por Roosevelt para levar milhões de cidadãos americanos, de todas as classes sociais, do desespero à esperança, para um mundo menos injusto e menos desumano. Segundo o "sonho americano", todo cidadão tem o direito de sonhar e realizar os seus sonhos. Um dos sonhos recorrentes é justamente a "fantasia de desaparecimento": imaginar-se em outro lugar, no plano da geografia ou do espírito, onde seja possível dar início a uma experiência inédita e consumar até o fim, de forma autônoma, o próprio projeto de vida, longe do mundo habitual.

Não por acaso, Borges escreveu que todos os contos e todos os romances compostos por poetas e narradores de qualquer região ao longo de milênios se reduzem a apenas quatro histórias, recontadas em versões infinitas: a história de uma cidade assediada, a história do sacrifício de um deus, a história de uma busca, a história de uma viagem. Talvez seja possível sintetizar posteriormente essa casuística unindo-se as duas últimas histórias em uma única aventura: a viagem em busca de si mesmo.

A consciência dessa necessidade - de conceder a si mesmo o luxo de uma pausa, e a distância da vida cotidiana, em que consumimos em vão as nossas energias - foi, um dia, tão explícita e pungente que o Grand Tour, como vimos, fazia parte da educação aristocrática. Para romper o limiar da maturidade, todo jovem de boa família devia enriquecer a sua educação escolástica com uma longa viagem de aventura, por meses ou até anos, em busca de maravilhas naturais, de monumentos históricos, de lugares selvagens e inexplorados, de paisagens pungentes, de outros povos. Para Berkeley e para Montesquieu, para Montaigne e para Winckelmann, a sede fantástica dessa fuga foi a Itália, com as suas ruas intransitáveis e os seus habitantes extravagantes, com os seus clássicos vestígios do passado e os seus vulcões misteriosos.

E hoje? Com as autoestradas aplanadas, os habitantes amoldados ao modelo televisivo, as paisagens violentadas, os vestígios vulgarizados, as basílicas reduzidas a casas populares e toda a reserva de confiança nas várias elites do poder exaurida, sentimo-nos, por nossa vez, autorizados a fugir para alhures. Antes, a Itália conhecia os êxodos da emigração proletária: milhões de camponeses compelidos a buscar a sobrevivência nos subúrbios dos Estados Unidos, da Argentina, da Suíça. Hoje, pela primeira vez, perfila-se um novo êxodo completamente diferente, mais circunscrito e mais cômodo: jovens, profissionais liberais, empresários, livres das raízes da tradição local, portadores de mentalidade cosmopolita que os torna cidadãos do mundo, tencionam escolher com autonomia o lugar de suas vidas, o contexto econômico, social e cultural em que realizar-se ou ocultar-se.

No limiar do terceiro milênio, o planeta já é uma grande vizinhança, os países são as novas regiões do mapa-múndi, as línguas passam a ser dialetos. Nas fronteiras limitadas de uma nação, muitos cidadãos começam a se sentir oprimidos e imaginam a aventura do anonimato em outro país, ou projetam uma nova vida em outros contextos.

Nesse desejo, reside a própria legitimação da partida: qualquer um, de fato, tem direito de mudar de vida, de tentar em outro lugar os esforços praticados em vão aqui e agora. Não se trata apenas de refugiar-se em *puertos escondidos* de todo o mundo para buscar neles o esquecimento. Em muitos casos – não para sempre nem por desespero –, sente-se a necessidade de experimentar outras vidas, mais adequadas às necessidades de introspecção ou de convivência, de amor ou de amizade, de concretude ou de divertimento.

Assim, a Itália, de meta que era, transforma-se em plataforma de lançamento, de porto do qual zarpar. Uma Ítaca, que ficará para sempre no coração do viajante – exatamente como na poesia de Kostantinos Kavafis, onde o peregrino Ulisses é exortado a atrasar a viagem de retorno, a demorar nos empórios fenícios, a acumular tesouros de experiências, de perfumes e de madrepérolas, para voltar a Ítaca apenas no fim da velhice. Uma Ítaca ainda empobrecida, mas capaz de presenteá-los e se presentear com a ocasião preciosa, o pretexto ressentido da viagem que, sem ela, sem o ponto do qual partir e para o qual voltar, não teria sentido algum.

Quando te puseres em viagem para Ítaca
deves augurar que o caminho seja longo,
fértil em aventuras e experiências.
[...]
Sempre deves ter em mente Ítaca –
Alcançá-la seja o pensamento constante.
Acima de tudo, não apressar a viagem;
Faz com que dure longamente, por anos, e que, quando velho,
Chegues à ilha, tu, rico
Dos tesouros acumulados pelo caminho,

Sem esperar riquezas de Ítaca.
Ítaca te deu a bela viagem,
Sem ela, nunca terias começado
a viagem: que outra coisa esperas?

E se a encontras pobre, não por isso Ítaca te terá desiludido.
Já feito sábio, com toda a tua experiência sobre os ombros,
tu já terás entendido o que Ítaca quer significar.

Édipo

Rafael era filho de um pintor e Mozart era filho de um músico. Naquele tempo, os jovens eram obrigados a seguir os passos dos pais e, se o pai de Rafael tivesse sido um carpinteiro, e o de Mozart, um açougueiro, nós teríamos perdido dois artistas supremos. Porém a afortunada coincidência profissional nos proporcionou obras-primas como *As bodas de Fígaro* e *O casamento da virgem*. Hoje, a situação é diferente e, ao lado da mobilidade vertical, pela qual é fácil escalar a hierarquia social, cresceu, também, a mobilidade horizontal, segundo a qual, cada vez mais, os filhos assumem profissões diferentes da paterna.

Gregory Bateson, o psicólogo e sociólogo (mas filho de um geneticista) inspirador da famosa Escola de Palo Alto, nos forneceu uma boa interpretação para entender como tantos filhos de empresários, administradores e engenheiros dirigem as suas escolhas para profissões artísticas. Diz Bateson: "A racionalidade meramente objetiva, sem o apoio de fenômenos como a arte, a religião, o sonho e similares, é, necessariamente, patogênica e destrutiva da vida." Portanto, muitos filhos nascidos em contextos dedicados ao lucro, para não morrerem de insensibilidade, migram para contextos dedicados ao belo. Ao procederem assim, resolvem o conflito, consciente ou inconsciente, entre as suas tendências pessoais e o percurso traçado para eles pela família, entre o mistério do seu nascimento e a incógnita do seu porvir. Para conquistar uma identidade, eles devem, antes, descobrir quem são e de onde vieram, para então escolher o seu futuro sem se sentirem prisioneiros do passado.

Nesse percurso, a psicanálise ajuda mais que a sociologia, porque apela para o mito, isto é, para aquele gênero de narrativa que, mais do que qualquer outro, contém as raízes profundas da conduta humana. Pode-se fugir do destino a que a família nos consagrou? Tem-se o direito de preferir um percurso mais conveniente, no plano econômico, ou um percurso mais envolvente, no plano emotivo? Tem-se o direito de empreender a busca de um novo caminho, cansativo e incerto, quando se tem a sorte de possuir um caminho já traçado e cômodo? O direito nasce do próprio fato de ser homem, humano, uma vez que a criatividade e a necessidade que dela se origina são instintos naturais do homem e traços característicos da sua humanidade.

Sófocles representou essa busca e essa escolha com duas tragédias imortais: *Édipo rei*, escrita quando o dramaturgo ainda era jovem, e *Édipo em Colono*, escrita quando já tinha 84 anos. Na primeira, Édipo reina em Tebas, sábio e respeitado, quando, na cidade, irrompe uma peste. O oráculo anuncia que a desapiedada epidemia somente cessará quando se descobrir quem matou, em uma rixa alguns anos atrás, o então rei Laio.

A partir daí, Édipo começa a explorar o abismo da sua identidade. Aos poucos, graças às revelações do profeta Tirésias, ele será levado a descobrir que fora ele mesmo o assassino. E mais: vai apurar que o rei Laio era seu pai e que a mulher de Laio, a rainha Jocasta, é a mesma mulher que, depois, Édipo desposou. A jornada pelos abismos da sua identidade o leva a descobrir-se assassino e incestuoso, impele-o a furar os próprios olhos, que tinham visto a horrível realidade, e o condena a fugir da sua cidade, enfrentando a dupla escuridão da cegueira e do exílio. A natureza exploradora do homem não para, nem mesmo diante do terror. "Devo saber claramente como estão as coisas", disse Édipo, "surja o que for. Eu quero conhecer."

Os jovens que, para se autorrealizarem, aniquilam as esperanças paternas e encaram novos caminhos, coerentes com a sua vocação, também dão um tiro no escuro, deixando o seguro universo familiar rumo a uma peregrinação voluntária, sem proteção. Para ambas as partes envolvidas – pais e filhos –, não se trata de uma escolha voluntária e indolor, mas dolorosa e forçada.

O afastamento do filho do grupo originário, a sua busca de uma vida nova e um novo equilíbrio, e a integração, enfim, a uma nova comunidade encontram uma oportuna metáfora na segunda tragédia, *Édipo em Colono*, escrita por um Sófocles na casa dos 80 para descrever um Édipo não mais em busca de si mesmo, mas da coletividade que escolheu. "Os deuses que um dia te destruíram agora te elevam", disse-lhe a filha, Ismênia.

Dessa vez, Tebas e Atenas estão em guerra e o oráculo anunciou que a cidade em que Édipo fixará a sua última morada, e onde repousarão os seus restos mortais, vencerá e viverá feliz e pacífica. Assim, tanto Tebas como Atenas disputam para agarrar o pobre velho, cego e moribundo. Mas Édipo, em sua peregrinação, pôde refletir sobre o seu cruel destino e entendeu que o seu duplo delito era inconsciente, portanto, não doloso. Ele não sabia que Laio era seu pai nem que Jocasta era sua mãe: "Como podem reprovar-me por um fato involuntário?... Estou inocente diante da lei porque de nada sabia."

Depois de ser solto, Édipo não volta a Tebas, sua cidade de origem, mas vai para Atenas, cidade de sua livre escolha, porque, como diz Rollo May, "ama só aquele que escolhe amar". Édipo compreendeu que, depois de ter levado a peste para Tebas inconscientemente, podia, agora, levar a alegria para Atenas intencionalmente. Descobriu a relação profunda que pode ser estabelecida entre o indivíduo, a sua família, a sua coletividade: "Não terás nunca, de ninguém, um amor maior do que o meu."

Algo de análogo fazem os filhos que, com uma abrupta ruptura, têm a coragem de violar os sonhos dos pais e escolher caminhos diferentes daqueles que lhes foram indicados pela família. Neles prevalece a necessidade de dar um significado à própria existência, libertando-se do clã e entregan do-se a uma aventura mais adequada aos seus sonhos, que lhe permitirá amar só aqueles que escolher amar.

É esse amor por um ninho próprio que leva à busca de outro herói mítico – Ulisses –, disposto a enfrentar mil perigos a fim de recuperar o acalento da sua ilha, mas decidido, depois, a partir de novo para explorar o mundo desconhecido, além de Gibraltar. Homero descreve as mil peripécias dele, criando o protótipo do homem corajoso, que não se detém diante da violência dos ciclopes, nem da sedução das sereias, para voltar à terra de suas raízes. E Kavafis, na sua afortunada poesia sobre Ítaca, que já mencionamos, revela-nos os tesouros de conhecimento que Ulisses pode acumular durante a sua longa viagem, tão mais rica quanto mais extensa: "Deves fazer votos de que a viagem seja longa... Principalmente, não apresses a viagem." Porque é na longa peregrinação que se podem acumular tesouros, é detendo-se nos empórios fenícios que se podem adquirir madrepérolas, corais, ébano, âmbar e perfumes; é parando nas cidades egípcias que se pode aprender muitas coisas dos doutos e, uma vez sábio, com toda a sua experiência consigo, pode voltar a Ítaca, que, pelo fato de existir, nos deu a oportunidade de ir para lá.

Dante começa lá, onde Homero e Kavafis terminam. O seu Ulisses antepõe, à piedade pelo velho pai, à doçura da relação com o filho pequeno e à dívida de amor com a mulher, a necessidade incontrolável de "tornar-se especialista do mundo, dos vícios humanos e dos valores". Uma vez de volta a Ítaca, a sua inquietude não se aplaca. Ao reencontrar os companheiros de aventura e preparar uma nova nave, ele parte outra vez de lá, para sempre, velejando sem pudor para o desconhecido que o espera, além das colunas de Hércules. "Dos remos fazemos asas para um ousado voo." Transformados os remos em asas, o espírito criativo de Ulisses põe a temeridade e a coragem a serviço do crescimento intelectual e incita os companheiros à extrema aventura, apelando à missão intelectual para a qual cada ser vivo é escolhido por sua própria natureza: "Não fostes feitos para viver como brutos, mas de virtudes e conhecimento."

Beleza

O que é a beleza? Durante muitos séculos, foi harmonia, como os *Bronzes de Riace* ou a *Mona Lisa*, de Da Vinci, ou as vilas de Palladio. Depois, foi estupor, como *Les demoiselles d'Avignon*, de Picasso, o *Ulisses*, de Joyce, a *Sagração da primavera*, de Stravinsky, o *Beaubourg*, de Renzo Piano, Gianfranco Franchini e Richard Rogers.

E hoje, o que é a beleza hoje? Hoje, é sentido. Nós, cidadãos da sociedade pós-industrial, dizemos que uma coisa é bela se, entre os milhares de coisas que nos cercam, justamente aquela consegue se destacar de todas as outras e adquirir, *para nós*, um significado, um sentido todo particular.

Enquanto os nossos antepassados tinham carência de tudo e, por isso, cada coisa assumia uma importância específica aos olhos deles, a nossa experiência tem abundância de coisas, de sons, de imagens, que, justamente por causa do excesso, perdem significado, desvalorizam-se, caem na indiferença. Conferir beleza a alguma coisa significa resgatá-la da indiferença. Andy Warhol, por exemplo, consegue fazer isso quando escolhe um objeto de uso cotidiano – uma garrafa de Coca-Cola ou uma latinha de Campbell –, faz dele uma reprodução de grande porte e o recupera esteticamente, impondo-o à nossa atenção perdida, inclusive pelo preço desproporcional, em que não é o valor que determina o preço, mas o preço que determina o valor.

Mas não se trata apenas de um belo objeto, uma bela canção, um belo filme. Trata-se, também, de uma *vida bela.* Em que consiste hoje a beleza da vida? A vida dos nossos antepassados (por exemplo, a vida do meu avô, que era médico num vilarejo provinciano) era feita de pouquíssimas coisas, que se repetiam, sempre iguais, ao longo das estações e dos anos. Já a nossa vida é lotada de experiências, de viagens, de leituras, de filmes, de encontros, de amores. Estamos tão abarrotados de compromissos e encontros que sonhamos com férias em sossego e repouso total, em que a felicidade consiste em não ver gente e não ter prazos.

Eu não creio que um mundo sem eventos, chato e imutável nos compensaria pelo estresse acumulado em nossa vida frenética. É mais provável que nos enjoasse. Não creio que a estética da vida pós-moderna consista em reduzir a nossa agenda. É mais provável que consista em dar um sentido e um significado a tudo que fazemos. Consiste na capacidade de retomar continuamente o equilíbrio que a nossa preguiça nos impele a construir e torná-lo definitivo.

Uma vida bela é aquela em que as paixões ressurgem e se renovam sempre; em que o risco nunca deixa de atrair a nossa curiosidade; em que todos os eventos – inclusive o trabalho – assumem a modalidade de jogo, com as suas regras e as suas apostas, os seus riscos e os seus azares, as suas destrezas e os seus golpes de sorte, os seus felizes imprevistos e os seus momentos de reflexão.

O oposto do jogo (em que tudo é imprevisível) é a burocracia (em que tudo é procedimental): como a vida do subordinado ou do chefe, que todo dia acorda à mesma hora, chega ao escritório à mesma hora, encontra os mesmos colegas que lhe contam as mesmas anedotas e o submetem às mesmas questões de trabalho, fúteis e óbvias, sem jamais voar alto, sem nunca sonhar com uma vida plenamente feliz.

Muitas vezes essas vidas parecem frenéticas por causa da agitação do telefone que toca, do chefe que chama, do cliente que reclama. Mas, no fim das contas, não fazem outra coisa senão repetir, durante anos e anos, sempre as mesmas liturgias, que depois, no fim de uma assim chamada carreira, relegam o burocrata à quietude semieterna da aposentadoria e, por fim, à quietude da morte. A vida transformada em rito é uma morte antecipada.

Não sou atraído por aqueles que vivem ameaçando a si mesmos e aos outros de "mudar-se para o interior" para ter uma vida tranquila, sem traumas e sem esperança. Parecem-me, todos, desesperados, entre eles a minha velha tia Armida, que sempre repetia ao marido: "Quando um de nós dois morrer, eu me mudo para o interior."

Estética

Estamos em Roma, em março de 1546. É um belo dia de sol, em prelúdio à iminente primavera. Michelangelo tem 72 anos, mas está em pleno vigor (morrerá, na verdade, 18 anos depois, aos 90) e já goza de fama universal. Estão com ele na cidade outros belos cérebros saídos de Florença - Donato, Roberto, Luigi, Francesco –, amigos ágeis, como ele, porém, mais do que ele, amantes da vida despreocupada.

Propõem-lhe uma pausa no trabalho para aproveitar a tepidez do clima e o azul do céu com um belo passeio entre os monumentos romanos e uma refeição ao ar livre. Mas Michelangelo recusa, decidido; diz que se saísse com eles seria absorvido pela perspicácia da sua astúcia, pela beleza da paisagem, pelo prazer dos músicos, pelos "tantos deleites e tantas alegrias" que o distrairiam do sentido profundo da vida e da morte. Para concentrar-se outra vez nas suas obras-primas, precisaria, depois, de muitos dias.

Eis aí, reunidos em um só episódio, os vários modos de referir-se à estética, isto é, a disciplina que, mais do que qualquer outra, encarrega-se da nossa felicidade.

O grande poeta romântico inglês John Keats dizia que uma obra de arte é uma alegria que dura para sempre. Michelangelo levava uma vida atormentada, renunciava ao repouso e ao luxo para destilar das suas dolorosas reflexões aquelas obras-primas que, para sempre, proporcionam à humanidade emoções sublimes.

Mesmo no caso das obras dele que não foram concluídas, como *Os prisioneiros,* todas carregam em si a aspiração à perfeição, à completude, ao não posteriormente aperfeiçoável. Essa intenção me lembra um personagem de *Moby Dick* a quem Herman Melville faz dizer: "Não me agrada dar vida senão a trabalhos limpos, virgens, matemáticos, como se deve; alguma coisa que comece do princípio, no meio esteja na metade e no fim esteja concluída."

Já os amigos de Michelangelo, embora sendo artistas geniais, preferem não abrir mão do prazer da convivência, do clima agradável e da contemplação artística. Abraçam o instante fugidio da primavera para apreciar a vida com sábio realismo.

Mas na história das artes também temos grandes gênios capazes de ser, ao mesmo tempo, criadores de beleza e mestres na vida. Felix Mendelssohn, por exemplo, teve uma vida coerente com o seu nome de batismo; Rossini, Wagner, D'Annunzio souberam levar uma existência repleta de belas experiências.

A nossa natureza humana nos dotou de algumas necessidades tenazmente radicais no fundo de nossas personalidades. A filósofa Agnes Heller, como já vimos, enumera cinco delas: a introspecção, a amizade, a distração, o amor e a convivência. Eu acrescento a beleza e a serenidade. Não ouso dizer, como Dostoievski, que a beleza (para ser exato, ele dizia "a graça") salvará o mundo. Basta-me acreditar que a beleza possa salvar aqueles que, entre nós, foram dotados pela natureza de olhos certos para enxergá-la, de coração aberto para senti-la, de mente fértil para decifrá-la. A natureza, de fato, não basta. É preciso educar o gosto por meio da cultura. Bertrand Russell escreveu: "Gostei do pêssego e do damasco muito mais do que gostava antes, desde que soube que começaram a ser cultivados na China no início da dinastia Han e que os chineses presos como reféns pelo grande rei Kaniska os introduziram na Índia, de onde se difundiram para a Pérsia, chegando ao Império Romano no século I da nossa era. Tudo isso tornou esses frutos mais doces para mim."

É a cultura que dá sentido às coisas, que as enche de beleza, multiplica-lhes o significado. Isso vale para uma roupa, um vinho, um prato de comida, um quadro, um edifício, um objeto, um gesto. O mesmo filme, o mesmo livro, visto e lido por pessoas de culturas diferentes, tornam-se livro e filme diferentes. É a cultura que nos faz entender o que é o belo; qual a relação entre o belo e a arte, entre o belo, o bom e o verdadeiro; se a arte é uma coisa só ou se existem diferentes tipos de arte sem uma essência comum; se as artes têm, todas, igual importância ou se existe uma hierarquia entre elas; qual é a função do belo e a da arte; que relação há entre a arte e a vida.

Na galáxia da cultura, como a lógica é a ciência dos conceitos, assim também a estética é a ciência das sensações. É a cultura estética que nos capacita a entender por que existem coisas belas que não são arte (como, por exemplo, uma paisagem) e coisas da arte que não são belas (como um quadro de Bacon). E nos faz compreender as oscilações do gosto no curso da história. Os gregos procuravam na arte clássica o conforto da serenidade; Caravaggio procurava, no século XVII, a violência da luz e do escuro; Picasso e Adorno procuravam, no século XX, a novidade, a surpresa, a mudança, a distorção, o choque. Nós, pós-modernos, procuramos na arte o sentido da vida.

Há pessoas que se dedicam totalmente ao culto da estética e outras que nem suspeitam qual é o seu sentido. Ainda assim, na nossa sociedade pós-industrial, o valor dos objetos depende cada vez menos da sua função, que a tecnologia tornou perfeita, e cada vez mais da sua forma, que se tornou apreciável pelo design. Portanto, se quisermos gozar das alegrias que só a estética pode nos proporcionar, é preciso cultivar o nosso jardim, como diria Voltaire.

Design

Belém é conhecida de todos por um berço, o mais famoso berço do mundo. Mas poucos sabem que foi em Belém que também se encontrou a primeira tumba. Há 90 mil anos, exatamente naquela cidadezinha da Jordânia onde um boi e um asno aqueceram o menino Jesus, um distante ancestral nosso suspeitou que, mesmo depois da morte, alguma coisa de nós poderia sobreviver, e que, por isso, valesse a pena preservar o corpo dos abutres e das intempéries. A invenção do além é um dos dois expedientes com os quais os seres humanos têm procurado exorcizar a inevitável infelicidade da morte.

O segundo expediente viria muito mais tarde, há cerca de 19 mil anos, quando em Lascaux, na França, em Altamira, na Espanha, na serra da Capivara, no Brasil, inventamos a arte de exorcizar a ingrata infelicidade da feiura. Então, outro antepassado nosso, depois de ter trabalhado arduamente para lascar uma pedra e nela talhar pontas de flecha, decidiu prolongar o seu esforço para fazer nela a incisão de pequenos desenhos puramente ornamentais. "Folhas de louro", assim os paleontólogos chamaram, depois, essas primeiríssimas expressões artísticas, das quais se originará, aos poucos, toda a estética.

Daí em diante, durante dezenas de séculos, a arte permaneceu apanágio dos poderosos: o rei e a prefeitura se reservaram o privilégio de moradas suntuosas, pensadas para alegrar os poderosos e emocionar as massas; a Igreja ornou catedrais e santuários, oferecendo ao povo a oportunidade de admirar as obras de arte concebidas para elevar o espírito, educar e apaziguar a plebe.

Seria preciso chegar à metade do século XIX para que a arte saísse dos palácios aristocráticos e das igrejas e entrasse nas casas burguesas, passando – sem se degradar – das grandes ocasiões festivas ao cotidiano. Até aqueles anos, as casas aristocráticas de toda a Europa estavam carregadas de móveis no estilo império, em que o redundante gosto napoleônico transbordava de sancas emprestadas do Egito, da Grécia e da Roma antigas. Depois, à medida que a aristocracia foi sendo achatada pela burguesia, as decorações também se democratizaram, abandonando os brilhos e os ouropéis do estilo neoclássico para substituí-los pela arrumação indulgente do estilo Biedermeier, indecisas entre solenidade e sobriedade.

A burguesia prosperava, mas as suas casas continuavam tristes. Foi então que Michael Thonet apareceu, dando-lhes uma identidade.

É provável que na sua casa ainda exista uma cadeira Thonet número 14; se assim for, não se desfaça dela. Guarde-a, pois, ainda que não valha muito do ponto de vista econômico, é impagável do ponto de vista estético e histórico. Essa peça tão leve, flexível, prática e sem pretensões aparentes representa um marco na história do design, tanto que um dos maiores arquitetos do século XX, Adolf Loos, quando a viu pela primeira vez, não pôde deixar de exclamar: "Nada é mais bonito depois do Partenon!"

Naqueles anos, tudo o que acontecia em Viena era extraordinário. Tanto na cidade quanto no palácio, junto com o austero imperador Francisco José e a fascinante princesa Sissi, reinavam *Ruhe und Ordnung* (lei e ordem). Toda família tinha o seu pé-de-meia, toda criança tinha o seu enxoval, todo bairro tinha o seu café, toda disciplina tinha os seus gênios. Na pintura, distinguiam-se Klimt, Schiele e Kokoschka; na psicologia, Freud e Adler; na arquitetura, Otto Wagner e Hoffmann; na música, Mahler e Strauss; na literatura, Musil e Hofmannsthal.

Francisco José odiava todas as novidades tecnológicas, do elevador à eletricidade, do trem ao gás, mas encorajava as vanguardas literárias e artísticas. Viena tornou-se o laboratório onde podia acontecer de tudo: um governo clerical conduzia o Estado liberal, perseguindo objetivos reacionários com meios revolucionários; um formalismo teimoso contrastava, em vão, com o caos cultural; uma exasperada sexofobia convivia com a mais difusa libertinagem; uma total ingratidão aos gênios não impedia os poderes públicos de ser generosos com os artistas.

Assim, o amor burguês pela estabilidade, pela família, pela casa e pelo matrimônio induzia a projetar com excelência todo objeto da vida cotidiana, destinando-o a conferir decoro à classe média em ascensão.

Nessa classe emergente – cujos indivíduos não podiam adquirir os caros móveis Biedermeier das casas mais ricas, embora aspirassem embelezar as suas –, o gênio artístico e empreendedor do marceneiro Michael Thonet entreviu o seu mercado e a sua sorte. Para tanto, elaborou um estilo inédito, leve e harmonioso, que, não por acaso, será chamado de Liberty, ou Floreal, ou Jugendstil. E, então, traduzirá esse estilo em centenas de objetos: dos berços aos cabides, das cadeiras aos genuflexórios, das mesas às camas. Ao mobiliarem sua casa com aqueles móveis, os burgueses de todo o mundo demonstrarão ser mais ricos e refinados que os proletários, mais práticos e inovadores que os aristocratas.

À originalidade do estilo, Thonet acrescentou outras duas tiradas geniais: um novo processo de produção, para forçar a faia a se dobrar sem quebrar, como se fosse metal produzido em série; um marketing revolucionário, baseado na difusão, em todo o mundo, de catálogos simples e completos. Bastava que os compradores, espalhados de Moscou ao Velho Oeste, escolhessem os móveis no catálogo, encomendassem pelo correio e montassem as peças, entregues em domicílio, assim como chegam, hoje, os produtos Ikea. Graças a essas ideias vencedoras, a famosa cadeira número 14, posta no mercado em 1848, antes de 1901 já tinha vendido 50 milhões de cópias e talvez ainda seja o objeto mais difundido no mundo até hoje, que se expandiu das casas de nossas avós e de nossas tias até invadir os cafés, os teatros e os hotéis.

Em 1853, Michael fundou oficialmente a Gebrüder Thonet e, aos poucos, a fábrica artesanal se transformou em uma grande empresa industrial, com estrutura familiar, que, já no fim do século XIX, era capaz de produzir 4 mil móveis por dia. Hoje, quem vai ao cemitério de Viena, no espaço reservado aos maiores gênios austríacos, encontra a tumba de Michael Tonet e as dos seus cinco filhos ao lado daquelas de Strauss e de Brahms.

Ao conciliar a praticidade dos produtos feitos em série, a economia da produção, a inteligência do marketing, a conveniência dos preços, a beleza e a originalidade das formas e a atenção às mutáveis necessidades cotidianas dos consumidores, a Casa Thonet tornou-se referência para todo futuro design destinado a ser uma das máximas expressões estéticas do século XX. Antes disso, o belo era separado do útil e a obra de arte admitia, apenas, uma pura contemplação. Daquele momento em diante, o útil se uniu ao agradável e no mundo inteiro floresceram artistas-artesãos, como William Morris, na Inglaterra, Charles Rennie Mackintosh, na Escócia, Kolo Moser, na Áustria, Walter Gropius, na Alemanha, Ernesto Basile, na Sicília, Charles Lewis Tiffany, nos Estados Unidos, competindo entre si na arte de embelezar os objetos de uso doméstico até transformá-los em pequenas encantadoras oportunidades de prazer cotidiano.

Com esses pioneiros, o design se tornou fator decisivo da economia, ponto de força na competição empresarial, elemento modernizador do nosso modo de morar, casamento indissolúvel entre prática e estética. Adriano Olivetti fará disso um dos pontos fortes das suas máquinas de escrever e, 50 anos depois, Steve Jobs, dos seus computadores.

Antes do advento do design, o mobiliário opulento das esplêndidas moradias aristocráticas era composto de objetos que eram verdadeiras obras-primas, idealizados por poucos artistas, com poucos consumidores. Com o design, porém, todo o universo material que nos cerca – da colher à cidade – ganhou vida com objetos belíssimos, criados por muitos produtores para muitos consumidores, com o objetivo de deslocar o belo dos lugares exclusivos para a vida cotidiana. As casas, o comércio, os restaurantes e os escritórios tornaram-se pedras de toque para novas éticas e para novos estilos de vida. Os objetos se multiplicarão, mas o seu *approach* se tornará cada vez mais responsável e, portanto, provocativo. Nascerá, assim, ao lado do designer – que cria objetos –, o designer de interiores, que os escolhe e os compara, transformando os espaços segundo o seu estilo. Assim, a madame da boa burguesia, excluída das escolhas estéticas adequadas à sua casa, acatará docilmente, satisfeita com a grife do decorador e com as fotos do seu apartamento publicadas em *Casa Vogue*.

O objetivo e o sonho de todo designer é fazer a obra "total", aquela que Hoffmann e Klimt realizaram no edifício Stoclet, de Bruxelas, onde tudo – do prédio às decorações, dos móveis aos itens de mobiliário, até os rendados, os talheres, os porta-pães e as fôrmas de pão – foi previsto e desenhado, nos mínimos detalhes, para criar o efeito desejado. A gosto dos designers, esse efeito será de surpresa ou de sujeição, de opulência ou de simplicidade, de redundância ou de minimalismo, de refinamento ou de refugo, de enfado ou de repulsa.

O design democratizou não só a beleza, pondo-a ao alcance de todos, mas também o modo de produzi-la, confiando-o à colaboração integrada de artistas e artesãos. Diferentemente dos artistas puros, na verdade, os designers preferem muitas vezes trabalhar em grupo, criando cooperativas interdisciplinares, em que o artífice e o tipógrafo, o marceneiro, o encadernador e o alfaiate trabalham lado a lado, construindo pequenas obras-primas, destinadas a cativar, com a sua beleza, toda a casa e toda a vida. Mesmo que quem assine os objetos seja um designer famoso, quase sempre a sua realização é fruto de uma obra coletiva, em que o artista e seus colaboradores trabalham a várias mãos. Como testemunhou William Morris em um discurso de 1889, ao aplicar a arte aos objetos cotidianos, não só se confere beleza a esses objetos, mas se torna prazeroso o trabalho necessário para construí-los. Uma tapeçaria ou um copo não poderiam jamais ser feitos por um homem apenas, mas nascem de "milhões e milhões de golpes de martelo, de cinzel, de formão, de pincel, de lançadeira... expressão da cooperação harmoniosa de tantos artistas e artesãos, e do prazer que eles experimentaram".

Alguma coisa do gênero acontecia, também, na famosa cooperativa austríaca Werner Werkstätte, fundada por Hoffmann em 1903, onde mestres do calibre de Kolo Moser ou de Kokosckha trabalhavam ao lado de operários e artesãos do papel, do tecido, do aço, do vidro, da cerâmica e da prata para produzir de tudo: cartões-postais e tapeçarias, móveis e adereços, baixelas, roupas e brinquedos. Como escreveu uma revista da época, "na Werner Werkstätte não faltam máquinas, mas aqui a máquina não é dominante nem tirana, e sim a ajudante e serviçal voluntariosa, não é ela que determina a fisionomia dos produtos, mas sim o espírito do seu criador e a precisão das mãos exercida na arte. Cada objeto não é desenhado apenas pelo artista-projetista, mas também pelo executor, pelo artesão, pelo operário".

Assim, o design, além de ter nos proporcionado objetos belos e úteis, possibilitou-nos, também, uma sociedade mais harmoniosa, capaz de valorizar cada mente, cada material, cada oportunidade, cada impulso de gerar beleza. Como observou Bruno Munari, "o ovo é a forma mais bela que existe na natureza, embora a galinha o faça com o traseiro".

Iki

Enquanto nós, ocidentais, precisamos de muitas palavras para exprimir o conceito de refinada elegância, para os japoneses basta uma – *iki* –, breve e mágica como um sopro. Foi cunhada por Kuki Shuzo, nobre, rico e bonito, intelectual cultíssimo, esteta fascinante, viajante poliglota e cosmopolita, poeta refinado, filósofo perspicaz.

Kuki Shuzo era filho de uma gueixa e de pai desconhecido: talvez um embaixador, talvez um famoso crítico de arte. Falava oito línguas fluentemente e viveu sete anos na Europa, onde visitou cada museu, participou de cada seminário filosófico, tirou uma casquinha de cada cortesã, conviveu com cada intelectual – de Husserl a Bergson, de Heidegger a Sartre. Em 1930, publicou o seu livro sobre *iki*: um clássico do gênero.

Mas o que significa *iki* para Kuki? Significa a sedução sensual – acompanhada da tensão, do ar perturbador e do galanteio – com que uma pessoa se relaciona com outra. O *iki* extingue-se se as duas pessoas chegam a aplacar a sua tensão na "união perfeita". O fascínio do *iki* consiste em ser sedução voltada para a sedução, "jogo autônomo, gratuito e desinteressado" que continuamente evolui. É jogo de amor antes de se tornar amor.

O *iki* é empolgação passageira, amor e energia espiritual. O *iki* é renúncia, destaque, liberdade, liberação. É desenvoltura, elegância fria, sem ligação afetiva e sem lamento. A essas características, o *iki* acrescenta as infinitas nuances do gosto subjetivo, da sensibilidade individual.

Quanto ao comportamento e à gestualidade, é *iki* a postura propensa, que exprime "a atividade de ir para o outro sexo e a passividade de recebê-lo". Um corpo consistente e um rosto rechonchudo, mesmo que belo, não é *iki*. Porém o são os meios-tons que se originam do contato direto entre corpo e roupas transparentes, assim como a silhueta esbelta, vibrante, graciosa, bem formada dos flancos finos e do rosto delgado, que inspira sedução espiritualizada.

Para ser *iki*, olhos, bocas e bochechas devem ser relaxados e firmes ao mesmo tempo. Para que um olhar seja *iki*, "os olhos devem assumir aquela espécie de fulgor que só a doçura do passado sabe evocar, e as pupilas devem evocar, com silenciosa eloquência, uma renúncia sem esforço e um rigor inflexível".

A boca, para ser *iki*, também deve exibir relaxamento e tensão, enquanto o objetivo sem objetivo, próprio do *iki*, deve exprimir-se pelo ritmo com que os lábios se enrugam. O sorriso deve preferir a melancolia ao brio. Em suma, nada tem a ver com a vulgaridade ocidental, como a piscadinha de olhos, os lábios carnudos ou até mesmo – um horror – avolumados com ácido hialurônico.

São *iki* os cabelos emaranhados e enrolados apressadamente, assim como os cachos laterais, ainda desmanchados pela noite. É *iki* a gola afastada da nuca, que a revela em candura, jamais um decote amplo. Um pé nu, enquanto todo o resto do corpo está coberto, e uma bainha que ondeia entre a delicadeza alva da pele e o branco do roupão de algodão oferecem uma espiadela ao olhar e são *iki*. Minissaias e meias cor da pele são a negação do *iki*.

Depois do rosto, nada é mais expressivo do que as mãos. "Graças a um eco que repercute até as pontas dos dedos, pode-se julgar a própria alma."

Por isso, o modo como são posicionadas as mãos, para ser *iki*, deve encantar com a sua maestria.

Obviamente, além de se manifestar nas expressões naturais, o *iki* o faz nas expressões artísticas: principalmente na arquitetura, que é música solidificada, e na música, que é arquitetura fluida.

Em suma, o *iki* não é a deselegância de dois amantes já inseparáveis, não é a vulgaridade vistosa, a grosseira ostentação, a languidez melosa. É graça, delicadeza, distinção, modéstia e sensualidade.

Como se vê, são necessárias infinitas palavras ocidentais para traduzir uma brevíssima palavra japonesa como *iki*, incompreensível para os demais. Por outro lado, como observa o próprio Kuki Shuzo, não é possível explicar o que é a cor a alguém que nasceu cego.

Complexidade

Encaminho-me para o fim do livro e me pergunto se consegui simplificar a interpretação da nossa sociedade pós-industrial, pelo menos no que diz respeito aos aspectos nos quais concentrei a atenção, ou se aumentei a desordem, a incerteza, a complexidade deles.

Não raro, temos a impressão de que a nossa sociedade é complexa, assim como é complexo descrevê-la, explicá-la, melhorá-la; que nunca foi tão complexa; que a "nossa" sociedade é mais complexa do que todas as outras. Este livro pretendeu diluir a complexidade do nosso sistema social e do seu futuro, procurando fornecer, sobre ele, uma descrição, uma explicação, as mais simples possíveis, sem beirar o óbvio.

Mas, afinal de contas, o que é essa complexidade de que todos falam como sendo alguma coisa inevitável e irreversível? Temos certeza de que, com essa palavra tão austera, não se quer remover nada mais do que o problema da sociedade, definindo-o como complexo – no sentido de irresolúvel – para eximir-se de todo esforço necessário para simplificá-lo e resolvê-lo.

Para responder a essas perguntas, acho útil estabelecer uma distinção entre complexidade real, objetiva, de um lado, e complexidade interpretativa, subjetiva, de outro. Por complexidade real, objetiva, entendo aquela que é percebida e que nos oprime quando as dificuldades concretas ultrapassam a eficácia dos meios que temos à disposição para superá-las. A esse tipo de complexidade pertence, por exemplo, a fome na África subsaariana, que, pelo menos por enquanto, não somos capazes de debelar, ou algumas neoplasias incuráveis que, pelo menos por enquanto, não somos capazes de erradicar. Nesses casos, a situação, além de ser complexa, é, também, trágica, se considerarmos trágico tudo aquilo que é necessário porém impossível.

Por outro lado, por complexidade interpretativa, subjetiva, entendo aquela que é percebida e que nos confunde quando deparamos com uma desproporção entre excesso de oportunidades práticas à disposição e carência de conhecimentos ou de vontade para assimilar a essência, explicar os atributos, impedir as ameaças e gozar as vantagens delas. A esse tipo de complexidade pertence, por exemplo, a oportunidade oferecida pelas novas tecnologias para o trabalho remoto ou para a redução das cargas horárias de trabalho, oportunidade essa perdida por causa da nossa resistência cultural às mudanças.

Acredito que uma parte significativa da complexidade que, nos dias de hoje, atribuímos ao atual sistema pós-industrial não depende do sistema em si, mas da nossa escassa disponibilidade para compreendê-lo e aceitá-lo. Trata-se, portanto, de uma complexidade interpretativa, subjetiva.

A nossa sociedade pós-industrial é duplamente complexa, porque, em contraposição à rapidez com que mudam as estruturas técnicas, há a lentidão com que se transformam as nossas culturas, as nossas opiniões e os nossos posicionamentos. Este em que vivemos não é o melhor dos mundos, mas, como repeti diversas vezes, continua sendo, a meu ver, o melhor dos mundos que já existiram até agora. No entanto, não faltam motivos concretos que nos levam a julgá-lo "complexo", considerando a compreensão, árdua, a gestão, difícil, e a projeção da nossa sociedade, temerária. Vejamos a seguir alguns deles.

Durante 1,5 milhão de anos, a nossa espécie cresceu muito lentamente e só no início do século XIX atingiu o primeiro bilhão de indivíduos. Apenas um século depois, no início do século XX, duplicou, alcançando os 2 bilhões. Depois, em apenas 70 anos, dobrou mais uma vez, atingindo os 4 bilhões, em 1974. No ano 2000, éramos 6 bilhões e, em 2025, seremos 8 bilhões. A tumultuosa progressão dessas cifras impõe uma contínua reorganização social, econômica e política de todo o planeta, baseada em conhecimentos prematuros, que jamais tinham sido experimentados em uma escala tão ampla e velozmente mutável.

Ciência e tecnologia tornaram-se tão poderosas e tão invasivas que passaram a requerer programas, controles e usuários cada vez mais especializados, tanto na ciência, quanto na sociedade.

A progressiva desestruturação do tempo e do espaço, segundo a qual a produção, o consumo e o lazer acontecem cada vez menos numa exata unidade de tempo e de lugar (a fábrica, o supermercado, o cinema, o estádio, etc.), implica a dispersão dos indivíduos, o distanciamento dos corpos, o declínio dos métodos tradicionais de socialização.

O individualismo psicológico e cultural, a difusão de personalidades estruturadas de forma narcisista e a flexibilidade dos sistemas produtivos ocasionam a retração da massificação da cultura, o declínio das modas, a prevalência dos gostos subjetivos, com a consequente redução na possibilidade de prever o consumo e os comportamentos, comprimindo-os em uma dimensão governável pelo centro e de cima.

Os movimentos antissistêmicos – dos separatistas aos *black blocs* e ao Isis, dos narcotraficantes às máfias, das filas de corruptos aos grupos financeiros sem escrúpulos – criam turbulências cada vez mais frequentes nos contextos sociais, desestruturando-lhes o equilíbrio e reduzindo-lhes, em seguida, a previsibilidade.

Embora a capacidade de produzir riqueza aumente, a capacidade de distribuí-la diminui, fazendo com que um número cada vez mais exíguo de famílias detenha bens cada vez mais incalculáveis, privando a maioria dos cidadãos e a circulação econômica deles.

A difusão da escolarização aumenta a demanda por participação das bases na elaboração do projeto do futuro e nos processos de decisão que lhes dizem respeito, obrigando as escolhas coletivas e as atividades de coordenação a formas mais arquitetadas.

A passagem dos consumos indispensáveis para os impulsivos faz prevalecer o capricho sobre a necessidade e torna mais difícil planejar a produção e a distribuição, tanto dos bens quanto dos serviços.

A adoção de tecnologias cada vez mais sofisticadas desloca do homem para a máquina tanto o trabalho físico quanto o intelectual, provocando traumáticas ondas de desemprego e o consequente aumento da pobreza, da marginalização, da mortalidade e dos desvios de comportamento.

A dimensão planetária do "espaço econômico", dentro do qual todas as organizações são impelidas a operar, obriga os operadores a jogar num tabuleiro de xadrez sem limites, diferente e flutuante, que requer várias línguas, conhecimentos mais amplos e atualizações mais rápidas.

A dialética social cabe cada vez menos ao confronto entre dois blocos contrapostos, da burguesia e do proletariado, e se articula cada vez mais em movimentos, interações múltiplas, em alianças, contraposições e alinhamentos móveis, que requerem frequentes correções e arrependimentos individuais, complicadas flexibilidades de estratégias e de táticas coletivas.

O progresso custa vítimas. Quem planeja o progresso tende a subestimar suas vítimas ou desinteressar-se delas; quem defende as vítimas tende a se desinteressar do futuro e é, por isso, menos capaz de projetá-lo.

Inúmeras variáveis do progresso (informática, novas energias, novos materiais, biotecnologia, nanotecnologia, inteligência artificial, etc.) interagem entre si e com o sistema social ao mesmo tempo, modificando velozmente o presente, abreviando os tempos, tornando o futuro cada vez mais próximo e menos previsível.

Entre a fase em que se produzem novas ideias por parte dos idealizadores e a fase em que os usuários usufruem ou sofrem os seus efeitos, existem várias etapas intermediárias de decisão por parte da classe dirigente e de aplicação por parte da estrutura técnica. A idealização e as decisões acontecem antes – e em outro lugar – do conhecimento dos usuários finais, de forma que estes ficam impotentes frente às forças que estabelecem o seu futuro: quando poderiam condicionar a si as escolhas, não sabem; e quando, finalmente, vêm a saber, a decisão já foi tomada.

A cada nova etapa de conhecimento, segue-se a identificação de novas lacunas e o surgimento de novas interrogações.

O ecossistema já está ameaçado pela poluição e por um desequilíbrio que se tornaram – ou que em breve poderão se tornar – irreversíveis.

Enquanto todos os sistemas sociais experimentados até agora pela humanidade formaram-se com base em um esboço, um modelo ou uma ideologia que os precedeu e preparou, a atual sociedade pós-industrial nasceu quase por germinação espontânea, sem um modelo preexistente ou paradigma de referência que possa oferecer o mapa e a bússola com que se orientar na complexidade pós-moderna e simplificada.

Nos anos 1970 e 1980, quando as questões que acabei de relacionar começavam a se acumular e se emaranhar, houve uma efervescência de livros, debates, revistas e congressos em torno do conceito de "complexidade", entendida como característica fundamental desse emaranhado e como dificuldade de explicá-lo cientificamente. Na Itália, marcou época *La sfida della complessità* (O desafio da complexidade), antologia de cerca de 20 ensaios, escritos pelos maiores especialistas em epistemologia daqueles anos, organizada por Gianluca Bocchi e Mauro Ceruti.

O ensaio de Edgar Morin, presente nessa preciosa coleção e intitulado *Le vie della complessità* (Os caminhos da complexidade), é particularmente útil nesse caso. Nele, o sociólogo francês constata que, em face de mudanças tão rápidas e múltiplas como aquelas mencionadas aqui, a realidade se apresenta também múltipla, difícil, incerta, complicada, contraditória. Por outro lado, tanto as ciências exatas como as inexatas têm a mesma dificuldade em dar explicações simples, porque umas e outras são afligidas por incerteza, desordem, contradição, pluralidade e complicação. Nesse ponto, os cientistas – principalmente das ciências exatas – são obrigados a se conscientizar de que "a complexidade apresenta-se como dificuldade e como incerteza, não como clareza e como resposta", porque, no universo teórico e empírico deles, irrompem oito questões cruciais: 1) nem tudo se encaixa nas estantes da sistemática e da previsibilidade; 2) o único fenômeno que acontece aqui e agora não é sempre e 100% explicável com base nas leis formuladas por indução; 3) todo fenômeno fica tão emaranhado por interações e retroações que não é analisável ao vivo e compreensível no todo; 4) ordem, desordem, desorganização não são conceitos entre si contraditórios, mas complementares; 5) todo sistema organizado é, ao mesmo tempo, o mais e o menos da soma das partes, dotado de um centro, de mais centros e de nenhum centro; 6) todo sistema é exposto em holograma, pelo que todo elemento contém as qualidades e as informações do todo; a parte é gerada pelo todo e o todo é gerado pela parte; o produto é também produtor, o efeito também é causa; 7) a verdade não se apresenta como um conjunto de conceitos claros e distintos, por isso está em crise a possibilidade de estabelecer demarcações claras entre ciência e não ciência, entre sujeito e objeto, entre indivíduo e ambiente, entre autonomia e dependência; 8) acima e à volta da realidade estudada não existe um ponto arquimediano, por isso o cientista, colocando-se conceitualmente naquele ponto, pode observá-la de modo neutro, sem contaminar-se e contaminá-la, ficando ele "no centro do universo e acima da razão".

Dito isso, arrisca-se a concluir, de modo pessimista, que não há nada a fazer: a realidade é tão complexa, a inadequação das ciências está tão depreciada que não vale a pena sujeitar-se ao esforço da pesquisa, uma vez que ela jamais atingirá um conhecimento completo da realidade e deverá se contentar com pequenas e sucessivas ampliações do horizonte cognoscível, sabendo, porém, que a cada pequeno progresso, aquele horizonte se afastará e tornará mais árduo o dissabor da ignorância.

Mas também se pode concluir, de maneira mais otimista, que o horizonte do saber se estende à medida que o cientista consegue reduzir a complexidade do mundo real, tornando mais simples a sua compreensão. Tudo que ignoramos é de fato complexo, ainda que parcialmente, e tudo aquilo cujo mistério desvendamos é simples. Para cumprir essa missão, pode nos servir de conforto o pensamento de que, como veremos mais adiante, enquanto a complexidade do mundo real cresce, também progridem os instrumentos à nossa disposição para decifrá-la.

A recusa em confrontar aquilo que nos parece complexo de ser simplificado encontra uma justificativa natural na circunstância – em parte inédita – pela qual a atual realidade transborda a ponto de competir com a imaginação e, frequentemente, superá-la. No passado, a história de cada homem era a história do seu vilarejo, da sua região, do seu bairro. Hoje, pela primeira vez, "a história que recai sobre todo homem é a história mundial", como observa Wright Mills. É a história feita de Shoah e de Hiroshima, de xiitas degolados por sunitas, de rapazes recheados de dinamite que explodem pelos ares, de barcaças superlotadas de migrantes engolidos pelo Mediterrâneo.

Como se não bastasse, além do terror macro, o terror micro também é avassalador. Dois rapazes de Roma, um gay e seu amante – que, porém, se dizem heterossexuais –, depois de dias frenéticos de amor e drogas no seu apartamento, tentam se suicidar, depois atraem um amigo com uma mensagem SMS, atormentam-no, torturam-no, degolam-no, em seguida adormecem ao lado do cadáver.

Desmorona, assim, toda margem em que a literatura possa encontrar o seu espaço e "o processo de formação da história" – é ainda Wright Mills quem fala – "precede a capacidade dos homens de se orientarem nele conforme os ideais mais caros".

Método

Para solucionar a complexidade, forçando-a à simplicidade, é preciso método. A primeira etapa desse método é a conquista da intolerância.

Em uma das suas fulminantes metáforas, Borges descreve (ou inventa) as relações secretas entre Gustave Flaubert e os protagonistas do seu romance *Bouvard e Péchuchet*, considerado por muitos obra capital da literatura francesa. Flaubert contemplou por muito tempo a ideia de escrever alguma coisa sobre a estupidez humana e, não sendo, para nossa sorte, um sociólogo, em vez de fazer dela um ensaio maçante, deu às suas reflexões a forma de um romance, publicado, póstumo e incompleto, em 1881.

A trama é conhecida: dois anti-heróis, obscuros escriturários, recebem de repente uma vultosa herança que lhes permite mudar-se para o interior e dedicar-se à cultura. De pessoas desguarnecidas que são, sem entender coisa alguma, eles passam a ler, desordenadamente, livros de agronomia e jardinagem, de anatomia, arqueologia, história, mnemônica, literatura, hidroterapia, espiritismo, pedagogia, veterinária, e assim por diante.

Borges menciona que Flaubert, para descrever escrupulosamente as razões pelas quais dois ignorantes leem e nada compreendem, devorou 1.500 tratados de anatomia, pedagogia física, metafísica e por aí afora. Mas, como observa Émile Faguet com perspicácia em um velho ensaio a respeito desse acontecimento, "se alguém se obstina a ler, do ponto de vista de alguém que lê sem entender, em pouquíssimo tempo chega a não entender absolutamente nada e a ser obtuso por conta própria". Assim, Flaubert deu-se conta de que, ao ler tratados de forma aleatória, sem compreendê-los, estava se tornando ele mesmo obtuso, contagiado pela obtusidade das suas leituras e de seus dois personagens. Em outras palavras, não era ele que escrevia *Bouvard e Pécuchet*, mas sim os seus dois protagonistas simplórios que o estavam escrevendo. A mesma coisa acontecera com Goethe quando percebeu que não era ele que estava criando Fausto, mas era Fausto que o estava criando. E o mesmo acontecera com Tolstói, que foi obrigado a reconhecer: "Perdi o controle sobre Anna Karenina."

É nesse ponto que Flaubert, alarmado por sua estupidez progressiva, perto do oitavo capítulo de sua obra-prima, executa uma virada imprevista e confere aos seus dois anti-heróis a centelha da inteligência. Assim, eles punham em dúvida a integridade do homem, a castidade das mulheres, a inteligência do governo, o bom senso do povo – em poucas palavras: minavam as bases. Então uma faculdade desagradável surge no seu espírito: "*celle de voir la bêtise et de ne plus la tolérer*" (aquela de reconhecer a estupidez e não conseguir mais tolerá-la).

Nessa rápida passagem, encontra-se sintetizado todo o núcleo salvador da intolerância: a força – conquistada por meio da cultura – de não tolerar mais a estupidez dos especialistas estúpidos, dos meios de comunicação estúpidos, dos colunistas estúpidos, de todos os mediadores culturais estúpidos. A capacidade de calar o seu murmúrio e repensar o passado, para entender aonde este nos leva, e o futuro, para entender em que nos suga. Não quer dizer que, ao fazer isso, eles se tornarão totalmente compreensíveis para nós, mas, pelo menos, perderão a sua carga ameaçadora, deixando de ser um pesadelo e passando a ser um itinerário. O importante é aprender a dar crédito apenas àqueles que produzem ideias, não aos que as criticam e, criticando-as, despedaçam-nas e as complicam, ofuscando-as.

Uma vez conquistada e exercida heroicamente a virtude da intolerância, é preciso entender que alguns problemas mencionados na seção anterior nos parecem complexos porque originam-se em determinados setores mas depois devem ser resolvidos por setores diferentes. Por exemplo, os problemas relacionados ao desemprego tecnológico e criados pelos engenheiros devem ser, depois, resolvidos pelos políticos. Os problemas criados pelos responsáveis pela guerra devem ser resolvidos, depois, pelos chefes da reconstrução. E isso não facilita as coisas. Como também não facilita as coisas a clara contraposição entre quem pensa que seja possível extinguir a pobreza no mundo e quem pensa que não o seja; entre quem pensa que as tecnologias destroem mais postos de trabalho do que criam e quem pensa o contrário.

Depois da intolerância e da interseção entre setores diferentes, é preciso soltar a imaginação: aquela que Charles Wright Mills chamava de "imaginação sociológica", isto é, "uma qualidade da mente que o ajude a recorrer às informações e a desenvolver a razão até chegar a uma lúcida síntese do que pode acontecer no mundo e nele... oferece-lhe a possibilidade de desfazer, nesse caos, os grandes nós, o urdido da sociedade moderna, e de seguir sobre ele a trama psicológica de toda uma gama de homens e mulheres".

Ao reler a história – por sinal, recente – da sociologia, podemos notar como a imaginação dos sociólogos, intensa quando se tratou de decodificar a sociedade rural e a industrial, ficou obstruída frente à sociedade pós-industrial. Equilibrados entre o prazer da brutalidade e o êxtase da razão – sempre para usar as palavras de Wright Mills –, eles se acomodaram na descrição do bem-estar em vez de explicar o mal-estar e a indiferença do mundo. Ou blefaram, apregoando ter descoberto um simulado fio da meada que, afinal de contas, se resumia em um título de efeito ou em um slogan que, conforme o caso, definia a sociedade como líquida (Bauman), despreparada (Michael), consciente (III Reich), casual (Harrington), entrópica (Henderson), pós-civil (Building), ativa (Etzioni), tecnotrônica (Brzezinski), descontínua (Drucker).

Para esclarecer a complexidade de um sistema social é preciso admitir que existem níveis diferentes de dificuldade objetiva, conforme a tarefa seja empreendida por um historiador, por um antropólogo, por um sociólogo, por um futurólogo. O historiador não estava presente nos fatos passados que procura reconstruir e compreender, mas trata de questões que são próximas à sua cultura, das quais conhece os antecedentes históricos e possui os documentos necessários para explorá-las. Sobretudo, conhece o resultado dos eventos que examina e, sabendo o que aconteceu depois, tem a vantagem de poder interpretá-los melhor. Por exemplo, o historiador que estuda hoje a batalha de Waterloo sabe como ela terminou e sabe que fim Napoleão teve.

Já o antropólogo e o sociólogo ocupam-se dos fatos contemporâneos a eles, que acontecem diante de seus olhos. Ambos conhecem os seus antecedentes históricos, mas ignoram a sua continuação, visto que ainda não aconteceu. O sociólogo tem a vantagem de estudar fenômenos que pertencem à cultura da própria tribo, compartilhando com ela a linguagem e os paradigmas; o antropólogo tem a desvantagem de estudar fenômenos alheios, que pertencem a outras culturas, obedecem a outros paradigmas e são característicos de outras tribos.

O futurólogo compartilha com o historiador, com o sociólogo e com o antropólogo apenas as desvantagens. Procura imaginar os fatos que irão acontecer daqui a anos (por exemplo, em 2030), mas não sabe o que irá precedê-los em 2029 e o que irá sucedê-los de 2031 em diante. Os acontecimentos de 2030 serão produzidos em um contexto profundamente alheio a este atual, segundo paradigmas e linguagens "diferentes" em relação aos nossos.

À complexidade objetiva e à inadequação subjetiva soma-se a obscuridade da linguagem com que alguns especialistas tentam nos explicar o que entenderam. Wright Mills divertiu-se em esvaziar a "grande teorização" de Talcott Parsons, que associava e dissociava conceitos, escondendo pouca substância sob um emaranhado de frases incompreensíveis. Um raciocínio de Parsons, salpicado e embaçado, de 30 linhas, podia ser traduzido por Wright Mills em três linhas claras até a obviedade.

Hoje, "a grande teorização" passou de mãos, dos sociólogos para os economistas, e com ela passou de mãos o estilo obscuro, de iniciantes, que a caracteriza. Leia-se este pequeno artigo, com que um conhecido economista italiano procura explicar a situação: "O saldo positivo da conta-corrente alemã – que tem estado bem acima do limiar máximo fixado pelas regras da União Europeia (Six Pack) – é alimentado pelas exportações líquidas de bens e serviços para o resto da Europa e do mundo e não mais por consistentes avanços do intercâmbio no interior da área do euro. Uma leitura rápida dessa dupla evidência empírica poderia sugerir que os avanços da balança comercial alemã tenham um impacto menos recessivo sobre o resto da área do euro e sejam, portanto, menos preocupantes. Na verdade, tais avanços continuam a indicar que na Alemanha há um excesso de decisões de economia em relação às de investimento. O dado é em especial negativo porque, na área do euro, a consolidação da demanda agregada e das estruturas produtivas parece impedida justamente pela estagnação dos investimentos."

Por sorte, a imaginação sociológica não é monopólio dos sociólogos nem dos economistas e frequentemente se encontra nos filmes e nos romances, mais que nos tratados teóricos e nas pesquisas empíricas. Ouviu-se, por exemplo, como a escritora italiana Elena Ferrante, em resposta a uma entrevista, descreve o sistema social de um bairro napolitano e reconheceu-se nela uma imaginação sociológica invejável por muitos sociólogos e psicólogos de comunidades: "Certos ambientes napolitanos estavam apinhados, sim, e barulhentos. Recolher-se em si, como se diz, era materialmente impossível. Aprendia-se muito rápido a ter a máxima concentração no máximo distúrbio. A ideia de que todo ego é, em grande parte, feito de outros e do outro não era uma conquista teórica, mas uma realidade. Estar vivo significava chocar-se continuamente contra a existência alheia e ser colidido, com resultados ora cordiais e, no instante seguinte, agressivos. Nos litígios, tiravam-se os mortos para dançar. Não era suficiente agredir e insultar os vivos: acabava-se por degradar com naturalidade até mesmo tias, primas, avós e bisavós que já não estavam no mundo. E, depois, havia o dialeto e havia o italiano. As duas línguas ricocheteiam em comunidades diferentes, ambas apinhadas. O que era comum em uma não era comum na outra. Os liames que se estabeleceram nas duas línguas não tinham nunca a mesma substância. Variavam os usos, as regras de comportamento, as tradições. E, quando se procurava um meio-termo, saía um dialeto fingido que era ao mesmo tempo um italiano trivial."

Antes e depois da intolerância e da interseção, da imaginação sociológica e do estilo expositivo, o método para transformar a complexidade em simplicidade exige a posição mental e o empenho social de quem está de fora, livre de mestres tidos como patrocinadores e de alunos tidos como afilhados. Em suma, para conseguir simplificar o complexo, é preciso compartilhar com o casal Lynd a consciência de que "o dever das ciências sociais é serem incômodas: criticar as ordens vigentes e indicar melhores".

Simplicidade

Através de uma série de escotilhas, procurei espiar a sociedade pós-industrial em que acabamos de entrar, compreender as diferenças entre ela e a sociedade industrial, da qual acabamos de sair, e lançar um olhar mínimo ao futuro que provavelmente nos espera. No estado atual das reflexões sociológicas, ainda não é possível oferecer uma visão global e uma explicação cabal da nova sociedade, assim como fizeram Smith, Marx, Montesquieu, Tocqueville, Comte, Weber com a antiga.

Quando comecei a refletir sobre o advento pós-industrial (o meu primeiro livro sobre esse tema é de 1985), eu tinha a sensação de que a nova sociedade seria mais rica, mais bela e mais feliz do que a precedente. Ainda estou convicto de que poderá ser, mas tenho de admitir que, pelo menos nesta fase mais ou menos longa de ajuste, ela nos pega despreparados e inexperientes, sem ter conseguido extrair das novidades científicas e tecnológicas toda a imensa ajuda que podem nos proporcionar.

Como já vimos, a complexidade de qualquer problema é medida pela relação entre as suas dificuldades reais e os instrumentos de que se dispõe para resolvê-las. Vimos quais e quantos elementos tornam mais complexa a sociedade pós-industrial, criando, ao mesmo tempo, limitações e oportunidades. Tentemos, agora, tornar mais simples a sua compreensão e gestão.

Em 2025, a população mundial será de 8 bilhões. Para subir de 6 para 7, foram necessários 14 anos, para passar de 7 para 8 bilhões, serão 17 anos. Portanto, o crescimento demográfico terá começado a desacelerar, facilitando a redução dos grandes problemas organizativos.

Poderemos viver até 750 mil horas, em relação às 700 mil atuais. As pessoas mais escolarizadas e com relações sociais mais intensas viverão mais. Os idosos com mais de 65 anos serão 910 milhões, em comparação com os 420 milhões atuais. Isso significa que gozaremos de maior experiência acumulada e que uma população mais experiente e idosa será mais sábia, mais amante da vida e da convivência pacífica.

Cinco bilhões, equivalentes a 63% da população mundial, viverão em cidades. Isso elevará notavelmente a qualidade de vida, da formação e do consumo para um percentual da humanidade que nunca terá sido tão alto.

Na metade do século XVIII, quando Diderot e D'Alembert redigiam *L'Enciclopédie*, toda a humanidade compunha-se de 791 milhões, hoje somos 7 bilhões e dentro de alguns anos seremos 8 bilhões. Diante da imponência desses números, ocorre-nos de imediato – e com espanto –: 7 ou 8 bilhões de bocas para alimentar. Mas depois, refletindo bem, damo-nos conta de que sobre cada boca existe um cérebro, que cada cérebro contém 100 bilhões de neurônios e que nunca, no curso da história humana, o nosso planeta havia acumulado tantos bilhões de bilhões de neurônios, potencializados pela escolarização e pela interconexão. Nunca, até então, a humanidade tivera à disposição a capacidade analítica e a criatividade de tantos cérebros que, todas as manhãs, despertam e começam a pensar, todas as noites adormecem e começam a sonhar. Essa imensa inteligência coletiva tem em si um potencial para criar problemas mais complexos, mas também para dar uma contribuição resolutiva à simplificação da complexidade.

O século XXI será marcado pela engenharia genética, com a qual venceremos muitas doenças; pela inteligência artificial, com a qual substituiremos muito trabalho intelectual; pela nanotecnologia, com a qual os objetos se relacionarão entre si e conosco; pelas impressoras 3D, com as quais construiremos em casa muitos objetos. Graças à informática afetiva, os robôs serão dotados de empatia. Por conta disso, será cada vez mais difícil esquecer, perder-se, aborrecer-se e se isolar. Tudo isso representa um imenso suporte de que podemos, finalmente, gozar, para simplificar a vida e enriquecê-la de significado.

A paridade dos gêneros na formação, nos papéis familiares e profissionais e no status social representa uma conquista da sociedade pós-industrial pela qual os valores "femininos" (estética, subjetividade, emotividade, flexibilidade) já cativam também os homens, assim como os valores "masculinos" (profissionalismo, racionalidade, meritocracia e emulação) já cativam, também, as mulheres, melhorando a qualidade global da convivência.

À medida que se obtêm novos conhecimentos por meio de descobertas, cresce a possibilidade de criar novos instrumentos, novos materiais, novas oportunidades, novos campos do saber por meio da invenção.

Além de continuar fazendo as mesmas perguntas para obter respostas cada vez mais profundas, a ciência e a tecnologia podem elaborar questionamentos totalmente novos para obter respostas inéditas. A mesma coisa vale para as ciências humanas (sociologia, filosofia, psicologia social, psicologia, economia), que, embora evoluam mais devagar que as ciências exatas, fazem progressos e são capazes de resolver, com instrumentos mais poderosos (por exemplo, os *big data*), problemas sociais cada vez mais complicados.

As descobertas teóricas precedem cada vez mais as suas aplicações práticas e, por isso, oferecem margens de tempo cada vez maiores para prever e assimilar seus efeitos.

A mestiçagem progressiva que se impõe em todos os países do mundo, com as grandes migrações e a mistura das raças, derrubam as barreiras raciais e permitem uma sinergia entre as culturas, que se conectam cada vez mais.

Na sociedade industrial, todo instrumento técnico (frigorífico, aéreo, etc.) era capaz de responder a uma única necessidade do usuário (manter os alimentos frios, voar, etc.). Já as poderosas e flexíveis tecnologias da sociedade pós-industrial (computador, televisão, nuvem, etc.) são capazes de responder a muito mais quesitos do que seus usuários saibam solicitar. Antes, são capazes de antecipá-los, a tal ponto que é mais difícil propor novas perguntas do que recorrer a velhas soluções.

Na sociedade pós-industrial, a duração média de vida vem se prolongando e as tecnologias nos possibilitam cada vez mais economizar, estocar, enriquecer e programar o tempo. Conseguimos, portanto, produzir cada vez mais bens e serviços com cada vez menos trabalho humano, e a carga horária de trabalho diminui para todos aqueles que desenvolvem atividades operacionais. Isso libera uma crescente massa de tempo, direcionado para distração, formação, pesquisa de preços e de qualidade de produtos, autorrealização e interação social.

Além de substituir progressivamente o trabalho pesado e repetitivo na produção de bens e de serviços, as novas tecnologias e, em especial, a inteligência artificial oferecem suportes cada vez mais eficazes à tomada de decisões nas empresas (facilitando a coleta e a elaboração dos dados, a projeção das tendências, etc.), às funções técnicas especializadas (design, análises clínicas, projeção técnica, etc.) e até mesmo às atividades criativas (gerenciamento, arte, ciência). Isso permite ao homem dedicar-se mais às funções expressivas, afetivas e criativas: inteligência emocional, estética, ética, convivência, pensamento crítico e solução de problemas.

As possibilidades técnicas de descentralizar as atividades no tempo e no espaço oferecem as vantagens da ubiquidade, permitindo trabalhar remotamente, divertir-se, tratar-se, aprender e amar a distância; e possibilitam substituir o tempo comprometido com o trabalho pelo tempo livre, reduzir a perda de tempo, o tráfego urbano, os acidentes e os engarrafamentos nas estradas, os desentendimentos, a subordinação e a burocratização.

A maior flexibilidade dos processos produtivos reduz a necessidade de produzir em série, manipular as necessidades, massificar o consumo.

A uniformização das linguagens e do conhecimento, a facilitação dos deslocamentos, a rapidez e a riqueza das informações e o aumento da difusão da escolarização permitem a melhora da compreensão recíproca, do aprovisionamento e da alocação de recursos, além de uma tendência a deslocar os conflitos do plano material para o simbólico.

Os instrumentos técnicos conseguem cada vez mais superar os padrões pretendidos pelos usuários. Portanto, o valor dos bens e dos serviços produzidos não é fruto apenas da sua funcionalidade prática, mas da estética do design e do refinamento dos serviços. O homem politécnico compete com o homem especializado e vai se aproximando da centralidade dos tecnólogos, até mesmo substituindo a dos artistas, dos estilistas, dos designers, dos gastrônomos.

Graças aos novos materiais, é cada vez mais possível obter grandes resultados com matérias-primas pobres (como o plástico e o silício). Assim, o limite não é mais aquele rígido, até então determinado pelas matérias-primas disponíveis na natureza, mas é aquele, bem mais flexível, determinado pela capacidade humana de idealizar e criar.

Como se vê, a sociedade pós-industrial é, com certeza, mais complexa do que a industrial, porém os instrumentos disponíveis para dominá-la também são mais poderosos do que os que tínhamos em épocas anteriores. Depois da rápida digressão deste livro, faço-me outra vez as perguntas já levantadas em *Mappa Mundi*: Em qual época teria sido preferível viver? Na Atenas de Péricles, na Roma de Augusto, na Florença dos Médici, na Viena de Freud e Mahler ou em que outra, então?

Em cada uma dessas épocas, para aproveitar a vida era necessário ser um aristocrata com boa saúde. A burguesia e a plebe levavam uma vida miserável, à mercê de senhores. Mas até a aristocracia, na ausência de analgésicos e anestesias, caía na mais completa desgraça à primeira dor de dente. Apenas no século XX é que começamos a constatar que a realidade complexa pode ser simplificada com a ajuda da tecnologia e da organização. Mais do que aprender essa verdade pelos outros, nós a experimentamos pessoalmente, porque as mudanças aconteceram em períodos tão rápidos que são divisores de uma vida humana.

Hoje, para subir ao topo de um arranha-céu basta apertar o botão do elevador; para livrar-se de uma hérnia, basta submeter-se a uma cirurgia de alguns minutos; para ver o que acontece em Marte, basta pressionar o controle remoto da TV. Para ouvir uma sinfonia, basta escolher, no celular que carregamos no bolso, uma das infinitas execuções oferecidas pelo Spotify na nuvem que nos aguarda, docilmente, na quinta-essência. A progressiva simplificação dos problemas práticos, graças às nossas infinitas próteses mecânicas, nos permite dedicar mais tempo e empenho à solução de problemas científicos, filosóficos, políticos, estéticos e sociológicos, em nível pessoal, familiar, nacional ou mundial.

O meu netinho digital, nascido neste mundo simplificado e global, não sabe a sorte que tem e acha que foi sempre assim. Mas eu, o analógico, nascido em um vilarejo rural onde não havia luz elétrica e água corrente, gozo, ainda, do privilégio de ficar admirado.

Por mais poluídas que estejam as nossas cidades, por mais rudes que sejam as nossas relações humanas, por mais tristes e desoladas que sejam as nossas periferias urbanas, o nosso ambiente natural e social é, de longe, muito mais sadio, pacífico e belo do que aquele descrito em *Hamlet*, em *Dom Quixote* ou em *Os noivos*. E, também, mais feliz, ao menos porque vivemos o dobro dos nossos antepassados e porque hoje qualquer funcionário público, como eu, pode escolher, a seu bel-prazer, alimentos e objetos os mais variados, abundantes, úteis e bonitos de quantos pudesse ter o Rei Sol.

Não se trata de ingênuo otimismo, mas de simples realismo, mesmo se relativo a apenas um sétimo da população mundial. No seu mais belo conto, intitulado *A rosa de Paracelso,* o inefável Borges nos lembra de que o paraíso existe, e é esta Terra. Em seguida nos lembra de que o inferno também existe e que consiste em viver nesta Terra sem se dar conta de que é um paraíso.

CONHEÇA OS LIVROS DE DOMENICO DE MASI

O ócio criativo

2025 – Caminhos da cultura no brasil

Uma simples revolução